아무도 말하지 않은

백제 그리고 음악

아무도 말하지 않은

백제 그리고 음악

이종구 지음

주류성

추천사

백제사와 그 음악 연구의 새로운 시각

전인평 (아시아 음악학회 회장)

이종구 교수에 대한 인연은 1960년대 서울대학교 음악대학 재학시절로 올라간다. 어느 날 음대 학생들이 버스에 함께 올랐다.

"만고강산 유람(遊覽)할 제, 삼신산이 어디메뇨. 일 봉래(蓬萊)이 방장(方丈)과 삼 영주(瀛洲)가 아니냐." 버스 안에서 어디선가 나직이 판소리 단가 소리가 들려왔다. 모두들 신기하여 둘러보니 주인공은 바로 이종구 학생이었다. "난 또 누가 라디오를 틀었나 했네." 옆 자리에 앉았던 여학생이 거들었다. 당시 이종구 학생은 작곡과 학생이었고, 나는 국악과 학생이었다. 국악과 학생이 아닌 작곡과 학생이 판소리 단가를 라디오 소리로 착각할 만큼 불렀던 것이다. 나는 국악과 학생인데도 단가를 못 불렀는데 이종구 학생은 단가를 부르고 있었던 것이다. 이처럼 이종구 학생은 국악을 전공하는 사람보다 더 국악에 심취해 있었다.

이종구 교수는 한평생 오페라 운동에 진력하였다. 대학 입시 때에 오페라를 작곡한답시고 이리 저리 뛰어다니다가 대학 입시에서 낙방한 이야기는 그가 얼마나 정열적인 사람인가를 알게 해 준다. 이러한 그의 국악과 오페라에 대한 열정은 '국악오페라'라는 새로운 장르를 만들어 냈다. 이종구 교수는 2005년 12월 최초의 국악오페라 <한울춤>을 직접 대본을 쓰고 작곡도 하여 무대에 올린 바 있다.

그는 "공연이 대중과 유리되고 예술이라는 고고한 탑을 쌓는 것은 공연이 자멸하는 지름길이라고 생각한다. 따라서 예술성만을 주장하는 국악공연이 아니라 많은 사람들이 보고 즐길 수 있고, 더 나아가 전 세계 사람들이 국악오페라를 공유하는 것이 나의 바람이다. 국악오페라를 세계 사람들과 공유할 수 있는 문화자산이라 생각했으면 좋겠다."라고 피력한 바 있다.

이종구 교수의 활동은 그야말로 화려하다. 두 차례 대종상을 포함한 20여 편의 영화음악을 썼고, <매직텔레파시>, <환향녀>, <한울춤>, <하늘에 묻어버린 노래>, <동학혁명>, <구드래> 작품을 썼다. 이외에도 <마지굿>을 대표로 하는 12곡의 관현악곡과 <상생>을 포함한 40여곡의 국악 악기에 의한 합주곡, 22편의 영화음악, 9편의 연극과 무용음악, 30여곡의 실내악, 40여곡의 가곡을 작곡했다. 또한 <88올림픽 폐회식>, <동계유니버시아드 폐회식> 등의 대규모 행사음악을 작곡하였다. 이러한 다양한 활동을 통하여 국내뿐만 아니라 국제적으로도 널리 알려진 바 있다.

이종구 교수가 이번에 큰일을 저질렀다. 작곡과 오페라에 미쳐 있는가 싶었는데 난데없이 『백제 그리고 음악』을 출간하게 되었다. 이종구 교수는 특히 백제에 관심이 많아 백제 음악에 관한 작품도 쓰고 논문도 쓴 바 있다. 특히 백제 금동 향로에 나오는 다섯 악사가 연주하는 악기에 큰 관심을 가지고 있었다. 사실 이종구 교수의 『백제 그리고 음악』 출간은 난데없는 일이 아니라 1970년대부터 시작한 역사 연구의 결정판이라 하겠다.

이종구 교수는 고대사, 근대사를 가릴 것 없이, 한국사가 왜곡되고 약탈당하고 있음을 직시하고 안호상, 이유립, 문정창, 임승국, 박시인 등의 역사학자들을 만나면서 내가 이 세상에서 무엇을 하고 어떠한 인생의 족적을 남겨야 할지 깊이 생각하게 되었다고 한다. 그리고 중국의 동북공정이라는 프로젝트와 동북아 주도권을 노리는 일본에 대항할 논리를 찾기 시작한 것이다.

이 책의 내용을 살펴보면, 백제사부터 시작하여 백제음악 관련 자료, 백제악기, 백제음악까지 촘촘하게 백제음악을 다루었다. 또한 『백제음악』은 중간에 특이하게도 <토막이야기>라는 것을 넣고 있다. 예를 들면 "백제의 요람은 홍산문화의 터전 - 동이민족이 이룬 인류문명의 시원"이라는 설명도 있고, "이영희의 한·일 옛 이야기 노래하는 역사 - 영원한 백제의 여인 제명여왕" 등에 대한 쉬운 설명이 있다. 자칫 연구 서적이라고 하면 어렵고 생경한 책이라고 치부하기 쉬운데 이 책은 독자에게 먹기 좋도록 잘 익혀 놓은 음식처럼 초보자도 이해가 쉽도록 안내하고 있다.

또한 이 책은 전문가에 대한 배려도 잊지 않고 있다. 책에는 어려운 역사적 사료를 원문과 함께 번역문을 자세히 넣고 있다. 또한 음악학자의 책답게 책의 마지막 부분에 <정읍사>, <산유화가>, <

백제찬가>, <백제 뱃노래>의 네 가지 악보를 제공하고 있어 전문가가 참고할 수 있도록 배려하였다.

이제 정년을 맞고 새로운 인생을 시작한 이종구 교수가 첫 작품으로 엄청난 역저를 출간하였다. 이 책에는 곳곳에 백제 음악에 대한 새로운 시각이 번득인다. 이 책은 백제음악 연구의 결정판이라 할만하다. 지금까지 어떤 학자도 백제에 관한 이만한 책을 저술하지 못하였다. 앞으로 상당기간 동안 이 책을 넘어설 책이 나올 것 같지 않다. 이 책의 출간은 국사학계와 국악계에 백제음악에 대한 관심을 불러일으킬 것이다. 앞으로 이종구 교수의 제2탄 3탄을 기대하며, 또한 우리나라 학계에 새로운 연구 풍토가 조성되기를 기원해 본다.

2015년 12월 10일

중앙대 명예교수 / 아시아음악학회 회장

전 인 평

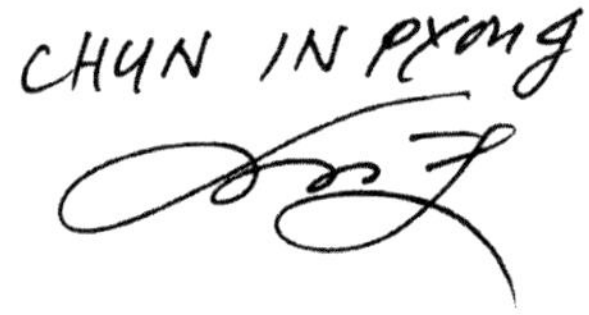

추천사

백제음악의 새로운 지평

오순제 (한국고대사 연구소 소장)

이종구 교수님의 백제음악에 대한 글을 읽으면서 음악을 하신 분으로써 백제사를 비롯하여 우리민족의 역사를 정확히 꿰뚫고 있는 것에 대하여 고대사 전공자로서 경의를 표합니다.

더구나 본인도 남산도서관에서 국사찾기협의회의 안호상박사와 임승국, 박시인 교수님들로부터 강의를 듣고 감동을 받아 역사에 관심을 가지게 되었음을 볼 때 동문수학을 한 학형을 만나게 된 기쁨은 매우 크며, 단재 신채호 선생과 위당 정인보 선생의 민족사학의 학맥이 이 분들을 통해서 전해져 아직도 우리 두 사람에게도 살아 숨 쉬고 있다는 것에 대해 우리민족을 버리지 않으신 하느님께 감사를 드린다.

음악이란 인간의 삶이며 인간 또한 음악을 떠나서는 살 수 없는 것이다. 이러한 삶의 총체적인 형태가 역사이며 그들의 음악을 알기 위해서는 그들의 역사를 알아야 함은 당연지사이다. 그런데 우리의 조국인 대한민국은 참으로 이상한 나라이다. 우리민족의 음악은 국악(國樂)이라고 부르며 도외시하고 서양음악을 마치 우리의 음악인양 착각하여 학교에서도 음악 시간에는 서양음악을 가르치면서 마치 선심이라도 베풀듯이 국악을 약간 곁들여 가르칠 뿐이다. 그리고 국악도 궁중에서 쓰였던 아악은 도외시하고 민중들의 음악인 속악을 마치 국악의 전부인양 알고 있을 뿐이다.

음악은 고대로부터 "예악(禮樂)"이라고 하여 최고의 덕목인 예와 함께 칭송을 받았던 것이다. 그런데 우리민족은 "동방예의지국"이라고 칭송을 받았으며, 공자도 도를 잃으면 동이(東夷)라고 불렀던 우리민족에게 예를 구했다고 한다. 이와 같이 우리민족은 예악 그리고 문과 무를 겸비했던 민족이었다.

특히 백제야말로 삼국 중에서도 가장 우수한 문화를 지녔던 국가였다. 고구려는 거친 대륙에 있기에 웅건하고 씩씩하나 거칠고, 신라는 외지고 작은 소국이기에 소박하면서 화려하고 세밀하며, 백제 문화는 드넓은 평야와 넓은 바다를 가지고 있기에 개방적이며 우아하고 귀족적인 면모를 지니고 있다.

삼국 중에서 가장 먼저 강국이 된 것 또한 백제로, 고이왕은 위나라 관구검이 요동의 군사들을 이끌고 고구려의 동천왕을 공격하러 나간 사이에 수군으로 요서를 차지하였으며, 일본을 쳐서 응신으로 하여금 왕으로 세우고 칠지도를 하사하였다. 그후 근초고왕은 고구려의 평양성을 쳐서 고국원왕을 죽였으며, 중국의 동부연안과 요서, 일본 등을 다스리고 나아가 태국인 샴을 지나 인도까지 진출하였다.

삼국 중에서 고구려에 이어 침류왕 때에 불교를 받아들인 나라로 그들에게 불교를 전해준 마라난타는 간다라 출신의 인도승으로 중국식의 격의불교를 받아들인 고구려, 신라에 비해 오리지널한 인도불교를 지녔기에 그 자부심이 대단하였다. 그러하기에 중국의 요서·오월뿐만 아니라 산동·하북까지 차지하게 된 무녕왕은 겸익이라는 고승으로 하여금 배를 타고 인도에 가서 불경을 구해오게 하였는데, 성왕 때에 귀국한 겸익으로 하여 불경을 번역하게 하였으며 그것을 바탕으로 무왕 때에는 미륵사지라는 대가람을 건설하였던 것이다. 이것은 세계적으로 유명해진 왕오천축국전을 쓴 신라승 혜초가 정작은 신라로 돌아오지 못한 것에 비해, 인도를 다녀온 유일한 승려였다는 점에서 대단한 것인 동시에 백제의 해양강국으로써의 국제적인 위상을 보여주는 것이라 하겠다.

특히 백제는 일본에 불교를 비롯하여 오경박사, 와박사, 노반박사, 사박사 등을 파견하여 학문·기술 등을 전해주어 아스카(飛鳥)문화를 일으켰다. 이러한 기술자들 중에서 음악을 전해준 미마지와 옷을 만드는 봉의공녀 등 중국의 오(吳)에서 간 기술자들을 마치 중국인들이 간 것으로 착각하고 있는 점을 이종구 교수님은 지적하여, 그곳은 백제가 다스렸던 절강성·강소성 등의 오월(吳越)지역으로 국제적 안목을 갖춘 백제인들이었음을 정확히 지적해주고 있어 역사학자로서 매우 기쁘다.

백제는 본국뿐만 아니라 중국의 요서·산동·절강 등 동부 연안과 일본을 다스렸던 강국으로 그곳에 설치했던 담로는 좌현왕·우현왕·매라왕·벽중왕 등 왕들 밑에 불중후·면중후 등 제후가 있으며, 그 아래에 장사·장군 등으로 구성되어 있었던 행정·군사 등을 겸한 막부체제 형태의 국가들로 구성되어 있었고, 그중에서 가장 큰 담로가 바로 왜(倭)였다.

지금까지는 삼국 중에서 가장 늦게 3,4세기가 되어서야 고대국가로 겨우 발돋움 하였다고 보고 있고, 백제를 말함에 있어 백제의 전성기였던 한성시대는 전혀 거론조차 못하면서 공주, 부여 시대의 쪼그라든 역사만을 논하고 있는 역사학자나 기존의 음악 연구자들이 과연 올바른 백제의 음악을 밝혀낼 수는 없는 것이다. 이러한 관점에서 이종구 교수님은 한성백제와 대륙백제의 역사적 사실을 정확히 꿰뚫고 있으며, 이러한 국제적 위상을 갖추고 있었던 백제의 음악을 명쾌하게 펼쳐 나가고 있기에 음악을 모르는 저로서는 그 노고에 다시 한 번 경의를 표하는 바이다.

추후 더 많은 연구를 통하여 고조선, 부여, 발해의 음악까지 복원하여 만주대륙과 요동벌을 내달리던 웅혼한 우리 조상의 옛 기상을 되살리어 다가오는 21세기의 주역으로서 손색이 없는 우리민족으로 거듭나게 만들어 주시옵길 간절히 기대해 본다.

2015. 겨울

한국고대사연구소 소장

暲江 吳舜濟 博士

머리말

'아무도 말하지 않은 백제 그리고 음악' 출판에 붙여

이종구 (저자)

나는 작곡가다.

작곡가가 역사책을 썼다면 학문적 외도로 비칠지 모른다. 하지만 나는 역사가 곧 작곡이며, 작곡은 역사와 함께 하는 치열한 삶을 살아왔다.

작곡을 처음 배우려던 1960년대부터 나는 역사와 국악이 작곡과 다를 바 없다고 생각하였다. 이혜구, 장사훈, 김태섭, 박동진, 김정자 등의 명인들에게 한국전통음악의 이론과 실기를 배우게 된 이유도 여기에 있었다. 한국사 안에 국악이 있음은 말할 것도 없지만, 작곡을 포함한 세 가지가 하나의 영역이라 생각하였을 때 나 자신과 작품세계가 거기에 있음을 알게 되어 평생을 함께 하였다.

1970년대에 나는 고대사, 근대사를 가릴 것 없이, 한국사가 왜곡되고 약탈당한 사실을 알게 되었다. 그 때부터 나는 작품으로서 이를 회복하는데 일조를 하겠다는 의식을 갖게 되었고, 안호상, 이유립, 문정창, 임승국, 박시인 등의 사학자들을 만나면서 내가 이 세상에서 무엇을 하고 어떠한 인생의 족적을 남겨야 할지 깊이 생각하게 되었다.

그러나 나는 아직까지도 내 삶에서 해야 할 일을 다 하지 못하고 있다. 음악작품으로 표현하는 것이나 글로 밝히는 역사가 같다고 생각하여, 그

간 글 쓰는 일을 소홀히 하였다. 나이가 들수록 그것이 자책의 화살로 변하여 나에게 되돌아오고 있다. 이제 남은 내 삶에서 음악을 중심으로 하는 한국사의 여러 문제와 그 진실을 찾는 글을 남기는데 충실하려 한다.

그 절박한 마음을 담은 첫 결과가 바로 이 책이다.

지금 동북아 여러 나라는 역사전쟁 속에 있다. 역사의 진실을 찾으려 하기 보다는, 세계를 주도할 나라가 자국이라는 명분을 확보하려는 것이 그 목적일 것이다.

중국은 동북공정이라는 프로젝트를 통하여 고조선, 고구려, 발해 등의 한국사를 자신의 것으로 이미 편입하였고, 한사군이 한반도에 있었다고 한 일제 식민사학의 주장을 받아들여 북한 전체는 물론 남한의 한강 이북 땅이 모두 중국 땅이었다고 못박아 놓은 상태다. 후일, 한반도에서 정치적인 변고라도 생기면 북한을 점령할 근거를 만든 것이 아닐지 의심스럽다.

일본도 동북아의 주도권을 노리며, 과거 제국주의시절 그들이 조작한 갖가지 허구의 모든 것이 사실인양 교과서에 기술하여 일본인의 정신에 각인시키고 있다. 언제든 되살아 날 수 있는 패권주의적 악령의 불씨가 아닐 수 없다.

이러한 현실 속에서, 우리는 식민사관과 이를 바로 잡으려는 사학 간의 갈등으로 인한 자중지란 속에 빠져들었다. 저들의 도전에 무감각하고 속수무책은 아닌지? 부디 내 추측이 틀리기를 바랄 뿐이다.

국사의 환경은 당연히 음악을 비롯한 모든 한국학에 영향을 미친다.

우리 역사를 흔히 반만년이라 한다. 그러나 그 중 약 3,000년의 고대사가 실종되면서 국악사의 이 시기도 비어 있게 되었다. 국사에서 고조선의 강역조차 설정하지 못하고 갈팡질팡하는데, 어찌 국악사에서만 이를 분명히 말할 수 있겠는가?

나머지 2,000년의 국악사도 꽉 차 있는 것은 아니다. 우리 통사(通史)에서 가장 허약하였던 근대 500년의 음악사가 어림잡아 절반이상을 차지하고, 나머지 기간은 『삼국사기』「악」과 신뢰성이 떨어지는 『일본서기』등에 의지하는 것이 고작이다. 금나라와 명나라의 눈치를 보며 편찬한 『삼국사기』와, 『악학궤범』 등의 조선 초기 사료와 문헌이 지금 우리의 국사와 국악사의 성경(聖經)처럼 자리하면서, 그 속에 감추어진 사대주의적 요소가 우리 정신에 깊이 박혀있음에도 우리는 이를 인식조차 하지 못하는 처지에 있다. 여기에 일제강점기 이후 많은 음악 자산을 잃게 되어 근대학문으로 태어난 국악사의 입지를 더욱 위축시키고 있다. 이 모든 것이 기본적으로 한국사가 뒤틀어지면서 생겨난 문제점들이다.

이 책은 역사와 음악의 사이에서, 각각의 시각만으로 해결하기 어려운 문제점들을 점검하고, 그 사이에 존재하는 진실의 실마리를 찾기 위하여 쓰게 되었다.

책을 내는 것은 손이 많이 가는 작업이다. 애정 어린 손길로 초고를 읽어준, 오랜 벗 강해근 교수와, 기획에서 교열까지 매사에 호의적 신뢰를 보여주신 이준 이사님의 노고를 잊을 수 없다. 또한 이 책을 세상에 나올 수 있게 해 주신, 주류성 출판사 최병식 대표님을 비롯한 직원 여러분의 노고에 감사의 정을 표하며, 한 세상 살아가면서 맺은 소중한 인연으로 기억하고자 한다.

4348년(2015) 겨울

이 종 구

차례

제3장 ········ 174

백제악기

백제음악

제 1 장

백제음악과 백제사

제1편

백제사 사료

백제음악은 백제문화를 구성하는 중요한 요소이고, 백제문화는 백제사의 일부이다. 그래서 백제음악은 백제사를 떠날 수 없다.

백제는 기원전에 건국하여 대략 700년을 이어왔다고 한다. 그 끝자락만 해도 최소한 1300성상(星霜) 이상의 긴 시간 터널 저편에 백제가 있다. 백제음악도 그 시간의 그늘 속에 숨어 우리에게 많은 것을 감추고 있다. 비단 음악뿐만 아니다. 사실 우리가 백제에 대하여 무엇을 얼마나 알고 있는지…. 우리에게 백제는 아직도 미지의 세계이다.

이렇게 백제사가 비밀 속에 묻혀있게 된 데는 여러 가지 이유가 있다. 그 중 가장 아쉬운 것은 백제 스스로가 기록한 역사문헌이 남아있지 않다는 것이다. 현전하는 문헌사료는 백제를 멸망시킨 나라와 깊은 관계가 있는 사가들의 손으로 기록하였거나, 백제부흥을 포기하면서 새로 건국한 일본이 자신들의 우월성을 강조하려 본말을 흩어 놓은 기록들이 대부분이다. 여기에 일제강점기 이후 실증사학을 빙자한 식민사관이 독버섯처럼 피어나 우리의 고대사를 눈멀게 하였으니, 이런 여러 가지가 얽히고설켜 결국

백제사가 수렁 속에 빠지게 된 것이다.

모든 역사가 그렇듯, 백제의 역사도 사료(史料)의 한계 안에 있게 된다. 역사가들은 대체로 문헌사료를 중요시 하는 경향이 있다. 역사를 기록하는 사람도 환경의 지배를 받는 사람이기에 그들의 주관이나 가치관이 어떤 형태로든 그 기술에 반영될 수밖에 없다. 그러나 이러한 신뢰성 문제에도 불구하고 역사 연구가들은 여전히 문헌사료를 우선하고 있다. 이에 비하여 천년의 세월을 견디며 당시의 모습을 보존하고 있는 유물들은 문헌사료의 약점을 보안할 수 있는 중요한 사료이다. 문헌 못지않게 주의 깊은 연구를 필요로 하는 역사의 자산이다.

다행히도 지난 20세기에 백제의 중요한 유물사료들이 많이 발견되어 연구에 활기를 띄게 하였다. 일제강점기에 있었던 문화재 도굴이나 수탈의 뼈아픈 역사는 잠시 논외로 하고라도, 해방 후 한반도에서만 서울 석촌동, 아차산, 경기도의 하남, 광주, 인천, 안성, 화성 평택, 충남의 천안, 공주, 부여, 서산, 서천, 예산, 홍성, 당진, 논산, 전북의 익산, 전주, 부안, 전남의 영광, 나주 등 전국에서 백제의 유물사료가 속속 발굴되었다. 특히 백제금동대향로, 계유명전씨아미타불비상, 신창동유물, 월평동유물 등, 백제 악기와 관련된 유물이 발굴되거나 재조명 된 일은 이 분야 연구에 더욱 활력을 불어 넣는 계기가 되었다. 이밖에 백제어 연구, 백제어 이두(吏讀)를 통한 『만엽집』의 번역과 해석, 그리고 목간이나 금석문의 발견 등도 큰 수확이었다. 이 모두 문헌사료가 가질 수 있는 편향성을 보완하는데 도움을 줄 있는 소중한 사료가 아닐 수 없다.

시간예술이라는 음악의 특성 상 과거음악을 찾아낸다는 것이 간단한 일은 아니다. 이런 이유에서 백제음악처럼 오래전의 음악을 찾는 일에는 고고미술학이나 역사학의 도움을 흔히 받게 된다. 백제음악을 재현할 수 있는 자료로 악보가 약간은 남아있기는 하다. 그러나 시대적 정서와 관습적 해석의 차이가 있어, 이것만으로 당시음악을 재현하는 데는 확신할 수 없는 문제가 뒤따르게 된다. 그래서 문헌사료와 실물사료를 연구하여 악기의 모양과 음원은 물론 쓰임새를 추정하고, 이를 통하여 당시의 사회상과 사상을 찾아보는데 그 한계를 두는 정도에 그칠 수 밖에 없다.

문헌사료와 유물사료 이외에, 구비전설(口碑傳說)이나 민간에 전승되고 있는 노래와 가사(歌詞)도 백제음악과 백제사를 찾을 수 있는 좋은 자료가 될 수 있다.

지금까지 백제음악에 대한 연구는 그다지 많지 않았다. 몇 가지 우리에게 알려져 있는 백제음악에 대한 정보도 대부분 주변 국가들의 음악사에 곁들여지는 정도에 불과한 것이었고, 문헌사료와 실물사료 등이 맞지 않는 것도 있었으며, 어떤 부분은 중요한 몸통이 사라지고 깃털만 남은 그 부분적인 것이 백제음악의 전부인 것처럼 알려지기도 하였다.

이에 흐트러진 백제사를 정리하고 모든 문헌사료와 실물사료를 종합적으로 검토하여 새롭게 판을 짜는 작업이 필요하다. 이러한 작업의 결과는 역으로 백제사가 갖고 있는 수많은 의문점을 풀어줄 수 있는 열쇠가 될 수도 있을 것이다. 특히 백제음악의 매체인 악기의 분포와 이동경로는, 혼란속에 빠져있는 백제 강역(疆域)을 추정하는 데 일조할 수 있을것으로 기대한다.

1. 백제 주요 문헌사료

지금까지 알려진 백제사 관련 사료(史料) 중 가장 오래된 것은, 「양직공도」(梁職貢圖, 526~536 제작 추정) 백제사신도이다. 정사는 아니지만, 백제 역년(歷年)기간에 제작된 유일한 사료이다. 지금 중국 남경시(南京市) 남경박물원(南京博物院)에서 보관하고 있는 이 그림에는, 백제사신(使臣)의 그림과 함께 백제의 영토나 문화상을 알리는 7행 160여 자의 글이 기록되어 있다.

사서로 가장 오래된 것은 중국의 『북사』(北史 627~649편찬 추정)와 『수서』(隋書, 635~656편찬 추정)가 있다. 둘 다 당나라 초기 비슷한 시기에 편찬되었으며, 후대의 많은 사서들이 이를 인용하였다.

연대순으로는 『일본서기』(日本書紀, 680?~720)와 『속일본기』(續日本記, 797년 편찬)가 그 뒤를 잇는다.

우리나라에서 정사로 받아들이고 있는 『삼국사기』는 1145년에 편찬되었으니 이들 보다 늦고, 『고려사』는 이보다 훨씬 늦은 15세기의 관찬 사료이다. 백제에 대한 기사는 『삼국사기』의 범위에서 크게 벗어나지 않고 있다.

2. 「양직공도」 백제사신도

「양직공도」(梁職貢圖)는 526년에서 536년 사이 즉 양나라 무황제 소연(蕭衍)시절에 양나라에 파견된 외국인 사절을 그린 그림과 이를 해설한 두루마리 문건이다. 백제 후기에 제작한 당대 사료라는 점이 중요하다.

양(梁, 502년 ~ 557년)은 남북조시대에 지금의 강소성(江蘇省, 장쑤성) 남쪽에 운남성(雲南省, 윈난성) 일대에서 55년간 4대의 황제가 이어 다스린 나라이다. 인간으로 말하면 환갑에도 못 미치고 사라진 짧은 역사를 가진 나라이지만, 백제 역년속의 기록을 남겼다는 점에서 각별한 인연이 있다. 다른 사료에서 찾아 볼 수 없는 백제 관리의 모습을 그려놓았고, 관이라든지 무릎을 약간 덮을 정도의 대수포(大袖袍) 그리고 그 아래에 입고 있는 바지 등이 세세하게 묘사하고 있어 백제복식과 생활사 연구에도 좋은 자료가 되고 있다.

「양직공도」 사신그림 옆에 다음과 같은 글이 적혀있다.

백제는 예로부터 오랑캐 마한의 무리이다. 진(晉)나라 말기에 고구려가 요동낙랑(遼東樂浪)을 다스리자, 백제 역시 요서 진평현(遼西晉平縣)을 스스로 두었다. 진나라 이래로 항상 번공(蕃貢)을 하였다. 의희(義熙) 때의 왕 여전(餘腆)과 송나라 원가 때의 임금 여비(餘毗), 제나라 영평 때의 여태(餘太)가 모두 중국의 관작을 받았다. 양 나라 초에 태(太)가 정동장군에 제수되었다. 얼마 뒤 고구려에게 격파되었다. 보통2년에 그 왕 여융(餘隆)이 사신을 파견하여 여러 차례 고구려를 격파했다고 표를 올렸다.

도성은 고마(固麻)라고 하고, 읍을 담로라 하는데, 이는 중국의 군현과 같으며, 22담로가 있어 왕의 자제와 종족이 나누어 다스렸다. 주변의 소국으로는 반파(叛波), 탁(卓), 다라(多羅), 전나(前羅), 신라(新羅), 지미(止迷) , 마연(麻連), 상기문(上己文), (하침라)下枕羅 등이 부속되어 있다. 언어와 의복은 고구려와 거의 같고, 걸을 때 두 팔을 벌리지 않는 것과 절할 때 한 쪽 다리를 펴지 않는다.

모자를 관이라 하고, 저고리를 복삼, 바지를 곤이라 하였다. 그 나라 말에는 중국의 말이 뒤섞여 있으니, 이것 또한 진(秦)나라와 한(韓)나라의 풍습이 남아 있기 때문이다.

(百濟舊來夷馬韓之屬晉末駒驪畧有遼東樂浪亦有遼西晉平縣自晋已來常修蕃貢 義熙中其王餘腆 宋元嘉中其王餘毗齊永明中其王餘太皆受中國官爵梁初以太除征東將軍尋爲高句驪所破普通二年其王餘隆遣使奉表云 累破高麗 所治城日固麻 謂邑檐魯 於中國郡縣 有二十二檐魯 分子弟宗族爲之 旁小國有 叛波 卓 多羅 前羅 新羅 止迷 麻連 上己文 下枕羅 等附之 言語衣服略同高麗 行不張拱拜不申足 以帽爲冠 襦日複衫 袴日褌 其言參諸夏 亦秦韓之遺俗)

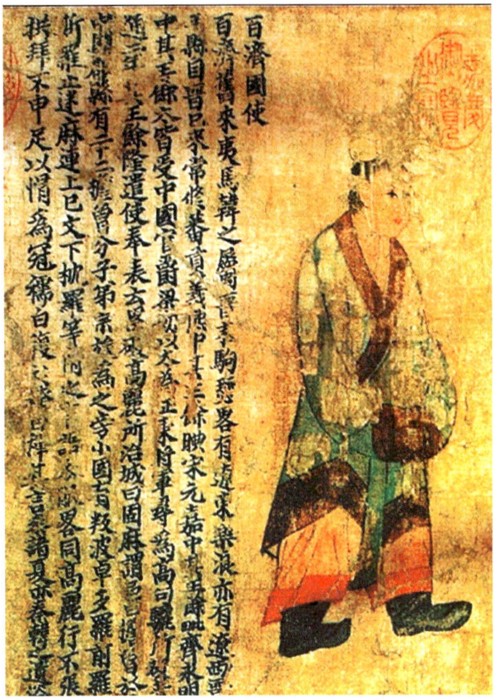

양직공도

이 문서의 전반부는 거의 백제의 영토와 외교관계를 기록하고 있다. 여기에 '진(晋)나라 말에 고구려가 요동·낙랑(樂浪)을 차지하고, 백제도 역시 요서 진평현을 차지하였다(晋末駒麗略有遼東樂浪亦有遼西晋平縣)"라 하여 백제가 대륙을 지배한 사실을 확인할 수 있는 문장이 나온다. 진나라는 연대로 볼 때 동진(東晉, 317년~420년)일 것이니 백제가 요서진평을 차지한 시기를 400년 대 초로 볼 수 있는 단서가 된다.

마지막 문장 "그 나라에는 중국말이 뒤섞여 있으니, 이것은 진(秦)나라와 한나라의 풍습이 남아 있기 때문이다"라는 말이 의미심장하다. 왜 중국의 풍습이 백제에 남아있다는 것일까? 결론부터 말하자면 백제가 진나라의 지배지였던 요서 이남의 땅을 오랫동안 지배하면서 언어와 풍습을 공유할 수 있었기 때문이다.

백제가 차지한 요서·진평
북경을 포함하는 옥야천리

「양직공도」 원문에서 가장 눈에 띄는 기사는 "진(晉)나라 말기에 고구려가 일찍이 요동낙랑을 다스리자, 백제 역시 요서진평현(遼西晉平縣)을 스스로 두었다."는 부분이다. 이 문장에 나오는 '략(畧=略)'자는 '다스리다'라는 의미와 함께 '빼앗다'라는 이중적 의미가 있다. 이런 이유로 많은 학자들이 (이미 점령하였던 지역을) '다스리다', 혹은 (새로 침략하여) '빼앗았다' 라 하여 다른 해석을 하고 있다. 어쨌든 백제의 땅이라는 말은 맞지만 보다 자세하고 명확한 해석을 위하여 같은 내용을 수록하고 있는 『양서(梁書)』「제이(諸夷)」편과 일차적으로 대조해 볼 필요가 있다.

晉末駒驪畧有遼東樂浪亦有遼西晉平縣自 <「양직공도」 백제국사>
晋世駒麗旣略有遼東樂浪百濟亦據有遼西晋平矣自置百濟郡
<양서 제이 백제>

위 두 사료에서 같은 글자들에는 밑줄, 그리고 다르게 표현된 글자들을 각각 굵은 글씨로 표시하였다. 서로 다른 점은,

가) 진나라 말<末>과 진나라 때<世>라 하여, 사건의 시간을 「양직공도」가 보다 구체적으로 나타내고 있다.

나) 고구려를 말하는 <駒麗>다음에 「양직공도」에서는 '다스리다'라는 뜻을 가진畧>자로만 표시 하였으나, 『양서』는 '이미 또는 일찍이' 라는 뜻을 가진 '旣'자를 추가하여 '이미 다스렸다'라 하였다. 「양직공도」의 '畧'은 『양서』처럼 '이미 차지라고 있는'으로 풀이하여 요서 땅을 차지한 시간

이 진나라 말 이전이라는 해석이 가능하게 한다.

다) 『양서』에서는 주어라 할 수 있는 <百濟>를 추가한 뒤에 '자리 잡다'라는 뜻을 가진 '據'자를 '있다'라는 '有'에 추가하여 뒤에 나오는 '요서·진평'이 이미 자리 잡고 있던 지역이었음을 부언하고 있다.

라) 『양서』에만 보이는 '矣'는 '~었다.' 라는 서술격조사로써 문단을 일단락 맺었다. 그리고 「양직공도」에는 '縣自' '스스로 현'이라 간략하게 서술한 것에 비하여 『양서』에는 '自置百濟郡' 즉, '스스로 백제군을 설치하였다'라 하며 설명하고 있다.

이러한 비교로 보아

「양직공도」의 본문은 "진나라 말에 고구려가 요동과 낙랑을 다스리자 백제 역시 요서에 진평현을 스스로 두었다."라고 정리할 수 있다.

동일 내용을 수록한 두 건의 다른 기사를 추가하여 살펴본다.

그 뒤 고구려는 요동을 빼앗아 차지하고, 백제는 요서를 빼앗아 차지하였다. 백제가 다스린 곳은 진평군 진평현이다.

其後 高驪略有遼東 百濟略有遼西 百濟所治 謂之晋平郡 晋平縣

『송서(宋書)』97券 東夷列傳 百濟

그 나라(백제)는 본래 고구려와 같이 요동의 동쪽 1천여 리에 있었다. 진나라 때 고구려가 요동을 빼앗아 소유하니 백제 역시 요서·진평 2 군 땅에 거점을 마련하고 백제군을 설치하였다.

其國本與句麗俱在遼東之東千餘里 晉世句麗旣略有遼東 百濟亦據有遼西 晉平二郡地矣 自置百濟郡

『남사(南史)』열전(烈傳) 백제(百濟)

추가된 두 기사까지 종합하면,

가) 고구려와 백제는 요동 땅 1천여 리에 있던 나라다.

나) 고구려가 요동(「양직공도」, 『양사』, 『송서』, 『남사』)과 낙랑 (「양직공도」, 『양사』)을 빼앗음을 계기로

다) 백제는 '요서와 진평에 백제군을 설치하였다' 라고 하였는데, 『송서』에서는 '요서에 있는 진평군 진평현을 다스렸다'고 썼다.

이상 4건의 문장이 다 비슷한 말이지만, 「양직공도」의 현(縣)과 『양서』등의 군(郡)이라는 행정단위의 차이가 있다. 더구나 『송서(宋書)』는 요서에 있는 진평군의 진평현이라는 또 다른 기록을 하고 있다.

군현제(郡縣制)는 진(秦)나라의 시황제 때부터 제도화 한 중앙 집권적인 지방 행정 체제였다. '군'은 중국을 1단계로 분할한 단위이니 오늘날 '성'(省)과 같은 것이고 '현'은 그것보다 하위단계이다. 여러 사서에서 보이는 차이는,

가)요서와 진평군 2개 지역을 차지하였다,

나)요서의 진평군을 차지하였다,

다) 요서의 진평군 중 진평현을 차지하였다 라는 세 가지 해석이 있을 수 있다. 2개 군에서 1개 현 까지의 이 해석에 관한 차이는 실로 엄청나다.

이 미심적은 문제를 문정창의 『백제사』에는 다음과 같이 답하였다.

"『사기』 흉노전에, B.C.280년 번조선(番朝鮮)을 멸하고 연나라가 지금의 북경을 포함하는 하북성 일대에 나라를 세웠다고 하였다. 그 후 전한(前漢)이 이곳을 차지하면서 요서군과 진평군으로 나누었다. 요서군은 다시 16개현으로 나누었고, 진평군은 14개 부속 현을 두었다. 백제가 차지한 요서, 진평군 2개

군은, 발해 연안에서 북경을 지나 산서성 동쪽을 경계로 하는 옥토천리였다." 이렇게 그는 요서, 진평이 30개의 부속 현을 갖는 2개의 군이며, 1천리에 달하는 비옥한 땅이었다고 주장하였다.

만약 요서진평이 한반도에서 수 천리 물길 밖에 있는 보잘 것 없이 작은 땅이었다면, 백제가 국운을 걸고 차지하려 하지 않았을 것이다. 요서 진평군은 한반도 전체넓이의 2/3정도인 14만 평방킬로미터에 달하는 땅으로 계산할 수 있다. 한반도 백제의 2배가 훨씬 넘는 어마어마한 땅이었기에 백제는 그 가치를 알고 필사적으로 쟁취하였을 것이다.

요서 위치 추정도

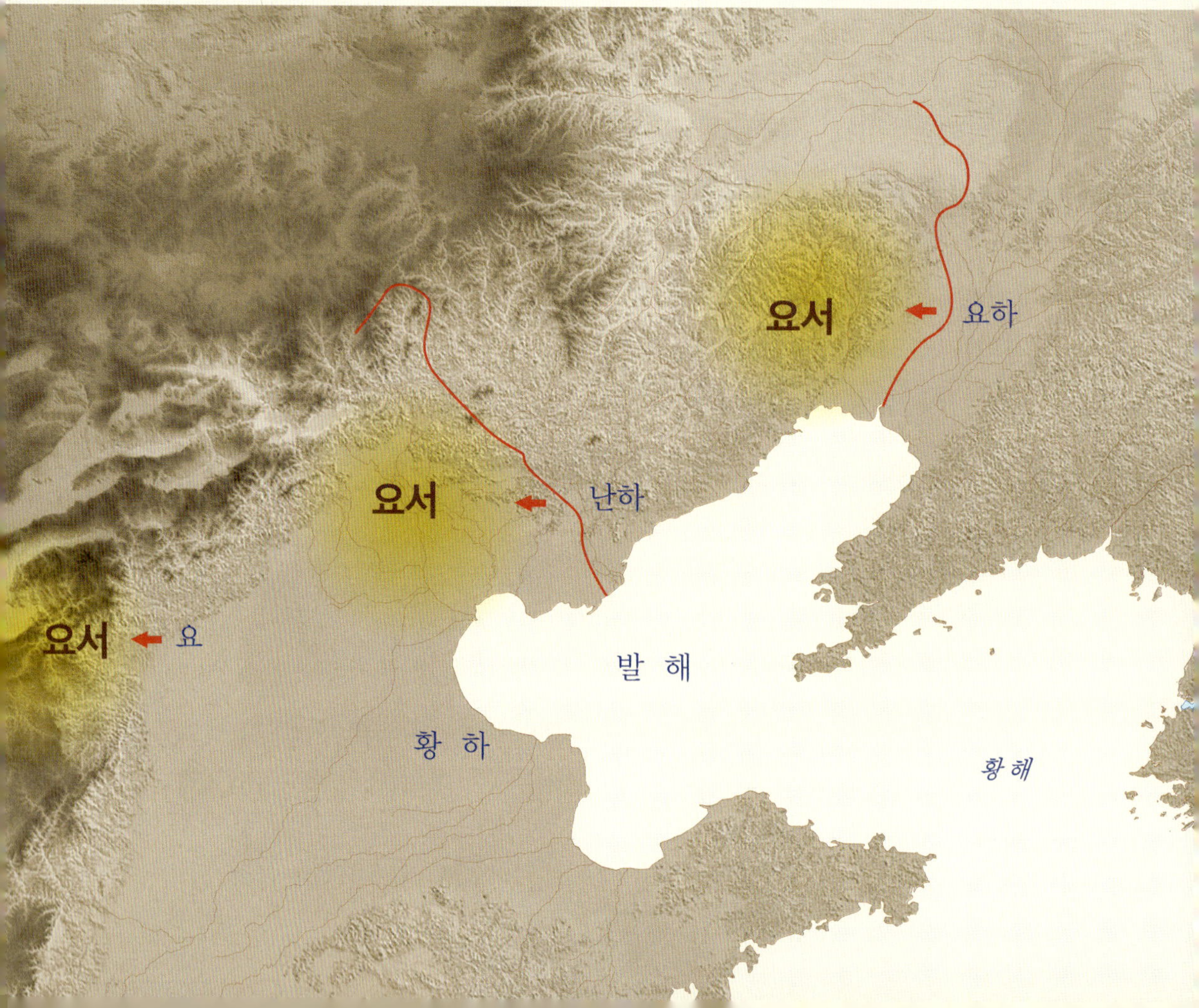

백제가 요서·진평을 지배하였다는 사실은 『북사(北史)』를 비롯한 중국의 고대사서와, 『양서』백제전, 『송서(宋書)』백제전 등의 내용과도 일치하기에 명백한 사실로 받아들이지 않을 수 없다.

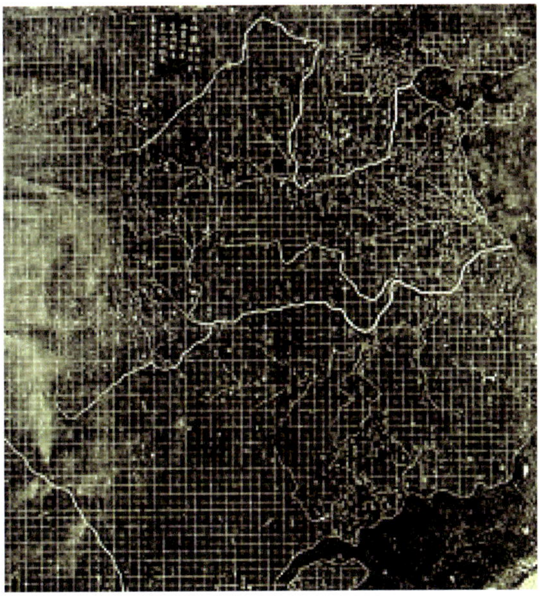

우적도(禹跡圖)

백제 땅 요서·진평은 어디일까? 그 위치를 추정하는 일이 생각보다 간단한 일이 아니다.

현재 우리가 인식하고 있는 요서란 요하의 서쪽이다. 즉 요하를 기준으로 그 동쪽을 요동이라 하고, 서쪽을 요하라 하는 것이다. 그래서 요서의 동쪽은 요하이고 서쪽은 난하(灤河) 부근 즉 만리장성이 끝나는 산해관(山海關, 산하이관)까지라고 흔히 생각하였다.

그러나 이러한 요서의 위치에 대하여 다르게 보는 견해도 있다. 그 대표적인 두 가지를 다음에 소개한다.

그 하나는 산서성(山西省, 산씨성)에 있었던 고대 지명 요(遼, 랴오)를 기준으로 그 서쪽이 산서라는 것이다. 즉 강 이름 '요'가 아닌 지명 '요'를 기준으로 한다는 주장인데 그 배경에는 지금의 요하가, 10~12세기에 거란족이 세운 요나라 때 처음 붙인 이름이기에 합당치 않다는 것이다. 그 이전인 백제시대에는 이 강의 이름이 구려하(九黎河)여서 요동 요서의 기준이 될 수 없다고 한다. 아울러 산서성의 요를 기준으로 한다면 옛 지명과 지리적으로 맞아 들어가는 곳이 많다는 것이다.

동아시아에서 가장 오래된 지도로 알려진 우적도(禹跡圖)[1)]에 근거하여 산서성 동부와 태행산맥 서쪽에 있는 '요'라는 지명을 기준으로 하면, 『삼국사기』에 나타나는 여러 일식의 기록과, 오늘날의 과학으로 역산된 천기와도 일치한다는 사실이 또한 이를 뒷바침하는 근거라 한다. 그렇다면, 오늘날의 요하를 기준으로 하는 백제와 고구려의 경계선은, 직선거리로 약 1,200km쯤 서남방향으로 이동하여야 한다.

요서의 위치에 대한 또 다른 이견은 요하의 지명이 이동하였다는 것이다. 지금의 요하는 야율아보기(耶律阿保機)의 요(遼, 916년~1125년)나라 이후에 생겨난 강 이름이지만, 그 이전에도 요하라는 이름의 강이 있었으니 지금의 난하가 바로 그 강이라 한다. 이 강을 기준으로 한다면 백제요서는 지금의 요하를 기준으로 추정한 지역보다 약 2~300km 서남쪽으로 이동해야한다. 아주 설득력 있는 주장이지만, 언제부터 요하가 난하로 바뀌었는지 확실치 않다는 문제가 있다.

이러한 요서의 위치에 따라 백제의 강역이 이른바 중원이라 하던 중국의 중심지로 가느냐, 아니면 발해만과 황해 연안까지를 포함하였던 옛 단군조선 땅으로 제한되느냐 하는 문제에 맞닿게 된다. 단군조선시대에 구이(九夷)[2)]의 땅은 양자강 이북에서 산동반도에 이르는 지역이었다.

1) 중국 섬서성(陝西省) 서안비림박물관(西安碑林博物館)에 있는 돌에 새긴 지도이다. 1136에 제작되었으며, 1973년 호남성(湖南省) 장사마왕퇴(長沙馬王堆)에서 지도가 출토되기 전까지는 중국에서 가장 오래된 지도로 꼽았었다. 하지만 마왕퇴지도는 장사국 남부만 비단에 그려 넣은 지도로 중국과 그 주변국가 전체를 그린 지도로는 우적도가 가장 오랜 것이다.

2) 구이(九夷)는 아홉 가지 이족(夷族)을 의미한다. 막연히 동이(東夷)라 하던 단군조선의 일부 민족에 대한 구체적인 명칭이다. 견이(畎夷) · 우이(于夷) · 방이(方夷) · 황이(黃夷) · 백이(白夷) · 적이(赤夷) · 현이(玄夷) · 풍이(風夷) · 양이(陽夷)를 나타내기도 하고,『논어정의(論語正義)』에 따라 현토(玄菟) · 낙랑(樂浪) · 고려(高麗) · 만식(滿飾) · 부유(鳧臾) · 소가(素家) · 동도(東屠) · 왜인(倭人) · 천비(天鄙)라고도 한다. 그러나 아홉이라는 '구'(九)는, 숫자 중 가장 많은 것을 나타내니 '많다'는 의미의 형용사로도 사용되어, 우이(嵎夷) · 화이(和夷) · 도이(島夷) · 회이(淮夷) · 서이(徐夷) · 주이(邾夷) · 개이(介夷) · 거이

이 책에서는 기존 하던 인식대로, 지금의 요하를 기준으로 백제강역으로 설정할 것이다. 옛 지명이나 강의 이름도 중요하지만 백제가 이 땅을 쟁취하는 과정에서 있었던 다음과 같은 역사적 사실을 간과할 수 없기 때문이다.

초기백제가 출발한 곳이 바로 지금의 요하 서쪽이었다. 지금의 금주(錦州, 진저우)를 중심으로 하는 대방고지에서 개국하였다. 그 후 내우외환에 시달리며 바다를 건너 한반도로 쫓겨 와 한성백제시대를 열고 마한까지 통합하여 적지 않은 땅을 한반도에 마련하였지만, 백제의 지도부들은 항상 초기백제의 땅이었던 요서를 수복하려 기회를 노리고 있었다.[3)]

2세기 말에 들어서자 이 땅은 전연(前燕)·전진(前秦)·후연(後燕)·북위(北魏) 등의 군소 국가들이 들어서 군사적 대치상태가 끊이지 않았다. 백제 초고왕 24년(189) 즈음에는 공손씨가 이 땅을 차지하여 고이왕 5년(238)까지 유지하다가, 조조의 위나라에 잠시 귀속하게 된다. 삼국시대 제갈공명과 대치하여 유명한 사마의의 손자 사마염(司馬炎, 236~290)이 이 위나라에 반역하여 진(晉)이라는 나라를 세우고 이 땅을 약 30년간 통치하였다.

그러나 303년에 망하여 강남으로 쫓겨 가자, 이 지역은 다시 5호16국의 혼란에 빠지게 된다. 백제는 분서왕 때부터 이 어지러운 하북성(河北省, 허베이성) 일대를 노리고 있다가 비류왕 대에 기회를 놓치지 않고 재빨리 점령하여 요서진평을 차지하게 되었다. 새롭게 군림한 이 지역의 신흥국가들은, 그들의 중심지인 수도와 그 주변을 통치하기에도 힘이 부쳤다.

(莒夷) · 기이(杞夷) · 내이(萊夷) · 패이(郥夷) · 여이(黎夷) · 관이(串夷) 등, 중국의 동쪽 즉 산동성과 강소성에 거주하던 단군조선의 일부 부족 이나 민족에 대한 지칭이 될 수 있다.

3) 문정창, 『백제사』32쪽. "南滿洲 錦州지방에서 출발한 百濟人들은 首丘之心이 자못 强固했다.百濟人들이 맨 처음 南滿洲 지방에 손을 뻗치기 시작한 것은 己婁王 45년(121)이었다"

이 좋은 기회를 잡아 백제는 드디어 드넓은 지역의 곡창지대를 차지할 수 있었으니 요서 진평은 바로 지금의 요령성(遼寧省, 랴오닝성) 서쪽에 있는 요하로부터 서쪽으로 북경을 넘어 태행산맥 근처까지 광활한 땅을 점령하게 된 것이다.

이 책에 요서지방을 지금의 요하에 맞춰 설정하려는 또 다른 이유는 그곳이 바로 홍산 문명권이기 때문이다. 우리 배달민족이 인류최초로 이루었던 홍산 문화의 전통을 백제가 이어 받았다는 사실은 앞으로 이 책에서 중요하게 다루어질 내용이기도 하다.

「양직공도」에는 백제가 웅진시대에 이르러 22담로(擔魯)를 두고 모두 왕의 자제(子弟)나 종족(宗族)을 파견하였다고 하였다.

이러한 제후국(諸侯國) 제도는 고대국가들이 거대한 영토를 차지하면 의례히 사용하던 봉건제도 체계이다. 백제에 부속된 제후국은, 반파(叛波), 탁(卓), 다라(多羅), 전라(前羅), 사라(斯羅), 지미(止迷), 마련(麻連), 상기문(上己汶), 하침라(下枕羅) 등이 있었다. 여기에 열거된 이름은 지방이 아니라 '직계로 갈린 작은 국가'라는 뜻을 가진 방소국유(旁小國有)였다. 백제가 각각의 자치권을 가진 여러 나라들을 분봉(分封) 체계로 경영한 국가들이었던 것이다.

이미 언급한 것처럼, 「양직공도」의 백제사신도 해설문은 『양서』「백제전」의 내용과 유사하다. 『양서』는 629년에 진나라(陳) 사람인 요찰(姚察)이 편찬을 시작하여 그의 아들 요사렴(姚思廉)이 완성한 정사(正史)다. 56권으로 구성된 이 책에 「백제전(百濟傳)」은 「열전」 제47편 제이(諸夷)에 있다.

백제 사람은 그 선조가 삼한의 동이[4]족이었다. 동이의 삼한은 마한, 진한, 변한이었다. 변한과 진한은 각 12국이며 마한은 54국이 있다. 큰 나라는 1만 가(家)가 넘었고 작은 나라는 수천 가였다. 백제는 그 중 하나로 10만여 호였다. 후에 점차 강성해져서 작은 나라들을 여러 곳에서 얻게 되었다. 그 나라는 본시 고구려와 함께 요동의 동쪽에 있었다. 진나라 때, 고구려가 요동을 빼앗아 차지하자 백제도 역시 요서, 진평 2군의 땅에 점거하여 스스로 백제군을 설치하였다.

百濟者 其先東夷有三韓國一日馬韓二日辰韓三日弁韓. 弁韓辰韓各十二國 馬韓有五十四國 大國萬餘家 小國數千家 總十餘萬戶 百濟卽其一也. 後漸强大 兼諸小國. 其國本與句驪在遼東之東 晉世句驪旣略有遼東 百濟亦據有 遼西晉平二郡地矣 自置百濟郡.

이러한 기록을 근거로 백제의 강역과 위치를 찾아 추정할 수 있는데, 이는 다음 '제2편, 백제 강역'에서 다시 다루도록 하겠다.

한편, 타이완 국립 고궁박물원이 소장하고 있는 당염립본왕회도(唐閻立本王會圖, 폭 238.1㎝, 높이 28.1㎝)에도 백제사신의 모습이 있다. 이 그림은 당나라 때의 화가 염립본(?~673)이 「양직공도」를 모사한 것이라 하기도 하고, 당 태종 때 중국에 온 주변 23개국의 사신을 그린 것이라고도 한다. 이 그림에는 해설의 글이 없다.

4) 동이족을 시대와 그 분파에 따라 우이, 견이, 풍이, 황이, 방이, 구이, 견이, 백이, 적이, 형이, 양이, 서이, 회이, 사이, 내이, 동이, 개이, 도근 등으로 불렀다.

백제의 요람은 홍산 문화의 터전

동이민족이 이룬 인류 최초의 문명

세계사는, 대개 B.C.4500년에서 B.C.1700년 사이에 세계4대문명이 이루어졌다고 하였다. 그러나 20세기에 이보다 무려 4000~2000년이나 앞선 홍산문화가 발견되어 인식을 달리하게 되었다. 이 문명은 이른바 세계4대문명권보다 20~40세기나 앞섰으니 분명히 세계에서 가장 오래된 문명이자 인류문명의 시원이라 할 수 있다.

홍산문화는 지금의 행정구역으로 중화인민공화국 내몽고자치구 적봉(赤峰, 츠펑)시에서 요령성의 조양(朝陽, 차오양)시에 이르는 곳에 분포되었다.

이 지역은 어떠한 곳인가?

잠시 거대한 중국대륙의 지형을 살펴본다면, 서쪽과 남쪽에 알타이산맥, 파미르고원, 천산산맥, 곤륜산맥, 히말라야산맥 등 수천 미터의 높은 산악이 겹겹이 쌓여 있고, 동쪽은 황해 바다이며, 북쪽은 고비사막 등 끝없는 불모지와 고지대가 이어지고 있다. 여기에 고대 인류가 중국으로 이동할 수 있는 유일한 출입로가 있는데 이는 동북쪽 해안가, 바로 홍산문화를 이룬 하북성 북쪽 일대이다.

몽골의 서쪽에서 유라시아 대륙 전체로 퍼져나간 세계최대 민족이 알타이민족이다. 언어학에서는 알타이어족이라 하지만, 인류학에서는 알타이민족이라 한다. 알타이산맥이 몽골에 있기에 몽골리안(Mongolian)이라 하기도 한다. 인류학의 알타이민족에는 중국의 한족이 포함되지만 언어학으로서의 알타이어족에는 중국인이 포함되지 않는 것이 다르다. 알타이민족은 농경이 가능하고 따뜻하며 기름진 땅에 정착하기 위하여 꼭 요서지방을 거쳐 중국대륙이나 만주 한반도로 이동할 수 있었다.

이동의 길목인 요서지방에는 1만 년 전부터 홍산 문명과 함께 환인조선, 배달조선 그리고 단군조선 등의 국가가 먼저 형성되었던 것이다.

20세기 초에 발견된 이 문명권은 중국은 “요하문명”이라 하지 않고, 이 지역의 산 이름을 따서 홍산문화라 하였다. 홍산은 ‘붉은산’의 한자말이고 옛 이름은 ᄇᆞᆰ산 즉 백산이며, 지금도 남아있는 대백산(大白山)과 같은 이름이다. 적봉 역시 홍산과 다를 바 없는 ‘ᄇᆞᆰ산’이며, ‘조양’도 마찬가지로 우리말 ‘아침해’를 뜻하는 한자말이다. ‘조선’ 즉 ‘새 아침’과 엇비슷하다. 모두 우리 배달민족이 성스러운 산천이나 도읍지 또는 나라에 어김없이 붙이던 낯익은 이름들이다.

홍산 문화에는 약 500여 곳의 유적지들이 있다. 대부분 적석총 유적으로 만주와 한반도 일대에서만 발견되는 독특한 무덤 형태이다. 유물도 기존에 황하 문명권에서 보던 것과 확연히 다른 고조선의 유물들이다. 고조선의 역사를 상기하면 너무 당연한 일이지만 한편 놀라운 일이 아닐 수 없다.

유물은 주로 옥(玉) 제품이 많다. 옥으로 만든 각종 용(龍), 태양신, 봉황, 솟대 등에서 볼 수 있는 새 등 종교적 신앙의 대상으로 볼 수 있는 물건이 많이 출토되었다. 곰이나 호랑이 등 고조선사에서 토템으로 신성하게 여기는 특정한 동물은 물론 소, 돼지, 원숭이, 거북이 등의 다양한 부족·씨족·사회집단의 신분을 나타내던 물건들도 쏟아져 나왔다.

웅녀신(熊女神)으로 보이는 여신상과, 옥으로 만든 사실적인 남근(男根)상, 남녀의 성교(性交)상, 임산부(姙產婦)상 등, 요즈음으로 치면 19금에 해당하는 유물들도 대량으로 나와서 후손이 번성하기를 염원하며 숭배하던 당시의 시대상을 엿볼 수 있게 한다. 5600년 전 것으로 판명이 된 한반도의 강원도 고성출토 옥 귀걸이와 구별할 수 없을 정도로 똑 같은 물건도 많이 나왔다. 모두 한반도문화와 같은 줄기임을 확인하게 한다.

돌보습, 돌쟁기, 돌호미 등 농경이 이루어졌었음을 확인하는 다양한 종류의 농기구와 함께, 진흙으로 만들어 붓으로 그림 그린 채문 토기와 음식을 담는 그릇도 다량 출토되었다. 특이하게도 옥으로 만든 누에가 나와 고조선인들이 비단을 입었었음을 반증을 하게 한다. 지금까지 중국에서 비단이 처음 생산되었다는 통념을 수정하게 하는 유물이다.

석경(石磬)

음정이 다른 여러 가지 옥(玉)을 배열하여 매달고 쇠뿔로 만든 망치로 치는 고대 악기.

①

②

③

④

⑤

⑥

홍산문화 (여러 가지 토템 상징물들)

① 누에 ② 남근상 ③ 성교상 ④ 태양신 ⑤ 여신 ⑥ 여인

통념을 바꿔야 할 또 다른 유물들이 이 지역에서 나왔다. 바로 음악과 예악(禮樂) 문화를 추측할 수 있는 악기들이다. 뼈피리와 함께 많은 석경(石磬)이 출토되었다. 석경은 고대로부터 금석지성(金石之聲)이라 하여 종과 함께 궁중 의례에서 중요하게 사용하던 악기이다. 홍산문화에서 보이는 옥경과 예악은 동이민족이 세운 하(夏)·상(商)·주(周) 3대로 이어진다. 옥경(玉磬)은 소위 옥경천자지악기(玉磬天子之樂器)라 하여 왕가에서 사용하였다. 이 홍산의 유물로 인하여 7000년 동이 배달민족사에 예악문화가 형성되어 중원으로 흘러갔음을 말하고 있다.

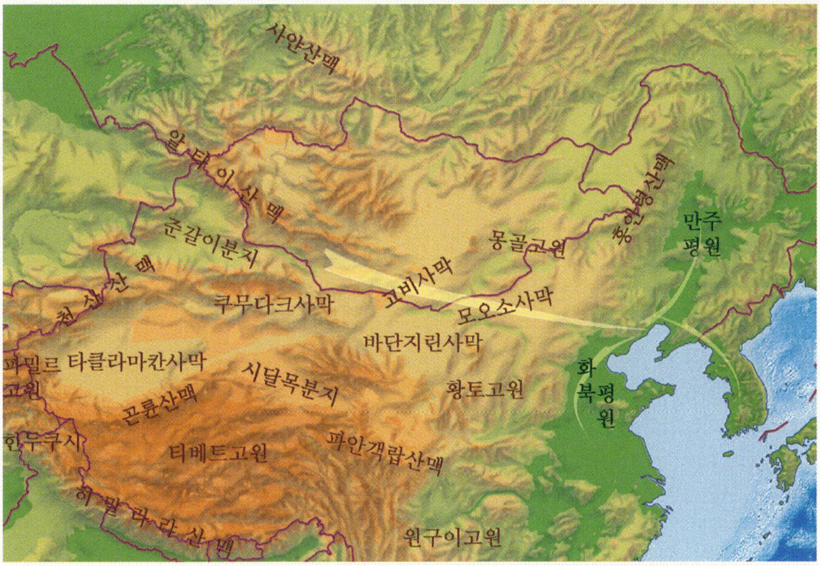

동북아시아 지형

중국 대륙의 땅은 넓지만 경작에 적합한 동쪽(연두색)땅 뿐이고 나머지는 고대인들이 살기 어려운 산악과 사막이 대부분이다. 이 평야 지대가 바로 역사의 무대이다. 알타이민족은 요서지방의 좁은 출입구를 통하여 중국으로 이입되어 황하문명을 이루었으며 그 진입로 입구에 있었던 요하(홍산)문명이 더 먼저 생겨나게 되었다.

홍산
내몽고자치구 적봉시 홍산

3. 『북사(北史)』

『북사』는 중국 위진남북조 시대의 위(魏)·제(齊)·주(周)·수(隋)의 역사를 기술한 정사로 12권의 본기와 88권의 열전으로 구성되었다.

위·제·주·수 4개국의 무대는 북부 황하 하류 유역의 비옥한 대평원으로 오늘날의 화북지방(華北地方)이다. 상고시대부터 고조선을 구성하는 여러 민족들과 한족(漢族)이 다투던 곳으로 인구밀도가 높았던 지역이다. 위·제·주·수 4개국은 모두 북방의 고조선의 후예들이 세웠던 나라라는 공통점이 있다.

『북사』저자인 이연수(李延壽 ? ~ ? 650년 경)의 부친 이대사(李大師)는, 당시 위진남북조시대에 여러 국가들이 서로 헐뜯는 관계에 있었기 때문에 역사서도 모두 자기 나라 위주로 기록하여 다르다고 생각하였다. 이를 바로잡으려 하였지만 뜻을 이루지 못하고 죽자, 아들 즉 이연수가 본기 12권, 열전 88권의 방대한 『북사』를 완성하게 되었다. 이러한 편찬과정으로 미루어 볼 때 『북사』는 다른 나라의 역사책에 비하여 이민족에 대해서도 중립적 입장에서 기술하였으리라는 믿음이 간다.

위(魏)는 150년 가까이 나라를 유지하여 북조의 국가 중에서 가장 오랜 역사를 자랑하는 나라이다. 물론 백제역사와는 비교가 되지 않는 짧은 역사이지만, 다른 제나라, 주나라, 수나라가 겨우 25년 정도의 역년을 헤아리기 때문에 오래 유지한 나라였다고 할 수 있는 것이다. 이는 이들 나라가 허약하고 불안하였다는 사실을 입증하는 것이기도 하다. 국경 주변은 허술하였고, 그 틈새를 많은 군웅(群雄)들이 파고들게 되었다. 5호16국 시대라 하는 이 135년 동안 북중국에서는 백제를 비롯하여 조(趙), 진(秦), 연(燕), 량(凉), 성(成), 한(漢), 진(晋) 등은 물론 이름조차 전하지 않는 많은 군소 국가들이 이 지역에 할거하여 쟁패를 벌였다.

『북사』에 소개된 위·제·주·수 4개국을 개괄하며, 이들과 백제와의 관계를 정리하겠다. 이들의 무대가 바로 백제의 요서, 진평군의 주변이기 때문이다.

가) 북위(北魏)

탁발씨(拓跋氏) 왕조라고도 하는 북위(北魏)는, 중국 남북조시대에 화북지방에 존재했던 왕조들 중 가장 강력한 국가였다. 386년에 건국하여 13명의 황제가 나라를 이었다. 선비족 탁발씨의 후예들이 옛 고조선 땅에서 유목민족을 규합하여 나라를 건립하고, 만리장성 이남으로 내려와 지금의 북경(北京, 베이징) 서쪽 산서(山西)지방에 터전을 잡았던 나라가 북위다.

이 북위가 백제를 상대로 488년에 전쟁을 하여 패하였다는 기록이 『자치통감』과 『삼국사기』에 기록되어있다. 특히 『자치통감』에는 본문 아래 "진나라 때 백제는 요서에 있는 진평2군을 점거하였다"라고 문장을 첨가

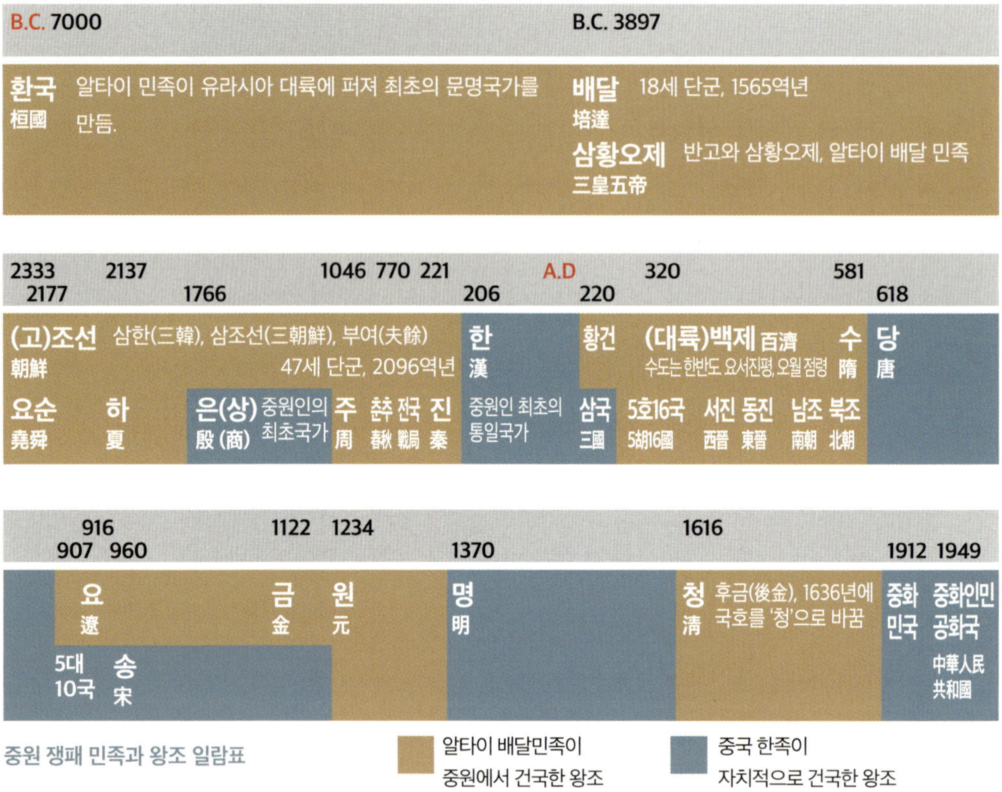

중원 쟁패 민족과 왕조 일람표

하여, 이 전쟁이 요서·진평백제와의 싸움이었음을 명기하고 있다. 수도는 오늘날 북경에서 400km 서북쪽에 자리한 대동(大同, 따통)시이었다. 이로 미루어 북위가 백제와 격전하였다는 지역은 오늘날의 북경 부근으로 추정할 수 있다.

> 영명6년(488). 북위가 병사를 보내 백제를 공격한바 백제에 패하였다. [진나라 때, 백제는 요서에 있는 진평 2군을 점거하고 있었다.]
> 永明六年. 魏遣兵 擊百濟. 爲百濟所敗. [晉世 百濟 亦據 有遼西 晉平二郡也]

『자치통감』136권 제기2 세조 편 상의 하

동성왕10년. 북위에서 보낸 병사가 정벌하러 왔다. 우리에게 패하다.

東城王十年(488). 魏遣兵來伐. 爲我所敗.

『삼국사기』「백제본기」제4

이 북위와의 전쟁에서 백제는 요서·진평군을 넘어 다시 산동반도와 회수 지방을 차지한다. 이 전투에서 승리한 광양태수 고달(高達)을 대방태수로, 조선태수 양무(楊茂)를 광릉태수로, 회매(會邁)를 청하태수로, 모견을 낙랑태수로, 왕무를 성양태수로 임명한다. 이러한 기사는 『북위서』에 기록되지 않고 『남제서』권58 「동남이전」 백제 편에 전한다.

위나라는 복수전을 하기 위하여 군사 수십만을 징발하여 다시 백제의 경계에 침공한다. 이 때, 백제가 위나라 군사를 습격하여 크게 격파한 그 상황을 『남제서』에 다음과 같이 묘사하고 있다.

지난 경오년(490), 북위가 뉘우치지 않고 군사를 이끌어 깊이 쳐들어오니 신이 사법명 등을 보내 천둥치듯 공격하여 들이친바, 흉도가 당황하여 무너져 총퇴각하니, 달아나는 적을 뒤쫓아 가 마구 무찔러 시체가 들에 쌓이고 피가 땅에 물들었다. 이로써 적은 예기가 꺾이고 그 흉포한 행동을 거두게 되어 지금은 영내가 조용하고 편안하게 되었다.

去庚午年 獫狁弗悛 擧兵深逼 臣遣沙法名等 領軍逆討 宵襲霆擊 匈梨張惶 崩若海蕩 乘奔追斬 僵屍丹野 由是摧基銳氣 鯨暴韜凶 今邦宇謐靜

『남제서』백제전

이 전투의 결과로 동성왕은 전쟁의 유공자들에 대하여 논공행상을 하였

문성제 조상

북위의 수도였던 평성(지금의 대동) 부근의 운강석굴 제20굴에 문성제(文成帝, 제5대 황제, 재위: 452~465)를 미륵으로 표현한 조각상

는데, 그 중에는 성양(城陽)태수 왕무가 들어있다. 그가 태수로 있었던 성양은 오늘날 교주만 성양시 지방으로 산동 반도의 중심지였다. 동성왕은 이 전투에서 또 하나의 중요한 지방을 차지하니 그곳은 목간나가 차지한 대방(臺舫, 한사군의 대방<帶方>과 다름)으로 오늘날의 제남(濟南, 지난)시와 서주(徐州, 씨저우)이다.

백제와 북위의 다섯 차례 전쟁

전쟁에서 웃은 사람들

백제가 중원대륙에서 맹위를 떨친 사실은 488년부터 498년까지 10년 동안 북위와의 크고 작은 다섯 차례의 전쟁 기록으로써 확인할 수 있다.

그 첫 번째 전쟁은 『자치통감』 권136 제기(齊紀) 2 세조(世祖) 상지하(上之下)에 전하는, '북위가 병력을 보내어 백제를 공격하였으나 백제에게 패배했다. 백제는 진나라 때부터 요서, 진평 2군을 차지하고 있었다'는 기록에 나타난다. 이는 『삼국사기』에서도, '동성왕 10년(488년) 위가 군사를 보내어 우리를 쳤으나 우리에게 패하였다'라는 기사에서 확인할 수 있다.

위나라와의 전쟁에서 크게 이긴 본국백제의 동성왕은, 공을 세운 3명의 장수들에게 새로운 장군이름과 함께 각각 봉지를 내려 태수에 봉하였다.

1. 고달(高達, 건위<建威>장군 광양<廣陽>태수 겸 장사<長史>)을 용양(龍驤)장군 대방(帶方)태수로,
2. 양무(楊茂, 건위장군 조선<朝鮮>태수 겸 사마<司馬>)를 건위장군 광릉(廣陵)태수로,
3. 회매(會邁, 선위<宣威>장군 겸 참군<參軍>)를 광무(廣武)장군 청하(淸河)태수로

각각 임명한 것이다. 이는 『남제서』 권58 동남이전(東南夷傳) 백제국(百濟國)에 전한다.

488년 백제와의 전쟁에서 패한 북위는, 남제가 백제를 도운 것이 패전의 원인이었다고 판단하여, 남제와 화친하고 백제를 고립시키는데 성공한다. 이 내

용은 『위서』 권7상 제기 7의 기록이다. 사전 준비를 끝낸 북위의 고조는 다시 수십만 대군을 동원하여 백제 군사들을 공격하였다. 이 전쟁에 대하여, 태화 13년(489년) 정월 "소색이 외국인 부대를 보내어 변방을 침략하니, 회양태수 왕승준이 반격해 쫓아냈다"[太和十三年春正月, 蕭賾遣衆寇邊. 淮陽太守王僧儁擊走之]라 한 『위서』의 기사와, "이때 위나라 오랑캐가 다시 기병 수십만을 일으켜 백제 땅을 공격하니 모대(동성왕의 이름)가 장군 사법명, 찬수류, 해례곤, 목간나를 파견하여 이들이 이끄는 군대의 공격에 크게 격파되었다."[時歲魏虜又發騎數十萬, 攻百濟入其界, 牟大遣將沙法名, 贊首流, 解禮昆, 木干那. 率衆襲擊大破之] 라는 『남제서』 권 58의 기록이 있다.

이 전쟁에서도 이긴 백제는 전공을 크게 세운 다음의 4명의 장군들을 현지의 왕 또는 제후로 임명하여 점령지를 다스리게 한다.

1. 사법명(沙法名)을 정로(征虜)장군 매라왕(邁羅王)으로
2. 찬수류(贊首流)를 안국(安國)장군 벽중왕(辟中王)으로,
3. 해례곤(解禮昆)을 무위(武威)장군 불중후(弗中候)로,
4. 목간나(木干那)를 광위(廣威)장군 면중후(面中候)로 임명함.

동성왕이 이들에게 제후 또는 왕의 작위를 내린 것은 당시 황제국의 일반적인 국가통치 방법이었다. 장군에서 제후가 된 이들은 백제 8대 성씨에 들어가는 귀족출신들이었다. 이 때, 동성왕은 용양(龍驤)장군 모유(慕遺)를 낙랑태수 겸 장사(長史)로, 무(建武)장군 왕무(王茂)를 성양(城陽)태수 겸 사마(司馬)로, 무(振武)장군 장새(張塞)를 조선태수로 추가 임명하였다는 기록이 역시 『남제서』에 전한다. 이들은 모두 이 제위대전(濟魏大戰)에서 백제의 귀족이 되고 태수 또는 왕이 되는 행운을 갖게되었다.

북위(北魏, 386년~534년)는 고조선의 후예들이 세운 나라로, 만리장성 북방의 땅은 물론 중원까지도 통합하여 거대한 국가로 건설하였지만 그 동쪽에 있던 백제에 시달리다가 국력을 소진한다. 특히 490년에 20만 대군을 일으켜 백제를 침범하여 대패한 후유증으로 수도를 평성(지금의 대동시)에서 서쪽으로 천리나 떨어진 낙양으로 옮기게 되고, 산동 반도와 회수 등의 요지를 잃어 재정이 파탄되는 수모를 겪다가 결국 건국한지 148년 만에 패망하여 역사에서 사라지게 된다.

이 전쟁에서 이긴 동성왕도 결과적으로 웃는 사람은 못되었다. 그는 본국의 웅진에서 수 천리 떨어진 요서·진평군에서 북위와 싸우는데 전력을 다하다가 내치(內治)에 소홀하게 된다. 여기에 고구려를 경계하기 위하여 신라까지 도와야 하였고, 대마도에서 맹위를 떨치는 백제를 제거하려 고구려계 현종이 쳐들어 왔기에 동성왕이 다시 나서야 했다. 이 싸움마저 크게 이겨 백제는 대판(大阪, 오사카)과 나양(奈良,나라)현까지 차지하게 된다. 하지만 국내정치 상황은 "서울에서 노파가 여우로 둔갑하여 사라지고, 남산에서 호랑이 두 마리가 싸웠는데 잡지 못하는" 등의 『삼국사기』표현처럼 분란과 갈등이 있었다. 결국 그는 측근에게 살해당하는 비운을 맞게 된다.

임류각(추정)
동성왕때 지었다는 기록이 있음(공주 공산성 소재)

나) 북제(北齊)

제(齊)는 선비[5]족 고씨(高氏)가 건국한 왕조로, 이보다 약 50여 전에 양자강 변에 있었던 또 다른 제나라와 구분하기 위하여 북제(北齊)라 한다. 양자강 남쪽의 제나라를 남제(南濟)라 하는데 두 나라 모두 백제와 관계가 깊다. 550년에 건국하여 27년을 유지하고 멸망하였다. 초대황제였던 고환은 북위의 6진의 난에 가담하여, 선비족의 부족인 해(奚)족을 멸하고 나라를 세웠다. 그러니 북제는 선비족이 다른 선비족을 멸망시키고 건국한 나라라 할 수 있다. 선비족은 단군조선의 중요한 구성민족으로, 중국 사람들이 조선(朝鮮) 민족이라는 뜻에서 '선'(鮮)자와 비천(卑賤)하다는 뜻의 '비'(卑)자를 합하여 낮추어 부르던 이름이다. 선비족에게 얼마나 많은 침략을 당하였으면 이러한 이름으로 적개심을 표현했는지 충분히 이해할 수 있게 한다.

수도는 업(鄴)으로 현재의 중국 호북성 한단시 임장현과 호남성 안양시의 경계에 위치하였다. 이 나라를 두고, 서쪽은 군사력이 강하였지만 동쪽은 약하였고, 동쪽으로 경제력이 강하였지만 서쪽은 약하였다고 평한다. 동쪽의 경제력을 배경으로 돌궐과 결탁하여 북주(北周)군을 여러 차례 격퇴한 데서 생겨난 말이다. 한때 우수한 군사력으로 사천성까지 병합하면서 얻은 막대한 경제력으로 북주에 군사적 우위를 지키며 나라를 유지하였다. 그러나 마지막 황제인 고위(高緯)는 모함으로 곡률광과 난릉왕 등의 명장들을 처형하는 등 실정을 하면서 577년 북주에게 멸망당했다. 난릉왕은 북제의 장공(長恭)으로 빼어난 미남이어서 적들이 무서워하지 않아 흉측한 가면을 쓰고 전쟁에 나섰다는 장수다. 그가 금용성에서 북주의 군사를 무

5) 대흥안령에서 남하한 동호의 한 갈래 민족이다. 흉노가 한나라에 패하자 이들 선비가 중국 북쪽을 석권하고, 고조선의 영웅인 단석괴가 죽은 후에 모용, 탁발, 우문, 독발, 걸복, 단, 토욕혼, 거란, 해(奚) 등으로 갈라져 오호16국과 남북조, 남송시대에 중원을 장악한다.

찌른 무용담을 '난릉왕입진곡'(蘭陵王入陣曲)이라는 기악(伎樂) 양식으로 만들어 후대에 전해 더욱 유명하게 되었다.

북제의 유물로 석제 반가사유상이 전한다. 연화대 위에 걸터앉아 오른쪽 다리를 왼쪽 무릎 위에 얹고, 오른손을 들어 손끝을 턱에 대고 깊은 생각에 잠긴 모습을 표현한 불상(佛像)이다. 이 반가사유상은 한국의 국보 제78호와 제83호 금동미륵보살반가사유상과 매우 유사하다. 이 한국의 국보들은 모두 삼국시대의 것으로 제작한 곳이 신라 혹은 백제일 것으로 추정하고 있다. 일본의 국보 제1호인 경도 광륭사(廣隆寺, 고류지) 목조반가사유상(木彫半跏思惟像)은 백제에서 제작한 것으로 인정하는 유물이다. 이 3개 지역의 반가사유상은 모두 모양과 양식이 비슷하며 6~7세기 동양 불교조각 가운데 최고의 걸작으로 꼽힌다. 한반도, 하북(河北, 지금의 북경을 둘러싸고 있는 지방), 왜국에 분포되어 모두 백제문화의 한 울타리 안에 있었음을 말하고 있다.

반가사유상

북제(北齊)의 석제(石製) 반가사유상(왼쪽), 대한민국 국보 제87호 금동(金銅)미륵보살 반가사유상(중앙), 열도 백제 광륭사 목조(木彫)반가사유상 일본국보 제1호(오른쪽)

영원한 우리민족의 고유악기 '해금'

동방 음악을 밝히다

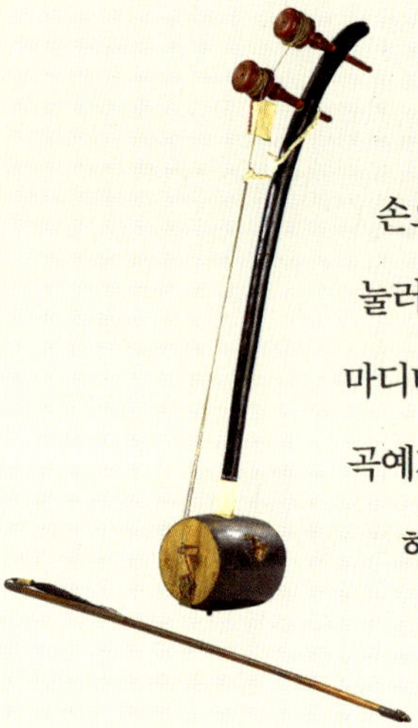

해금(奚琴)

한국의 전통 해금

해금은 참으로 매력적인 악기다. 말총으로 만든 활로, 두 가닥 비단 줄을 그어 내는 칼바람을 닮은 소리가 사람의 흉금을 쥐어짠다. 오른손으로 활대를 잡아 줄을 마찰시키고, 왼손은 두 줄을 한꺼번에 감싸 잡아 눌러 쥐거나 펴면서 음높이를 조절한다. 음정의 표식도 없이 오로지 손가락 마디마디를 감각적으로 헤아려 춤추듯 음정을 찾아가는 중에 농현(弄絃)의 곡예가 신들린 듯 요동치는 먼 조상 적부터 내려오는 우리악기다.

해금(奚琴)은 해족(奚族)의 악기라는 뜻이다. 해족은 누구인가? 『북사』에는 북제의 초대황제이었던 고환(高歡)이 멸망시킨 선비족의 한 종족이 해족이라 하였다. 그러니 해족을 알기 위해서는 선비족을 알아야 한다.

세상에서 가장 오래된 역사책 『사기』(史記)에, 후한(後漢, 25~220) 초에 흉노(匈奴)라는 강력한 북방민족의 나라가 만리장성 남쪽으로 침략하여 중국으로 이입하지만, 일부는 중국의 연합군에 밀려 중앙아시아로 옮겨갔다고 하였다. 이렇게 흉노가 이동하고 나자 그 빈 자리 즉 내몽고지방에 오환족(烏桓族)과 선비족이 군림하게 된다. 이들 선비족은 과거 흉노의 모돈선후(冒頓單于, B.C.234~174, 재위: B.C.209~174)에게 격파된 동호(東胡)의 후예라고 『위략』(偉略)에 기록되어 있다. 『사기』 흉노전에는 이 동호가 예맥조선이라 전하고 있으니 이들은 모두 고조선을 구성하는 민족들이었던 것이다.

선비족은 단석괴(檀石槐, ?~181 단군, 고조선의 영웅)에 의하여 요동에서 감숙성에 이르는 거대한 국토에서 맹위를 떨쳤고, 가비능(軻比能, ?~235년)이 다시 강성하여 위세를 펼친 바 있다. 그 뒤 약 100년간 강력한 지도자가 나타나지 않다가 남북조시대에 이르러, 요하의 서쪽 끝 시라무렌 지방에서 우문(宇文), 대능하 지방의 모용(慕容), 오늘날 북경 일대에서 단(段), 그리고 산서성 북부에서 탁발(拓跋) 등의 선비족 지도자들이 부족들을 규합하여 각각 나라를 세우면서 다시 패권을 다투게 된다. 이러한 와중에 원래 유목민이었던 해족은 동서로 나뉘게 된다. 서쪽으로는 아장에서 3천리 떨어진 곳이라는 대락박(大洛泊)으로 이동하니 이곳은 지금의 신강성과 키르키스탄 방향이 된다. 동으로 이동한 무리는 고구려에서 살다가 발해, 금, 요, 후금 등의 백성이 되었고, 조선시대 초에는 두만강 근처의 함경도까지 퍼졌다. 조선 초 김종서의 6진 개척 당시 경원 땅에 살았었다는 기록을 끝으로 해족의 기록은 사라지게 되니 아마도 함경도 백성으로 동화되었을 것으로 보인다. '선비(鮮卑)'가 '비천한 조선(朝鮮)' 사람이란 뜻이라면, '흉노'는 '오랑캐 노예'라는 의미다. '동이'(東夷)[6] 또는 '동호'(東胡)도 모두 '동쪽 오랑캐'라 하여 우리민족을 비하하던 말

---

6) 동이(東夷)는 협의의 동이와 광의의 동이가 있는데 협의의 동이는 진나라가 중국을 통일하기 전에 중국의 동부 산동성, 강소성, 안휘성 등지에 살던 족속으로 중국인들의 조상인 화하족(華夏族=漢族)과는 다른 이민족을 칭하는 말이며, '동쪽에 있는 이(夷) 즉 큰 활(大弓)을 잘 쓰는 족속'이라는 뜻이다. 광의의 동이는 진나라 이후 만주와 한반도에 살고있는 조선족과 숙신과 동호의 후신은 물론 일본, 유구 등지에 살던 족속들을 '동쪽 오랑캐'라는 뜻으로 비하하여 화하족우위의 사상(中華思想)에 의거 서융(西戎), 남만(南蠻), 북적(北狄)과 같은 맥락으로 동이(東夷)라 하였기 때문에 겨레의 갈래와는 상관이 없는 말이다.

중국 본토에 남아있던 동이족은 한족에게 동화되었음으로 오랑캐의 범주에서 제외되었다. 협의의 동이는 옛날 진나라가 중국을 통일하기 이전에 중국 땅에서 중국 문화의 일익을 맡았던 족속이다. 고고학적인 측면에서 보면 산동반도 일원에서 나타나는 대문구문화(大汶口文化), 용산문화(龍山文化), 청령강문화(청령강문화) 등의 주인이 동이족이다. 특히 용산문화의 갑골(甲骨)은 만주, 한반도, 일본에까지 분포하고 있어 이 지역에 거주하던 민족의 동질성을 입증하며, 가장 오래된 갑골은 서요하 상류의 것으로 신석기 후기인 3,500년 전의 것이다.

중국인들은 자신들을 화하족(華夏族) 또는 한족(漢族)이라 하는데 이들이 남긴 서안(西安)지방의 신석기 반파유적은 고대중국의 중심이었던 황하 하류 하남성과는 거리가 먼 섬서성 지역이며, 주나라의 발생지 또한 이 지역이었음으로 중국 화하족은 중국대륙의 서쪽에서 시작되었다고 보아야한다. 당시 사람이 가장 살기 좋은 황하하류 산동지역에는 중국의 화하족과 구별되는 동이족이 자리 잡고 있었던 것이다. 지금까지 알려진 바로는 중국의 설화나 고대 중국역사에 등장하는 복희(伏羲), 신농(神農), 여왜(女媧), 황제(黃帝) 또는 소호(韶濩), 전욱(顓頊), 제곡(帝嚳), 요(堯), 순(舜), 등 소위 삼황오제(三皇五帝)의 하(夏)나라에서 은(殷), 주(周), 진(秦), 한(漢)까지 이어지는 가운데 복희(伏羲), 신농(神農), 소호(韶濩), 순(舜)은 동이족 사람이며, 은(殷)나라는 동이족이 중심이 되었던 나라로 알려지고 나머지는 화하족(華夏族: 漢族) 또는

이니, 여기에는 중국인들의 중화사상도 어느 정도 작용하였겠지만, 그들이 우리의 선조들을 얼마나 두려워하였는지 엿볼 수 있는 대목이기도 하다.

그들이 중심이 되어 이룬 나라들이다.
특히 은(殷)나라의 갑골문(胛骨文)은 한자(漢字)의 기원으로 여겨져 중요시되는데 이는 그 근원이 대문구문화의 토기에 새겨진 그림문자까지 소급되고, 최근 용산문화에서도 이 문자가 나와서 대문구문화 → 용산문화 → 은나라 갑골문으로 이어져 온 것으로 추정하고 있다. 동이족은 중국 사람들에게 시대와 그 분파에 따라 우이, 견이, 풍이, 황이, 방이, 구이, 견이, 백이, 적이, 형이, 양이, 서이, 회이, 사이, 내이, 동이, 개이, 도근 등으로 불리고 있다.

– 오순제 한국고대사연구소 소장의 글 인용 –

해금연주 모습
해금: 김성아(한양대) 교수

선비족의 활동지역과 한반도에서 출토되는 유물은 매우 유사하여 같은 민족의 뿌리에서 자란 문화임을 알게 한다. 음악문화도 마찬가지이다. 『문헌통고』등의 중국문헌에서 해금은 중국악기가 아닌 북방민족의 악기라 하였다. 하지만 중국인들도 해금의 매력은 떨칠 수 없어 '호금' 즉 오랑캐악기라는 이름으로 받아들이게 된다. 풍부한 감정을 발휘하며 표현력이 다양한 이 악기에 민족적 감정이나 앙금 따위가 끼어들 수 없었던 것이다. 그리하여 해금은 중국 전역으로 퍼져나가 지역마다 조금씩 다른 이름을 얻게 되었으니, 이호(二胡), 고호(高胡), 월호(粤胡), 판호(板胡), 경호(京胡), 경이호(京二胡), 중호(中胡), 야호(椰胡) 등이 그것이다. 이처럼 다양하게 부르는 중에도 우리 민족을 지칭하는 동호(東胡)의 '호'(胡)자는 악기이름에서 빠트리지 않았다.

악기의 이름이 이렇게 달라진 이유는 각 지방마다 현지에서 쉽게 조달할 수 있는 제작 재료의 특성과 이에 따른 변형을 약간씩 허용하였기 때문이다. 아시아 전역에서 이러한 변화가 있었음에도 불구하고 우리는 해금의 전통을 흐트러짐 없는 원형으로 지켜왔다.

해금은 이 시대의 감각까지도 수용하는데 부족함이 없어 현재 우리 국악의 긋는 현악기 제일의 자리에 우뚝 서게 되었다. 중국에서 1966년부터 10년간 지속되었던 문화혁명기간에 얼후[二胡 = 2현으로 연주하는 오랑캐 악기라는 뜻]로 개량하여 표준화 하였다. 북한에서는 바이올린 조현방법을 좇아 4현으로 개량하여 '소해금'이라 하는 것과도 다르다. 이렇듯 아시아 전체에 퍼져나갔던 해금은 오랜 시간을 거치며 다른 악기로 변형도 되고 이런 저런 사연으로 음악의 현장에서 사라지기도 하였지만, 우리나라에서는 전통과 현대를 아우르는 대표적인 국악기의 하나로 각광을 받으면서 새로운 전성기를 누리고 있다.

다) 북주(北周)

주(周)는 선비족 우문씨(宇文氏)가 건국하였다. 국호가 주(周)지만 고대의 주나라(周, B.C. 1046~B.C.256)와 구별하기 위해서 북주(北周)라고 한다. 실질적으로 건국한 사람은 우문태이지만, 그의 아들 우문각이 557년에 초대 황제로 등극하였기에 원년으로 삼는다. 5명의 황제가 24년 간 다스리다가 581년에 망하였다. 특별한 치적은 없고 한 가지 눈에 띄는 것은 불교 탄압이었다. 그들은 사원, 불당, 불상, 경서를 파괴하고 승려와 니승(尼僧)을 환속시켰으며 소유하고 있는 사찰재산과 노비를 몰수하였다.

문정창은 『백제사』에서 북주에 대해 다음과 같은 견해를 밝혔다.

"위덕왕 4년(557) 즈음에 중국에서는 양(梁)이 망하고 남북조말의 혼란기로 접어들게 된다. 진(陳)·서위(西魏)·북제(北齊)·후양(後梁)·북주(北周) 등 하루살이처럼 국가들이 일어서고 흩어지는 바람에 중국본토 여러 곳에 자리하고 있던 백제의 식민지가 무사태평을 누릴 수 있었다."

라) 수(隋)

수(隋)는 서진이 멸망한 후 약 300년간 남북조 시대의 혼란기를 종식하면서 중국을 통일한 국가이다. 제2대 황제인 양제의 폭정으로 인해 618년에 멸망한다. 25년 정도의 존속기간을 가졌던 단명 국가의 하나이다.

중국의 여러 사서와 『삼국사기』 28년 기에 수문제(隋文帝)가 백제의 위덕왕에게 대방군공으로 임명하였다는 기록이 있다. 이는 백제와 관계가 깊었음을 알게 하는 기사이다. 그러나 당나라가 등장하여 중국을 통일하는 과정에서 백제는 중국에 있던 땅을 모두 잃게 된다.

4. 『삼국사기』와 백제

우리가 『삼국사기』라 하는 이 책의 원 제목은 『삼국사』(三國史)이다. 대한민국 보물 제722호, 제723호 등에 『삼국사기』로 등재되었다. 기전체의 역사서로서 고구려 10권, 백제 6권, 신라·통일신라 12권으로 구성된 본기와 지(志) 9권, 표 3권, 열전 10권으로 이루어졌다.

삼국사기
원 제목은 삼국사(三國史) 이다.

『삼국사기』는, 『고기』(古記)와 『삼한고기』(三韓古記) 그리고 『신라고사』(新羅古史) 등 신라에서 전해 온 문헌들을 기초하여 편찬한 책이다. 『구삼국사』(舊三國史), 『고승전』(高僧傳), 『화랑세기』(花郎世記), 『계림잡전』(鷄林雜傳), 『제왕연대력』(帝王年代曆) 등의 신라 문헌을 참고하였으며 백제나 고구려가 기록한 책은 빠져있다.

중국문헌은, 『삼국지』(三國志), 『후한서』(後漢書), 『진서』(晉書), 『위서』(魏書), 『송서』(宋書), 『남북사』(南北史), 『신당서』(新唐書), 『구당서』(舊唐書), 『자치통감』(資治通鑑) 등을 참고하였다. 하지만 가장 많이 인용한 것은 『삼국사기』보다 132년가량 앞서 편찬한 『책부원구』(冊府元龜)로 이 책은 역대 국가들의 정치에 관한 기록을 다룬 일종의 백과사전이었다.

『삼국사기』는 김부식(金富軾, 1075~1151)이 인종(고려 제17대 , 재위: 1122년~1146년)의 배려로 지은 책이다. 왕은 8명의 젊은 관료와 2인의 관구(管句) 등 11명을 지원하여 편찬 작업에 참여하도록 하였다. 『삼국사기』는 김부식이 퇴임 후 개인자격으로 편찬한 것이다. 고려시대에도 역사는 직필이어서, 국가의 사건, 왕의 언행, 백관의 잘잘못 까지도 모든 것을 바르게 기록하였다. 사관(史官)이 기록한 사초에 대해서는 시비를 가리지 못하도록 하는 제도가 있었으며, 사관의 기록행위에 대해서는 면책권까지 주어 공정성을 보장하였다. 하지만 김부식은 은퇴자 자격으로 『삼국사기』를 저술하게 되었으니 궁중 사관(史館)의 사서 같은 엄격한 규정이 없었다. 집필환경이 편찬자의 성향이나 관점에 따라 사실을 다르게 기록할 수 있는 여지를 갖게 된 것이다. 인종이 보낸 11인의 보조집필자들도 거의가 김부식과 개인적으로 가까운 인물들로, 역사 편찬에 어울리지 않는 내시나 간관(諫官)이 대부분이었고 사관은 단 한명도 없었다.

김부식 자신도 한림원에 있을 때 역사 강의를 하였다고는 하지만, 그는 역사가라기보다는 묘청의 난을 제압한 전략가이며 정치가이었다. 김부식을 특별히 총애하였던 인종은 김부식의 정적인 윤언이(尹彦頤, 1090~1149)의 정치적 보복을 피할 수 없는 것으로 보고 김부식의 정치활동을 중단시키고자 『삼국사기』편찬을 명하게 된 것이다.

김부식은 원래 경주 출신으로 신라 왕족의 후손이다. 신라 마지막 왕인 경순왕의 후손으로 알려졌지만 그의 후손들은 무열왕 김춘추의 후손이라 주장한다. 신라가 망할 무렵 왕건을 따르게 된 후 경주지방을 다스렸던 김위영의 증손자가 김부식이다. 그의 아버지 대에 겨우 개경으로 진출하였기 때문에 기존 개경세력에 비하면 출신이 한미하였으나 인종에게 잘 보여 탄탄한 기반을 쌓았다. 이러한 고려왕실의 고관대신이 이미 신라 때 깎여진 백제사를 들추어 진실을 복원해 기록해야 할 특별한 이유는 없었다. 중국 대륙에 건설하였던 대륙백제의 부분을 김부식은 거의 감추거나 가볍게 지나치기 일쑤였다.

그러나 『삼국사기』「열전」'최치원'에서 백제본기에서는 기록하지 않았던 대륙백제의 이야기를 전재하게 된다. 아마도 최치원의 글 전문을 인용하다보니 사사로이 생략할 수 없었을 것으로 보이며, 문장 자체에서 백제에 대한 적개심이 잘 나타나 있음은 물론, 당나라 황제가 고구려와 백제를 정벌한 것이 정당하다고 찬양한 내용이니 김부식이 달리 첨삭할 수 없었을 것이다. 이 글은 「상대사시중장」(上大師侍中狀) 이름으로, 그의 유명한 「토황소격문」이나 「금체시」, 「계원필경」등의 문장과 함께 세상에 많이 퍼져있었다.

> 고(구)려와 백제의 전성시기에 강병 백만 명으로써 남으로 오나라와 월나라를 침범하고, 북으로 유나라, 연나라, 제나라, 노나라를 어지럽혀 중국을 크게 좀먹었다. 이에 수황제가 말을 몰아 요동정벌에 나선 것이다.
> 高麗 百濟 全盛之時 強兵百萬 南侵吳越 北撓幽燕齊魯 爲中國巨蠹 隋皇失馭 由於征遼
>
> 『삼국사기』열전 최치원

이 내용은 백제의 오월 점령과 북방 요서 이남의 대륙을 경영한 사실을 말하며, 수나라가 고구려를 침략한 이유가 고구려·백제의 대륙점령에 있었음을 언급하고 있는 것이다.

최치원의 후손들이 편찬한 『고운선생문집』에도 같은 문장이 수록되어 있다. 『삼국사기』에서 비롯된 신라 중심의 삼국사 역사관은 초기조선에도 그대로 이어 왔다. 새삼 백제사나 고구려사를 바로잡을 이유가 없었던 것이다.

조선 초기에 권근(權近)이 쓴 『삼국사략(三國史略)』이나, 노사신(盧思愼)·서거정(徐居正) 등이 편찬한 『삼국사절요』가 모두 『삼국사기』·『삼국유사』 등에서 국가정치와 관련이 되는 기록을 발췌하여 포괄적으로 다루고 있을 뿐, 백제사에 특별히 관심을 둔 흔적은 보이지 않는다.

세조 때에는 조선에 대한 명나라의 횡포가 더욱 심하여 걸핏하면 중국이

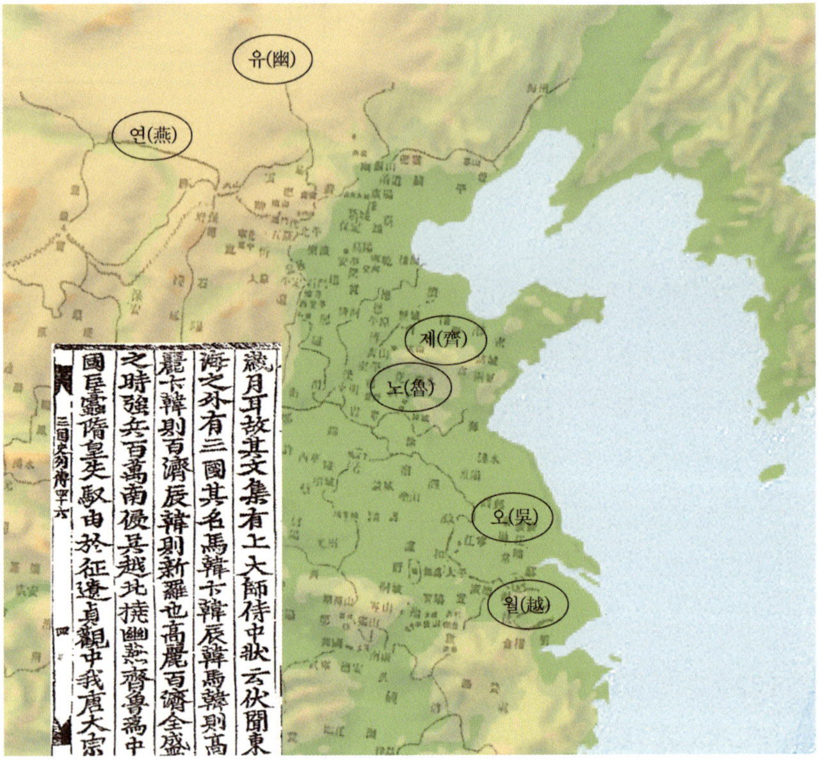

『삼국사기』 최치원전 원본영인과 "백제가 중국을 좀먹어 갔다"라고 표현한 오·월·유·연·제·노의 위치도

자랑하는 6천년 역사 보다 훨씬 오래된 단군조선 이전의 배달국 시대와 환국(桓國)의 9천년 역사가 있다는 사실을 시정하라고 갖가지 꼬투리 잡고 행패를 부렸다. 결국 조선은 이에 굴복하여 『삼성기 상,하』(三聖記 上,下), 『단군세기』(檀君世記), 『태백일사』(太白逸史), 『북부여기』(北夫餘記) 등 고조선 이전에 관한 기록이 들어있는 책은 모조리 수거하여 불태운다. 이러한 분서(焚書) 과정에서 사라진 『태백일사』(太白逸史)에는 백제에 관한 기록도 다수 들어있었던 것으로 알려져 있다. 이런 시대적 흐름 속에서 중원과 일본을 제압하였던 백제의 역사를 거론하는 것은 기대하기 어려운 일이었다.

임진왜란 이후 실학이 움트기 시작하면서 용기 있는 실학자들이 나타나 진실을 밝히기 시작하였다. 그 첫 주자가 조선 숙종 때 필명만 남기고 야인으로 살다 간 북애(北崖)노인이다. 1675년에 저술한 것으로 알려진 『규원사화』(揆園史話)에서 그는 백제의 대륙경영 사실을 실로 1천년 만에 다시 들춰낸다.

백제가 발해를 건너 요서 진평을 빼앗고, 초해를 건너 월주를 차지하였다.
百濟則跨渤海而略遼西晉平越草海而占越州
『규원사화』 제4장 만설

사실 위 글은 『삼국사기』에 이미 다 나와 있는 이야기이다. 발해를 건너 요서진평을 빼앗았다는 글은 최치원의 「상대사시중장」에 있고, 초해를 건너 월주를 차지하였다는 글은 『삼국사기』의 「본기」가 아닌 「지리4」제37권에 수록되어 있다. 그러나 따로 떨어져 있던 이 두 문장을 합하여 북애노인은 대륙백제의 실체를 말하게 된 것이다.

발해만은 중국의 산동반도 북단과 요동반도 사이에 있는 바다이다. 북쪽으로 요령성, 서쪽으로 하북성, 남쪽으로 산동성이 둘러싸고 있는 황해바다 서북 방향의 끝자락이다. 오늘날에는 천진이 발해의 주요 항구이며 북경으로 진입하는 입구이기도 하다.

초해(草海)의 위치는 알 수 없으나 이를 넘어 월주를 점령하였다하니 지금의 상해 남쪽의 항주만(杭州灣)으로 추정해 볼 수 있다. 중국의 귀주(貴州)에도 초해라는 지명이 있지만 이는 내륙에 있는 커다란 호수다.

월주는 중국 상해 남쪽 소흥(紹興, 사오싱)을 수도(首都)로 삼았던 나라이다. 오(吳)나라와 격렬하게 싸워 유명한 춘추전국시대의 월(越)나라를 후세

신채호 사당

충북 청원군 낭성면 신채호의 고향에 있는 단재신채호사당(충북기념물 제90호)

신채호 옥중 사진

에 월주(越州)라 하였다.

현실 개혁을 염원하였던 조선의 실학파 학자들도 여러 역사서들을 남겼다. 이들 실학파 학자들이 『규원사화』를 염두에 두었는지 혹은 중국 사서나 최치원의 「상대사시중장」을 통하여 백제요서경략 사실을 알았는지는 분명치 않지만, 백제대륙경영의 진위를 놓고 여러 가지 견해들을 보였다. 한 예로 신경준(申景濬, 1712~1781)과 한진서(韓鎭書, 1777~?)의 서로 다른 주장을 들 수 있다.

실학사상에 근거한 고증학적 방법으로 지리학을 개척한 신경준은 『동국문헌비고』 여지고(輿地考)에서 최치원의 「상태사시중장」(上太師侍中狀)을 들어 백제의 요서 진출을 인정하였다. 이에 대하여 한진서는 1823년에 완성한 『해동역사』 속집 지리고(地理考)에서 바다 건너 만 리나 떨어져 있는 요서 지역에 몇 개 군을 차지한다는 것이 비현실적이라고 하였다. 신경준이 문헌을 근거로 긍정하였다면, 한진서는 거리상의 이유로 부정한 것이다.

일제강점기는, 우리 역사가 크게 훼손된 기간이지만, 한편으로 민족을 되돌아보며 역사를 바로 세우려는 의식이 넘치던 시기이기도 하였다. 훼손하려는 쪽은 증거를 감추고 그럴듯한 조작을 하여야 했고, 바로 세우려는 쪽은 진실이 아니면 뜻을 이루지 못하는 입장이었기 때문에 필사적으로 사료를 찾고 연구하여 대응하였다.

그 선봉에 박은식(1857?~1925), 김교헌(1868~1923), 등이 있었고, 신채호(1883~936), 문일평(1888~1936), 안재홍(1891~1956), 정인보(1893~?), 권덕규(1890년~1950년), 최동(1896~1973) 등이 뒤를 이었다.

『삼국사기』에 대해 가장 신랄한 비평을 가한 사람은 신채호이다. 그의 여러 저서에서 김부식의 역사를 통렬히 비판하였고, "『삼국사기』는 우리 민족 중심의 역사책이 아니라 중국변방의 사대주의적인 역사책"이라는 비난의 말을 남겼다.

그는 신라 중심으로 쓴 고구려나 백제, 가야 등에 대한 왜곡 사실을 찾아 이를 바로잡으려 하였다. 뿐만 아니라 당시 일본 관학자(官學者)들이 식민주의적 사학으로 훼손한 고조선사를 극복하는데 혼신의 힘을 다하였다. 『조선상고사(朝鮮上古史)』, 『조선상고문화사(朝鮮上古文化史)』, 『조선사연구초(朝鮮史研究草)』등의 여러 저서를 통하여 기존 신라 중심의 상고사(上古史)를 단군, 부여, 고구려 중심의 상고사로 체계화하였다. 그는 한반도와 만주에 그치던 상고사의 무대를 요서지방(遼西地方)과 지금의 중국 동북지역까지 이르고 있었음을 밝혔다. 한국, 중국, 일본 등의 동아시아 사료들을 검토하고 이를 객관적이고 과학적인 논리로 체계화하였다.

신라통일에 대하여 그는 "민족 전체로 보면 민족적 역량과 영토를 축소하는 결과를 갖게 되었고, 외세와 결탁한 반민족적인 것이며, 사대주의적 나쁜 요소를 심는 계기를 만들었다"라고 평가하였다.

『삼국사기』가 신라중심으로 편찬되면서 백제사를 편파적으로 기록한 사실을 보다 구체적으로 밝힌 사람은 문정창이다.

문정창이 지적하는 내용은 다음과 같다.

첫째, 신라의 골품제도에 대해서는 자세히 기록하고 있으나, 그에 못지않게 강인한 골품제도를 갖고 있었던 백제의 품제에 대하여 전혀 언급하지 않았다.

둘째, 『삼국사기』에 신라, 백제, 고구려가 다 같이 1세기 초부터 문자를 사용한 기록이 있는데, 김부식은 375년에야 비로소 백제가 문자를 갖게 되었다고 잘못 기록하였다. 하지만 같은 책의 다른 곳 즉 기루왕 때의 기록에 "125년, 백제가 신라와 문자로서 서로 통관하였다"하였고, 165년, '신라왕이 백제왕에게 역신 선길을 돌려달라고 서면을 보냈다'고 하는 등의 문자를 사용한 기록을 보이고 있어 앞뒤가 맞지 않는다.

셋째, 김부식은 『삼국사기』에서 신라의 연호(年號)는 기록하였으나 고구려와 백제의 연호는 누락하였다. 그 결과 칠지도(七支刀)나 광개토대왕비문 등에 있는 고유 연호의 사용연대를 찾아내기가 어렵게 되었다.

넷째, 김부식과 한 때 적대관계에 있었던 묘청은, '수도를 서경으로 옮기면 가히 천하를 아우르게 되어 금나라가 스스로 항복하고 36국이 모두 고려의 신하가 될 것이라'는 주장을 하였다. 이러한 묘청을 제압한 김부식은 떠오르는 금나라 편에 서게 되는데, 송나라와 요나라 그리고 금나라 중 어느 나라와 연합해야 하느냐하는 어려운 선택의 기로에서 고려로 하여금 금나라를 따르게 하였다. 김부식은 『삼국사기』를 집필하면서도 이러한 정치 외교적 상황에서 금나라의 이해관계에 얽힌 진실을 회피할 수밖에 없어, 때로는 암호 같은 글자로 묵시적 우회를 하여 기록하였다. 이러한 것은 결과적으로 고이왕이 일본열도에 진출하여 위세를 떨치는 내용과 비류왕이 오늘날 중국 하북성 지구를 점령하였던 사실과 시기를 고의적으로 감추는 결과를 낳게 하였다. 이는 김부식의 모화사상이나 정치생명과의 관계뿐 아니라 금나라 희종(희종, 1119~1149, 재위 1135~1149)의 엄격한 검열까지도 의식한 것이었다.

다섯째, 백제가 중국 본토의 여러 광대한 지역을 점령하여 수세기 동안 통치한 사실을 전혀 전하지 않고 있다. 『삼국사기』에서 자주 인용한 중국 사서 즉 『북사』, 『당서』, 『통전』, 『책부원구』에 모두 백제의 중국 지배에 관한 내용을 기록하고 있기 때문에 김부식이 이를 보지 않았을 리 없는데 이 내용을 의도적으로 뺐다.

여섯째, 전지왕 12년(A.D 416년), '동진(東晋)의 안제(安帝)가 백제에 사신을 보내 사지절도독 백제제군사 진동장군 백제왕으로 삼았다'라는 항목의 출처에 대한 문제이다. 이 출처가 『진서(晋書)』라 하였는데, 그 책에는 아예 「백제전」이 없을 뿐 아니라, 『진서』 「안제기(安帝記)」에도 없는 내용을 김부식이 조작하여 인용하였다.

이 문제는 비단 문정창 뿐 아니라 다른 많은 역사학자들에게도 논란을 불러일으킨 '책봉'이라는 말과 연계 된다. 지금은 이 책봉이 갖는 의미를 당시 동진과 백제가 우호관계에 있다는 것과 백제가 동진(東晋)의 동쪽 즉 중국동해안지방을 영유하고 있다는 것을 동진의 황제가 확인한 것이라 일반적으로 해석한다.

일곱째, 묘청 등의 고려시대의 자주파는 금(金) 희종을 굴복시키려고 맞서 싸웠다. 이들을 제거한 김부식이었기에 『삼국사기』를 편찬하며 금의 눈치를 다시 보지 않을 수 없었다. 그 결과의 한 예로 동성왕 6년 기에서 "동성왕은 남제를 창건한 소도성(蕭道成)이 고구려 장수왕을 표기대장군으로 책봉하였다는 말을 듣고, 사자를 보내어 은밀하게 복속되기를 청하니 허락하였다" 라는 백제의 입장에서 보면 굴욕적인 글을 남기게 되었다. 하지만 남제는 백제 식민지 군대의 도움으로 건립되었으며, 건립 후에도 잔류식민지군을 앞세워 북위와 싸우다가 22년 만에 사라진 나라였다. 고구려나 백제에게 책봉을 할 능력이 아예 없는 나라다.

여덟째, 백제의 해외활동에 대하여 언급하지 않던 김부식이, "동성왕 10년 위가 군사를 보내 치려 왔으나 우리에게 패하였다. [東城王十年, 魏遣兵來伐, 爲我所敗]" 라는 기록을 남겼다. 하지만 참고하였을 『자치통감』「제기(齊紀)」의 기록에서 "영명6년, 북위가 병력을 보내어 백제를 공격하였으나 백제에게 패했다. 진나라 때부터 고구려는 요동을, 백제는 요서진평 2군을 차지하고 있었다"[永明六年 魏遣兵擊百濟, 爲百濟所敗. [晉世 句麗略有遼東, 百濟亦據有 遼西·晉平二郡地]라는 후반의 인용문을 생략하여, 『삼국사기』는 전쟁의 위치를 은폐하였다.

이밖에도 백제의 찬란한 해외활동을 전하지 않고, 중국서적이기에 표현할 수 있는 '조공하다'·'책봉하다'등의 글을 두드러지게 하여 고의적으로 폄하하였다는것이 문정창의 주장이다.

식민사학 ↔ 반식민사학

두 친일파 사학자의 엇갈린 비운

일제는 1920년대부터 한국침략을 정당화 하려는 뜻에서, 한국사를 날조하여 새로 만들고 과거 역사를 말살하려는 계획을 세워 실행하였다. 그들은 기존 한국사를 타율적이고 정체된 사대주의의 역사로 만드는 한편, 일본의 지배 덕분에 진보할 수 있었다는 왜곡 방향을 설정하였다.

그러나 여기에 그들을 불편하게 만드는 커다란 걸림돌 두 가지가 있었으니, 그 하나는 일본보다 오랜 단군조선의 역사로, 한반도와 만주를 거쳐 내몽고까지의 드넓은 초원을 발판으로 중국의 북방을 끊임없이 침략한 사실이었다. 그들은 조선의 역사 첫 장을, 한반도의 지리적 조건이 일본과 중국 사이에 끼어 두 나라로부터 끊임없이 침략을 받았고, 한 번도 다른 나라를 쳐들어갔다거나 이겨본 일이 없었다고 만들 계획이었는데 사실은 그 정반대였던 것이다. 그래서 일제는 단군역사의 첫 장을 단군신화라 치부하여 역사가 아닌 비과학적인 미신으로 매도하였고, 식민지로 오해하기 쉬운 기자조선과 위만조선을 중국이 지배한 역사로 조작한 뒤 나머지 2500년의 역사는 아예 삭제해버렸다.

일제가 한국사를 왜곡하여야 할 또 다른 부분은 백제사였다. 백제는 일본 땅을 제후국, 즉 식민국가로 운영하면서, 한반도백제와 동등하게 문화와 역사를 공유하였다. 이는 침략에 찌든 나라로 만들어야 할 한국이 오히려 일본을 지배한 역사적 사실이니 방치할 수 없는 일이었다. 더욱이, 그들의 천황이 백제의 후손이라는 사실은 일본을 근본부터 흔드는 중대한 문제가 아닐 수 없었다. 이 피할 수 없는 백제사에 대하여 그들은 거꾸로 일본이 백제, 신라, 고구려를 지배한 것으로 바꿔 조작을 체계화하기 시작하였다. 이른바 '남선경영론'이라고도 하는 '임나일본부' 주장이 그것으로 그 주된 내용은 일본이 삼국시대부터

문정창

한반도를 지배하였다는 것이다. 이러한 역사를 고려와 조선에 이르기까지 일괄되게 앞뒤를 맞추기 위하여, 그들은 1937년까지 장장 12년간 한국사에 관련된 모든 역사서를 치밀하게 검토하고 선별하는 작업을 하였다. 한편, 과거의 역사서가 이 땅에 남아서는 모든 일이 들통 나기 때문에 전국의 역사책을 수거하여, 그 중 자신들에게 이롭다고 판단되거나 비밀에 붙여야 할 보물급 역사서는 추려 일본 황실 도서관으로 보냈다. 그리고 나머지 20만권 이상의 역사책은 모두 불태웠다.

이 불운의 현장을 함께한 사람이 사학자 문정창(文定昌, 1899~1980)이다. 그는 조선총독부에 근무하면서 그들의 '조선사말살정책'에 따라 규장각 등에 보관되어있던 우리 역사서들을 가져다 모두 읽고 선별하는 작업에 참여하였다. 또 지시에 따라 식민정책에 위배되는 책을 경복궁 마당에서 직접 불태웠다. 이 이야기는 필자가 1972년 경 문정창으로부터 직접 들은 이야기이다. 그는 시대를 살아가기 위하여 지은 과거의 죄를 숨기지 않았다. 해방 후 그는 이를 참회하며, 일체의 대외활동을 하지 않았다. 당시 우리나라는 일본인들 전문인력이 빠져나가면서 남겨진 빈자리를 채우는 일이 절대적으로 필요하였다. 몸을 낮춰 자중해야 할 친일인사들이 그 자리를 차지하게 되었고, 친일행각까지 세탁하여 애국지사로 둔갑하는 일도 허다한 때였다. 군인이건, 경찰이건, 학자건, 행정가건 또는 예술가이건, 친일의 경험을 출세의 발판으로 삼을 수 있는 기회의 시절이었다.

그러나 문정창은 외출도 삼가한 채 오로지 자신이 그 옛날 불태웠던 서적을 회고하고, 일본이 왜곡한 역사를 복원하는 작업에만 전념하다가 세상을 떠났다. 『백제사(百濟史)』, 『군국일본 조선강점 삼십육년사, 상.중.하』, 『단군조선사기연구(檀君朝鮮史記研究)』, 『근세일본의 조선침탈사』, 『고조선사연구(古朝鮮史研究)』, 『일본상고사(日本上古史)』, 『한국고대사(韓國古代史), 상,하』, 『고대일본사:한국사의 연장』, 『한국고대사연구평』, 『광개토대왕훈적비문론(廣開土大王勳績碑文論)』, 『가야사(加耶史)』 등은 이렇게 집필한 것이다. 그는 누구보다도 역사를 많이 아는 전문 사가였지만 친일행각의 멍에를 지고 한평생 제도권 학계에는 발길조차 하지 않았다. 그래서 세상 사람들은 흔히 그에게 재야사학자니 또는 민족사학자라는 별호를 붙여 부른다.

이병도

이러한 문정창과 아주 대조적인 친일파가 있으니 바로 이병도(李丙燾, 1896~1989)이다. 할아버지 이완용의 비호 아래 일본 국비 유학생으로 와세다대학 사학과를 졸업하면서 이미 황국사관에 세뇌되어 있었다. 이때 조선사를 바꾸는 사업에 앞장섰던 일인 학자 길전동오(吉田東伍, 요시다 도고), 지내굉(池內宏, 이케우치), 진전좌우길(津田左右吉, 츠다소키치)로부터 실증사학의 이론과 함께 한국역사의 왜곡 방법을 교육 받았다. 이를 바탕으로 그는 한국에 와서 일황의 칙령에 따라 만들어진 조선사편찬위원회의 중심인물이 된다. 그는 식민사관의 초석이 되는 24,409쪽의 방대한 『반도 조선사』 전 34권을 만 16년 동안에 완성한다. 이

것이 일제강점기는 물론 해방 이후 지금까지 우리들이 교육을 받아온 한국사의 기본 지침이며, 식민사관의 모델이 된 책이었다. 이 공로로 그는 일본의 제1등 공신이 되었으며 일왕으로부터 거액의 포상금도 받았다. 당시 그가 일했던 조선사편수회는, 일본민족의 우위성을 입증하고 한국인의 민족의식 말살을 목적으로 활동하였던 식민역사의 본거지였다.

해방 후에도 그는 참회는커녕, 서울대학 교수, 문교부장관, 학술원회장 등의 요직을 거치면서 문정창과는 완전히 다른 길을 걷게 된다. 서울대학교 국사학과 교수로 재직할 때에도, 황국사관을 신봉하는 것으로 유명한 일본 천리대학교(天理大學校)에 가서 일본 신도의 도복을 입고 예식에 참석하여, 친일을 타도하려는 당시 사회적 분위기를 비웃었다. 사학계의 거두(巨頭)라는 자리를 차지하였던 그는 자신이 이루어 온 식민사관을 계속 교육하고 증식시켜 일제 35년보다도 더 오랜 기간 우리 민족의 역사관을 뒤흔들었다. 그가 식민사관을 세력화하기 위하여 조직한 한 학회를 "일제 강점기에 한국인 학자들의 민족적 자긍심은 찾고 한국문화의 개척·발전·향상을 만들었다"고 역선전하기까지 하여 스스로 지고한 애국자 대열에 서고자 하였다. 그는 역사계 뿐 아니라 교육계까지 장악하여, 결과적으로 그의 식민사관은 일제늑약 100년이 훨씬 지난 지금까지도 우리사회를 지배하며 여전히 맹위를 떨치고 있다.

이제 두 친일 사학자들은 사망하였다.

제도권 역사의 중심이었던 한사람은 식민사학자라는 질타 속에 퇴색해 가고, 또 다른 한사람은 민족사학자로 새로운 평가를 받고 있다. 하지만 화려한 삶을 살았던 사람이나 숨죽이고 지낸 사람이나 모두 친일파라는 꼬리는 영원히 떼지 못하였다. 비운이 아닐 수 없다.

5. 『일본서기』를 둘러싼 여러 가지 문제

『일본서기(日本書紀)』는 백제의 역사를 많이 다루고 있다. 일본에서 가장 오래된 정사(正史)인 『일본서기』에는, 「백제기」, 「백제신찬」, 「백제본기」등의 백제삼서(百濟三書)가 있다. 그 중 「백제본기(百濟本記)」는 백제의 역사를 기록한 책이어서 백제삼서 중에 가장 중요하다. 내용은 백제의 역사적 사건들과 인물 그리고 관직명 등을 기술하였다. 이렇게 『일본서기』가 백제사에 큰 비중을 두고 기록할 수 있었던 것은 백제사가 곧 당시의 일본사였기 때문이다.

그러나 한국이나 일본의 의식 있는 사학자들은 『일본서기』가 『삼국사기』보다 더 심각하게 백제사를 왜곡하였다고 입을 모은다.

이유를 문정창은 다음과 같이 설명하고 있다.

660년 소정방은 당나라로 서둘러 돌아간다. 부흥군의 세력이 만만치 않았기 때문이다. 본국백제는 물론이고 열도백제, 즉 왜국의 세력까지 가세하여 8년간 나당연합군을 상대로 치열하게 싸웠다. 여기에는 의자왕의 누이였던 왜국의 제명여왕[7)](濟明女王, 사이메이여왕 = 황극천황<皇極天皇, 고교쿠천황>)이 부흥전투에서 패하고 살해당하는 역사도 포함된다.

의자왕의 아들 부여복신(扶餘福信,?~663)과 부여풍(扶餘豊, 623~663)이 당나라 유인궤의 술책에 넘어가 살해당하여 사실상 반도백제 부흥이 불가능하게 된다. 이에 열도백제로 망명하였던 의자왕의 또 다른 왕자이면서 제명여왕의 후계자이었던 부여용(夫餘勇,614~672)이 백제부흥의 꿈을 버리고

---

7) 제명(齊明)과 황극(皇極)은 동일 인물로 두 차례에 거쳐 여왕으로 추대되었기에 추증이름이 서로 다르다. 그녀의 첫 재위기간은 4년으로 아들 중대형(中大兄, 나카노오에)가 그녀의 왕좌 앞에서 소아입록(蘇我入鹿, 소가노 이루카)를 처형한 것에 충격을 받아 양위하게 된다. 그녀의 뒤를 이은 효덕왕(孝德, 고토쿠)이 죽었지만, 태자인 천지(天智, 나카노오에)가 어머니를 제명여왕이라는 다른 이름으로 다시 즉위시키고 자신은 황태자로 남아 정치를 이끌었다. 이렇게 왕위를 놓고 격변하게 된 이유는 그녀의 치세 중에 본국백제 즉 반도백제가 멸망한 여파 때문이다.

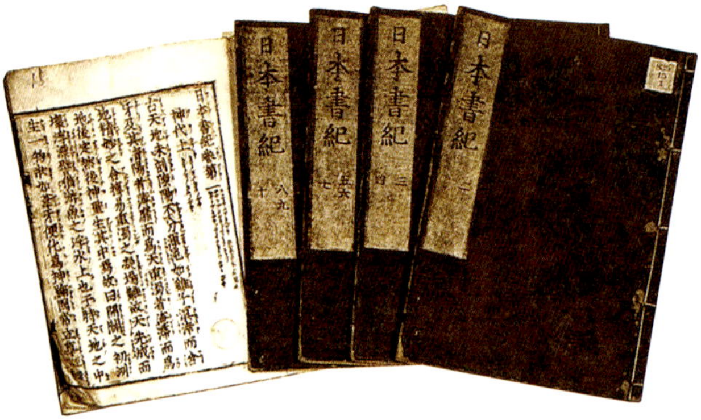

일본서기 표지와 첫 장
일본 국회도서관 소장

국호를 일본(日本)이라 바꿔 나라를 쇄신하면서 천지천왕(天智天王, 덴지덴노, 재위 661-671)에 등극한다.

일본이라는 새로운 이름으로 독립한 나라의 왕을 가장 가까이 모신 사람은 다름 아닌 의자왕의 직계손자 부여선광(夫餘善光)이었다. 패망한 나라 백제의 왕손들은 이제 '부여'라는 성씨조차 부담스러워 이를 버리고 백제왕(百濟王-구다라노코니키시)이라는 성을 갖게 된다. 백제왕씨는 거의 천지천황을 측근에서 모시는 일본의 관료로 살아가게 된다. 『백제본기』의 주요 편찬자들도 바로 이 백제왕씨(氏)들의 후손들이다. 그들은 이미 망한 본국백제와 모든 관계를 끊고 새로운 일본을 위하여 지난 역사를 바꿔야 할 필요가 있었다. 당시 일본에 남아있던 유민을 포함한 모든 백성들의 머릿속에는 아직도 본국백제에 대한 향수와 충성심이 남아있었다. 이제 그 그림자를 지우고 새로운 국가 일본과 왕에게 충성을 바쳐야 하는 것이 절대적으로 필요하게 되었다. 그러기 위해서는 일본의 우월성을 강조해야 하였다. 과거 백제의 식민지로 지냈던 역사를 지우기 위해서 우선 '왜'(倭)라는 이름부터 없애고, 새롭게 붙인 일본(日本)의 국호의 사용 년대도 수백 년을 상대(上代)로 끌어올렸다. 역사가 오래된 것으로 보이기 위해서이다. 또 자신들의 왕을 백제의 왕들보다 우위에 두기 위하여 천황이라는 격상된 칭호를 만들어 사용하였음은 물론, 그의 앞에 있었던 37명의 열도백제시대 통치자들에게도 모두 천황칭호를 추증하여, 천황의 체제가 마치 오래된 것처럼 꾸몄다. 그런가 하면,

과거 백제와 왜의 직급을 뒤바꿔 그들 아래에 백제가 있었던 것으로 조작하였다. 철저하게 백제와의 연을 끊고 새로운 국가의 역사를 만드는 이러한 작업은, 국호를 바꾼 지 12년 후인 680년부터 시작하여 장장 40년 동안 단계적으로 실행하였다. 이러한 필요와 목적아래 편찬된 『일본서기』는 사료의 신빙성 같은 것은 전혀 필요하지 않았고 오직 자의적으로 해석하고 창작하는 일만이 중요하였다.

그 몇 가지 예를 들면, 충청남도 남부 지방에서부터 전라남북도 영산강을 거쳐 경상남도 섬진강에 이르는 커다란 옛 백제의 중심지를 일본천황이 백제왕에게 하사한 것으로 만들고 모든 기록을 맞춰놓았다. 온조왕 대에 흡수한 마한의 땅을 그렇게 바꾼 것이다. 고구려, 백제, 신라, 가야는, 일본이 바다 바깥쪽에 설치한 번병[8](藩屛)이어서, 직할영지는 임라일본(任那日本)이라 하였으니 한반도의 모든 나라들이 일본천황의 통치권 아래 있었다고도 조작하였다. 이에 따르면, 일본이 3세기 중엽부터 한반도에 변진구야국(弁辰狗邪國), 즉 임나가야(任那加耶)를 점유하고, 그 땅을 중계지로 삼아 일본천황이 삼한(三韓)을 통제하였다는 것이다. 370년경에 대규모 군대를 보내 백제와 신라에 편입되지 않은 대부분의 작은 나라를 정복하여 직접 지배하였으니 그 나라 이름이 임나[9]라고 그 어떠한 사료(史料)에서도 찾아볼 수 없는 날조를 하였다.

이렇듯 신빙성이 약한 것이 『일본서기』이니, 그 모든 내용의 진위를 항상 의심하면서 다른 사료와 비교 검토해야 한다.

---

8) 사전적 의미로는 왕실이나 국가를 지키는 변방의 관청이나 군사시설을 말하지만 실제로는 제후를 두어 다스리는 나라라는 뜻으로 일종의 식민지를 뜻한다.

9) 임나(任那)는 경상북도 고령(高靈) 지방에 있었던 부족국가이었으나,『일본서기』(日本書紀)에 이를 임나일본부[任那日本府] 등으로 조작하여 기록하였기에, 근대에 일본학계와 식민사학자들이 가야지배설을 주장하는 근거가 되었다.

ᄇᆞᆰ은내 아ᄎᆞᆷ의 나라

부여·고구려·백제·왜국의 닮은꼴 건국이야기

나라[國]는, 날[日] 또는 낮[晝]과 같은 말로 모두 해[日], 즉 나라님[임금님]을 의미하는 말과 연결되어 있다. 몽고어의 '나라', '나란'도 같은 뜻이고, 열도 백제의 옛 서울이었던 '나라'[奈良(나양), 那羅]나, '나쓰'[夏=해가 긴 여름]도 이러한 한국어에서 옮겨진 말이다. 일본의 땅 이름 '나라'를 옛날에 소호리[添郡] 또는 고호리[添郡]라 하였다. 한국어의 서울, 또는 고을이 이동한 말이며, 백제의 소부리(所夫里)와 신라의 새벌[始林] 등과 같은 말이다. 첫 시조(始祖)를 아침, 해 또는 새로운 해에 비유한 알타이계의 '수리'[王]나, 왕이 사는 서울[京]을 의미하니 이는 '새'[始, 新, 東] '불'[火, 日] 또는 '벌'[火, 野] 등과 혼용한 것이었다.

> 부여 왕 해부루(解夫婁)는 나이가 많도록 왕자가 없어 산천에 기도하다가 곤연(鯤淵)에 가보니 돌 밑에서 개구리처럼 생긴 금빛 찬란한 아기가 있어, 하늘이 주셨다고 기뻐하며, 금와(金蛙, 금개구리)라 이름 짓고 태자로 삼았다. 해부루왕의 신하 아란불(阿蘭弗)이 말하기를 "장차 하늘의 자손이 너희에게 갈 것이니, 왕으로 모시고 동쪽의 기름지고 곡식이 잘되는 가섭벌[迦葉伐]로 나라를 옮기라"하니 그 말에 따라 동부여 즉 '새밝'이라는 나라를 만들었다. 해부루가 세상을 떠나자 금와가 왕이 되었다.

이 동부여 건국역사는, 동(東,새)과 부여(밝)라는 말이 합쳐 '새로 밝히다'라는 뜻이 있고, 해부루는 해(日)와 불(火)이니 곧 태양이라는 말이 된다. 곤연(鯤淵)은 곤이라는 물고기가 사는 북쪽의 연못으로, 태양의 양(陽)에 대한 음(陰)

이 되어 아들 금와를 낳았다는 것이다. 금와는 달 속에 사는 금개구리이니 태양속의 금까마귀와 대치되는 뜻을 갖고 있다. 이들은 태양이 뜨는 아침(朝) 방향에 있는 가섭벌[迦葉伐] 즉 가시벌 또는 아시벌[初原, 東原]에서 나라를 세웠다. 아란불은 아래[下, 北]와 불[日]을 합하여 만든 이름이다.

> 금와왕이 태밝산 남쪽에 있는 우발수에서 하백[물의 신]의 딸 버들꽃[柳花]을 만났다. 하늘의 해모수가 고마산[熊神山] 아래에서 만나 사랑하였지만 부모가 허락하지 않아 쫓겨난 여인이다. 그녀를 데려다가 어두운 방에 가두니, 햇빛이 그림자처럼 따라 다니며 비췄다. 얼마 후 버들꽃은 큰 알을 낳았는데, 개, 돼지, 소, 말 등에게 주었으나 먹지도 깨뜨리지도 않았고 들에 버려도 새들이 깃털로 덮어주어 하는 수 없어 어미에게 돌려주니, 얼마 후에 백발백중 활을 잘 쏘는 주몽(朱蒙)을 낳았다. 성장하면서 영특한 왕의 재목으로 보이자 금와왕의 일곱 왕자들이 시기하여 죽이려 한즉 그 어머니가 위험을 알아차리고 피하게 하였다. 오이(烏伊) 등 세 사람을 데리고 떠난 주몽은, 부여군의 추격을 받으며 엄호수(掩滤水)에 막혀 진퇴양란일 때, "나는 하늘의 아들이고, 물의 신의 외손자인데 위험을 당하니 어쩌랴!"하고 외치자, 고기떼 자라 떼가 다리를 만들어 주어 피할 수 있었다. 졸본천에 도착하니 땅이 기름지고 산천의 형세가 견고하였다. 그곳 불류수(沸流水)에 도읍하고 나라를 고구려라 하니 그가 동명왕(東明王)이다.

이 고구려 건국역사는, 하늘나라[양]의 아들 해모수와 곰수[음]의 딸이 곰신산[熊神山] 아래에서 알(태양)을 통해 낳은 아이가 갖가지 박해를 받으며 성장하여 동(東=新)으로 이동하여 나라를 세울 적에 까마귀 오(烏)자를 가진 친구

금동투조금구(金銅透彫金具)의 삼족오 문양

평양시 역포구역 무진리 왕릉동에서 출토된, 관모(冠帽)형태에 투각된 세 개의 다리를 갖은 금가마귀 문양

[烏伊, 삼족오와 같은 하늘의 전령]의 도움으로 불류수[밝내, 양천, 패수, 열수, 백하, 평주]에서 수리골[고구려]를 세우고 새밝곤[동명왕(東明王)]이 되었다는 이야기이니 부여의 건국사와 구조가 유사하다.

백제의 시조 온조는 고구려의 주몽의 아들이다. 주몽이 부여에서 처음 졸본천에 왔을 때 그 나라 왕이 보통사람이 아닌 것을 알고 둘째사위로 맞아 낳은 두 왕자 중의 아우였다. 그런데 아버지 주몽이 북부여에 살 때 이미 낳은 왕자가 뒤늦게 와서 태자가 됨으로, 형 불류(沸流)와 함께 오간(烏干)과 마려(馬黎) 등 열사람의 신하와 많은 사람을 거느리고 남으로 와 한산에 이르러 부아악에 도읍을 정하려 살피니 강남의 위례성이 마땅하여 도읍하였다. 불류는 그 말을 듣지 않고 강북의 미추홀(彌鄒忽)에 정착하였다. 그러나 땅이 저습하고 짜서 농사가 되지 않아 살 곳이 못되어 후회하다가 사망하였다. 이에 불류의 백성이 모두 위례성에 왔음으로 십제에서 백제로 나라 이름을 바꾸고 나라를 세웠다. 그 선조가 부여사람이니 성을 부여(夫餘)라 하였다.

이 백제 건국 역사에 나오는 큰 아들 불류의 불(沸)은 붉[陽] 또는 밝[明]의 뜻을 가지고 있다. 백제의 '백'자도 밝[明]이 되고, 이 '백'을 우리말로 '온'이라 하였으니, 백제나 온조가 다 같은 말이다. 고구려나 부여의 건국처럼 양과 음의 설정 이후 결혼하여 태어난 왕자가 박해를 받아 방위상 양(陽)의 방향으로 이동할 때 역시 까마귀라는 뜻의 오(烏)자를 쓰는 오간과 십이간지 중 가장 밝은 한낮[日中, 正午(말)] 또는 마한(馬韓)을 위미하는 마려가 함께 탈출하여 밝은 나라를 세웠다는 이야기의 구성이, 부여나 고구려와 유사하다. 미추홀은, 밑의 고을[下國]이라는 말이어서 그 땅이 저습한 곳이라는 의미를 갖고 있다. 이 저습한 곳은 발해만 북단지방으로 당나라가 고구려 침략에 실패하고 되돌아 갈 때, 진흙탕 길에서 길을 잃고 20여일이나 고생하였다는 곳이다. 황해 바다의 침식이 심하여 뻘이 생긴곳으로 지금의 요동성 평주지방이다.

이곳보다 남서쪽에 나라를 세운 온조의 첫 도읍은 우리말 붉내, 또는 밝내(陽州)인 바, 후일 '밝내'는 '벌내'[平州], '평주', '북평'(北平), '북경'(北京) 등으로 지명이 변하여 오늘에 이른다. 『삼국사기』 백제 본기 본문에는 한산(漢山)에서 강남으로 이동하였다는 기사는, 백제가 공주, 부여로 서울을 옮긴 이후에 그 이동의 역사에 맞춰 고친 이야기이다.

> 제초즙불합명(鸕草葺不合命, 우가야후키아헤즈)의 아들 넷이 살기 좋은 동쪽 땅에 나라를 세우라는 염토노옹(鹽土老翁, 시호쓰쓰노오지)의 말에 따라 나라를 세우려고 가던 중, 첫째아들은 적의 화살에 맞아 죽고, 둘째아들은 바다에서 심한 풍랑을 만나자 "내 조상은 하늘의 신이고, 어머니는 바다의 신인데, 땅에서 적을 만나 고생하고 바다에서 풍랑을 만나 위태로우니 웬 일이냐?" 외치며 바다에 들어가 서지신(鋤持神, 사히모씨노카미)이 되었으며, 셋째아들도 큰 파도를 만나 "내 어머니와 이모가 다 같이 바다의 신인데 위험한 풍랑이 어인일이냐?"외치고, 상세향(常世鄉, 도코요노구니)으로 갔다. 넷째 아들 신왜이파례비고명(神倭伊波禮琵古命, 카무야마토이와레히코노미코토)만이 계속 바다를 넘어 능야(能野, 고마노)에서 길 헤맬 때, 두팔지오(頭八咫烏, 야다가라스)를 보내 길을

안내하겠다는 꿈을 꾼 뒤 깨어보니 과연 까미귀가 나타나 길을 안내하여 소호고호리[添郡=서울 고을]에 도착하여 나라를 세웠다.

이 왜국건설 신화에서 동쪽으로 가서 나라를 세우라는 염토노옹의 말은 부여의 금와 왕자가 아불란에게 들은 말과 같다. 갖은 어려움을 겪을 때 조상이 하늘이고 어머니가 물의 신이라 외치는 것은 고구려 주몽이 엄호수에 막혔을 때의 상황이나 다를 바 없으며, 형들이 죽고 아우가 왕이 되는 구조는 백제의 온조와 같은 설정이다.

나라를 세운 소호[添]는 한국어의 수리(상, 왕)와 부여의 옛 이름 소부리, 새벌, 새밝[동부여] 등과 같은 말이다. 나라를 세우려고 가던 중에 만난 두팔지오는 해 속에 있다는 까마귀이며, 고구려나 백제의 건국 당시 수행하였던 까마귀 오(烏)자를 가진 시신(侍臣), 즉 오이, 오간과 공통점이 있다.

이렇듯 백제와 관련된 나라의 건국이야기는 얼개가 유사하고, 이를 둘러싼 나라나 왕 또는 지명 등이 같은 의미이며 비슷한 발음이다. 내용은 가림토[10]글 등의 소리글이 보편적으로 쓰이지 않던 시절이기에 일정한 한자표기 방법이 통일되지 않았다. 서로 표기한 한자만 서로 다른데, 이러한 방법은 일종의 향찰이니 우리민족의 향찰역사는 부여 이전으로 올라가야 한다.

이러한 신화의 공통점에서 이들 나라가 모두 하나의 줄기에서 나왔으며, 같은 문화와 역사를 공유하였다는 사실을 알 수 있다.

---

10) B.C. 3898 ~2333년경 고조선 배달국에 사슴 발자국을 본떠서 만든 녹도문자라고 하는 표음문자가 있었으나 완전한 문자 체계를 이루지 못하였던 것을 B.C. 2181년 경에 을보륵이 개량하여 만든 38자의 문자. 가림다(加臨多)는 우리말소리가 가진 뜻에 관리 통제하여 일치시킨 소리글(표음문자)이면서 동시에 뜻글(표상문자=표의문자)이다. 후일 이 문자에 음성 기호적 기능을 살리고 28자로 축약하여 세종대왕에 의해 한글이 창제된다.

제 2 편

백제 강역(疆域)

백제음악은, 700년 백제역사에서 그 통치권이 미쳤던 모든 땅의 음악을 총칭한다. 따라서 백제의 강역은 곧 백제음악의 범주이다.

1. 건국의 신비

『삼국사기』에는 백제 건국을 계묘년 즉 기원전 18년으로 기록하고 있다. 같은 책 「백제본기」에는, 세 가지 건국이야기를 전하고 있다. 그 중 어떤 것이 옳은지 알지 못하겠다는 해석을 달아 놓았다.[11)]

이 책은 또 세 가지 건국설의 연대가 같은지 다른지도 밝히지 않았고 이를 추정할 만한 다른 기사도 없다. 이 때문에 건국 시기와 지역에 대하여 후대의 학자들이 서로 다른 여러 가지 의견을 내놓게 된다.

세 가지 백제 건국 이야기는 다음과 같다.

11) 삼국사기 백제본기 제1 시조 온조 마지막, 원년 이전 '未智孰是'

1. 고구려 시조인 주몽왕의 둘째 아들인 온조가 형인 비류와 함께 남하하여 백제를 건국하였다. 온조가 한산(漢山)에 이르러 부아악(負兒嶽)에 올라 위례성(慰禮城)으로 도읍을 정하고, 나라 이름을 십제(十濟) 라고 했다. 북쪽에 한수 (漢水), 동쪽에 높은 산(高山), 남쪽에 기름지고 넉넉한 땅, 서쪽은 대해(大海)로 막혔다.

2. 시조 백제왕은 비류(沸流)로, 우태(優台)가 아버지이고 소서노(召西奴)가 어머니이며, 북부여 해부루(解扶婁)의 서손(庶孫)이다.
도읍한 곳은 졸본(卒本)에서 패수(浿水)와 대수(帶水)를 건너 미추홀(彌鄒忽)이었다.

3. 『북사』와 『수서』를 인용한 것으로, 동명왕의 후손 구태(仇台)가, 대방(帶方)의 옛 땅(故地)에 나라를 세웠다.

이 세 가지 백제 건국 설에서 건국 시조는 온조, 비류, 구태 등 다른 사람으로 되어 있고, 도읍지도 위례성(慰禮城), 미추홀, 대방의 옛 땅 등으로 서로 다르다.

분명한 것은 세 가지 건국 설에서 백제도읍지로 기록된 위례성이 오늘날 경기도 하남시와 서울 송파구 일대는 아니라는 것이다. 첫 도읍지에서 나라를 세운 뒤 13년 후에 온조왕이 천도하여 정착한 곳이 바로 옛 경기도 광주군이었던 하남시 일대이기 때문이다.

온조왕13년에 '왕도(王都)에서 노파가 남자로 변하고, 다섯 마리의 호랑이가 성안으로 들어와서 왕의 어머니를 죽이는 변고가 있었다. 이에 왕과 신하가 동쪽에 있는 낙랑과 북쪽에 있는 말갈이 영토를 침략하니 편안하지 못하여 천도하였다'는 것이다.

이 백제 초기 도읍지인 위례성의 지형은 "북쪽으로는 한수(漢水)를 띠고, 동쪽으로는 높은 산을 의지하였으며, 남쪽으로는 비옥한 벌판을 바라보고, 서쪽으로는 큰 바다에 막혔다"라 하였다. 만약 이곳이 서울 송파구와 하남시라면 남쪽에 비옥한 벌판이 있어야 하는데 실제로는 남한산성을 비롯한 광주산맥이 있어 다르다. 또한 높은 산이 있어야 하는 동쪽에는 양평 방향의 평야가 있으니 『삼국사기』가 설명하는 지형과 맞지 않는다.

그래서 조선 후기의 학자들은 위례성이 한강 북쪽에 있다가 남하하였으리라는 추측하여, 서울 세검정계곡이나 상계동으로 추정하기도 하였지만 이 역시 기록과 일치하는 곳이 아니다.

『삼국유사』 왕력표에는 백제 초도의 위치와 A.D. 6년의 천도에 대하여 『삼국사기』와는 다른 설명을 하고 있다.

> 위례성에 도읍하였다. 혹 사천이라고도 한다. 지금의 직산이다.
> 병진년에 한산에 도읍하니 지금의 광주이다.
> 都 慰禮城 亦蛇川 今稷山 丙辰 移都 漢山 今廣州
>
> 『삼국유사』「권1」왕력표

위 기록은 직산에서 첫 도읍을 한 뒤, 지금의 서울지역인 광주로 옮겼다는 것이다. 서거정(徐居正, 1420~1488)의 『동국통감(東國通鑑)』과 정약용의 아방강역고(我邦疆域考)에서도 백제 첫 도읍지가 직산이라 하고 있다.

이 방면에 깊이 연구를 한 오순제 박사는, 경기도 하남시 고골일대의 교산동토성과 이성산성을 한성백제의 왕궁지였던 하남위례성(河南慰禮城)으로 추정하였다. 이 지역은 백제시대에 숭산(崇山)이라고 불리웠던 검단산

(黔丹山:신성한 단이 있는 산이라는 뜻)이 동쪽에 있고, 서쪽으로 이성산(二聖山)에서 금암산으로 이어지는 산줄기가 있으며, 북으로 한강이 띠를 두르듯이 흐르고, 남쪽에는 백제시대에는 한산(漢山)으로 불리웠던 최고의 요충지로 피난성으로 역할을 했던 남한산성 등이 있다. 더구나 백제시대의 왕궁을 중심으로 동,서,남,북에 검단(黔丹)이라는 제사유적과 지명이 남아있어 오행(오방)사상을 나타내고 있다는 점에서 긍정적이다.

'위례'라는 말의 유래는, 담장이라는 뜻의 '우리'라는 말에서 나왔다고도하고, 백제말로 왕을 뜻하는 '어하라'에서 나왔다고도 한다. 이를 한자로 위례(慰禮)라 표기하였기 때문에, 위례성은 곧 '왕이 사는 성'이라는 뜻이다. 위례성은 지역의 이름이 아니라 백제어로 '수도'를 뜻하는 보통명사이다. 온조왕13년의 천도에 대한 기록에, 도읍의 동쪽에 낙랑과 북쪽에 말갈이 있다고 하였는데, 이 낙랑과 말갈의 위치에 대하여 여러가지 학계의 주장들이 엇갈리고 있다.

『삼국사기』「백제본기」의 백제 건국에 대한 두 번째 이야기에는, 비류가 백제의 왕이고 수도는 미추홀로 되어있다. 물론 첫 번째 건국이야기에도 온조의 형으로 비류가 나오지만 초대 왕은 아니었다. 그러니 두 번째 건국설에서 이들 형제의 지위가 서로 바뀌었다 할 수 있다. 수도는 미추홀이다. 고대문헌에 특별히 미추홀의 위치에 대하여 전하는 바 없고 다만 바닷가라고만 기록하였다.

> 드디어 한산에 이르러 부아악에 올라 살만한 땅을 바라보았다. 비류는 바닷가에서 살려 하였다. …… 비류는 듣지 않고 백성을 나누어 미추홀로 가서 살았다.

遂至漢山 登負兒嶽 望可居之地 沸流慾居於海濱…… 沸流不聽 分其民 歸彌雛忽以居之

『삼국사기』「백제본기」

많은 역사책에 미추홀이 위례성의 서쪽이라 하여 인천일 것으로 생각하지만, 『삼국사기』에는 바닷가라고만 하였을 뿐 서쪽이라는 방위에 대한 언급은 전혀 없다.

『삼국사기』「백제본기」에 전하는 세 번째 백제 건국 이야기의 초대 임금은 구태(仇台)다. 그는 고구려 동명왕의 후손이며 대방의 옛 땅(帶方故地)에 나라를 세웠고 그의 아내는 요동 태수 공손도의 딸이었다는 것이다. 그는 백(百) 가문(家門)을 이끌고 바다를 건너[濟] 나라를 세웠기에 국호를 백제(百濟)라고 하였다는 것이다.

중국의 여러 역사서에도 백제는 부여 계의 후손인 구태가 세운 나라라고 하였다. 『주서』에, '구태라는 사람이 있어 처음 대방(帶方)의 옛 땅에 나라를 세웠다. …… 해마다 4번 그 시조인 구태의 사당에 제사를 지낸다'고 하였다. 『수서』에는 "동명(東明)의 후손인 구태는 어질고 신망이 돈독했다." 고 소개하며, 『한원(翰苑)』에는 "부여의 후예인 구태가 제사를 받들어 계승하였다"고 하였다. 『한원』은 당나라 초기의 백과사전이라 할 수 있는 책으로 우리 민족사와 관련이 있는 동이전(東夷傳)이 있다.

이러한 사료에 따라 구태(仇台)가 세운 대방의 옛 땅을 추적한다면 그의 장인인 공손도[12](公孫度, ?~204)가 살았던 지역이 중요한 단서가 될 수 있다.

12) 공손도(公孫度, ? ~ 204)의 도(度)는 '탁'이라고도 읽을 수 있어 공손탁이라 하기도 한다. 후한 말의 인물로, 현도군에서 살았으며 같은 군 출신인 동탁(董卓)의 수하 장수 서영(徐榮)의 추천으로 요동 태수가

『위지』8권과 30권에 공손도에 대한 기록이 있다. 그는 동래의 여러 현(東萊諸縣) 즉 지금의 중국 산동지방을 점령하였고, 그의 아들 공손강에 이르러 낙랑군 둔유현(屯有縣) 이남의 황무지를 차지하였는데 그곳을 대방이라 하였다. 이 대방군이 바로 구태가 세운 대방이라는 견해를 박시인(朴時仁, 1921~1990)이 『국사 개정의 방향, 샘이 깊은 물은』에서 밝힌 바 있다.

서진군국도(西晉郡國圖)는 송나라 때 역대지리지장도에서 발췌한 고대 지도이다. 여기에 대방의 위치를, 요동 남쪽이며 봉래 즉 산동반도 북쪽의 발해만 해안으로 표시하였다.

한편 문정창은 『백제사』에서 대방고지를 오늘날의 남만주 금주(錦州)로 보고 있다. 박시인 보다 훨씬 북쪽으로 올라간 요하 서쪽으로 본 것이다. 금주는 요령성 남부 발해만 근처로 심양에서 약 200km 서남쪽에 위치하며 소릉하(小凌河)를 끼고 있는 도시이다. 이 금주지방이 대방이라는 근거는 '건안 때, 공손강이 유둔현으로 나누어 그 이남을 대방군이라 하였다(建安中 公孫康 分屯有縣以南荒地. 爲帶方郡)'라는 기록에 따른 것이다. 대방현 또는 대방군이라 불렀던 금주 지방에는 대방산과 대수 등 대방과 관련된 산과 강 이름이 있다. 대방산의 유래는 '산허리에 큰 반석이 둘러져 있어 허리띠를 두른 것 같다'는 뜻에서 붙여진 이름이라 한다.

세 가지 백제 건국 설을 하나로 아우르려는 사학자들은 구태를 비류의 아버지라 한다. 그렇다면 구태의 부인이 연타발(延陀勃)의 딸인 소서노(召西奴)인지 아니면 공손도의 딸인지 분명치 않게 된다.

되었으나, 중국의 삼국이 형성되기 이전의 혼란한 틈을 타서 왕을 자처하며 세력을 키웠다. 산동 반도의 힘 있는 자들을 모두 숙청하고 동부 지역을 차지하였다. 고구려와 선비족을 경계하려 부여의 왕 위구태(尉仇台)에게 종친의 딸을 시집보내 동맹을 맺고 한나라에서 내리는 작위를 거부한 일이 유명하다.

황국사관과 조선사편수위원회

한사군이 동으로 간 까닭은?

초대 조선총독 데라우치 마사다케[寺內政毅]는 부임하자마자 조선인을 일본인으로 만들겠다는 계획을 세우고, 그 중요한 정책의 하나로 황국사관 즉 식민사관을 기획하여 기존의 조선역사를 대신하는 새로운 역사서 편찬 사업을 추진했다. '조선인의 정신을 근본적으로 쇄신하는데, 독립시대 이전의 역사책들은 옛 꿈에 연연케 하는 장애물이니' 불온한 조선인으로 만들 수 있다는 취지에서 이러한 사업과 정책이 필요하다는 것이었다.

1910년 11월 초부터 일제는 모든 행정력과 군, 경찰을 동원하여 조선의 역사서를 불온문서로 규정하고 모조리 걷어 들이게 하였다. 조선의 옛 풍습과 제도 조사를 한다는 명목으로 고대조선사와 지리, 위인전기, 열전류 등 51종 20여만 권 이상을 압수하여 그들이 활용할 일부만 남기고 모두 불태웠다.

한편, 식민사관에 맞는 새로운 논리로 『조선사』 35편, 『사료총서』102편 등 엄청난 양의 조작된 조선사를 만들어 뿌렸다. 1922년에 발표한 교육시책에 이 책의 목적을 다음과 같이 설명하고 있다. "조선 사람들이 자신의 일, 역사, 전통을 알지 못해야 그들의 민족혼, 민족 문화를 상실하게 할 수 있다. 조선인의 조상이 무위 무능하고 악행을 하였다는 사실을 들추어내 과장하여 후손들에게 가르치면, 청소년들은 그들의 선조들을 무시하고 멸시하게 되어 반드시 큰 실망과 허무감에 빠져 들게 될 것이다. 그때 일본의 사적과 문화, 그리고 위대한 인물들을 소개하면 동화(同化)의 효과가 클 것이다."

이러한 사업의 일환으로 그들은 『조선사』에서 초대 단군왕검(王儉, B.C.2333), 2대 부루단군(扶婁, B.C.2240), 3대 가륵단군(嘉勒, B.C.2182), 4대 오사구단군(烏斯丘, B.C.2137), 5대 구을단군(丘乙, B.C.2099), 6대 달문단

군(達門, B.C.2083), 7대 한율단군(翰栗, B.C.2047), 8대 우서한단군(于西翰, B.C.1993), 9대 아술단군(阿述, B.C.1985), 10대 노을단군(魯乙, B.C.1950), 11대 도해단군(道奚, B.C.1891), 12대 아한단군(阿漢, B.C.1834), 13대 흘달단군(屹達, B.C.1782), 14대 고불단군(古弗, B .C.1721), 15대 대음단군(代音, B.C.1661), 16대 위나단군(尉那, B.C.1610), 17대 여을단군(余乙, B.C.1552), 18대 동엄단군(冬奄, B.C.1484), 19대 구모소단군(緱牟蘇, B.C.1435), 20대 고홀단군(固忽, B.C.1380), 21대 소태단군(蘇台, B.C.1337) 등의 송화강가에서 개국한 아사달시대의 단군역사와, 22대 색불루단군(索弗婁, B.C.1285), 23대 아홀단군(阿忽, B.C.1237), 24대 연나단군(延那, B.C.1161), 25대 솔나단군(率那, B.C.1150), 26대 추로단군(鄒魯, B.C.1062), 27대 두밀단군(豆密, B.C.997), 28대 해모단군(奚牟, B.C.971) 등의 백악산 아사달시대의 역사, 그리고 29대 마휴단군(摩休, B.C.943), 30대 내휴단군(奈休, B.C.909), 31대 등올단군(登屼, B.C.874), 32대 추밀단군(鄒密, B.C.849), 33대 감물단군(甘物, B.C.819), 34대 오루문단군(奧婁門, B.C.795), 35대 사벌단군(沙伐, B.C.772), 36대 매륵단군(買勒, B.C.704), 37대 마물단군(麻勿, B.C.646), 38대 다물단군(多勿, B.C.590), 39대 두홀단군(豆忽, B.C.545), 40대 달음단군(達音, B.C.509), 41대 음차단군(音次, B.C.491), 42대 을우지단군(乙于支, B.C.471), 43대 물리단군(勿理, B.C.461) 이외에도 장당경(藏唐京) 시대의 44대 구물단군(丘勿, B.C.425)과 나라 이름을 대부여라 고치고, 삼한(三韓)을 삼조선(三朝鮮)으로 개정하여 다르신 45대 여루단군(余婁, B.C.396), 46대 보을단군(普乙, B.C.341), 47대 고열가단군(高列加, B.C.295) 등의 역사를 송두리째 들어 냈다.[13]

일제는 또 B.C. 2세기 때, 소강공(召康公) 석(奭)의 연(燕)나라 사람이었던

13) 고동영, 『단군조선47대사』, 한뿌리, 1986, 서울

한무제의 동방 침략 경로

위만이 고조선의 서쪽 일부였던 지금의 북경 이북지방을 찬탈한 일이 있는데 그를 근거로 위만을 고조선의 건국자로 둔갑시켰다. 이 지역이 바로 한사군이었다. 이렇게 차지한 위만의 마지막 왕이었던 우거(右渠, B.C.150?~?)는 한나라 효무제(孝武帝, B.C.156 ~ B.C.87, 재위 B.C.141 ~ B.C.87)에 의해 멸망한다. 그 자리에 4개의 군(郡)을 설치한 것이 한사군이다. 한사군의 출처는, 사마천의 『사기』 중 「조선열전」에 "마침내 조선을 평정하고 사군을 두었다"[遂定朝鮮爲四郡]라는 기사와, 같은 책 「흉노열전」에 "한나라는 동쪽의 예와 맥을 빼앗아 조선에 군(郡)을 두었다"[漢東拔濊貊朝鮮以爲郡]라는 간단한 문구가 전부이다. 자세한 위치와 시기가 적혀 있지 않다. 조선사편수회는, 이 한나라에 빼앗긴 오늘날 천진에서 북경 근처의 한사군과 대방군을 황당하게도 한반도에 있었다고 조작하였다. 그 목적은 고조선을 없애 조선의 역사가 얼마나 유구한지를 알지 못하게 하는 동시에, 조선역사의 시작이 한사군 즉 한나라 식민지

장무이 무덤 벽돌

장무이는 오늘날 요령성 대방에서 평양으로 잡혀 온 포로로 사리원에서 사망하여 고구려 양식의 무덤에 묻혔다.

에서부터 출발하게 하기 위하여 조작한 것이다. 또 구태(仇台, ?~?)의 낙랑 대방을 함께 한반도로 끌어들여 대륙백제의 강역을 감추려 한 것이다. 2세기 말, 요동 일대의 군벌 공손도의 세력에 있었던 낙랑은 이렇게 일제에 의해 한반도로 옮겨졌으며, 그 위치를 평양과 황해도라고 못 박아 놓았다. 대동강 일대의 유물이 한나라의 그것과 유사하다는 막연한 이유를 이른바 실증으로 내세운 것이었다. 또 황해도로 맞추기 위하여 사리원에서 출토된 '대방태수장무이(帶方太守張撫夷)[14]를 증거물로 내놓았다. 이것은 죽은 이의 묘가 누구의 것인지 적어 놓은 벽돌인데, 고구려 미천왕이 314년 대방군을 치고 생포한 대방태수 장무이(張撫夷)의 장례에 사용한 표전을 낙랑의 옛 땅이었다는 증거물로 둔갑시킨 것이다.

한편, 조선사편수회는 삼국시대를 '일본보증시대'라고 하였으며 일본이 한반도에 '임나일본부'라는 기구를 두고 고구려·백제·신라·가야를 지배하였다고 날조하였다.

이러한 사건을 주도한 조선사편수위원회의 회장단은 정무총감 등 6명의 일본인이었으며, 고문은 을사오적의 하나인 이완용을 비롯하여 박영효, 권중현, 이윤영등 4명의 조선인을 포함한 9명이었다. 회원, 간사, 서기 등 100여명의 실무진에는 조선의 저명인사와 지식인들을 끌어 들여 조선의 지지가 큰 것으로 보이게 하였다. 물론 식민사관의 대부라 할 수 있는 이병도도 당연히 포함되었다.

---

14) 황해도 봉산군에 있는 장무이(張撫夷)의 벽돌방 무덤을 1911~ 1912년에 일본인 학자가 조사하고 장무이묘의 남쪽으로 약 4㎞ 떨어진 당토성이 대방군을 다스리던 자리라고 주장하면서 한사군의 한반도설이 제기되었다. 그러나 이 무덤의 주인인 장무이는 포로로 평양에 잡혀온 사람으로 밝혀져 이 주장이 허구인 것으로 확인되었다.

한(漢, B.C.206~A.D.220)나라는 진시황의 진나라를 뒤엎고 고조 유방(劉邦)이 건국한 나라이다. 한나라 이전의 중원 국가들은 대부분 동이족이 건국하였다. 그래서 한나라는 중국인들이 스스로 건국한 최초의 동일국가였다. 오늘날 중국민족을 한족이라 하고, 그들의 언어를 한어라 하며, 글자를 한자라 하는 이유가 이 한나라에서 유래한다. 동양의 여러 나라들은 한나라의 땅이 바로 중국의 전통적인 영토라는 개념을 갖게 되었다.

언어와 풍습 등의 문화가 서로 달랐던 중국을 하나로 통일하여 약 400년 동안 다스린 한나라는 중국의 역사상 최대 강국이었지만, 항상 북방의 고조선이 쳐내려올지도 모른다는 두려움을 안고 있던 나라였다. 이러한 문제는 제7대 무제(武帝, 재위 B.C.141~B.C.87) 때 폭발하여 그 주변에 있던 위만(衛滿)과 충돌하게 된다. 약 1년에 걸친 전쟁에서 한나라가 승리하게 되어 위만이 멸망하게 되는데, 한나라는 그 땅에 한사군을 두게 되니 그 때가 B.C.108년이다. 그 위치는 만리장성이 끝나는 갈석산(碣石山)[15] 또는 요하 서쪽에 있는 유현(絫縣)의 갈석수(揭石水)라고 『한서지리지』[16]에 기록되어 있다. 그 땅의 위치는 지금의 산서성과 하북성 일대다.

한사군을 한반도에 있었던 것으로 조작할 수 있었던 것은, 안될 것도 못할 것도 없었던 식민지시대의 강권력 때문에 가능한 것이었다. 그러나 해방 이후에도 일제의 식민사관에 앞장섰던 사학자들이 계속 역사의 주도권을 잡게 되어 이 억지 주장은 20세기를 살아간 모든 지식인의 뇌리에 각인

15) 현재 중국의 하북성 창려현(昌黎縣) 현성 북쪽에 있는 연산(燕山)산맥의 줄기로 총면적은 480㎢정도이고, 주봉은 선대정(仙臺頂)인며 해발 695m인데 한무대(漢武台)라고도 하여 한사군을 설치한 한나라 무제와 관계가 있음을 암시한다. 발해(渤海)에서 15km 거리에 있으며 고대로부터 중국인들이 타민족 즉 동이와의 경계로 인식해왔던 지역이다.

16) 태고로 부터 한나라 무제(武帝) 시대까지의 통사인 『사기』의 뒤를 이어, 후한(後漢)의 반고(班固)가 편찬한 전한(前漢)의 역사서로 『한서』(漢書) 중의 한 편이다. 『한서』는 제기(帝紀), 표(表), 지(志), 열전(列傳) 등을 모두 100편으로 모았으며, 그 중 지리는 지부(志部)에 들어있다.

될 수 있었다.

중국은 한사군과 직접 관계되는 결정적인 사료를 갖고 있다. 20세기에 이르러, 유사 이래 가장 넓은 국토를 차지하게 된 중국은 옛날 오랑캐라 멀리하였던 사이(四夷)의 땅까지도 차지하게 되었으니 이제 이 모든 땅을 '하나의 중국'으로 감싸 안아야 할 필요가 생겨나게 되었다. 이러한 필요목적에 따라 동이(東夷), 동호(東胡)로 적대시하던 우리 민족의 고대사도 중국사로 만들어야할 필요가 생겨 강력하게 이를 수행하고 있다. 이러한 처지에서 과거 일제가 한사군이 한반도에 있었다고 한 한사군설은 중국으로써는 너무나 시의적절한 호재가 아닐 수 없었다.

중국인의 마음속에 있는 '한나라 땅이 중국 땅'이라는 개념에 한반도까지 포함시킬 수 있으니 이는 조선족을 중국인으로 끌어들이는 기막힌 근거가 되는 것이었다. 그래서 중국 또한 옛 기록을 파헤치기 꺼려하는 가운데, 일제가 한반도에 그려 넣은 한사군의 지도를 이제 버젓이 자기들의 한나라 역사지도에 옮기게 되었다.

20세기 후반부터 우리 사학계의 일부에서는, 과거 일제의 황국사관과 이로부터 파생된 식민사학의 실체를 밝히면서, 이 거대한 근대사의 비극과 그 잔재에 대응하는 힘겨운 투쟁을 계속 하고 있다. 그러나 아직도 식민사관의 찌꺼기는 일본과 중국의 지원까지 받으며 사회전반에 만연되어 있고, 여기에 100년간 세뇌되어 굳어버린 우리 스스로가 또한 허물기 어려운 벽으로 가로막아 이중 삼중의 어려움을 겪고 있다.

대방군의 문제는 여기에서 그치지 않는다.

대방군을 설치한 공손도가 살던 시기가 2세기말이니, 그가 백제의 시조 구태의 장인이라면 백제의 건국 시기는 그 이후가 되어야 한다. 백제700

년 역사에서 300년이란 시간이 축소될 수 있는 문제가 여기에 있는 것이다. 이러한 문제는 이병도에 의해 제기되었는데, 구태(仇台)는 고이(古爾)와 발음이 비슷하여 같은 인물이라는 논지에서 출발하였다. 그는 백제의 시조가 AD 234~286년간 왕위에 있었던 고이왕이며, 그 조상 7대는 실제가 아닌 추존한 왕이라는 주장을 하였다. '구태'와 '고이'가 비슷한 발음이라는 것부터 황당한 일이지만, 대방이 한반도에 있다는 억지를 합리화하기 위하여 또 다른 허구를 만든 것이니 사실 일고의 가치도 없는 것이다.

이렇듯 백제는 초기 도읍지부터 추정하기 어려운 문제를 안고 있다.

그래서 김부식이 『삼국사기』 백제본기 1권 첫 장부터 미지숙시(未知孰是), 즉 '어느 것이 옳은지 알 수 없다'라는 말로 시작하게 되었는지도 모른다.

긴 역사에서 단 하루라도 백제왕실의 행정력이 미친 곳이라면 백제의 강역에 포함할 수 있다.

이러한 백제의 강역을 시대별로 다음과 같은 7개의 단계로 정리한다.

1. 초기 백제

초기백제의 건국지인 대방고지에 대하여, 문정창은 오늘날 중국 요령성의 금주 지방에서 그 서쪽 대방산 부근까지라 하였고, 박시인은 천진 이남의 황무지였던 땅이라 하였다. 이러한 주장은 21세기 백제사를 연구하는 많은 사학자들의 견해와 대동소이하다. 그 추정지역을 종합하면 오늘날 요동성의 요하 서쪽에서 하북성의 해안가 천진에 이르는 지역이니 직경 약 400km 정도 안에 있게 된다.

2. 한성백제

대방고지에서 한반도로 '백가제해' 하여 개척한 새로운 영토가 한성백제이다. 경기도 전체와 예성강 동쪽의 황해남북도 일대를 포함하며, 강원도 평강군, 춘성군, 홍천군 일부를 감싸고, 남서 방향으로 내려와 부여에서 금강을 만나 서쪽 해안가에 이르는 충청남도 일부를 포함하는 지역이었다.

3. 마한흡수와 한반도 백제

온조왕 34년에 마한을 흡수하여 전라북도의 중서부를 지나 덕유산을 거쳐 남쪽으로 전라남도와 그 도서 전체 그리고 경상남도의 거창, 안의, 산청, 진주, 곤양 지방까지 영토를 확장하였다.

4. 요서진평백제

기루왕 원년(121)에 옛 대방고지를 되찾으려 인접한 현도성을 포위하고 공격하였으나, 부여(夫餘)가 한나라와 합세하여 실패하고 패배한다. 하지만 고이왕13년(346) 가을에 대방고지(故地)를 점령하게 되어 요서지방을 처음 갖게 된다. 그 때가 조조의 위나라가 망하고 사마염의 서진이 세워진 후 15년쯤 지난 시기인데, 그 서진도 국운이 기울어져 북경지역이 무방비 상태였다. 성(成)나라[17)]와 한(漢)나라[18)], 선비족 모용씨 등 여러 군웅이 일어나 서진을 압박하였다. 이 혼란기를 틈타 백제의 분서왕(汾西王, ?~304, 재위 298~304)은 낙랑의 서현(西縣)을 점령하여 대륙백제의 영토를 확장하였다. 서진은 계속하여 석륵(石勒)에게 산동 반도 일대를 빼앗기고, 혜제와 민제가 유총에게 살해당하며 건국 51년 만에 역사에서 사라지게 된다. 이 시기

17) 성나라는 이웅(李雄)이 스스로 황제라 칭하면서 사천(四川, 쓰촨) 지방에 세운 3국이다.

18) 위연(魏然)이 옛 유방의 한나라와 촉나라 유비의 뒤를 잇겠다며 세운 나라

를 놓치지 않고 백제는 다시 금주지방과 하북성 남단 양쪽에서 협공하여 하북성을 점령하였다. 이곳은 옛 연(燕)나라 때 설치된 5개 군 중 2곳으로, 백제가 이를 빼앗아 요서와 진평 2군을 설치하게 된 것이다. 양락(陽樂)에 총독부와 같은 현지 수도를 두었다. 그 성터는 지금의 요령성 금주(錦州)에 남아있다. 유주(幽州)는 현재의 북경(北京, 베이징)과 천진(天津, 톈진)시 일대, 하북성의 북부 지역, 요령성 일부를 포함하며, 남쪽은 기주, 서쪽은 병주와 접하고, 북부와 동부는 만리장성을 넘고 있다. 이 하북성 일대는 그 넓이가 14만㎢이니[19], 한반도의 63%에 해당하는 땅이다. 이로서 백제는 한반도백제보다 더 넓은 땅을 갖기 시작한다.

5. 오월백제

서진(西晉)이 유연의 조(趙)나라에게 멸망한 후, 강남으로 망명하여 세운 나라가 동진이다. 백제의 비류왕은 양자강 좌우 양쪽 지방을 점령하였으니, 양자강 왼쪽은 옛 월나라 땅이었고, 오른쪽은 옛 오나라 땅이었다. 『삼국사기』제37권 「지리 4」에서 "초해 바다를 건너 오월까지가 백제 땅이라"고 한 그 오월백제의 추정지역은 오늘날 중국의 강소성, 안휘성 그리고 절강성 등지이다. 강소는 산동 이남의 양자강 북쪽으로 황해를 끼고 있다.

흔히 우리가 '강남'으로 부르던 곳이지만, 안휘성과 분리되면서 소주(蘇州)를 포함하였다는 뜻으로 강소라는 이름을 갖게 되었고, 그 면적이 10.26만 ㎢이니 남한의 99,538㎢보다 약간 크다. 안휘성은 양자강 남경 서쪽에 있는 성이다. 북부는 화북 평원을 마주하는 하남성과 역사를 같이 한 곳이다. 절강은 양자강 하류 지방으로 10만 4141㎢이니 이 역시 남한보다 넓은 지역이었다. 고대국가의 명칭이었던 월(越)나라의 이름을 따서 약칭으로

19) 문정창 『백제사』34쪽, 인간사, 1988, 서울

'월'이라 하기도 한다. 예를 들어 이 저장지방의 유명한 가면극을 월극(越劇)이라 한다.

6. 동성왕의 북위 쟁취지역

5호16국 시절에 들어서면서, 요서진평백제의 서쪽에 평성(平成, 오늘날 대동시)을 서울로 정한 북위(北魏)가 건국되고, 오월백제의 서쪽에는 남경을 수도로 하는 남송(南宋)이 들어서게 된다. 두 나라 모두 백제를 눈엣가시처럼 여길 수밖에 없었다. 서로 백제 땅을 차지하려 기회를 엿보았지만 남송이 먼저 망하게 되고, 북위가 단독으로 백제 침략을 단행하게 된다. 이에 동성왕 휘하의 장군들이 이를 막아내고 오히려 그들의 땅을 차지하게 된다. 그 후 4차례의 싸움이 이어졌지만 모두 백제가 승리하게 된다.

백제 조정에서는 전공을 세운 장군들을 각각 태수 또는 왕으로 임명하여 다스리게 하였다. 1차 전쟁에서 얻은 땅 중에서 고달장군이 태수로 임명되어 받은 대방 땅은 초기 백제의 금주 지방이었다. 양무에게 광릉태수로 삼아 내린 땅은 북경 북쪽의 땅으로 옛 지명은 상곡(上谷)이며, 회매에게 태수로 임명하여 다스리게 한 청하(淸河는 산동 반도 임치와 창읍 일대를 잇는 땅이다. 임치와 창읍의 위치를 이보다 더 서쪽에 있는 개봉 부근으로 보는 견해도 있다.

북위의 2차 침입과 함께 더 넓게 차지한 땅에는, 사법명을 정로장군 매라왕으로 봉하고, 찬수류를 안국장군 벽중왕으로, 해례곤은 무위장군 불중후로, 목간나는 광위장군 면중후에 각각 봉하여 다스리게 하였다. 또 용양장군 모유를 낙랑태수 겸 장사로 임명하는데 그가 받은 땅은 요서의 낙랑성이고, 오늘날의 산동반도 청도시 일대인 성양은 건무장군 왕무를 태수 겸 사마로 임명하여 다스렸다. 진무장군 장새는 조선태수로 임명되어 요서의 낙랑성으로 추정되는 곳을 다스렸다.

하지만 앞의 찬수류 등 4명의 태수와 왕의 봉지는 어디인지 알려지지 않고 있다. 다만 백제가 통치한 대방, 광릉, 청하, 낙랑, 성양, 조선 등지의 위치로 보아 모두 황해연안에서 산동반도 내륙 깊은 동부지역이리라 짐작한다.

산동은 태행산맥을 기준으로 그 동쪽을 가리키는 지명이다. 제남(濟南, 지난)이 그 수도이며, 남한 면적의 1.5배에 달하는 곳이다.

7. 열도백제

일본에 백제의 식민지를 처음 건설한 곳은 오늘날의 대마도(對馬島, 쓰시마)와 일지도(一支島, 이키시마)였는데, 임나, 신라, 고구려도 세력을 뻗치면서 각축전을 벌였다. 그 후 초고왕 36년(201)에서 고이왕18년(351)년 사이에 백제는 신공계의 사마태국을 완전히 점령한다. 동성왕3년(487) 산구현 지방까지 할양받게 된다. 같은 해 동성왕은 나양(那良, 나라)지방을 다시 무력으로 제압하여 웅략(雄略)을 현지 왕으로 임명하고, 그 곳에 파견된 본국 백제 사람들에게 우두마좌(禹豆麻佐) 즉 '우두머리'라는 칭호를 준다.

본국백제가 당나라에 의해 함락된 이후에도 의자왕의 아들 부여용(扶餘勇)은, 고모인 제명여왕(濟明女王)을 도와 백제부국운동을 지원하였으며, 백촌강(白村江)전투에서 나당연합군에게 패한 후, 남은 백제 부국(復國)군과 본국백제에서 넘어온 유민들을 중심으로 구주(九州, 큐슈)에서 백제국을 다시 건국하였다. 그는 이 백제국의 수도를 박다(博多, 하카타)에서 근기(近畿) 지방으로 옮기고 668년에 일본이라 국호를 바꾼 후 천지천황이라는 이름으로 등극하여 새 시대를 열었으니, 그 이전의 역사는 모두 열도백제사가 되는 것이다.

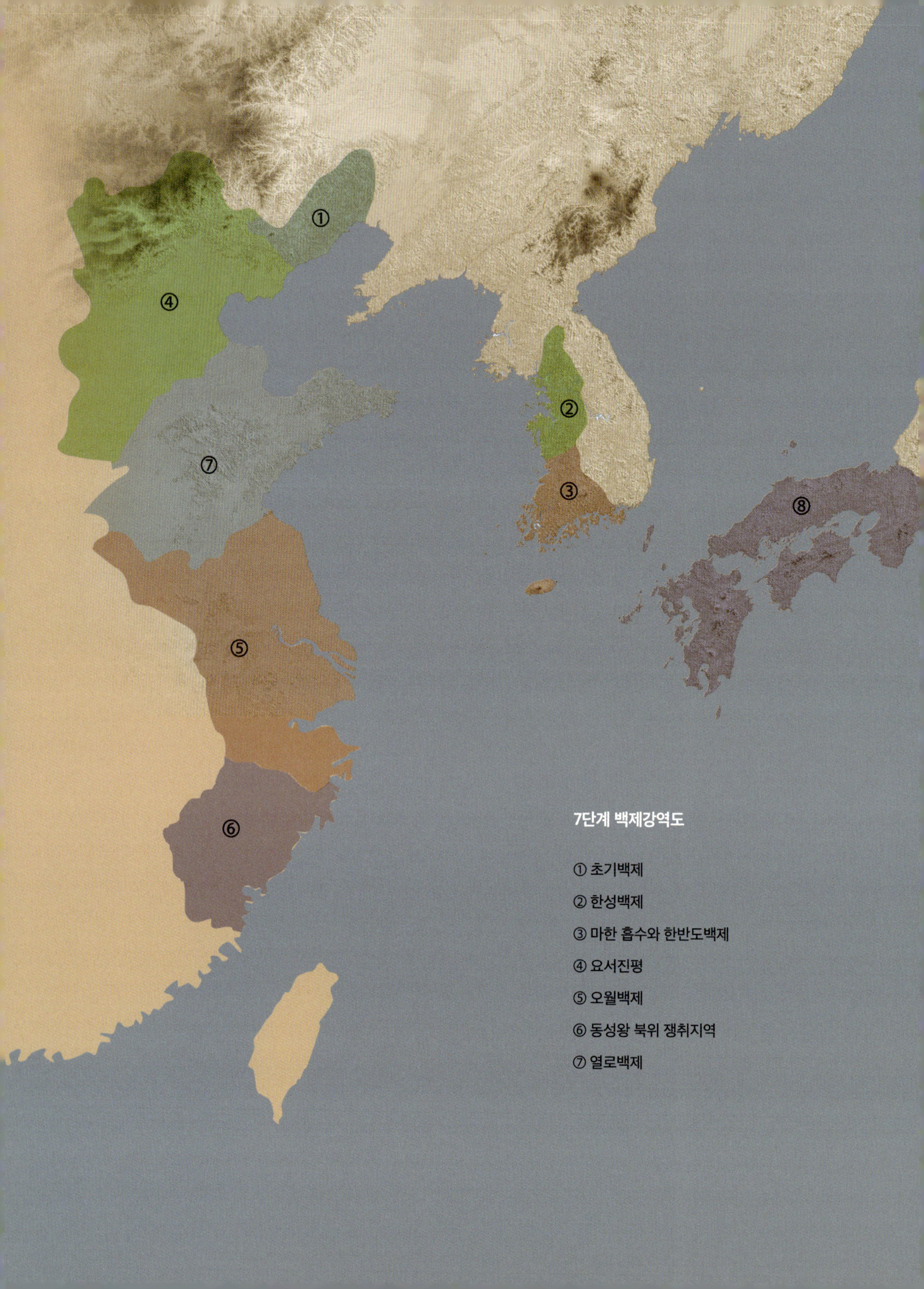
①
④
②
⑦
③
⑧
⑤
⑥
7단계 백제강역도
① 초기백제
② 한성백제
③ 마한 흡수와 한반도백제
④ 요서진평
⑤ 오월백제
⑥ 동성왕 북위 쟁취지역
⑦ 열로백제

이 열도백제의 모든 영토를 합하면 어림잡아 한반도의 2/3쯤 되는 큰 땅으로 본국백제의 2배 정도가 되는 땅이었다.

이렇게 7차례에 걸친 백제 국토 변화를 바탕으로 그 강역을 앞 지도에 나타낸다. 이것은 바로 백제음악에서 살펴보아야 할 '백제음악 강역도'이기도 하다.

2. 나라 이름

백제의 국호에 대해서는 여러 견해가 있다.

『삼국사기』에 만주에서 남하해온 온조가 열 명의 신하(十臣)들의 보좌를 받아 국가를 건설하였기에 십제(十濟)라 하였으나, 후일 국가 경영에 실패한 비류의 백성들이 온조에게 합류하여 백성(百姓)이 즐겁게 따랐음으로 국호를 백제로 고쳤다고 하였다.

『수서(隋書)』에 따르면 '백 가지 가문들이 바다를 건넜다'는 뜻을 가진 백가제해(百家濟海)에서 취하여 국호를 백제라 하였다고 한다. 수많은 성씨들이 모인 집단을 백성(百姓)이라 하듯이, 백가(百家) 역시 수많은 가문이 모였다는 뜻이 된다. 이는 단순히 숫자로써의 100이 아닌 많음을 상징하는 '백'이니 백제라는 국호는, 건국 세력이 컸음을 뜻한다. 바다를 건넜다는 뜻으로 쓰인 '제해'(濟海)라는 말에는 백제가 해양 국가라는 의미가 포함되었다. 초기 백제가 북에서 육로를 따라 한성에 자리 잡았다고 믿는 사학자들은 건너야 할 바다가 어디인지 의아하게 생각할 것이다.

고조선과 그 이후의 역사, 즉 배달, 삼한, 사국, 발해, 금, 여진, 후금 등의 우리 역사를 알타이 민족이라는 화두로 연구하여 독보적인 업적을 남긴 박시인(朴時仁)은, 'ᄇᆞᆰ은 내'[光明州]를 이두(吏讀)로 적은 것이 백제(百濟)라 하였다. 같은 의미에서 그는 부여를 ᄇᆞᆰ잣[光明城] 즉, 밝은 성(城)으로도 해석하였다. 알타이 민족들은 왕이나 나라를 '새로움'[新], '쇠'[金], '아침'[朝], '밝음'[明], '따뜻한 빛'[光], '해[日]' 등의 의미를 갖는 말로 국호를 정하는 일이 대부분이었으며, 백제 또한 같은 맥락에서 지어진 이름이라는 것이다.

백제(百濟) - ᄇᆞᆰ은 내(光明州)

조선(朝鮮) - 아ᄎᆞᆷ ᄇᆞᆰ, 아침 해가 밝은 나라

환국(桓國) - 환하게 밝은 나라

배달(倍達) - 밝은 땅(밝달)

부여(夫餘) - ᄇᆞᆯ, ᄇᆞᆰ(光明國)

고구려(高句麗) - 수리고을(王郡, 上郡, 東郡)

신라(新羅) - ᄉᆞᄂᆞ(新州, 東州)

가라(加羅) - 일본어 구로(クロ, 黑)와 같음(오방색으로 북쪽 또는 하늘<天>을 뜻함)

고려(高麗) - 고구려를 줄인 말

금(金) - 해의 색

청(淸) - 맑음, 밝음

우리말에서 '百'의 옛 새김은 '온'이므로, 백제(百濟)를 '온제(溫帝)'로 읽을 수 있다는 의견이 있다. 그렇다면 온조는 '백제의 황제'라는 뜻으로 나라 이름과 시조의 이름이 같다는 견해도 있다.

잃었던 역사를 되찾는 사람들 - 국사찾기 협의회

국사청문회와 박시인 교수

국사찾기협의회가 1975년 결성되었지만, 사실 그 이전인 1971년부터 '한국고대사학회'라는 이름으로 활동을 해왔었다. 국사찾기협의회의 준비단계 단체였다고도 할 수 있겠는데, 회장은 초대 문교부 장관을 역임한 안호상 박사였고, 사무실은 지금 외교부청사 자리에 있었던 재건국민운동중앙회 건물에 있었다. 회원은 안호상, 이유립, 박창암, 문정창, 임승국, 박시인, 유봉영, 최동, 정명악, 박형표, 최인 등이었다. 핀란드에서 언어학과 인류학을 연구하던 고송무(高松茂, 1947~1993)가 유일한 재외회원이었다. 각 대학에서 모인 약 50여명의 대학생들이 이 회원들의 강의를 들을 수 있었다. 필자도 그 중의 하나였다.

국사청문회의 주역들

안호상(위), 박시인(아래)

필자는 박시인교수가 재직하던 서울대학교 학생이었기에 항상 그 분을 모실 수 있었다. 이 단체의 사무총장을 맡고 계셨던 박시인 교수는 1주일에 한 번씩 개최되는 정기 강연에서 쉬는 일이 없었고 안호상 박사도 강의를 거르는 일이 없었다. 문정창 선생은 스스로 자신이 지난날 친일행각을 하였으니 자중해야 한다며, 학회를 비롯한 공적인 자리에 자주 참석하지 않았다. 대신 필자가 지금 신림동 어디쯤 되는 곳으로 기억되는 문정창 선생의 댁으로 드나들면서 연락도 하고 가르침도 받을 수 있었다. 특히 그분의 아호를 따서 만든 출판사 백문당에서 상, 하편으로 나뉘어 출판한 『한국고대사』의 교정도 도와드리며 많은 배움을 받게 되었다.

1981년 11월 26일과 27일 양일간 우리 헌정사상 처음으로, 「국사교과서내용시정요구에 관한 청원」이라는 국회청문회가 있었다. 이른바 "국사청문회"라 하는 이 공청회를 요청한 사람은 국사찾기협의회 회원들이며, 안호상(安浩相), 박시인(朴時仁), 임승국(林承國) 3인이 청원자 자격으로 출석하였다. 이에, 국사편찬위원 7명과 19인의 국회의원이 함께하여 열띤 토론을 한 이 자리에 문교부장관 등 정부 요인들도 대다수 참석하여 이를 지켜보았다.

이 청원서의 주요 내용은 1983년부터 시행하는 국정교과서의 지침에,

- 고조선의 영역은 북으로 흑룡강, 서쪽으로는 북경까지이다.
- 단군 시대 1200년의 역사가 없어졌으니 복원해야 한다.
- 단군을 신화로 해석하여 부정하고 있으나, 실존인물로 역사에 포함해야 한다.
- 위만조선의 수도인 왕검성은 현 평양이 아니라 중국 산해관 근처였다.
- 낙랑군은 중국 북경지방에 있었다.
- 백제가 3~7세기 400년 동안 북경에서 상해에 이르는 중국의 동안(東岸)을 통치하였다.
- 고구려, 신라, 백제 사람들이 일본문화를 건설하였다.

라는 내용으로 시정하자는 것이었다.

모두 이병도의 제자들로 구성되었던 당시 국사편찬위원들은, "비전공자들과 토론하는 것이 격에 맞지 않아 불쾌하다"는 반응을 보였지만, 결국 하루에 15시간씩 걸리는 이틀의 마라톤 회의를 피할 수 없었다. 국사편찬위원들은 국사찾기협의회가 제시한 사항들이 유물과 맞지 않는다는 말로 회피할 뿐 뚜렷한 반박을 못하였던 것으로 전해진다. 이 청문회는 결국, "새로운 학설이 등장하더라도 학계의 정설로 정립되기 전에는 교과서에 수록할 수 없다"는 결론으

로 끝맺게 되었다. 그러나 이를 계기로 1983년 교과서에서부터,

- 단군왕검의 고조선 개국사실을 역사로 인정
- 백제의 대륙 진출을 교과서에 수록
- 한사군의 한반도 위치 설 삭제

등의 부분적인 개정이 있게 되었다.

이 일부 부분개정으로도, 우리 국민들은 1983년 이전에 국사교육을 받은 사람과 그렇지 않은 사람들 사이에 소통이 어려울 정도의 큰 역사관의 차이가 생겼다.

이 공청회는 쉽게 성사된 것이 아니었다. 국사찾기협의회의 여러 회원들이 수년간 연구, 대조 검토하여 기본 안을 내놓고, 5년 전부터 고등법원에 행정소송을 냈다가 기각되는 등 여러 가지 어려운 선행 절차가 있었다. 이 과정에서 국사찾기협의회의 실무적 준비를 주도한 사람은 박시인 교수였다.

박시인(朴時仁, 1921~1990) 서울대학교 인문대학 교수는 원래 영문학자였다. 영문학을 하면서 토인비나 엘리엇, 란스델, 휘트먼, 와델, 디에즈 등의 영어권 역사서적을 원서로 읽고 역사에 대한 비판의식을 가진 듯하다. 그 외에도 카스트렌이나 시모니 등 독일어 서적과 에밀 뒤르켐의 프랑스어 인류학 서적까지 막힘없이 독해하며 인류학에 대한 연구를 하였다. 이와는 달리 그는, 전공인 영시의 운율 연구를 하다가 우리 고대 시가(詩歌)에 관심을 갖게 되었고, 그 과정에서 일본인들이 우리 고대의 문학과 역사를 크게 왜곡한 사실을 찾아내게 되어 이를 계기로 고대사연구에 매진하게 되었다고 밝힌바 있다. 서울대학교 중앙도서관 최다 출입 기록을 가질 정도로 그는 도서관 소장도서 위주로 역사 연구를 하였다. 1960년대 당시 우리나라 역사연구 자료는 참으로 빈약

국사공청회 사진

국사교과서 내용 시정에 관한 요구 공청회에 참석한 이규호(당시 문교부장관, 앞줄왼쪽)과 정태수(당시 문교부 차관, 앞줄 오른쪽), 최영희, 이용범, 김철준 등

한 시기가 아니었나 생각한다. 경성제국대학의 후신인 서울대학교 도서관에는 식민사관으로 오염된 서적들이 넘쳐났을 뿐 정작 고대사 연구에 도움이 되는 책은 거의 없었다. 영문은 물론 독일어와 프랑스어 독해력까지 남다르게 빠르고 뛰어났던 박 교수에게 다행한 것은, 영문판과 독일어판 인류학 서적으로 동아시아와 한국고대사에 대한 갈증을 어느 정도 해소할 수 있었던 것으로 보인다. 그러나 영어 위주의 참고서적 만으로는 당시 '철의 장막'과 '죽의 장막'으로 가려져 있던 우리 고조선의 주요 활동무대, 즉 만주와 중공, 소련, 몽골지역의 옛 역사를 만족스럽게 연구하기에 턱없이 열악하였을 것이다. 여기에서 그가 찾아낸 것이 중국25사다. 당시 외환관리정책때문에 책을 수입하는 것이 밀수보다도 더 어려웠던 시절이었음에도 불구하고 그는 대만판 문연각사서전집을 구입하여 연구하였다. "일본의 교과서 왜곡이 항상 문제가 되고 있지만 우리 자신의 국사에 대한 무지와 스스로 깔보는 풍토가 더 문제"라며, 이에 대응하기 위하여 『알타이 인문 연구』와 『알타이 문화사연구 한국편』이라는 방대한 서적을 엮어내게 된다. 머리말에서 그는, "사학이 다루는 긴 시간에서 볼 때 국경이란 국력으로 유지하는 일시적인 경계선이며, 한국사의 경우도 국경이 하나 둘이 아니고, 국력의 소장에 따라 여러 번 이동되었는데, 사기(史記) 이래 중국의 역대 정사가 그들의 국경 동쪽이 동국 즉 한국 또는 조선의 역사적 영토임을 인정하여 만주까지 한국사의 공인된 영토임에도 불구하고, 이 땅에 섰던 마지막 왕조가 유지하였던 반도만이 한국사의 영토로 인식하고 있으나, 이것은 오늘의 한국 영토이지 한국사의 영토 전체가 아

니라 그 일부에 지나지 않는다"라고 국사의 영역을 말하고 있다. 그의 국사 강의는 항상 아시아의 기온, 강수량, 빙점 등에 따라 농경할 수 있는 지역과 수렵 또는 유목할 수 있는 자연 조건과 인간이 살 수 있는 환경 등의 상관관계로부터 출발하였다. 동북아시아의 고대사는, 고조선의 유목민들이 보다 살기 좋은 환경을 찾아 거침 없이 남하하여 중국대륙이나 한반도 방향으로 이동하면서 기존 정착민들과의 밀고 당기는 공수의 되풀이로 해석하였다. 그런 과정에서 수많은 국가들이 흥망을 거듭하지만, 피지배자인 그 백성들의 흐름은 이와 다르기 때문에 왕조사와 민족사가 서로 같을 수 없다는 요지의 강의도 들을 수 있었다. 삼국이 팽팽하게 맞서던 시기를 지나 신라는 초라한 국토를 갖게 되었지만, 그 옛 고구려나 부여, 고조선의 유민들은 그 땅에서 다시 일어난 발해, 동단국(東丹國), 금, 후발해국, 정안국, 오사국, 요, 후금 등의 국경 안에 살게 되는데, 이 옛 동족들을 적이나 오랑캐 또는 이민족으로 인식하게 되어 국사가 왜소하게 축소되었다는 비평도 하였다. 그의 국사 강의는, 동이, 동호, 흉노, 선비 등 고조선의 유민들을 우리 민족사에 포함하여 한국사로 인정해야 할 부분과, 중국과 공유해야 할 역사, 그리고 중국사로 넘겨야 할 부분을 선명하고 명쾌하게 구분하였다. 한국사를 인류학적 관점에서 크고 넓게 보는 것이 박시인 교수의 사관이었고, 그래서 국사라는 표현 대신에 '알타이'[20]라는 민족을 화두를 내세웠던 것이다.

20) 알타이민족은 몽골리드와 같은 말이다. 인류학적 몽골리드는 몽골에 있는 알타이지방에 그 시원을 두고 있기 때문이다. 언어학에서는 알타이어족이라 하는데, 이와 다른 말을 쓰는 중국인까지 포함하는 말로는 알타이민족이 합리적이다.

3. 한반도의 본국백제

기원전 6년, 백제는 지금의 서울시 송파구와 경기도 하남시(1989년 이전에는 경기도 광주군)로 나라를 옮기면서 한성백제시대를 연다. 천도의 원인을 『삼국사기』는 "노파가 사나이로 바뀌고, 호랑이 다섯 마리가 성에 들어와서 왕의 어머니를 죽였으며, 동쪽으로 낙랑, 북쪽으로 말갈이 있어 침략하니 편하지 않아 천도하였다"라고 하였다. 이는 건국초기에 왕권이 허약하여 임금을 거역하는 세력이 있어 내분을 일으켰음을 보여주는 내용이다. 낙랑과 말갈의 침략도 하나의 원인이 되었다.

초기 백제를 침략하였다는 낙랑과 말갈은 어디에 있었던 집단이었는가? 그 위치에 대한 여러 가지 주장을 다음에 요약한다. 우선 낙랑에 대해서다.

1. 박지원 등 조선시대 일부 실학자들은 낙랑군의 위치가 요동에 있었다고 하였다.
2. 신채호는 낙랑군과 현도군은 요동군의 한 모퉁이 지역을 한시적으로 사용하였던 것이라 하였다.
3. 정인보는 요하 서쪽의 조양지방이 낙랑군이라 하면서 요서설을 내세웠다.
4. 이병도와 일본 관변학자들은 낙랑이 평양에 있었다고 주장하였다.
5. 문정창은 오늘날 중국의 허베이성[河北省]의 난하(灤河) 하류로 확신하며 2세기 이후 지각변동으로 낙랑의 많은 지역이 발해만에 매몰되었다고 하였다.
6. 박시인은 열하성에 한사군이 있었으며, 그 중 낙랑은 발해만에 가까운 산해관 지역이라 하였다.

7. 임승국은 낙랑군 수성현은 중국 하북성 산해관 유역에 있었다고 하면서 그 동쪽 해안에 갈석산이 있다고 하였다.
8. 북한의 역사학계에서는 기원전 1세기에 있었던 낙랑국은 한민족이 세운 독립 국가이며, 한나라가 세운 낙랑군은 지금의 랴오닝성 지역에 따로 존재한다고 하여 낙랑국과 낙랑군이 다르다고 주장하고 있다.
9. 심백강은, 오늘날의 하북성 노룡현 일대에서 발해 유역을 따라 서쪽으로 서수(徐水)에 이르기 까지 25개현에 설치되어 있었으며 지금의 하북성 진황도시. 당산시. 천진시. 보정시 일대가 낙랑군의 영역이라 하였다.
10. 오순제(한국고대사연구소장)는 평양지역과 황해도 일원에 있었던 낙랑국과 대방국은 중국 한무제가 설치한 한사군의 낙랑군이나 대방군과 전혀 별개의 다른 나라로 고조선의 유민들이 세운 나라라 하였다. 그는 일제가 이를 뒤바꿔 고조선 멸망후부터 한반도가 중국의 지배하에 있었다고 하기 위하여, 대동강 낙랑토성, 봉니(封泥), 용강의 점제현신사비, 사리원 장무이전 등의 유물이 역사조작을 위하여 악용한 사실을 조목조목 밝혔다.
11. 이밖에도, 낙랑의 위치가 오늘날 중국의 산서성 남쪽이라는 주장도 있고, 낙랑군은 오늘날의 중국에 있었고 낙랑국은 평양지방에 있었다는 의견이 있는가 하면, 낙랑군과 낙랑국은 같다는 여러가지 주장이 있다.

말갈에 대하여 가장 오랜 기록은, 『수서』이다. 원래 7부의 말갈이 있었다고 전하는데, 속말부는 송화강(松花江) 상류지역, 백돌부는 길림성의 부여현(夫餘縣)일대, 안거골부는 아십하(阿什河)유역, 불녈부는 목단강(牡丹江) 유역과 영안현(寧安縣) 일대, 호실부는 흑룡강성의 의란현(依蘭縣) 일대로 보

여러 가지 낙랑위치설

① 박지원(1737~1805), ②신채호, ③ 정인보, ④ 이병도, ⑤ 문정창, ⑥ 박시인, ⑦ 임승국, ⑧ 북한 사학

고 있다. 모두 한반도가 아닌 동북만주로 지금의 길림성과 흑룡강성에 위치하고 있다. 모두 고조선의 진한(辰韓)을 구성하던 동이민족이다.

이를 종합해 볼 때 초기 백제는 많은 사학자들의 견해처럼 적어도 고구려 서남쪽인 요서에서 건국하였지만 북에는 한수(漢水=오늘날 패수<沛水>)가 있고, 서쪽은 백산, 의무려산, 백랑산 등 높은 산이어서 육지로 빠져 나갈 수 없기 때문에, 배를 타고 탈출하여 한반도 인천지방에 도착하였고, 한강을 따라 새로운 땅을 개척해 한성백제시대에 들어서게 되었다.

인천을 거쳐 경기도 광주에 도읍을 정한 온조는 그곳에 지난 초기 도읍지에서 사용하던 위례성이라는 이름을 그대로 사용하였다. 그리고 그들이 점거한 땅의 위치에 대하여 마한의 왕에게 다음과 같이 통고하였다.

북으로 패강, 남으로 웅천, 서쪽으로 큰 바다, 동쪽으로 주양

北至浿河 南限熊川 西窮大海 東極走壤

『삼국사기』「백제본기」온조왕 13년

온조가 차지한 한성백제의 영토를 오늘날의 지명으로 바꾸어 보면, 북으로 예성강, 남으로 금강, 서쪽은 황해, 동쪽으로 마식령에서 광주산맥을 거쳐 차령산맥으로 연결되는 지역이니 오늘날 경기도, 충청남도, 황해도 일부, 강원도 서쪽 지방이었을 것으로 추정할 수 있다.

그 후 백제는 마한과 밀고 당기는 여러 과정을 통하여 이를 흡수, 영토를 넓히고, AD 16년에 낙동강 하류와 서부 다도해도 영유하게 된다.

이렇게 백제가 영토를 넓히고 세력을 확장하는 사이, 고구려나, 가야, 신라 등의 주변국도 강국으로 성장하여 7세기 중엽까지 잦은 전쟁 속에 국경의 변화가 수 차례 생기게 되었다.

삼국사기가 말하는 백제 월주(越州)
'대해(大海), 소해(小海)' 그것이 문제로다

『삼국사기』「지」(志) 제6 백제에, 『구당서』,『신당서』등 6종의 사서를 인용하여 백제의 위치와 영토를 4가지 문장으로 언급하고 있다. 여기에 「백제본기」에서 전혀 없었던 백제의 영토 월주(越州)와 왜(倭)를 기록하고 있다.

첫째, "『구당서』에서 말하기를, 백제는 부여의 별종이다. 동북쪽은 신라, 서쪽 바다를 건너 월주(越州), 남쪽은 바다를 건너 왜(倭)에 이르며, 북쪽에 고구려가 있다. 그 왕이 거처하는 동·서의 두 성이 있었다."

둘째, "『신당서』에 이르기를, 백제의 서쪽 경계는 월주이고, 남쪽은 왜인데, 모두 바다 건너에 있다. 북쪽에는 고구려가 있다." 라고 하였다. 이『삼국사기』가 말하는 서쪽 바다 건너의 백제 땅 월주는 어떤 곳인가? 월주라는 곳은 지금의 중국 광동성 포북현 석통향의 파자평야와 앙천호 부근을 아우르는 곳으로, 오늘날 절강성(浙江省) 소흥시(紹興市)를 중심으로 하여 광동성(廣東省), 강서성(江西省), 복건성(福建省) 등의 중국 동남부와 베트남 북부에 이르는 지역이었다. 남북조시대 위송 시기인 471년부터 월주라 하기 시작하였고 수도는 임장이었다.

셋째, 『북사』에서 말하기를, 백제의 동쪽 끝은 신라이고, 서쪽과 남쪽은 모두 큰 바다를 한계로 하였으며, 북쪽은 한강(漢江)에 닿았다. 그 수도는 '거발성' 또는 '고마성'이라고 하였다. 그 밖에 다시 5방성(五方城)이 있었다. 그러나 『삼국사기』가 인용하였다고 한 원전인 『북사』의 기록에는, "그 나라의 동쪽 끝은 신라이고 북쪽은 고구려와 닿았으며 서쪽과 남쪽은 매우 큰 바다에 달하니 소해의 남쪽에 위치하였다. 동서로 사백오십리이고 남북이 구백여리이다. 그 수도는 '거발성' 또는 '고마성'이고 그 밖에 다시 5방성(五方城)이 있

었다" 라고 되어있다. 『북사』권94「열전」제82 백제]

위 문장에서 '북쪽은 한강에 닿았다'라는 문구는 원전에 없는 말을 『삼국사기』가 만들어 넣은 것이고, '서쪽과 남쪽은 매우 큰 바다에 달하니 소해의 남쪽에 위치하였다. 동서로 사백오십리이고 남북이 구백여리이다'라는 부분은 원전과 다르게 생략하였다.

이 기록에 나오는 '서해의 '대해'와 '소해의 남쪽'이라는 두 바다의 위치가 백제 영토를 가름 할 수 있는 기준이 될 수 있어 주목하여야 할 부분이다. 대해가 황해라 하는 데에는 큰 문제가 없다. 그러나 소해는 한국만(korean bay, 황해도 옹진반도에서 요동반도에 이르는 만), 발해만(bohai sea), 또는 요동만(발해의 북쪽에 있는 만) 등으로 다르게 해석하여 일치된 견해가 없다. 크게 산동 반도와 하북성임에는 틀림없지만, 이 소해의 위치에 따라 보다 자세한 백제 옛땅을 알 수 있게 되는데 아직은 확신할만한 연구가 나오지 않고 있다.

넷째, 『삼국사기』에는 또 『통전』을 인용하면서 바다에 대한 이야기를 다시 생략하고 있다.

"『통전』에 말하기를 백제는 남쪽으로 신라에 접하고, 북쪽으로 고구려와 떨어져 있으며, 서쪽은 큰 바다를 한계로 하였다." 라고 되어 있다. 그러나 이 문장의 원전인 『통전』에는, "그 나라는 동서가 4백리이고, 남북으로 9백리이며, 남쪽으로 신라와 접하고, 북쪽에는 고구려와 천리 떨어져 대치하고 있으며 서쪽은 큰 바다를 한계로 하였고, 소해의 남쪽에 위치하였다." 라고 하였다. 이를 대조하면, 『삼국사기』에는 '고구려와 백제 사이가 1000리' 라는 사실과, '큰 바다를 한계로 하였고, 소해의 남쪽에 위치하였다'라는 중요한 문구를 뺏다.

『삼국사기』「지」권4에서 처음 소개한 월주백제의 기사는, 『구당서』와 『신당서』를 인용한 것인데, 사실은 여기에서도 원전에 있는 '큰 바다와 소해'의 문구를 생략하고 있다. 『구당서』의 기록은 "백제국은 본래 부여의 별종이다. 마

대해와 소해 추정 위치

한의 옛 땅이었다. 경사(낙양)의 동쪽으로 6200 리의 거리다. 대해의 북쪽이고 소해의 남쪽이다. 동북쪽으로 신라에 이르고 서쪽으로 바다를 건너 월주에 이른다. 남쪽으로 바다를 건너 왜국에 이르고 북쪽으로 바다를 건너야 고구려다."[百濟國，本亦扶餘之別種，嘗為馬韓故地，在京師東六千二百里，處大海之北，小海之南．東北至新羅，西海至越州，南渡海至倭國，北渡海至高麗]라 하고 있다.

또 『신당서』의 원문 "빈해(濱海)의 양(陽)이라는 바다를 상징하는" 대목을 누락시키고, 皆逾海(개유해) 앞에 있어야 될 北高麗(북고려)를 뒤로 돌려 "바다를 건너야 고구려다."[百濟，扶餘別種也。直京師東六千里而羸，濱海之陽，西界越州，南倭，北高麗，皆逾]라는 부분을 생략하였다.

이『삼국사기』는 위 『신당서』의 기록에 "북쪽의 끝이 한강이다"라는 문구를 첨가하였는데, 이는 이 책이 인용하였다는 『북사』 뿐 아니라 어떠한 문헌에도 없는 것이다.

4. 대륙백제, 그 뜨거운 논란의 기록들

백제가 700년 동안 국가를 유지하면서 중국 대륙의 어느 곳을 점령하였는가를 아는 것은, 그 지역의 당시 음악을 백제음악의 영역에 포함하는 문제와 연관되었기 때문에 중요하다.

> 백제는 신라 고구려와 정족(鼎足)의 세(勢)로 대치하여 지리적 특수성과 역사적인 관계로 대륙문화에 접촉되어 지나(支那)와 인도(印度)문화의 정화를 흡수하여 각자 예술 문화에 한참 꽃이 피고 향기를 품게 되었으니 당시 문화예술의 교류는 막을 수 없는 형편으로 극도의 전성시기를 이루었다.
>
> 『조선음악소사』 백제편

위 글은 함화진(1884~1949)이 그의 『조선음악소사』에 쓴 것으로 백제음악이 일본, 중국, 인도에까지 미쳐 있었다는 국제성을 말하는 것이다. 해외경영에 역점을 두었던 백제는 조선술이 발달하여, 크고 작은 강을 따라 황해를 지배하고 이를 거점으로 왜국과 남중국에 이르는 거대한 수로(水路)를 개척하였다. 수도(首都)는 언제나 바다가 가까운 강변의 항구에 두어 해상활동을 원활하게 하였고, 이를 통하여 오늘날의 중국이나 일본 땅에 식민 국가를 건설하였으며, 더 멀리 동남아의 여러 지역과 교류를 한 흔적도 보인다.

이제 백제의 중국경영에 대한 그간의 논의들을 간추려 본다.

조선시대 실학자 신경준은 1770년에 백제의 중국 진출에 대하여, "『동국

문헌비고』 중 「여지고(輿地考)」에 '최치원이 당나라 대사시중에게 보낸 시에 백제가 대륙 동해안을 뒤흔들었다하였으니 백제가 요서지방을 지배하였음이 확실한데, 『삼국사기』에는 이 기록이 누락되었다"라고 지적하면서 백제의 요서 지배 설을 인정하였다.

중국사학자 정겸(丁謙, 쩡치엔)은 1915년 『양서지리지통고증』(梁書地理誌考證)에서, 『양서』 백제전 등을 검토하여, "진나라 때 백제는 요서를 차지하고 있었다."[晉世百濟據有遼西]라는 문장을 근거로 백제가 5세기에 바다건너 중국의 요서를 점령한 사실을 밝혔다.

정책적으로 한국사를 말살하기 위하여 식민사관을 확립한 일본의 사학자 나가통세(那珂通世, 나가미치요)도 백제가 대륙을 지배한 사실을 알고 있었다. 그는 "백제의 대륙지배는, 당시 요서가 모용선비의 세력 아래 있었기 때문에 불가능하다"고 한 점으로 미루어, 이를 알면서 부정하려 한 것이다. 또한 1919년에는 『조선고사고(朝鮮古史考)』를 통해서 이를 기록한 『송서』가 잘못되었다고 하였다.

신채호는 그의 저서 『조선상고사』에서 "근구수왕 때 중국의 요서, 산동, 강소, 절강 등의 지방을 백제가 점령하였지만, 북조계의 사서에 이러한 기록이 없다. 그 이유는 북조사관들이 "백제를 적대시하였기 때문"이라 하였다. 그는 "백제가 멸망할 때까지 존재하였던 요서는, 유주에 속하며 5개 현으로 구성되었고 양락이 수도였으며 그 성터가 지금도 요령성 금주에 남아있다"고 하였다.

정인보는 1947년에 발행한 『조선사연구』에서 3, 4세기 교체기인 책계왕과 분서왕 때 백제가 산동에 진출하였음을 밝히며 대륙백제의 영역이 산동반도를 포함하고 있다고 말한 바 있다.

한국사 왜곡의 중심에 있었던 식민사학자 지내굉(池內宏, 이케우치 히로시)은 1947년, 『일본상대사의 한 연구(日本上代史の一硏究)』에서 중국 사서의 기록 자체는 인정하지만, 이것은 490년 백제가 북위와 전쟁을 하면서 동성왕이 북위의 적국인 남제로부터 관직을 받기 위하여 조작한 기록이라 하였다.

일본인 사학자 화전박덕(和田博德, 와다하카토코)은 1961년에 새삼 「백제의 요서영유설」이라는 논문을 쓰고, '백제가 요서를 지배하였다는 시기는 모용씨가 지배하던 시기로, 『송서』, 『양서』 등의 진평군 진평현에 대한 기록은, 4, 5세기 고구려 남하로 인한 허설(虛說)이라고 주장하였다.

이병도는 그의 『삼국사기』번역본에서, 제46권 열전6 최치원(崔致遠)전을, "백제가 전성하였을 때에는 강병이 백만이어서 남으로는 오·월을 침공하고 북으로는(북중국의) 유·연·제·노 지역을 흔들어서"라고 번역하고, '이상(以上)은 과장(誇張)'이라는 개인적인 견해를 주석으로 달아 놓아 백제대륙 지배설을 간접적으로 부정하였다.

임수도(林壽圖, 린쇼우뚜)는 1968년에 중국 측의 고대사 사료를 근거로 백제땅은 금주(대릉하 하류)로부터 조선의 서남부까지라고 추정하였다.

1967년, 김상기는 『위서』를 해석하여 488년과 490년 북위와 백제의 전쟁을 확인하고, 요서부정론을 비판하였다. 근초고왕의 후기에도 고구려의 요동진출에 대항하여 이루어진 역사적 사실임을 입증하였다.

북한의 김세익이 1967년「중국 료서지방에 있었던 백제의 군에 대하여」라는 논문을 통하여 백제의 요서진출을 3세기 말로 보고, 6세기 초 중엽에 걸쳐서 요서지역에 진평군을 두고 다스렸고, 그 위치는 대릉하, 소릉하의 하류 유역에서 난하 하류로 추정하였다.

재미 사학자 방선주는 1971년 그의 논문「백제군의 화북진출과 그 배경」에서 백제의 화북(華北) 연안 진출 과정을 밝혔다. 화북, 요서연안 지방은 땅 넓고 인구가 적으며, 한인(漢人)들이 자주 반란을 일으켰는데 이는 백제가 진출하기에 좋은 기회였다고 하였다.

정상수웅(井上秀雄,이노우에 히데오)은 일본사학자로는 드물게 백제의 중국 진출설에 긍정적 입장을 내놓았다. 그는 백제의 중국 진출설이 잘못 기록된 것으로만 취급할 수는 없고, 기본적인 검토가 필요하다고 하였다. 요서 방면에 정치적 연계 내지 일부 지배가 충분히 가능한 형세였다고 하였다.

김철준은『송서』와『양서』「백제전」의 내용에서 백제가 진(晋) 때부터 점유했으며, 근초고왕 때 요서를 점령하면서 전성기를 맞이하였고, 475년 고구려에 한성이 함락되었을 때에도 중국의 산동이남 지역엔 어느 정도의 영역을 보유하였다고 하였다.

문정창은 그의 저서『한국고대사』에서, 백제 진평 2군의 모든 사료들을 제시하고, 요서 지배설은 물론 양자강 하구의 오월(吳越)지방에 식민지를 건설하였다고 하였다. 또 『백제사』의 전반에 거쳐 동성왕 때 산동반도를 쟁취하여 지배한 사실과, 정복한 백제의 중국 식민지가 동아시아 역사에 끼친 여러 가지 양상들을 포괄적으로 정리하였고, 식민사관으로 일관된 백제사의 수많은 오류를 바로잡았다.

박시인은 백제가 요서에 진출한 사실은 확실하나 산동지방에 진출한 기록은 없다고 하였다.

1981년, 안호상은 국회 역사청문회에 나가서 '백제가 상해지방을 통치했다'는 내용을 증언하였다. 박시인과 함께 참가한 이 국회 청문회에서 그는 "(필요성에 따른) 생각과 수법으로 국사를 쓴다는 것은 진리의 말살이요, 학문의 배신이요, 양심의 위반으로서 그것은 우리 민족에 비겁심과 노예성과 타락심만 심어줄 것"이라 하며 식민사관을 질타하였다.

임승국은, 백제동성왕이 산동반도에 서경(西京)을 설치하고 대륙을 직접 경영하였다는 여러 가지 사료를 제시하며, 요서진평의 진평이 세력을 남으로 확장하여 북위의 군대와 싸워 이겼고 다시 양자강 남쪽까지 점령하였다고 하였다.

강종훈은 1992년, "백제 대륙진출설의 제 문제"에 대한 긍정론과 부정론에 대한 여러 가지 견해를 소개하고, 쉽게 부정할 수 없다는 논지를 제기하였다.

오학림은 백제 요서의 위치가 요하로부터 약 1000km 서남쪽에 있는 산서성의 옛 지명 '요'를 기준하여야 기록들이 맞아 들어간다 하였고, 최치원의「상태사시중장」에서 말하는 유·연·제·노·오·월의 위치를 확인하였다.

심백강은 25사를 비롯하여 중국의 마지막 왕조인 청나라 때의 역사서에까지 중국은 요서백제를 인정하면서, 일본의 역사왜곡과 중국의 동북공정으로 가려졌다고 말하였다.

오순제(한국고대사연구소장)는, 한무제가 위만조선을 멸하고 설치했다는 한사군의 낙랑군은 요하에서 난하 사이의 발해만 해안지역이라고 하였다. 그는 연오군(燕五郡) 설치로부터 시작한 한사군 이전의 역사와 함께,『한서』에 전하는 낙랑군의 25개 속현 중 대방, 열구, 장잠, 제해, 함자, 해명 등의 6현이 대방군이었다는 사실까지 찾아 입증하였다.

이밖에도 유원재, 김기섭, 여호규, 이도학, 이종숙 등의 사학자들이 백제의 중국 진출에 대하여 다각적인 해석을 내놓았다.

5. 일본열도의 백제 식민지

B.C. 200년 경 부터 고조선 사람들이 일본열도(列島)로 건너가 살기 시작하였다. 부산에서 육안으로 대마도를 볼 수 있고, 대마도에서 다시 일지섬[壹岐島, 이끼시마]이 보이며, 일지섬에서는 일본의 가장 큰 섬 본주(本州, 혼슈)와 구주(九州, 규슈)가 보인다. 대마도와 일지섬은 한반도에서 일본 본섬으로 가는 징검다리가 되는 곳이다.

『일본서기』에는 대마도를 가리켜 한향지도(韓鄕之島) 즉 '고향 한국의 섬'이라 하였다. 고대 한국인들이 일지섬에 안라국(安羅國)을 건설하였다는 기록도 있다. 대마도와 일지도는 이렇듯 고대 한일 양국을 잇는 교량이었던 반면, 전략적 요충지이기도 하였다. 그래서 이 두 섬을 서로 차지하려 백제, 고구려, 가야(伽倻), 신라(新羅)가 다투는 격전의 역사가 장소가 되었다.

백제는, 초고왕(肖古王, ?~214, 재위: 166~214) 36년인 201년부터 구주(九州, 규슈)를 공략하기 시작하여 46년 뒤인 고이왕(古爾王, ?~ 286, 재위: 234~286) 16년에까지 일본 서남쪽의 대부분 섬들을 무난히 차지할 수 있었다.

왜(倭)라는 나라 이름은 1세기 초, 반고(班固, AD32~92)가 쓴 「한서지리지」에 처음 등장하기 시작한다. 이 시기 왜국은 100여개의 소국으로 구성 되었으나 그 나라의 이름들은 대부분 밝혀지지 않았다. 사마태(邪馬台, 야마타이)라는 나라는 비미호(卑彌乎, 히미코) 여왕(女王)이 건국했으며, 그 시기는 173년으로 보고 있다. 많은 사학자들이 삼국유사에 나오는 세오녀가 비미호(卑彌乎)일 것으로 추정하고 있다.

백제는 고이왕 대에 이 사마태국을 비롯한 여러 나라들을 점령하여 그 지역에 왜왕을 책봉하고 칠지도(七支刀)[21)]를 하사하였다.

사국(四國, 시코쿠)은 구주의 동쪽에 있으며, 일본의 4대 섬 중 가장 작다. 이 섬이 백제 땅이었다는 기록은 없지만, 백제계의 유적과 유사한 유적이 많아 관계가 깊었음을 추정할 수 있다.

산구(山口, 야마구치)현은 일본 본주(本州, 혼슈)의 서쪽 끝에 있는 지방이다. 뢰호(瀨戶, 세토) 내해(內海)와 동해(東海)에 접하고 있으며, 두 바다가 만나는 관문(關門, 간몬)해협을 사이에 두고 구주의 복강(福岡, 후쿠오카)을 마주하는 지역이다. 이곳은 오랫동안 백제계 대내(大內, 오우치)씨가 다스리던

21) 일본 나양현[奈良縣] 천리시에 있는 석상신궁(石上神宮) 소장품으로 백제가 왜에 하사했다는 기록이 있는 길이는 74.9㎝로서 단철(鍛鐵)로 만든 양날 칼이다, 이 칼의 의미는 백제왕이 열도백제의 대표권을 승인하여 주종관계를 인정하는 일종의 신물이며 백제왕의 권력범위 안에 왜가 있었음을 확인하는 것이다.

열도백제성곽유적도

영지였다.

백제가 이 지역을 차지하게 된 것은 동성왕(東城王, 재위: 479~501)때로 추측한다. 고구려계인 왜왕 현종(顯宗)이 사마태에 있던 백제 세력을 몰아내려고 하였다. 동성왕이 경도지방과 나양지방을 차지하기 16년 전, 백제계 웅략왕(雄略王, 유랴쿠)이 그 지방에 있는 백제인들의 사회적 지위를 높이기 위해 우두마좌(禹豆馬佐)라는 칭호를 주었다. 우두마좌라는 말에는 '우두머리'라는 뜻이 있다. 이러한 점들을 못마땅하게 여긴 현종이 동성왕에 도전하여 백제 주둔군에게 압박을 가하고 많은 백제인을 살해한다. 이에 크게 노한 동성왕이 군사를 보내 격파하고 항복을 받았다. 이 사건을 계기로 동성왕은 반여전(磐餘田)과 가황소전(歌荒巢田) 일대의 땅을 추가로 얻었다.

이때부터 백제는 정략결혼을 요구하여, 백제와 응신(應神)왜국이 혈연으로 밀착할 수 있었다. 이 가황소전은 대화국(大和國, 야마토쿠니)의 10군으로, 추고왕(推古王) 때에는 비조(飛鳥, 아스카)라 하였던 오늘날의 나양(奈良)지방이다. 비조문화의 중심지인 나양지방은, 173년간 백제가 다스린 직할지이었다. 이 나라지방의 실권자는 백제8대 성씨(姓氏)의 하나인 갈성목(葛城木, 카츠라기모)씨 즉 소아(蘇我, 소가)씨이었다. 이때부터 이 지방은 백제를 종주국으로 삼아 조공관계로써 신하의 예를 하는 번국(蕃國)이 되었다. 대판(大阪, 오사카)과 나양(奈良, 나라) 지방에서 397년간 존속하였던 응신국(應神國)이 바로 백제의 번국이었다.

응신국은 본국백제 진사왕(辰斯王)이 고구려 광개토대왕의 공격을 받아 위기에 처했을 때 원군을 보냈고, 개로왕이 장수왕의 공격을 받았을 때에도 군대를 보내 충성을 다하였다.

본국백제와 맺은 군신 관계는 정략결혼을 비롯한 혈연의 관계로 점점 동화되었다. 동성왕으로부터 의자왕의 누이인 제명(齊明, 사이메이)이 백제왕실의 외손자인 서명(舒明, 조메이)왕에게 시집갈 때까지 무려 170년 동안 이러한 관계를 유지하였다. 제명여왕은 서명왕이 죽자 왕위를 이어받아 11년간 나라를 다스렸다.

한반도백제가 패망한지 3년 뒤에 제명여왕과 응신왜국 즉 열도백제가 함께 역사에서 사라진다. 그리고 기존 백제계 귀족들과 본국백제에서 피난한 도래인들이 그들의 모국 백제로부터 독립하여 일본이라는 국호를 사용하고 천지천황(天智天皇, 덴무)시대를 열게 되었다.

6. 담로

다스리는 성(城)을 '고마'라 하고 읍(邑)은 '담로'라고 하였으니 이는 중국의 군현(郡縣)이란 말과 같다. 그 나라에 22담로가 있는데 모두 자제와 종족을 나누어 그곳을 다스리게 하였다.

號所治城曰固麻，謂邑曰檐魯，如中國之言郡縣也 其國有二十二檐魯，

칠지도

皆以子弟宗族分據之

『양서』「백제전」

이 『양서』「백제전」의 내용은 중국의 또 다른 정사(正史)인 『남사(南史)』에도 나온다. 『남사』는 남조의 여러 나라의 사서가 합해진 것이어서 내용도 『양서』와 크게 다르지 않다.

우리 고대어로 '고마'는, '임금', '신(神)', '사람'의 세 가지 뜻으로 사용하여 왔다. '고마'의 발음은 '곰', '금', '감(ᄀᆞᆷ)', '검' 등으로 사투리처럼 지방에 따라 변하여 달리 사용하였다. 임금의 뜻으로 가장 많이 사용하였고, 곧잘 왕도(王都)의 이름으로 대신 쓰였다. 임금의 도시이기 때문이다.

백제의 고도(古都) 공주(公州)가 이런 뜻에서 붙여진 대표적인 이름이다. 즉 '고마'를 사용하는 '고마나루'가 있으니 이를 한자로 표기한 것이 웅진(熊津)이다. 또 그 '곰[熊]의 고을'이라는 뜻으로 '곰주'라 하던 도시가 '공주'로 발음이 변하여 오늘에 이른다. 임'금'의 도시를 감싸 도는 '강'이라 하여, 금강(錦江)이란 이름도 붙여졌다. 이전에는 '곰강'이라 하던 때도 있었다. 전라북도의 금마(金馬)도 역시 '고마'와 같은 '임금'의 뜻으로 붙여진 이름이다. 역시 백제의 왕도 중 하나이다. 고마를 한자로 '固麻'로 표기할 때도 많지만 지역에 따라 다른 한자 이두로 표기할 수도 있다.

한자로 웅본(熊本)이라 쓰는 일본의 지명을 '구마모토'라 읽는데, 역시 백제의 왕도라는 뜻을 가진 '고마'가 변이된 것이다.

'고마'는 '금', '간', '한', '칸' 등의 발음으로도 변이한다. 니사'금'(尼師今), 거서'간'(居西干), 가'한'(可汗), 칭기즈'칸'(成吉思汗)

등의 임금을 뜻하는 말에 사용되었다. 임금이라는 말의 '금'도 역시 같은 것이다.

단군왕'검'(檀君王儉)의 '검'은 임금이자 신(神)의 뜻이 함께하니 그가 하늘의 아들임을 말하고 있다. '검'은 '곰' 또는 '감'과 모두 같은 말이 된다. 그래서 무교(巫敎)에서 신을 대감(大監)이라 하는데, 이 '감'이 바로 단군왕검의 '검'과 같은 뜻이다.

그래서 『양서』「백제전」에 '고마'(固麻)가 왕도(王都)라고 한 것이다. 한반도백제의 수도와 이에 준하는 번국의 중심 성(城)을 고마라고 하였을 것이다. 담로는 고마의 하위단계 행정 단위로 '읍'이라 하였다. 이 읍은 오늘날의 행정단위로 비교한다면 '도' 정도에 해당하는 규모였을 것이다.

백제는, 오늘날 한·중·일에 걸친 거대한 영토를 가졌기 때문에 큰 행정단위가 필요하였다. 『양서』에서 말하는 군현(郡縣)은 오늘날 중국의 성(省) 정도에 해당하는 넓은 행정단위와 상응하는 것이고, 경우에 따라서는 번국(蕃國) 정도의 국가를 뜻하는 말일 수도 있다.

그 광대한 영토를 효율적으로 다스리기 위해 22담로가 필요하였다. 왕족의 자제들을 이러한 관할지에 보내어 다스리는 것은 여러모로 효율적인 방법이었다. 왕국 지배지 임을 확실하게 하고, 왕의 정치를 대신하였으며, 왕이 가까이 있다는 것을 백성들이 알게 하였다. 그 지배자는 차기에 등극할 지도 모른다는 꿈과 함께 왕도수업도 겸하였던 것으로 보인다. 백제의 왕은 세습보다는, 각 고마나 담로에 퍼져있던 왕족 중에서 일정한 서열을 지키며 대를 이은 일이 많았다.

최근, 대륙백제의 진실이 밝혀지면서 담로에 관련된 서적이나 인터넷, 방송 등의 자료를 많이 접할 수 있게 되었다. 더불어 담로에 대한 견해도 관심을 끄는 사안이 되었는데, 왕족을 파견해서 통치하였던 백제의 22개

한국의 고대 선박

담로는 그 지역이 방대하여 한반도와 일본, 중국은 물론이고, 타이완, 필리핀, 태국, 보르네오, 수마트라, 자바 등지까지 이른다는 주장들이 적지 않게 나오고 있다.

백제 뿐 아니라 가야나 신라 그리고 후대의 고려도 황해에서 남중국해를 거쳐 인도차이나, 인도, 옛 페르시아까지 교역하였던 것은 틀림없는 사실이다. 이러한 교역은 한반도의 여러 고대국가에게 남방문화를 수용하게 하였다. 우리 문화 곳곳에 남방문화는 남아있다. 우리의 주식인 쌀이 장립미(長立米)이든 단립미이든 모두 남방에서 북으로 올라와 우리의 주식으로 자리 잡게 되었음을 그 대표적인 예로 들 수 있을 것이다. 남방식 옹관묘, 지석묘, 씻김굿, 전통 술, 가마솥, 줄다리기, 백제의 남방계악기(樂器) 등 우리 주변에 남방문화의 흔적은 많이 남아있다.

정치사와 왕조사 위주의 역사를 통해 우리는 지배자들이 북에서 한반도로 들어와 고대국가들을 세웠다는 통념을 갖게 된다. 그러나 피지배자들이었던 백성들까지도 모두 북방에서 왔다고 단언하기는 어렵다. 백제를 비롯한 우리 역사의 여러 국가들은 북방문화와 남방문화를 조화롭게 혼용하면서 오늘날 우리 문화의 기반을 조성하게 된 것이다.

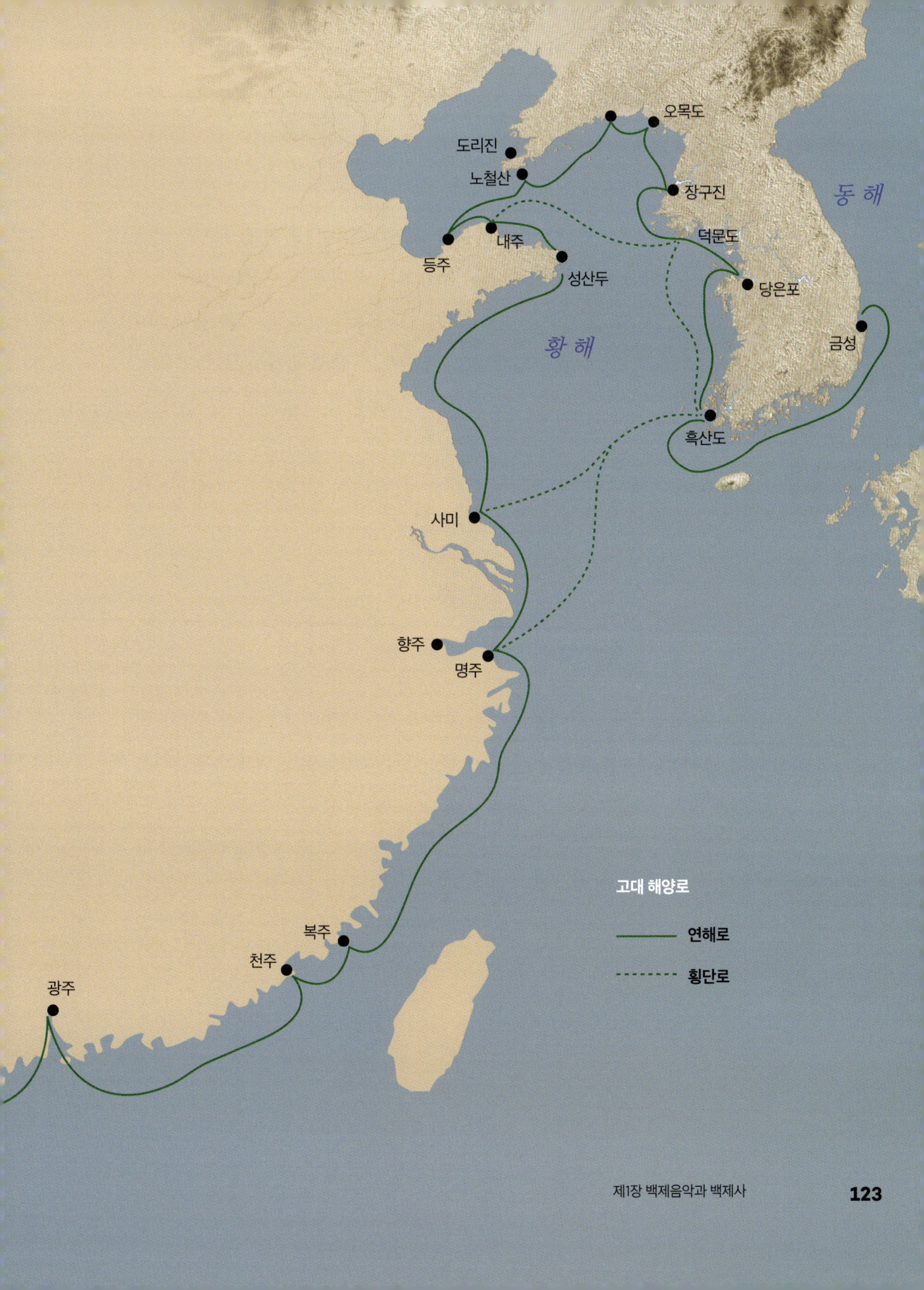
오목도
도리진
노철산
장구진
동 해
덕문도
등주
내주
성산두
당은포
황 해
금성
흑산도
사미
향주
명주
복주
천주
광주
고대 해양로
연해로
횡단로

7. 백제 존속기간

가. 건국

『삼국사기』에 따르면 고구려는 시조 동명왕이 B.C. 37년에 세우고, 백제는 온조가 B.C. 18년에 세웠으며, 신라는 B.C. 57년에 세웠다고 한다.

그러나 『삼국사기』에서 수없이 인용한 중국의 사료들, 예를 들면 『시경』, 『논어』, 『맹자』, 『사기』, 『한서』, 『후한서』, 『삼국지』에는 부여, 고구려, 백제, 가라, 신라의 순으로 건국되었다고 기록하고 있다. 『삼국사기』가 신라위주로 역사를 쓰면서 왜곡한 것이다.

남북조 시대에 관한 사서인 『북사(北史)』에서는, 고구려 왕 세계(世系)를 다음과 같이 정리하고 있다.

주몽(朱蒙) - 여해(閭諧)
- 여율(如栗) - 막래(莫來) - 추(騶) - 궁(宮) - 백고(伯固) --(이하생략)
<대무신왕> <태조왕> <신대왕>

백제의 시조가 고구려에서 탈출하여 국가를 건설하였다는『삼국사기』의 첫 번째 건국설을 따른다면, 고구려의 건국시기에 맞춰 백제의 건국시기가 뒤따르게 된다.

한나라 무제가 위만을 치고 한사군을 둘 때에도 고구려현(高句麗縣)이 있었다고 한다. 그 때 고구려는 현도군을 구성하는 하나의 현으로, 그 시기는 고구려의 막래왕(대무신왕[22], B.C 223-?)이 부여를 멸망시키기 전이라는 기

22) 대무신왕(大武神王)은 고구려의 제3대 왕이며, 주몽의 손자이자 유리명왕의 셋째 아들이다. 『삼국사기』연표에 따르면 AD 18~44년을 재위기간으로 보고 있으나 광개토대왕비 등 고구려 사료와 북한의 역사에는 이와 다르다. 북한의 『조선대백과사전』(1995)에는, 고구려 왕의 계보에 동명왕(B.C 277-B.C259)과 유리명왕(B.C 19-A.D 18) 사이에 유류왕(시려해왕, B.C 259-B.C 236?), 여률왕(B.C 236?-B.C 223), 대주류왕(막래왕, B.C 223-?), 애루왕(?-?), 00왕(?-B.C 19) 등을 추가했다. 이책에는 그러나 "기원전 223년부터 기원전 19년사이에는 형제간에 즉위한 인물들이 있을 수 있으므로 실제 왕은 몇 대 더 늘어날 수 있다"는 단서를 달고 있다.

록이다. 이 기사는 『한서』「지리지」에 나온다. 무제 원봉 4년(기원전107)에 현도군이 세워졌으며 고구려를 포함한 3개 현이 있다는 내용도 있다. 그렇다면 고구려 건국 시기는 『한서』「지리지」에 따라 늦춰 잡는다 하여도 B.C. 108년 이전이다.

『당서』에 고구려의 역년은 900년이라 하니 이에 의거하면 건국시기가 B.C. 232년이 되고, 『일본서기』에는 1천년동안 존속하였다고 하였으므로 B.C. 332년이 건국한 해가 된다.

북한의 사학자들은 고구려가 B.C. 227년에 건국하였다고 한다. 광개토대왕은 『삼국사기』에 고구려를 건국한 동명왕의 12대 손(孫)이라고 기록되었지만 광개토대왕의 비문에는 17대 손으로 되어 있고, 고구려 초기무덤인 적석총(積石塚)의 부장품이 기원전 3세기 것이라는 것이 북한 학자들이 내세우는 근거다. 『삼국사기』 기록은 신라의 역사를 더욱 길게 하기 위하여 의도적으로 주변국가의 역사를 축소 왜곡한 결과이기에 믿을 수 없다는 것이 또한 북한 학자들의 결론이다. 많은 남한 학자들도 이에 공감한다.

백제는 고구려 시조의 아들이 세운 나라이다. 『삼국사기』는 『북사』를 인용하여, 동명왕의 후손 구태(仇台)가 대방 땅에 백제를 세워 세력을 키웠다고 한다. 그렇다면 백제의 건국도 고구려의 건국시기와 병행하여 상대(上代)로 올라가야 한다. 그렇게 되면 『삼국사기』의 모든 연표(年表)와 『삼국유사』의 왕력(王歷)이 재고되어야 하고, 고대사 전체의 연대기가 모두 얽히게 된다. 이는 한국 고대사가 안고 있는 미결의 과제 중 하나이다.

나. 망국

660년 음력 8월 18일, 의자왕이 아들 태(泰)와 함께 웅진 방면군(方面軍)을 거느리고 소정방(蘇定方, 592 ~ 667)에게 항복함으로써 백제사는 일단 끝난다.

신라군이 그해 5월 26일 경주를 출발하여 백제 원정에 나서서, 7월 9일에 황산벌싸움을 시작하였다. 이에 비하여 당나라 대군은 큰 저항을 받지 않고 백마강을 거슬러 올라가 의자왕의 항복을 받으니, 백제는 길게 잡아 3개월이고 짧게 잡아 1개월 만에 패망한 것이다. 그야말로 엉겁결에 사직을 잃었다.

이에 비해, 그해 8월부터 시작한 백제부국군과 나당연합군의 전쟁은 663년까지 3년간 훨씬 치열하였다. 662년, 백제부흥군은 의자왕의 아들 풍장을 백제왕으로 맞이하여 부흥전쟁을 버렸다. 나당연합군을 등에 업고 백제 부흥군에 대항하여 싸웠던 부여융의 행적 역시 백제 부국운동의 한 부분이었으므로 백제사의 일부가 된다. 따라서 본국백제의 마지막 역년은 660년 보다 3년 더 연장되어야 한다.

본국백제가 멸망한 후에도 국호를 일본이라 개칭하고 독립하기 이전까지의 열도백제는, 백제의 식민지나 번국으로써 활동을 그치지 않고 있었으니 이 역시 백제 존속기간에 포함하여야 마땅하다.

거대왕국 백제는 이렇게 660년 의자왕 항복, 663년 풍장왕의 부국운동 실패와 함께 한반도백제 멸망, 668년 열도백제 소멸 등 3단계로 역사에서 사라지게 된다. 그 존속기간은 700년이 맞는지, 900년이 옳은지 혹은 그 이상인지 아직도 정설을 보류하고 있다.

다. 시기와 지역에 따른 백제의 명칭

시기와 지역을 달리하는 백제의 영토와 점령지역에 대한 적절한 명칭이 필요하다. 아직 이에 대하여 공식적으로 통일된 학술용어는 없다.

이 책에서는 수도가 있고, 백제 통치의 중심에 있었던 한반도 서남부의 백제는 '백제', '한반도백제', '본국백제' 등으로 호칭할 것이다. 시간이나 지역의 차별이 필요 없을 경우에 한하여 '백제'라는 국호를 쓰지만, 지역적인 구분이 우선할 때에는 '한반도백제'라 하고, 번국(蕃國)과의 관계성에 따라 '본국백제'라는 이름도 사용할 것이다. 번국이라는 말은 일반인들에게 다소 낯설기도 하거니와, 한글시대에 어울리지 않는 말로 생각되어 가능하면 피하려 한다. '식민지'도 마찬가지이다. 정치, 경제, 군사, 문화적으로 예속되어 독립체로서의 자주권을 갖지 못한 나라라는 뜻에서 합당하지만 이 말에는 포르투갈과 에스파냐에 의해 주도되어 온 제국주의적 이미지가 있어 우리의 고대사와는 그다지 어울리지 않아 보인다.

이런 모든 점을 감안하여 영토의 이름은, 지역과 백제라는 국호를 합한 복합명사를 택하려 한다. '요서백제', '진평백제', '요서진평백제', '열도백제' 등이 그 예이다. 진평백제 또는 요서진평백제는 오늘날의 중국 요령성 서부와, 하북성에 건설하였던 영토를 말하고, 여기에 산동성을 더할 경우 '대륙백제'라 할 것이다. 강소성, 절강성, 안휘성, 복건성을 차지하였던 백제의 영토에 대해서는 '오월백제'라 할 것이며, 이 두 지역을 합한 전체를 지칭하고자 할 때도 '대륙백제'라 할 것이다.

B.C. 200년 전부터 한반도에서 일본열도로 이주하기 시작하여, 고이왕 36년에 백제가 사마대(邪馬台)를 정벌한 이후 오늘날 북구주(北九州, 기타큐슈)와 산구(山口, 야마구치)를 거쳐 대판(大阪, 오사카)과 나양(奈良, 나라) 지방까지 정복한 후, 응신왜국(應神倭國)을 두어 170년 이상을 통치한 오늘날 일본의 서부지역은 '열도(列島)백제'라는 용어를 또한 사용하려 한다.

이 밖에도 '초기백제', '한성백제', 웅진백제, 사비백제 등 수도 이동에 따른 용어도 필요에 따라 함께 사용할 것이다.

백제 연표

연대	국왕	약력
B.C. 18	온조왕 원	대방고지 현 중국 요서지방에서 건국.
		아버지 동명왕의 사당을 세움.
6	13	현 경기도 광주로 나라를 옮김.
A.D 8	26	마한 흡수.
29	다루왕 2	시조 동명왕의 사당 참배.
76	49	22년간 여러 차례 싸워 빼앗았던 와산성을 신라에 다시 빼앗김.
85	기루왕 9	신라의 변경 공격.
113	39	신라와 화친.
125	49	말갈의 침략을 받은 신라를 도우려 5장군을 보내 승리함.
155	개루왕 28	신라의 공격을 방어함.
167	초고왕 2	신라를 공격하였다가 반격을 받음.
214	49	말갈의 석문성을 빼앗음.
216	구수왕 3	적현성에 침략한 말갈을 사도성에서 대파함.
222	9	제방사업을 하고 농사를 장려. 신라를 공격하였으나 역습으로 패함.
242	고이왕 9	나라 남쪽 황무지 개간.
244	11	구저, 미주류 막고 등의 장수를 보내 대마도 정벌
246	13	위 나라 관구검이 고구려 침략한 사이, 진충을 보내 낙랑 주변 땅을 빼앗음.
251	18	사마태국을 공격하여 다사성을 빼앗아 명망시키고, 백제왕족을 왜왕으로 임명.
252	19	칠지도, 칠자경 등의 보물을 왜왕에게 하사.
270	37	만주에 있던 부여왕자 의라가, 고이왕의 도움으로 응신조 왜국 건설.
283	50	신라 백제 공격, 3년 뒤 화친.
287	책계왕 원	고구려가 대방(요서)을 공략하자 백제가 대방에 원군을 보내 고구려를 이김.
298	13	고구려가 낙랑주변(하북지방)으로 쳐들어 오니 왕이 방어하다가 살해당함.
304	분서왕 7	왕이 친히 낙랑의 서현(천진부근)을 공략하여 빼앗았으나, 같은 해 10월, 낙랑태수가 자객을 보내 왕을 살해함.
320	비류왕 17	낙랑을 빼앗아 요서·진평 2군을 세움.
337	34	주사를 보내 양자강 좌·우의 지방을 점령하고, 오월백제를 세움.
		신라가 사자를 보내 화친함.
346	계왕 3	특별한 업적 없음.
369	근초고왕 24	고구려 고국원왕의 침입을 격퇴함.
371	26	고구려군이 다시 쳐 들어와 패하(현 북경에서 천진 쪽으로 흐르는 북하)에서 반격. 이 전투에서 고구려는 고국원왕 전사하고 수도를 즙안(집안)으로 옮김.
375	30	고구려가 수곡성을 공격 함몰함..
377	근수구왕 3	왕이 3만 군사로 평양성 공격. 2월 고구려 침략해 옴.
385	침류왕 2	마라난타 승려 백제 귀의.

연대	국왕	약력
386	진사왕 2	고구려 침략.
387	3	말갈과 관미령에서 싸워 패배함.
390	6	달솔 진가모를 보내 고구려 도곤성을 빼앗음.
391	7	궁궐 중수하고 인공호수와 섬을 만들어 기화요초등 화려하게 꾸밈.
392	8	고구려 광개토대왕에게 석현 등 한반도의 한강 이북 지방을 빼앗김.
393	아신왕 2	진덕에게 관미성을 공격하게 하였으나 탈환하지 못함.
395	4	진덕을 다시 보내 고구려 공격, 패수에서 광개토왕에게 대패함.
408	전지왕 4	상좌평제도를 만들고 여신을 임명함.
420	16	남중국에서 유유가 백제인 고달·양무·회매와 함께 동진을 멸하고 남송 건국.
421	구이신왕 2	열도백제의 부여씨가 대마도에 6지역을 병권을 잡음.
434	비유왕 8	신라에 백마와 사냥용 매를 선사하고, 신라가 금과 명주를 보내 답함.
447	21	흉년이 들어 백성들이 신라로 도주함.
458	개로왕 4	남송의 효무제에게, 제기 등 11명을 대륙백제에 수령으로 중임한 사실 통보.
475	21	고구려 장수왕이 보낸 승려 도림에게 유혹되어 국력낭비.
		장수왕에게 한성수도를 내주고, 개로왕 살해당함.
475	문주왕 원	신라와 열도백제(웅략왕)의 원병을 받아 고구려의 남하를 막고 웅진 천도를 함.
477	3	나라가 안정되어 열도백제에 보냈던 구원군 철수
		좌평 해구가 왕을 시해함.
478	삼근왕 2	좌평 해구의 반란을 덕솔 진로가 막음.
479	동성왕 원	오월백제인 소도성이 남제 건국.
482	2	열도백제에 고구려계 청령이 왕이 됨.
488	10	하북성 요서진평백제에 침공한 북위를 크게 이기고 산동성 일대를 차지함.
490	12	하북성에 침략한 북위군 10만명을 몰살함.
492	14	신라 이찬비지의 딸과 결혼.
494	16	고구려군에 포위된 신라군에게 원군을 보내 풀어줌.
495	17	하북성과 오월백제 등 대륙백제의 지배자 인사이동을 함.
		고구려가 치양성을 포위하자 신라 장군 덕지가 격퇴함.
		북위 헌문제가 백제식민군을 몰아내려 20만 대군을 산동반도와 회수지방에서 협공함
499	21	구휼정책 실패로 한산지방 백성 2,000여 호가 고구려로 망명함.
500	22	궁성에 사치스런 임류각을 세움.
501	23	신하 백가가 왕을 시해함.
501	무령왕 원	동성왕을 죽인 백가를 참함.
		달솔 우영을 보내 고구려 수곡성 습격
		백제 식민 군에서 세를 얻게 된 소연이 보권을 시해하고 양나라를 건국함.
507	7	고구려 장수 고로가 말갈과 함께 횡악에 진입하자 왕이 친히 출전하여 격퇴함.
		수백향공주 왜국 계체왕에게 시집가서 이듬해 왜국의 29대왕 흠명을 낳음.

연대	국왕	약력
537	성왕 15	신라가 대마도를 공격하자 그 자리에 있던 임라가 안라국(일지도)로 도피.
538	16	왕도를 사비성으로 옮김.
540	18	열도백제에서 무령왕의 외손 흠명이 왕에 오름.
550	28	백제가 고구려의 도살성을 공격하고 고구려는 백제의 금현성을 공격함.
551	29	외몽고의 돌궐이 고구려를 공격하자, 그 틈에 백제가 신라와 연합하니 고구려가 신라에게 한강이남의 땅을 주고 백제의 북상을 제지함.
553	31	신라가 백제의 6군을 탈취하여 신주를 설치함.
554	32	열도백제에서 원군이 도착하여 신라 진성을 공격하여 대승하였음. 왕이 신라 군에 잡혀 살해당함. 신라군에 포위당한 태자 여창이 열도백제군 축자국조의 도움으로 탈출함. .
557	위덕왕 4	양나라가 망하고 진(陳)이 성립됨.
581	28	양견이 북주를 멸망시키고 수 나라 건국
599	혜왕 2	특별한 치적 없음.
600	법왕 원	불교를 숭상하여 살생금지를 명함.
602	무왕 3	신라를 공격하다 패하고, 역습을 받아 4개의 성을 빼앗겼으며, 다시 쟁취하여 공격했으나 대패하였음. 열도백제의 추고여왕은 임라(대마도)탈환을 기도했으나 신라 군에게 패함.
607	8	고구려 석두성 공격함.
610	11	신라가 대마도를 쟁취하여 본국백제가 열도백제에 대한 공급로가 끊김.
611	12	수양제, 고구려 정벌을 위한 하북성내의 백제영역 통과 승인을 얻음.
612	13	하북성 내의 백제영역 통과하는 수군을 대륙백제 군이 감시함.
624	25	10여년간 신라와 크고 작은 전쟁이 있었으며, 이해에 신라의 6성을 공취함.
626	27	618년에 수를 멸한 당나라와 화친하려, 황금투구를 만들어 선사함.
632	33	원자(후일 의자왕)를 태자로 책봉함.
633	34	신라의 서곡성을 빼앗음.
636	37	신라 독산성을 공략하였으나, 신라 알천이 급습하여 모두 포로로 잡아감.
637	38	당나라에 투구와 도끼를 선물하니, 도포와 비단 300단으로 답례함.
640	41	왕의 자제들을 당나라 국학에 입학시킴.
642	의자왕 2	왕이 친정하여 신라의 미후 등 40여 성을 빼앗음. 신라 대야성을 공략. 영류왕을 시해한 고구려 연개소문이 신라와 동맹하여 백제를 치자는 김춘추의 제안에, 3국이 합세하여 당나라를 치자고 제안함. 열도백제의 서명왕이 죽고, 그의 왕비인 무왕의 딸이 황극여왕으로 등극함.
643	3	고구려와 연합하여 신라 당항성 공격. 대마도 일지도 탈환.
644	4	왕자 융을 태자로 봉함. 신라에게 7성을 빼앗김.

연대	국왕	약력
645	5	당이 고구려를 치면서 신라에서 징병하자 그 틈을 타 신라7성을 빼앗음.
		고구려를 침략하여 요동에 출정하던 당태종이 하북성의 백제군을 격파하고, 그 수령인 제시장무에게 항복을 받음.
		열도백제에서 신라계 경황자 등이 쿠데타를 일으켜 백제계 소아씨를 제거함.
		안시성에서 참패를 당하고 가는 당태종을 백제군이 공격하여 하북성 일대를 다시 빼앗음.
		장군 의직이 신라11성을 빼앗았지만 신라 김유신에게 대파 당함.
648	8	신라10성을 빼앗았다가 신라 김유신에게 다시 빼앗김.
649	9	열도백제에서 신라계 효덕왕을 의자왕의 아들 풍장, 색성, 충승 등이 쿠데타를 일으켜 세력을 꺾고, 백제계 백치정권을 수립함.
650	10	열도백제에서 의자왕 아들들이 제명여왕을 옹립함.
		고구려와 합세하여 신라 33성을 빼앗자, 김춘추가 당나라를 움직여 정명진, 설인귀가 고구려의 후방을 공격함.
655	15	왕이 향락에 빠져 성충을 아사시키고 충언을 받아들이지 않음.
		궁중에 흰 여우가 상좌평 자리에 앉음.
656	16	신라의 독산성과 동잠성을 빼앗음. 신라 태종무열왕이 당나라에 백제정벌을 요청하여 받아들여짐.
659	19	당태종 소정방을 백제정벌군 총관으로 임명. 13만 대군을 이끌고 덕물도(덕적도)를 통하여 침공
660	20	신라군 김법민 정병 5만을 이끌고 황산벌에서 계백의 5천 군사를 격퇴하고
		사비성으로 나당연합군이 4군으로 나누어 쳐들어가 7월 18일 의자왕의 항복을 받음.
660	부국운동 원	왕이 항복하자, 부여복신, 좌평 정무 등이 부국운동을 일으킴.
		부여복신이 열도백제의 제명여왕에게 원군 요청함.
		신라 김춘추 백제부국군 토벌에 나섬.
		소정방 당군 1만명을 남겨두고 의자왕과 태자 융을 이끌고 귀국함.
661	2	제명여왕 친히 백제부국군 지원에 나섬.
		의자왕의 아들 부여용 제명여왕에 합세하여 백제부국군 지원.
		김춘추 부국군과 전투에서 금마저에서 전사함.
		백제부국군의 왕으로 부여풍장을 추대함.
662	3	부여용이 화살 10만본 등 물자와 병사를 보내 백제부국군 웅진성을 포위함.
		부국군의 일부 모반하여 유인궤에 항복함.
663	4	당 고종이 부여융을 웅진도독으로 임명하여 부국군과 싸우도록 함.
		유인궤의 술책으로 부여풍장이 부여복신을 살해함.
		8월 13일 부여융, 당군, 신라군이 합세하여 백촌강에서 백제부국군 대파함.
		당나라 군이 의자왕의 아들 충승과 충지등으로부터 한복을 받음.
		백제부흥군이 한반도 구례성을 떠나 열도백제로 건너감.
664	백제국 1	부여용과 백제부국군, 관제를 제정하고, 북구주 박다지방에서 백제국 재 건국
665	2	백제국 수도를 근강으로 옮기기 위해 백제인 400명을 이주시킴.
667	4	백제 남녀 2,000명을 근강으로 이주시킴.
668	5	백제국왕 부여 용이 국호를 백제에서 일본으로 바꾸고 초대 천황으로 등극.

제 2 장

백제음악 관련 자료

제 1 편

백제음악 문헌사료

현대에 고대음악을 만날 수 있는 방법은 크게 세 가지가 있다.

역사서를 비롯한 문헌을 통하여 음악을 찾는 방법과, 당대의 유물이나 유적으로서 고증 유추하는 방법, 그리고 현재까지 남아있는 옛 음악이나 설화 등을 기초로 다른 사료와 대조하며 시간을 거슬러 역추적하는 방법이다.

백제음악의 문헌은 한국의 『삼국사기』, 『삼국유사』, 『고려사』등과, 중국측의 여러 고대사서, 그리고 일본의 『일본서기』, 『일본후기』등의 사서와 『양로령(養老令』등의 율령집이 있다. 그 외에도 몇 점의 금석문(金石文)이 있다. 문헌을 좇아 옛 음악을 알아보는 방법은 가장 보편적인 일이지만, 음악의 실체 기록인 당시 악보가 매우 적어, 연주 양식이나 악기에 대한 정보 파악 정도에 그치게 된다.

문헌사료들은 대부분 왕조사에 한정되어 왕실과 귀족음악에 치우치기 쉽고, 민속악에 소홀할 수 있다는 문제도 함께 하고 있다. 또 문헌을 기록한 당대사가(史家)의 주관적 필적(筆跡)이 진실을 가리는 경우가 있기 때문에 연구에 걸림돌이 될 수 있다. 특히 고대동아시아 국가에서는 “음악이 바로서야 나라가 바로 선다”는 예악사상이 국가경영 이념으로 자리하였기에, 주변 국가들의 음악에 대하여 항상 민감하고 경쟁의 대상으로 삼았던 점도 고려해야 한다.

유물이나 유적의 도상(圖像)으로 고대음악을 추적하는 일은 궁중음악은 물론 민간 음악상까지 찾아볼 수 있다는 장점이 있다. 그러나 그 실물사료들이 지역적으로 연속해 있지 않는 한, 그것이 자생한 것인지 다른 지역과 교류에 의한 산물인지 확신하기가 쉽지 않다.

문헌이나 구전 등에 백제 음악이 아직까지 이어져 전한다는 몇몇 음악이 있다. 이를테면, 「빗가락 정읍」이나, 부여·옥구 지방의 민요 「산유화가」, 그리고 일본 황실에서 보관중인 「교훈초」 악보 등이 그것이다. 현재 남아 있는 음악으로써 과거로 역 추적하여 옛 음악을 확인하는 방법은, 음악의 실체를 확보하였다는 장점에 비해, 그 오랜 기간의 변천과정을 파악하기 어렵다는 문제가 있다.

이런 여러 조건들이 일치할 수 있다면 가장 이상적이겠지만, 실제로 그런 사례는 지극히 드물다. 가능한 상황과 조건들을 모아 관계성을 헤아리고 대조하며 유추하여야 한다.

1. 백제악 관련 문헌 점검

현존하는 백제음악의 기록으로 가장 앞선 것은 636년부터 656년 사이에 집필된 『수서』다. 아직 백제가 건재하고 있을 당시에 편찬된 책이다. 이 『수서』에는 「만보상전(萬寶常傳)」이라는 악보집이 있고, 64종의 악보가 기록되어 당대의 음악을 구체적으로 살필 수 있게 하지만 여기에 백제음악의 악보는 없다.

당나라 흥경궁 터

섬서성 서안에 있는 당나라 전성기의 흥경궁 터. 당부기가 연희되었을 당나라 최대의 궁터이지만 당대 건물은 남아 있지 않고, 침향정(沈香亭, 선썅팅) 하나만 복원되었다.

『수서』이후의 사료로, 한반도백제가 멸망한 지 500년이 지난 뒤 송나라 때 편찬한 『신당서』가 있다. 『신당서』는 1044년부터 1060년 사이에 편찬된 것이며 『구당서』에 누락된 것이나 틀린 것 등을 바로잡았다는 문헌이지만 백제음악과 관련된 내용은 특별히 다른 것이 없다.

백제음악을 다루고 있는 일본문헌 중 가장 편찬 시기가 앞선 것은 720년에 완성하였을 것으로 추정하는 『일본서기』이다. 『속일본후기』는 발행연대 미상의 역사서이며, 843년에 백제왕씨가 풍속악(風俗樂)을 연주하고 벼슬의 품위가 높아졌다는 기록이 있음으로 미루어 9세기 이후에 편찬되었을 것으로 짐작할 뿐이다.

한국의 사료로는 『삼국사기』가 있는데 그 편찬시기가 1145경에 완성한 것이어서 중국, 일본의 사료들 보다는 훨씬 늦다.

2. 중국 문헌에 나타난 백제음악

중국의 『수서』, 『통전』, 『구당서』, 『태평어람』, 『책부원구』, 『신당서』, 『악서』, 『기찬연해』, 『어제율려정의후편』 등 9종의 문헌에 백제음악에 관한 사료들이 있다. 『태평어람』에는 한 책에 3건의 백제음악 기록이 있다.

『수서』 15권 10지 음악 하편

개황 초[23]에 처음으로 7부 악(樂)을 정하였으니 하나는 국기(國伎)라 하였고, 둘은 청상기(淸商伎)라 하였으며, 셋은 고려기(高麗伎)라 하였고 넷은 천축기(天竺伎)라 불렀고 다섯은 안국기(安國伎)라 하였으며 여섯째가 구자기(龜茲伎)이고 일곱은 문강기(文康伎)라 하였다. 또 여러 가지가 있었으니, 속륵(疎勒), 부남(扶南), 강국(康國), 백제(百濟), 돌궐(突厥), 신라(新羅), 왜국(倭國) 등의 기(伎)[24]이다.

始開皇初 定令置七部樂 一曰國伎 二曰淸商伎 三曰高麗伎 四曰天竺伎五曰安國伎 六曰龜茲伎 七曰文康伎 又雜有疎勒 扶南 康國 百濟 突厥 新羅 倭國等伎.

『북사』[25]94권 열전 제82 (2) - 백제

백성들은 신라·고구려·왜 등이 섞여 있으며, 중국인도 역시 있다. 그 음식과 의복은 고구려와 비슷하고, 만일 조정에서 배알하거나 제사지낼 때에 관(冠)의 양쪽에 날개를 더하지만, 병장기(兵仗器, 戎)를 쓸 때는 그렇지 않다. 절하거나 아뢰는 예는 양손을 땅에 대는 것이다. 풍속은 말 타고 활 쏘는 일을 중히 여기고 역사를 사랑한다. 뛰어난 자는 글을 짓거나

23) 수나라 5개의 연호 중 첫째인 개황(開皇)은 581년-600년 사이이다.

24) 伎는 伎樂을 나타내는 것으로 음악과 춤을 함께 나타낼 때가 많다.

25) 당(唐) 나라 때, 이연수(李延壽)가 편찬한 위진남북조(魏晉南北朝)시대 위(魏) · 제(齊) · 주(周) · 수(隋)의 역사를 다룬 정사(正史)이다. 본기 12권, 열전 88권 등 총 100권으로 구성되었다.

파자를 할 줄 알고, 여러 일에 능하다. 의약을 알고, 점을 치며, 관상 보는 기술과 오행 법을 안다. 승려와 비구니와 절과 탑이 많으나, 도사는 없다. 고, 각, 공후, 쟁, 우, 지, 적 등의 악기가 있고, 투호, 포, 농주, 악 등 여러 가지 놀이가 있다.

其人雜有 新羅·高麗·倭 等, 亦有中國人 其飮食衣服, 與高麗略同 若朝拜祭祀 其冠兩廂加翅, 戎事則不 拜謁之禮 以兩手據地爲禮 俗重騎射 兼愛墳史 而秀異者頗解屬文 能吏事 又知醫藥 蓍龜 與相術 陰陽五行法 有僧尼 多寺塔 而無道士 有鼓 角 箜篌 箏 竽 篪 笛之樂 投壺 蒲 弄珠握 等雜戲

『통전』[26] 146권 6악(樂) 사방악

동이족의 두 나라 고구려와 백제. 고구려의 악공은 새의 깃으로 장식한 자주색 비단모자와, 노란색 큰 소매의 옷과 자주색 비단 띠에 통 넓은 바지를 입었으며, 붉은 가죽신을 신고 오색의 끈을 맸다. 춤추는 네 사람은 뒤에 상투를 틀고 자홍색을 이마에 바르고 금귀고리를 장식한다. 두 사람은 노란색 치마와 적황색 바지를 입고, 두 사람은 적황색 치마를 입었는데 소매는 극히 길다. 검은 가죽신을 신었으며 쌍을 이뤄 나란히 서서 춤을 추었다. 음악에는 뜯는 쟁 하나, 켜는 쟁 하나, 와공후 하나, 수공후 하나, 비파 하나, 오현(五絃) 하나, 의적(義笛) 하나, 생 하나, 횡적 하나, 소(簫) 하나, 소필률 하나, 대필률 하나, 도피필률 하나, 요고 하나, 제고 하나, 담고 하나, 나각(貝) 하나를 썼다. 당나라 무(武)태후 때는 25곡이 있었으나, 지금은 오직 한 곡만 익힐 수 있고, 의복도 차츰 낡아 없어져서

26) 당나라 때 두우(杜佑)가 상고시대로부터 당나라 천보년간까지의 역사를 두루 다룬 통사(通史)이다. 『식화』(食貨), 『선거』(選擧), 『직관』(職官), 『악』(樂), 『병』(兵), 『형』(刑), 『주군』(州郡), 『변방』(邊防) 등의 9전(典)으로 구성하였으며 총 200권이다. 33년에 거쳐 저술하였으며 801년에 완성하였다.

그 본래의 모습을 잃었다.

백제의 음악은 중종(中宗) 때에 공인(工人)들이 죽고 흩어져서, 개원(開元)[27] 때에 태상경이 된 기왕범(岐王範)이 아뢰어 다시 설치하였으나, 이미 많은 음악과 기예가 빠지게 되었다. 춤추는 두 사람은 자주색 큰 소매 옷과 치마·저고리에 장보관(章甫冠)을 쓰고 가죽신을 신었다. 남은 악기는 쟁, 적, 도피필률, 공후와 노래였다.

東夷二國 高麗百濟 高麗樂工人 紫羅帽 飾以鳥羽 黃大袖 紫羅帶 大口袴 赤皮鞾 五色縚繩 舞者四人 椎髻於後 以絳抹額 飾以金璫 二人黃裙袴 赤黃袴 二人赤黃裙袴 極長其袖 烏皮鞾 雙雙併立而舞 樂用 彈箏一 搊箏一 臥一 竪一 琵琶一 五絃一 義笛一 笙一 橫笛一 簫一 小一 大一 桃皮一 腰鼓一 齊鼓一 擔鼓一 貝一 大唐武太后時 尙二十五曲 今唯能習一曲 衣服亦衰敗 失其本風 百濟樂 中宗之代 工人死散 開元中 岐山範爲太常卿 復奏置之 是以音伎多闕 舞者二人 紫大袖 裙襦 章甫冠 皮履 樂之存者 箏 笛 桃皮觱篥 箜篌 歌.

『통전』185권 변방 ㅡ 동이 상 백제

기후는 온화하고 따스하며, 오곡, 여러 종류의 과실, 채소 및 술, 반찬, 악기는 내지(內地)[28]와 같은 것이 많다.

氣候溫暖 , 五穀、雜果、菜蔬及酒醴、 饌、樂器之屬多同於內地.

『구당서』 29권, 지9, 음악2

---

27) 당나라 40개 연호 중 8번째인 개원(開元)은 713년~741년 사이를 말한다.

28) 삼국사기가 인용한 원전(原典)이 당(唐)나라 두우(杜佑, 735~812)가 편찬한 통전이기 때문에 내지(內地)라 한 것은 당나라 장안(현재의 서안)을 중심으로 하는 지역을 말하고 있다.

장중화[29]의 시절에 천축에서 역관을 보내고 음악과 악공도 보내왔다. 뒤에 그 나라 왕자가 승려로써 여행 와서 다시 그 나라의 음악을 전하였다. 송나라[30] 때 고구려와 백제의 음악이 있었다. 이를 얻었지만 완전히 갖추어진 것은 아니었다. 주(周)의 군사가 제(齊)를 멸망시키자 두 나라가 그 음악을 바쳤다. 수나라 문제가 진을 평정하여 청악과 문강예필곡을 얻어 구부기를 갖추었는데, 백제의 기악은 여기에 포함되지 않았다. 수양제가 임읍(林邑)[31]국을 평정하여 부남의 악공과 포(匏)[32], 금을 얻었지만 보잘 것 없어 사용하지 않았다. 다만 천축의 음악이 전하였는데 악

29) 장중화(張重華, 330~353, 재위: 346~353)는 중국 5호16국 시대 전량(前凉)의 제5대의 국왕이다. 5호16국은 중국 동한(東漢)에서 남북조 시대에 이르기까지, 오호(五胡)가 세운 열세 나라와 한족(漢族)이 세운 세 나라로 대부분 중국의 한족이 아닌 동이(東夷) 배달민족들이 세운 나라이다. 동북부의 전조(前趙)·후조(後趙)·전연(前燕)·후연(後燕)·남연(南燕)·북연(北燕), 관중(關中)의 전진(前秦)·후진(後秦)·서진(西秦), 하투(河套)의 하(夏), 사천(四川)의 성한(成漢), 하서(河西)의 전량(前涼)·후량(後涼)·북량(北涼)·남량(南涼)·서량(西涼)등이다. 장중화의 묘호는 세종(世宗), 시호는 명왕(明王)이다.

30) 중국 역사에 3왕조의 송나라가 있다. 가장 오래 된 것은 주나라의 제후국(諸侯國)으로 B.C. 2세기 무렵~B.C. 286년에 있던 춘추 12제후국(春秋十二諸侯國)의 하나이다. 그 다음은 중국 남북조(南北朝)시대 남조(南朝) 최초의 왕조로 420년에 건국하여 479년에 멸망한 나라이며, 당(唐)나라와 오대십국(五代十國)에 이어지는 송나라(960~1279)가 있다. 이 글에서 말하는 송나라는 그 두 번째 나라로 동진(東晋) 말기의 권신(權臣)이자 무장(武將)인 유유(劉裕: 武帝)가 진(晋)의 공제(恭帝)로부터 선양(禪讓)을 받아 세운 송나라이다. 건강(建康: 지금의 南京)에 도읍하였고, 앞선 송나라와 구별하기 위하여 유송(劉宋)이라고도 부른다.

31) 베트남 중부 지방에 위치해 있던 인도네시아계의 참족이 세운 참파 왕국(王國, 베트남어: Chăm Pa, 영어: Champa, 192-1832)을 당나라에서 부르던 이름이다. 당나라에서는 임읍(林邑)라고 불렀지만 송나라 때에는 점성(占城)이라 하였다.

32) 동양 악기 분류 방법 중 포(匏)는 생, 황, 우 등의 다관(多管)악기를 지칭하기 때문에 생황이거나 그 한 종류로 판단된다.

부[33]에 포함시키지 않았다. 서위(西魏)[34]가 고창[35]과 통하였기에 비로소 고창기가 있을 수 있었다. 우리 태종이 고창을 좋아하여 그 음악을 전부 수용하였다. 또, 연나라[36]가 생긴 후 예필곡을 없애버려 지금은 오직 10부기만 남았다. 그다지 훌륭하다고 할 수는 없지만 소리의 단편이 남아있어 악부에 포함시켰다. 덕종조에 표국(驃國)[37] 역시 음악을 바쳤다. 고구려의 악공은 새 깃으로 장식한 자주색 비단모자와, 노란색 큰 소매의 옷과 자주색 비단 띠에 통 넓은 바지를 입었으며, 붉은 가죽신을 신고 오색의 줄을 맸다. 춤추는 네 사람은 뒤에 상투를 틀고 자홍색을 이마에 바르고 금귀고리를 장식하였다. 두 사람은 노란색 치마와 적황색 바지를 입고, 두 사람은 적황색 치마를 입었는데 소매는 극히 길고 검은 가죽신을 신었으며 쌍을 이뤄 나란히 서서 춤을 추었다. 음악에는 뜯는 쟁 하나, 켜는 쟁 하나, 와공후 하나, 수공후 하나, 비파 하나, 오현(五絃) 하나, 의적(義笛) 하나, 생 하나, 소(簫) 하나, 소필률 하나, 대필률 하나, 도피필률 하나, 요고 하나, 제고 하나, 담고 하나, 나각(貝) 하나를 썼다. 무태후[38]

33) 수나라 당나라시기에 음악기구(機構)와 음악가, 악기, 음악의 조(調) 등을 다루던 조정의 부서(部署)이다.

34) 중국의 왕조(535~556). 북위(北魏)가 내란으로 동 · 서로 갈라져 생긴 국가이다. 535년에 건국하여 21년 뒤인 556년에 망했다. 수도는 장안이었고, 낙양의 서쪽에서 호북지방과 하남 북부지방을 영토로 하였다.

35) 위구르족과 한족이 세운 불교국가로 오늘날 중국 신강성 투르판 동남쪽을 영토로 하였다.

36) 연대로 보아 춘추 시대의 전국 칠웅 가운데 하나인 연나라가 아니고 386년에 건국하여 407년에 소멸한 후연(後燕)을 지칭하는 것으로 보인다. 후연(後燕)의 한인(漢人) 출신의 풍발(馮跋)이 세운 왕조(409~438)이다.

37) 표국은 7세기에서 9세기 사이에 지금의 중국 남중국에서 미얀마, 라오스에 이르는 지역에 있었던 나라로 중국문헌에는 剽′ 僄′ 縹′ 漂 등으로 표기하였다.

38) 당나라 측천무후(則天武后, 624~705, 630년 출생이라는 설도 있음)를 지칭하는 말이다. 고종 이치의 황후이며 중국 역사상 유일무이한 여황제이다.

때에도 아직 25곡이 있었지만 지금은 1곡만 익히고 있다. 의복역시 점점 쇠퇴하였고 본래의 풍조를 잃어버렸다. 백제의 음악은 중종 때에 공인들이 죽고 흩어져서, 개원 때에 태상경이 된 기왕범이 아뢰어 다시 설치하였다. 이 때문에 많은 음악과 기예가 빠지게 되었다. 춤추는 두 사람은 자주색 큰 소매 옷과 치마·저고리에 장보관을 쓰고 가죽신을 신었다. 남은 음악은 쟁, 적, 도피필률, 공후와 노래였다. 이 세 나라의 음악을 동이음악이라 하였다.

張重華時 天竺重譯貢樂伎 後其國王子爲沙門來遊 又傳其方音 宋世有高麗百濟伎樂 魏平拓跋 亦得之而未具 周師滅齊 二國獻其樂 隋文帝平陳 得清樂及文康禮畢曲 列九部伎 百濟伎不預焉 煬帝平林邑國 獲扶南工人及其匏琴陋不可用 但以天竺樂轉寫其聲 而不齒樂部 西魏與高昌通 始有高昌伎 我太宗平高昌 盡收其樂 又造讌後 而去禮畢曲 今箸今者 惟此十部雖不著令 聲節存者 樂府猶肄之 德宗朝 又有驃國亦遣使獻樂 高麗樂工人紫羅帽 飾以鳥羽 黃大袖 紫羅帶 大口袴 赤皮靴 五色綃繩 舞者四人 椎髻於後 以絳抹額 飾以金璫 二人黃裙袴 赤黃袴 極長其袖 烏皮鞾 雙雙併立而舞 樂用彈爭一 搊爭一 臥箜篌一 竪箜篌一 琵琶 義觜 笛一 笙一 簫一 小篳篥一 大觱篥一 桃皮觱篥一 腰鼓一 齊鼓一 擔鼓一 貝一 武太后時 尙二十五曲 今惟習一曲 衣服亦寖衰敗 失基本風 百濟樂 中宗之代 岐山範爲太常卿 復奏置之 是以音伎多闕 舞者二 紫大袖 裙襦 章甫冠 皮履 樂之存者 爭笛桃皮觱篥箜篌歌 此三國 東夷之樂也

『태평어람』[39] 564권, 악부2, 아악 중

39) 977~983년에 간행한 중국 송나라의 백과사전과 같은 책이다. 황제의 명에 따라 이방(李昉) 등이 지은 것으로 형법(刑法), 예악(禮樂), 의식(儀式) 등의 55부문으로 분류한 1,000권으로 구성 된 책이다.

만보상(萬寶常)의 악서부를 본 바 기악 중에서 오직 백제의 음악이 맑아서 세상에 불리어지고 있었다. 그 노래의 곡조는 이루다 적을 수가 없었다.

萬寶常觀於樂暑部 伎樂中 惟百濟樂清 有歌人間 謳謠之曲 不可勝載

『태평어람』 567권, 악부2, 사이악

또 이를진대 고구려악과 백제악은 정관[40] 때에 두 나라를 멸하고 음악을 얻었다. 측천무후 때 까지도 고구려악 25곡이 있었다고 하였다. 정원 말기에는 겨우 하나의 음악이 있었고 의복도 서서히 사라졌다. 백제악은 중종 때에 악공이 죽고 흩어졌지만 개원 때에 태상경이 된 기왕범이 아뢰어 다시 설치하였다.

又日 高麗樂百濟樂 貞觀中 滅二國盡得其樂 至天后時 高麗樂猶二十五曲 貞元末 唯能習一曲 衣服亦漸失其大風矣 其百濟樂 至中宗時 工人死散 開元中 岐山範爲太常卿 復奏置焉

『태평어람』568권, 악부6, 연악

또 말하거니와 고구려음악과 백제음악은 송나라 초기에 알려졌다. 후위 때 이르러 태무[41]가 북연을 멸망시키고 이를 얻었지만 완전히 갖추지는 못하였다. 주나라 무제가 제나라를 멸망시키고 그 위세가 해외까지 이르니 두 나라가 그 음악을 헌납하자 주(周)의 사람은 악부에 넣어 국기라고

40) 당나라 제9대 황제 덕종(德宗, 재위 779-805)의 세 번째 연호이다.

41) 북위의 3대 황제 세조의 시호(謚號)로, 재위기간은 408년부터 452년까지 이다.

하였다. 수나라 문제[42]가 진(陣)나라[43]를 평정하고 문강곡(文康曲)과 예필곡(禮畢曲)을 함께 얻었다.

又日 高麗樂百濟樂 宋朝初得之 至後魏 太武滅北燕 以得之而未具 周武滅齊威振海外 二國各獻其樂 周人列於樂部 謂之國伎 隋文平陣及文康禮俱得之

『책부원구[44]』 제570권 장악부 이악

건덕[45]6년 이미 북제를 평정하여 그 위세가 해외까지 이르러 고구려악과 백제악을 헌정하니 이를 악부에 소속시켜 국기라고 하였다. 수나라 고조 개황 초에 처음으로 칠부기를 정하여 설치하였으니 그 하나는 국기였고, 둘은 청상기이며, 셋은 고려기이고, 넷은 천축기, 다섯은 안국기, 여섯은 구자기, 일곱은 문강기였다. 또 여러 가지가 있었으니, 속륵, 부남, 강국, 백제, 돌궐, 신라, 왜국 등의 기(伎)이다. … 당태종 정관 중에 고창국을 평정하고 그 음악을 얻었다. 태상부 초기에 고조 무덕[46] 때 수나라 의 옛 제도로 인하여 구부악을 연주하고 이어 십부악까지 증가하였다. 또 백제 고구려 두 나라를 멸하고 음악들을 획득했다. 측천 때 고구려

42) 수나라 초대 황제(541~604)로 북위를 기반으로 400여 년의 중국 대륙의 혼란기에 종지부를 찍고 통일시켜 수나라를 건국하였다.

43) 패선(覇先)이 황제가 되어 건국한 나라로 557년에 건국하였고 589년에 수나라가 멸망시켰다. 이로서 남북조 시대가 끝난다.

44) 북송(北宋)의 왕흠약(王欽若) · 양억(楊億) 등이 진종(眞宗)의 명을 받들어 1005년부터 1013년에 총 1000권으로 완성한 책.

45) 남북조(南北朝)시대 북주(北周)의 무제(武帝, 560-578) 우문옹(宇文邕)의 3번째 연호

46) 당 고조(高祖) 이세연의 연호(年號)로 원년은 618년이다.

음악 중 25곡이 있었으나 정원[47]말에는 겨우 하나를 익힐 뿐이었으며, 의상도 서서히 사라졌다. 중종 때 백제음악 공인이 죽어 흩어졌으나 개원 때에 태상경이 된 기왕범이 아뢰어 다시 설치하였다.

建德六年 旣平北齊 威振海外 高麗樂百濟樂 爲獻共樂 列於樂部 謂之國伎 隋高祖 開皇初 定令置七部樂 一日國伎 二日淸樂伎 三日高麗伎 四日天竺伎 五日安國伎 六日龜玆伎 七日 文康伎 又雜有疎勒 扶南 康國 百濟 突厥 新羅 倭國等伎 … 唐太宗 貞觀中 平高昌國 收其樂 付太常 初 高祖 武德中 因隋舊制 奏九部樂 至是 增爲十部 又滅百濟高麗二國 盡得基樂

測天時 高麗樂猶二十五曲 貞元末 唯能習一曲 衣服亦漸失其大猶風矣 中宗時 百濟曲 工人死散 開元中 岐山範爲太常卿 復奏置焉

『악서(樂書)[48]』174권 악도론, 호부, 백제악

백제의 악무 공인은 큰 소매의 저고리와 노란색치마를 입었고 장보관을 썼으며 가죽신발을 입고 동이음악을 연주 하였다. 장보관은 상인들의 모자이며 동이의 옷이기도 하다 이는 중국과 다른 이상한 제도로 옛 사람이 말 한 사방의 오랑캐가 예절을 잃은 것이니 어쩔 것인가.

百濟樂舞工人 紫大袖 裙襦 章甫冠 皮履 東夷之樂也 章甫商冠也 而東夷服之 豈其得中國之遺制邪 古人嘗謂 禮失求之四夷 亦信之矣

47) 당나라 9대 황제 덕종의 두 번째 연호

48) 송나라 때 진양(陳暘)이 총200권으로 완성한 음악이론 서적이다. 1권에서 95권 까지는 주례(周禮), 논어(論語), 맹자(孟子) 등의 경전에서 뽑은 음악이론을 수록하였고, 158권은 호부가(胡部歌)로 동이(東夷)음악 즉 예맥(濊貊), 마한(馬韓), 부여(夫餘), 신라(新羅), 왜국(倭國), 일본(日本), 말갈(勿吉), 백제(百濟), 이주, 고려(高麗)등의 음악을 소개하고 있다.

『신당서』 22권 12지 12 예악부

주·수나라와 북제 국경지대에 오랜 노래, 춤, 잡기와 사방[49]음악이 있었다. 당나라에 이르러 동이(東夷)악으로는 고구려와 백제가 있고, 서북융은 선비, 토곡혼의 부락과 남만에는 부남, 천축의 남조표국이 있었다. 서융에는 고창, 쿠차, 소륵 강국 안국이 있고 이들 14개 나라들의 음악 중에서 8개 국가의 국기는 십부악에 들어간다. 중종 때 백제악공인들이 죽고 흩어져서 개원 연간에 기왕범이 태상경이 되어서야 다시 백제 음악을 설치하도록 건의하였지만 전해지지 않은 음악과 기악이 많다. 춤추는 두 사람은 자주색 큰 소매 옷과 치마·저고리에 장보관을 쓰고 가죽신을 신었다. 남은 음악은 쟁, 적, 도피필률, 공후 뿐 이다.

周隋與北齊陣接壤 故歌舞雜有四方之樂 至唐 東夷樂有高麗百濟 西北狄有鮮卑吐谷渾部落稽 南蠻有扶南天竺南詔驃國 西戎有高昌龜兹疎勒康國安國 凡十四國之樂 而八國之伎 列于十部樂 中宗時 百濟樂工人亡散 岐王爲太常卿 復奏置之 然音伎多闕 舞者二人 紫大袖 裙襦 章甫冠 衣履 樂有爭 笛 桃皮觱篥 箜篌歌而已

『기찬연해(記纂淵海)』[50] 78권 악부 악

고종[51]때 당12곡이 있었다. 설인귀가 백제를 격파하고 백제 음악 전부를 악부에 넣었다.

高宗時 有當堂十二之曲 薛仁貴破百濟 進百濟曲 皆樂府諸曲也

49) 사이(四夷)와 같은 말로, 동이 서융, 북적, 남만을 뜻한다.

50) 반자목이 편찬한 중국의 사전류(事典類) 서책으로 1195년에 100권이 나왔다. 1562년 왕가빈이 증보판을 냈다.

51) 당나라의 제3대 황제 이치(唐高宗 李治, 628년: 정관(貞觀) 2년 7월 21일-683년: 홍도(弘道) 원년 12월 27일)의 시호이다.

당나라 기악도

당나라 현종이 742년에 양귀비를 위하여 화청지를 대대적으로 보수하고 이를 기념하기 위하여 공연한 당부기 장면을 그린 것이다. 갖가지 악기를 연주하는 악공들은 무대 뒤에 춤을 추는 연희자가 앞에 배치되었다.

『문헌통고』[52]148권 악21, 고1293

백제 그 나라에는 고, 각, 공후, 쟁, 지, 적 등의 음악이 있다. …… 중종 때 백제 악공들이 죽어 흩어져 개원 때 태상경이 된 기왕범이 아뢰어 다시 설치하였다. 그 악기는 쟁, 적, 도피필률, 공후가 있었고 가곡에는 반섭조[53]가 들었다.

百濟 其國之樂 有 鼓 角 箜篌 爭 箎 笛之樂 …… 中宗時 百濟樂工人亡散 開元中 岐王爲太常卿 復奏置之 其器有 爭 笛 桃皮觱篥 箜篌 歌曲入般涉調

52) 송나라 말기에서 원나라 초기 까지 살았던 마단림(馬端臨)이 1307년에 저술한 역사서이다.

53) 고대 동아시아에서 사용하던 12궁조 중 12번째 조성(調性)

『어제율려정의후편(御製律呂正義後編)[54)]』 84권 7악제고, 당(唐)

주·수나라와 북제진나라와 접한 지대에는 옛 노래와 춤, 잡기, 사방음악이 있었다. 당나라 때까지 동이악으로 고구려 음악과 백제음악이 있었고 북으로 선비 토곡혼[55)]의 부락과 남만에는 부남천축의 남조표국이 있었으며, 서융[56)]에는 고창, 구자, 소륵, 강국, 안국이 있고 이들 14개 나라들의 음악 중 8개 국가의 국기(伎)가 십부악에 들어간다. 중종 때 백제악공인들이 죽고 흩어져 개원 연간에 기왕범이 태상경이 되어서야 다시 백제음악을 설치하도록 건의하였기 때문에 전해지지 않은 음악과 기예가 많다. 춤추는 두 사람은 큰 소매의 자주색 옷과 치마·저고리에 장보관을 쓰고 가죽신을 신었다. 남은 음악은 쟁, 적, 도피필률, 공후와 노래였다.

周隋與北齊陣接壤 故歌舞雜有四方之樂 至唐 東夷樂有高麗百濟 北狄有鮮卑吐谷渾部落稽 南蠻有扶南天竺南詔驃國 西戎有高昌龜兹疎勒康國安國 凡十四國之樂 而八國之伎 列于十部樂 中宗時 百濟樂工人亡散 岐王爲太常卿 復奏置之 然音伎多闕 舞者二人 紫大袖 裙襦 章甫冠 衣履 樂有 爭笛 桃皮觱篥 箜篌歌而已

이상 14종의 중국 문헌들의 내용을 검토하여 본 바, 『수서』에는 백제악이 수나라와 당나라 시대의 기악(伎樂)에 편입되었다는 것이 그 주된 내용이고, 『북사』에는 백제악기의 종류를 나열하였으며, 『통전』146권은 당나

54) 1713년에 간행한 중국음악이론서로 청나라 황제 성조(聖祖)의 어정서(御定書)이다. 1746년에 만든 고종(高宗)의 어정서도 있는데 이는 서양음악이론을 다루고 있다.

55) 4세기 초에 청해(菁海) 지방에 있던 나라 이름이다. 왕들은 선비(鮮卑)족이었으며, 오호십육국 시대 이후 세력을 떨쳤지만, 북위(北魏)와 수, 당의 침략이 있었으며 663년에 도번(吐蕃)에게 멸망하였다.

56) 한족(漢族)들이 중국 서북쪽 즉 주로 섬서성과 산서성 등의 이민족을 지칭하던 말이지만, 이 문장에서는 고창, 구자, 소륵, 강국, 안국 등이 포함되어 보다 서위의 광범위한 땅을 의미하고 있다.

라 중종 때 백제악이 복원되는 과정을 설명하고 당시에 남아있던 악기에 대한 언급을 한 것이 주된 내용이다. 이들 사료 중 연대가 가장 앞서있는 『수서』, 『북사』, 『통전』의 기록이 다른 문헌들의 원전(原典)이 되어 후대의 역사서들은 대부분 이를 옮겨 썼다.

『태평어람』에는 앞의 사서에서 보이지 않았던 새로운 사실이 나타난다. "백제음악이 맑아서 많은 사람들이 불렀고, 그 음악은 이루 헤아릴 수 없었다"는 내용이다.

『악서』에, "백제 악무공인(樂舞工人)은 동이음악을 연주하였다"라는 내용도 지금까지 우리 음악계에서 주목하지 않았던 사항이다.

제시된 사료들의 내용을 연대순으로 표로 정리 하였다.

백제음악 관련 중국사료 일람표

사료번호	사료 이름	편찬년	주요내용
1	수서15권	658	백제악이 수나라 악부에 있었음.
2	북사94권	659	고, 각, 공후, 쟁, 우, 지, 적 등 7종 악기가 있었음.
3	통전146권	801	당나라 때 많은 악기 소실되고 쟁, 적, 도피필률, 공후, 노래만 남음.
4	통전185권	〃	백제악기는 중원악기와 같은 것이 많음.
5	구당서29권	945	「수서」와 같은 내용
6	태평어람564권	983	백제음악이 맑아 사람들이 즐겨 불렀고, 헤아릴 수 없이 많음.
7	태평어람567권	〃	「통전」과 같은 내용
8	태평어람568권	〃	「수서」와과 같은 내용
9	책부원구 제570권	1013	「수서」, 「통전」과 같은 내용
10	악서174권	1013	백제악의 의상제도
11	신당서22권	1060	「수서」와 같은 내용
12	기찬연해78권	1195	「수서」와 같은 내용
13	문헌통고148권	1307	고, 각, 공후, 쟁, 우, 지, 적 등 7종 악기가 있었고 조성(調性)은 반섭조였음.
14	어제율려정의 후편 84권	1713	「수서」, 「통전」과 같은 내용

3. 한국 문헌에 나타난 백제음악

한국 측의 사료로는 『삼국사기』가 대표적이며, 백제음악에 관한 기록은 2건이 있다. 하나는 『삼국사기』32권, 잡지(雜志) 제1, 후반의 악(樂)편의 마지막 항으로 『통전』(通典)과 『북사』(北史) 두 책의 내용을 종합 정리하고 있다.

다른 기록으로는 『삼국사기』(三國史記) 24권과 27권에 나타난 것으로 왕과 조정의 행적을 기록한 본기(本紀)에 수록된 것이다.

이 2건의 사료도 전재(全載)한다.

『삼국사기(三國史記』32권 잡지 제1 제사(祭祀) 악(樂)

『통전』에 이르기를 백제 음악은 당 나라 중종 시대에 악공들이 죽고 흩어졌는데, 개원 연간에 기왕범이 태상경이 되어서야 다시 백제 음악을 설치하도록 건의하였다. 없어진 음악과 기예가 많다. 춤추는 자 두 명은 큰 소매의 자주색 치마, 저고리와 장보관(章甫冠)에 가죽신을 신었다. 악기로서 남아 있는 것은 쟁, 저, 도피필률, 공후이며, 악기류는 내지(內地)와와 같은 것이 많았다.

『북사』에는 고, 각, 공후, 쟁, 우, 지, 적의 음악이 있었다고 하였다.

百濟樂, 通典云 百濟樂 中宗之代工人死散, 開元中岐王範爲大常卿復奏置之, 是以音伎多闕, 舞者二人, 紫大袖, 裙襦, 章甫冠, 皮履, 樂之存者, 箏 笛 桃皮觱篥 箜篌, 樂器之屬多同於內地 北史云 有鼓 角 箜篌 箏 竽 篪 笛之樂[57]

『삼국사기』24권 고이왕 조(條)

하늘과 땅에 북과 취주악기로 제사 지냈다.

57) 김부식/이병도 역주, 『삼국사기』(三國史記) (하) (서울: 을유문화사, 1983), 163.

祭天地用鼓吹

『삼국사기』27권 무왕 조(條)

3월(무왕 37년 즉 636년 3월) 왕[58]이 좌우신료를 거느리고 사비하(泗沘河) 북쪽의 포구에서 놀았다. 양쪽 언덕에는 기암괴석이 있고 간간이 기화이초가 있어 그림과 같았다. 왕이 음주를 하고 즐거움이 극에 달하여 북(鼓)과 금(琴)을 치고 스스로 노래를 부르니 따르는 사람들도 누차 춤을 추었다. 당시 사람들이 그 곳을 대왕포(大王浦)라 하였다.

三月, 王率左右臣僚, 游燕於泗沘河北浦, 兩岸奇巖怪石錯立, 間以奇花異草如畵圖, 王飮酒極歡, 鼓琴自歌, 從者屢舞, 時人其地爲大王浦,[59]

백제음악 관련 중국사료 일람표

사료번호	사료 이름	편찬년	주요내용
15	『삼국사기』32권	1145	하늘과 땅에 북과 취주악기로 제사를 지냄
16	『삼국사기』32권	〃	「수서」와 같은 내용
17	『삼국사기』27권	〃	무왕이 유람하며 북과 금을 스스로 연주하였음

4. 일본 문헌에 나타난 백제음악

일본 측 사료에서 백제음악에 관계되는 기사는 다음과 같다. [60]

58) 이 기록은 백제 제30대 무왕(武王, ?~641, 재위 600~641)조(條)의 것임으로 무왕을 말함.

59) 김부식/이병도 역주, 『삼국사기』(三國史記) (하), 74.

60) 일본문헌은 이혜구(1909년~2010)의 여러 저서에서 발췌하여 정리한 것 들이다.

가. 일본서기

『일본서기』[61] 下 권 19

백제가 하부 간솔 장군 삼귀, 상부, 나솔, 물부오 등을 보내 병사를 보내라고 하였다. 그리고 덕솔인 동성자막고를 보내 지난번의 나솔이었던 동성자언을 대신하게 하였다. 오경박사인 왕유귀는 고덕인 마정안을 대신하게 하고, 승려 담혜 등의 9명이 승려 도심을 비롯한 7명을 대신하였다. 따로 칙을 받들어 역박사인 시덕 왕도량, 역박사 왕보손, 의박사 나솔, 왕유릉타 채박사 시덕 반양풍과 고덕 정유타, 음악인 시덕 삼근과 계덕 기마차, 계덕 진노, 대덕 진타를 보냈다. 모두 요청에 따라 교대한 것이다.

欽明天皇十五年[62]二月

百濟遣下部杆率將軍三貴. 上部奈率物部烏等乞救兵. 仍貢德率東城子莫古.代前番奈率東城子言. 五經博士王柳貴代固德馬丁安. 僧曇惠等九人代僧道深等七人. 別奉勅貢易博士施德王道良. 曆博士固德王保孫. 醫博士奈率王有悛陀. 採藥師施德潘量豊. 固德丁有陀. 樂人施德三斤. 季德己麻次. 季德進奴. 對德進陀. 皆依請代之.

『일본서기』권 22

推古天皇 二十年[63]

백제인 미마지가 일본에 귀화했다. 그는 오(吳)에서 기악무를 배워서 사

---

61) 일본에 존재하는 가장 오래된 한문 편년체 정사(正史)로, 일본의 육국사(六國史)의 첫 번째에 해당한다. 사인친왕(舍人親王, 도네리 신노)들의 편찬으로, 720년에 천무(天武)천황의 명으로 완성했다. 일본의 신화시대에서 지통(智通, 지토)천황의 시대까지를 다루고 있으며 총30권, 계도 1권으로 구성된다. 하지만 계도는 현재 전하지 않는다.

62) 544년, 백제 성왕22년.

63) 612년, 백제 무왕13년

쿠라이에서 살게 하고 소년을 모아 기악무를 가르치게 하였다. 그 때 진야수제자(真野首弟子, 마노노비토데지)와 신한제문(新漢濟文, 이마키노야히토 사이몬) 두 사람에게 그 춤을 익히고 전하게 하였다. 이것이 지금 대시수(大市首, 오친노비토)와 피전수(辟田首, 사키타노비토) 등의 조상이다.

百濟人味麻之歸化日,學于吳得伎樂舞則安置櫻井而集少年令習伎樂舞, 於是真野首弟子新漢濟文二人習之傳其舞, 此今大市首 辟田首等祖也

미마지 비석

부여 구드래 나루터에 미마지의 업적을 기리기 위하여 건립한 비석

『속일본기(續日本紀)[64]』 권 11

아악료에서 여러 악생을 정하였다. 대당악 39인, 백제악 26인, 고구려악 8인, 신라악 4인, 도라악 62인, 제현무 8인, 축자무 20인이었다. 그 중 당(唐)의 악생은 하번(夏蕃)을 가리지 않고 맡아 가르칠만한 사람을 뽑았다. 백제, 고구려, 신라의 악생은 해당 번(蕃)에서 취하고 배움을 같이 할 수 있는 사람을 뽑았다. 축자무(筑紫舞)의 악생은 모두 악호(樂戶)에서 뽑았다.

聖武天皇 天平 三年 秋 7月.[65]

64) 일본 헤이안 시대 초기에 편찬된 한문 편년체 칙찬사서(勅撰史書)이다. 일본 육국사(六國史)의 2번째에 해당하며 관야진도(菅野真道, 스가노 마미치) 등이 연력16년(797년)에 완성하였다. 총 40권으로 구성되었으며 문무(文武)천황 원년(697년)부터 환무(桓武)천황 치세인 연력10년(791년)까지 95년간의 역사를 기술하고 있다.

65) 731년, 한반도백제 멸망 65년 후

定雅樂寮雜樂生員 大唐樂三十九人, 百濟樂二十六人, 高麗樂八人, 新羅樂四人, 度羅樂六十二人, 諸縣舞八人, 筑紫舞二十人, 其大唐樂生不言夏蕃取堪教習者. 百濟 高麗 新羅等樂生 竝取當蕃竝學者 但度羅樂諸縣 筑紫舞生 竝取樂戶

『양로령(養老令)[66]』제2편 직원령[67] 아악료

고구려 백제 신라의 음악 스승이 있었다. 악생은 모두 60명이다. 비전문 악생이 음악을 익히게 하는 일을 맡는다. 고구려 음악스승 4명과 배우는 사람은 20명, 백제 음악 스승 4명과 배우는 사람20명, 신라음악 스승4명과 배우는 사람20명, 기악을 가르치는 스승이 1명이다.

高麗百済新羅楽師准此。楽生六十人。掌。習楽。余楽生准此。高麗楽師四人。楽生卄人。百済楽師四人。楽生卄人。新羅楽師四人。楽生卄人。伎楽師一人。

『일본후기』[68] 권 17

병인년, 아악료에서 음악과 노래의 스승에 대한 수를 정하였다. 춤 스승은 4인, 적(笛)스승은 2인, 당악 스승은 12인, 횡적(横笛)스승은 2인, 고구려음악 스승은 4인, 횡적 공후 막목 춤 등의 스승이었다. 백제악 스승은

66) 원정(元正, 겐쇼)왕이 717년부터 사용한 연호(年號)가 양로(養老)이며, 대보율령(大寶律令)을 개수(改修)하여 양로율령(養老律令)의 편찬을 명하였다.

67) 양로령(養老令, 757년 시행. 전20권)은 청원하야(淸原夏野, 키요하라노 나쓰노, 782-837, 백제인)가 편찬하여 833년에 완성하였다. 이 책의 제2편에 모두 80조항으로 작성된 「직원령」은 당시 일본의 조정(朝廷)과 정부의 구성 및 직급에 관한 율령이 수록되었다. 한반도백제 멸망 후 173년 되는 해에 편찬되었다.

68) 헤이안 시대 초기에 편찬된 편년체의 칙찬 사서이며, 『속일본기』에 이은 육국사(六國史)의 세 번째 역사서이다. 등원서사(藤原緖嗣, 후지와라 오츠구)등이 편찬하였고 승화 7년 (840년)에 완성되었다. 연력11년(792년)부터 천장10년(833년)에 이르는 42년간을 다루었다. 총 40권이지만 지금은 10권만 남아있다.

4인으로 횡적, 공후, 막목, 춤 등의 스승이었고, 신라악의 스승은 2인으로 금(琴)과 춤 등의 스승이었다.

平城天皇 大同四年[69] 三月 丙寅, 定雅樂寮雜樂師.歌、舞師四人,笛師二人.唐樂師十二人,橫笛師二人.高麗樂師四人,橫笛箜篌莫目舞等師也.百濟樂師四人,橫笛、箜篌、莫目,舞等師也.新羅樂師二人,琴,舞等師也.

『속일본후기』권1

천장 10년[70] 여름 4월 그믐

천황이 어자신전에서 신하들에게 술과 음악을 하사 하였다. 우경대부 백제왕 승의는 백제국의 풍속무를 연주하여 늦게 술자리를 파하였다. '종4위하'에서 '4위기'와 함께 5위 어의를 받았다.

仁明天皇 天長 十年 夏四月 朔

天皇御紫宸殿 賜侍臣酒 音樂之次 右京大夫 從四位下 百濟王勝義 奏百濟國風俗舞 晚頭酒罷 賜四位己上御被 五位御衣

『속일본후기』권 12

병자년에 백제왕들이 풍속악을 연주하였다. 백제왕자경은 '종5위하'에서 '종5위상'으로, 백제왕전복은 '정6위상'에서 '종5위하'에 제수(除授)되었다.

天平十三年二月 丙子,

百濟王等,奏風俗樂. 授,從五位下-百濟王-慈敬,從五位上. 正六位上-百濟王-全福,從五位下.

69) 809년, 한반도백제 멸망 후 149년 뒤

70) 천장은 일본 인명천황의 연호로 천장 10년은 843년이다.

『속일본후기』권15

천평16년 2일 병진년, 행안운 강가 송림을 백제왕 등과 유람하였다. 직위가 없던 백제왕여천(女天)에게 '종5위상'을, 백제왕자경에게는 '종5위하'를 효충과 전복에게 각각 '정5위하'의 직위를 조서로서 내렸다.

天平十六年二月 丙辰,

幸安曇江,遊覽松林.百濟王等,奏百濟樂.詔,授,無位-百濟王-女天,從四位下.從五位上-百濟王-慈敬,從五位下-孝忠、全福,並正五位下.

『전주왜명류취초』(箋註倭名類聚抄)[71] 권6

공후…(중략)… 양씨한어초에 이르기를 공후는 백제금이라 하였고 화명(야마토 식 일본이름)으로 구다라 고토라 한다.

箜篌…(中略)… 揚氏漢語抄云 箜篌百濟琴也 和名 久太良古度

『유취삼대격』[72](類聚三代格) 인명제 가상원년 아악료 대보율령 삼국악 백제음악가는 20명에서 13명이 감소한 7명으로 정한다. 횡적 1인, 막목 1인, 공후(箜篌) 1인, 춤 2인, 다리지고는 감소하지 않아 1인, 노래도 감소하지 않아 1인이었다.

百濟樂生 二十人 減十三人 定七人, 橫笛生 一人, 莫目生 一人, 箜篌生 一人, 舞生 二人, 多理志古 一人 不減, 歌生 一人 不減.

---

71) 일본 승평(承平, 조헤이)시대(931-938)에 이름씨를 따라 제작한 백과사전(百科辭典) 겸 백과사전(百科事典)인 왜명유취초(倭名類聚抄)를 1827년에 수곡역재(狩谷棭斎, 카리야 에키사이)가 주석을 붙여 발간한 책

72) 헤이안 중기의 법령집으로 총 30권이다. 지은이와 저술 시기는 미상이지만 헤이안 시대가 784년부터 1185년에 이르며 그 중기인 연희(延喜, 923~930) 연호까지를 다루고 있는 점으로 미루어 930년 이후에 작성된 것으로 보인다.

정창원 전경

일본 나양현 동대사 대불전 북서쪽에 위치한 보물창고. 습기제거와 통풍을 고려하여 지은 고상식(高床式)의 목조건축물. 열도백제 시대의 유물을 포함한 다수의 일본 전통 미술공예품들 소장.

앞에서 제시한 일본의 백제음악 문헌은 크게 세 가지 내용으로 구분할 수 있다.

첫째는 한반도백제가 존재할 당시의 것으로 시덕, 계덕, 대덕 등의 벼슬을 한 음악가 삼근, 기마차, 진노, 진타 등과, 성덕태자의 비호를 받을 정도로 사회적 지위가 높았던 미마지를 열도백제의 요청에 따라 한반도백제에서 지원해 주었다는 것이다. 성덕태자는 백제 무령왕의 외손녀인 추고여왕이 섭정하던 당시의 실세로, 백제계 대신이었던 소아마자(蘇我馬子, 소가 우마코) 등에 작용을 가하여 열도백제의 국운을 걸고 본국백제의 전세회복에 전력을 기울인 바 있다.

둘째는 한반도백제가 멸망한 후 149년이 지난 뒤에도 아악료에서 백제악 교육제도가 있었다는 사실이다. 이는 당시에도 한반도 백제에서 유래한 백제악을 그들의 궁중악으로 받아들여 연주하였기에 가능한 일이었다.

셋째는 한반도백제가 멸망한지 183년이 지난 843년에도 의자왕의 후손들이 일본의 고위 관직에 있으면서 백제음악을 연주하였다는 사실이다. 의자왕의 아들이 천지천황(天智天皇)으로 등극할 즈음, 그의 조카인 부여선광(夫餘善光)에게는 백제왕(百濟王-구다라노코니키시)라는 성씨(姓氏)를 하사한 일이 있었다. 그 백제왕 씨들이 옛 백제의 음악을 연주하며 일본왕실의 사교나 정계의 친목을 주도하며 살았다는 사실을 설명하고 있는 것이다. 이는 한반도백제음악을 열도백제에서 받아들여 일본의 궁중음악 즉 아악으로 지속하여 연주해 하나의 전통을 이루었음을 뜻한다. 『속일본후기』에 자경(慈敬), 전복(全福), 승의(勝義), 여천(女天), 효충(孝忠) 등 5명의 백제왕 씨들이 천황으로부터 품위(品位)를 높여 받았으며 음악과 춤으로써 사교를 하였다는 기록이 있다.

궁중음악 즉 아악은 왕조가 바뀌지 않는 한 이를 고수하는 것이 동아시아의 전통이다. 이러한 관점에서 볼 때, 백제왕 일가들이 연주하였다는 백제악이 오늘날 일본궁중음악에 계승되었을 가능성이 크다. 조선도 초기 세종대왕 때 제정된 궁중음악들이 600년 이상 계승하여 왕조가 끝난 오늘날까지도 국립국악원 정악단에 의해 연주되고 있듯이, 1,400년을 하나의 왕국체계로 유지해 온 일본의 왕실에서 그 전통을 버려야할 이유가 없었기 때문이다.

일본문헌에 나오는 백제음악의 사료를 아래 도표에 나타낸다.

백제음악 관련 중국사료 일람표

사료번호	사료 이름	편찬년	주요내용
18	일본서기 하권 19	720	백제음악가4명 도일(渡日)
19	일본서기 하권 22	〃	백제음악가 미마지 도일
20	속일본기 권11	797	백제음악가 26명 확정
21	양로령	833	백제음악가 스승4명 학생20명
22	일본후기	840	809년의 백제음악가 4명과 그 악기
23	속일본후기 권1	869	백제왕이 풍속무를 연주하고 직위 향상
24	속일본후기 권12	〃	2명의 백제왕이 풍속악을 연주하고직위(職位)향상
25	속일본후기 권15	〃	백제왕 등이 백제악을 연주하고 직위 향상
26	전주왜명류취초	938	공후는 '백제금'이며 일본이름은 '구다라고토'
27	유취삼대격	미상	백제음악가 13명 감소 7명으로 확정, 그 편성

나. 악보자료『교훈초』(敎訓秒)

백제음악을 연구하는데 빼놓을 수 없는 일본 문헌으로 중요한 것이『교훈초』[73](敎訓秒)다.

이 책은 보통 역사서가 아니기 때문에 사료로 분류하지는 않았다. 일본에서 가장 오래된 음악과 춤을 종합한 책으로 내용은 1233년 당시 일본의 아악 현황을 정리하고 해설하였으며 모두 10권으로 꾸며졌다.

이 책의 제4권은, 모두 17곡이 수록된 한편의 기악(伎樂)이다. 자신의 가문이 아닌 다른 가문의 기악을 다루었다고 하는데, 그렇다면 당시 대표적인 백제음악가 미마지의 기악일 가능성이 크다. 미마지 음악이야말로 당시 막강한 권력을 가지고 있던 성덕태자의 비호 아래 일본 공연예술의 시

73) 1233년 아악사 박근진(迫近眞, 고마노 치카사네)이 저술한 것으로 현재 동대사(東大寺)와 동경국립박물관에 보관되어 있다.

『교훈초(敎訓秒)』구성

책 번호	내 용
제1, 2, 3권	박근진(迫近眞, 고마노 치카사네) 종가에 전승하는 춤음악
제4권	다른 아악가(雅樂家) 가문에서 전승하는 기악(伎樂)
제5권	고려악
제6권	악곡만 전해오는 곡
제7권	춤음악에 대한 주의사항
제8, 9, 10권	악기와 음악에 관련된 이야기들

원을 이룬 원전이기 때문이다. 여기서 '곡'이라는 용어는 연희의 한 단위로 연극에서의 장(場, scene) 또는 탈춤에서의 한 과장에 해당하는 것이다.

일본의 기악은 우리나라의 산대놀이와 과장 배치가 일치한다고 음악학자 이혜구가 밝힌 바 있다.

백제기악의 악보도 일본에 남아있다. 안확(安廓)[1886~1946][74]에 따르면 이 기악의 적보(笛譜)가 일본에서 가장 오래 된 『신찬악보』(新撰樂譜)에 있다는 것이다.

이 『신찬악보』에는 사자, 오공, 금강, 가루라, 곤륜, 역사, 바라문, 대고, 취호 등 모두 9곡의 편목이 있는 것이다.[75] 1095년에 편찬된 『회중보』(懷中譜)에도 사자 1곡의 당악의 적보가 수록되었다고 하였다.

74) 일제강점기에 『조선문학사(朝鮮文學史)』,『시조시학(時調詩學)』,『조선문명사(朝鮮文明史)』,『조선문법〉,『조선문학사』,『조선문명사』,『조선의 미술』·『조선의 음악』 등 국학만이 아니라 정치사 · 문학사 · 국어학 · 미술 · 등의 여러 분야에 관한 글을 그의 아호인 자산(自山) · 팔대수(八大搜)등의 이름과 운문생(雲門生)이라는 필명으로 발표하였다.

75) 안확, 『안자산의 국문학 연구』. "1969년에 일본의 하야시 겐죠(林謙三)가 기악의 반주음악을 종합한 기악곡신해(伎樂曲新解)를 복사하였다"고 기술하였다.

12세기 말, 기악에 사용하던 쟁(箏, 고토)의 악보가 『인지요록』(仁智療錄)에 있고, 후대에 편집한 나양시대(奈良時代)의 『기악곡』(伎樂曲)도 있다고 하였다. 하지만 이 악보들 중 어느 것이 백제기악인지 또는 백제기악과 어떠한 관계를 갖고 있는지는 아직 연구과제로 남아 있다. 「평안(平安)시대의 음악」[76]이라는 이름으로 이 기악음악이 음반으로 출반되어 일본에 그 음원이 남아있다.

기악(伎樂)의 조성(調聲)은 일월조(一越調, 라)와, 평조(平調, 마) 그리고 반섭조(盤涉調, 나)의 세 종류가 있다.[77] 교훈초의 악보는 음악적 자료가 비교적 풍부하고 한반도에서 건너간 고려악 등이 남아있어 국내학자들이 깊은 관심을 갖고 있는 자료이다.

76) 林謙三(林謙三, 하야시 겐조, 전 나양예술대학교수)의 해석에 따라 1955년 콜롬비아 레코드 출반. 앞의 악보「사자」는 그 중 한 단편이다.

77) 백제기악보존회, 『백제기악』(百濟伎樂) (서울: 동문선, 2007), 280~281. 이 책은 공동저서 형식으로 되어있어 조성을 해석한 필자가 구체적으로 기록되지 않았다. 하지만 안확과 일본기악을 연구한 바 있는 권오성이 공동필자의 명단에 있으므로, 이 조성 해석은 그의 것으로 보인다.

조선말에 노래한 백제기악

악부시로 보는 백제악

백제 기악을 묘사된 악부시(樂府詩)가 있다. 바로 대원군 때의 대일정책을 바꾸게 한 이유원[78)](李裕元, 1814~1888)이 남긴 「백제악」이다.

> 握槊弄珠大袖襦 紛紛篪笛與箏竽
> 智異禪雲無等関 薛將軍得獻皇都
> 창을 쥐고 구슬을 희롱하며 큰 소매 자락 펄럭이면
> 어지럽고 어지러이 지와 적이 쟁과 우에 어우러져
> 지리산가 선운산곡 무등산곡 등은
> 설 장군이 얻어 황도에 바쳤어라

「백제악」(百濟樂)이라는 제목의 이 시는 『해동악부』(樂府) 권38에 수록되어 있다. 여기에서의 백제악은 백제음악이라는 뜻보다는 백제기악이라할 수 있다.

이 시에 나오는 '지'와 '적'은 백제의 단관형 악기고, '생'과 '우'는 다관악기라는 차이가 있다. 의상은 소매가 큰 옷을 입었다하니, 『신당서』에 전하는 '춤추는 사람은 자주색 큰 소매 옷과 치마·저고리에 장보관을 쓰고 가죽신을 신었다'는 기록과 일치한다. 소품으로 구슬을 사용하였다는 기록은 새로운 사실이다. 음악은 「지리산가」와 「선운산」곡과 「무등산곡」등의 백제 가요가 등장하여 주목하게 되며, 19세기 조선에서도 백제악에 대한 관심이 있었음을 표현한 악시부이다.

---

78) 1814(순조 14)~1888(고종 25). 조선 말기의 문신. 1882년 전권대신으로서 제물포조약에 조인한 정치인이지만, 학문에도 능하여 『임하필기(林下筆記)』·『가오고략(嘉梧藁略)』·『귤산문고』를 남겼고 예서(隸書)에 능하였다

사자(師子)

임겸삼 역보

【제 2 편】

백제음악 유물사료

2015년 이전까지 백제음악과 관련한 한반도의 유물은, 계유명전씨아미타불삼존석상(癸酉銘全氏阿彌陀佛三尊石像)과 부여능산리출토백제금동대향로(夫餘陵山里出土百濟金銅大香爐), 월평동 출토 현악기 양이두(羊耳頭), 신창동 출토 현악기 일부분 등이 있고, 그 외에 몇 가지 석탑 부조(浮彫)와 불화(佛畵)가 있다.

1. 계유명전씨아미타불비상

백제 악기와 관련된 고고학 자료로, 충청남도 연기군 전의면 다방리에 있는 비암사(碑巖寺)의 계유명전씨아미타불비상(癸酉銘全氏阿彌陀佛碑像, 국보 제106호)이 있다. 비암사는 한반도백제가 멸망한 뒤 13년이 지난 673년에 백제 십제공신(十濟功臣)의 하나인 천안 전씨(天安 全氏)등 백제 유민이 건립하였다고 한다.[79] 비상에 조각된 악기 연주상들은 모두 백제 멸망 후에 제작되었지만, 백제의 전통에 근거하여 유민들이 만들었기 때문에 백제 악기로 인정한다.[80]

79) 황수영, '충남 연기 석상 조사'『예술 논문집』3 (1964), 67~96.

80) 송방송,『한국 고대 음악사 연구』(서울: 일지사, 1985), 54~76.

계유명전씨아미타불삼존석상 조소상의 악기 측면 양쪽

계유명석상에는 오른쪽의 측면에 3점, 왼쪽 측면에 4점의 악기 연주상이 부조(浮彫)되어 있다. 이 악기에 대한 판단은 이 석상을 최초로 학계에 공개한 미술학자 황수영과, 음악학자 이혜구, 역시 음악학자인 송방송, 사학자 이홍직(李弘稙, 1909~1970)등이 하였다. 이들의 견해를 다음 표에 정리한다.

계유명전씨아미타불비상의 악기 해독 일람표[81)]

해독자	석상 오른쪽	석상 왼쪽
황수영	요고·(미상)·금·적	소·적·생·비파
이혜구	요고·(미상)·쟁·통소	소·횡적·생·당비파
이홍직	요고·(미상)·쟁·통소	소·횡적·생·비파
송방송	요고·요고·금(거문고)·장적	배소·횡적·생·곡경비파(당비파)

81) 전통예술원, 『한국고대음악의 양상』, 139.

석상 오른쪽의 악기에 대하여 판독자 모두가 요고(腰鼓)라 하였고, 같은 면의 또 다른 악기를 적(笛), 통소(洞簫), 장적(長笛)이라 하였다. 모든 사람들이 세로피리 종류의 악기로 본 것이다. 오른쪽의 아래 악기를 금과 쟁, 금(거문고)이라 한 것에서는 다른 견해를 보이고 있다. 공통점이 있다면 금, 쟁, 거문고 등이 모두 뜯는 줄울림악기[Chorodophone]라는 점이며 그 중에서도 상자형 지터(zither) 종류의 악기라는 것이다. 그러나 같은 계열의 악기이자 비슷한 모양의 백제 현악기인 와공후(臥箜篌)와 군후(箽篌)는 검토 대상에서 제외하고 있다.

석상 왼쪽에 보이는 악기들은 소, 횡적, 생이 지배적이며, 비파는 음악학자인 이혜구와 송방송이 당비파 또는 곡경비파(당비파)라는 보다 구체적인 해독을 하였다. 하지만 백제가 당나라보다 시대적으로 앞서기 때문에 당비파라 할 이유는 없다. 어떤 제한(制限)을 두지 않고 비파라 한 황수영 이홍직의 견해가 보다 포용성이 크다.

2. 백제금동대향로

7세기 초에 제작한 것으로 알려진 부여능산리출토백제금동향로(夫餘陵山里出土百濟金銅香爐)는 문화재등록명칭이며,백제금동용봉봉래산향로(百濟金銅龍鳳蓬萊山香爐)라고도 한다. 1996년 5월 30일에 국보 제 287호[82]로 지정된 이 향로는 높이가 무려 64cm이고 11.8Kg이나 되어, 향로로서 그 유례를 찾기 어려운 대작(大作)이라 할 수 있다. 그 안에 140개에 달하는 진귀한 조소상이 새겨져 있어 백제인의 문화와 정신세계를 찾아볼 수 있는 자료로써의 가치로도 중요하다.

82) 국립부여박물관 제2전시실에 상설 전시.

백제금동대향로는 크게 뚜껑과 노신으로 구분된다. 향로의 뚜껑에는 우리가 현실적으로 볼 수 있는 동물과 봉황새를 비롯한 상상의 동물 그리고 열대지방의 코끼리, 사자, 원숭이들이 조각되었으며, 산수와 자연물, 5인의 악기를 연주하고 있는 신선 등 무려 74가지가 아주 정교하게 새겨져 있다. 노신에는 26마리의 동물을 비롯하여 신선으로 보이는 18인의 인물 이 조소(彫塑)되어 있다.

서로 다른 5종의 백제 악기를 연주하는 5인의 신선은 상단 봉황새 바로 밑, 다섯 기러기 사이사이에 약간 감추어지듯 약간 안쪽에 위치해 있다. 이들은 마치 합주를 하듯 균형 있고 정교하게 배열되어 있다. 다섯 신선의 조각은 각각 약 2~3cm 정도의 크기이며, 인체균형과 악기의 모양 그리고 비례가 매우 세밀하게 사실적으로 묘사되어 있어 외형과 연주 자세만으로도 음향원리를 추정할 수 있는 충분한 단서를 제공한다.

하지만 이 향로는 명문도 없을뿐더러 이를 뒷받침할 만한 다른 문헌이나 역사적 자료도 없어 많은 부분이 신비에 가려져 있다. 백제금동대향로에 새겨진 여러 가지 조각과 문양들은 한반도를 넘어 아시아의 열대지방은 물론 멀리 아프리카에 이르는 광대한 지역의 진귀한 생명체와 사물들이 새겨져 있어 백제인들의 국제성뿐만 아니라 천상천하를 넘나드는 우주적 상상력까지도 찾을 수 있게 한다. 그러기에 한때 이 금동대향로가 과연 백제에서 만든 것인가에 대한 의문까지 있었던 것이다. 그러나 모든 면에서 일관되게 백제에서 제작되었음을 입증할 만한 증거들이 계속 나와 더 이상의 논란은 의미 없게 되었다.[83)]

83) 서정록은 그의 저서 「백제금동대향로」(서울: 학고재, 2001)에서 ① 무령왕릉 출토의 동탁 은잔과 같은 유운문이 새겨졌다는 점과, ② 백제의 대표적인 「산수산경문전」과 「산수봉황문전」의 기본적인 양식이 같다는 점, ③ 중국 남북조 시대에는 그 예를 찾을 수 없는 백제 수렵도와의 관계, ④ 백제문화와 친화성이 있는 고구려벽화와 금동대향로의 연계성 등을 들어 백제금동대향로가 백제에서 제작되었음을 기록하고

백제금동대향로

이러한 이유에서 백제금동대향로의 다섯 신선과 그들이 가지고 있는 악기 또한 당연히 백제의 악기이다. 중국의 무슨 악기라느니, 어디의 무슨 악기인데 어떤 점이 잘못 묘사되었다는 등의 의견은 백제 악기 임을 부인하는 전제가 될 뿐이니 삼가야 할 것이다.

백제금동대향로 발견당시 모습

동아시아의 고대 국가들은 대체로 음악을 정치 수단으로 생각하였던 것[84)]만큼, 백제금동대향로의 다섯 신선도 단순한 음악의 차원을 넘어 음악의 화(和)를 통한 정치체계의 통합을 이루려는 백제의 사상이 함께 하고 있다고 하겠다.

이 진귀한 보물이 발견된 직후 2인의 음악학자를 포함한 4명이 악기의 이름을 발표한 후, 순식간에 모든 안내서와 각종 교과서는 물론 인터넷 등에 퍼져 전 세계에 알려지게 되었다. 그러나 백제금동대향로가 발견된 것은 1993년 12월 12일 저녁이었고, 그 달 23일에 이 다섯 신선의 내용도 함께 알려졌으니, 흙과 녹을 닦아내고 정리한 시간까지 따지고 보면 무언가 졸속하게 연구와 발표가 이루어진 것임에 틀림없다. 백제금동대향로가 갖고 있는 낯선 신비를 캐내야하는데 결코 충분한 시간이었다고는 말할 수 없기 때문이다.

1993년 백제금동대향로 발견 초기의 악기 명칭은 아래 표와 같다.

있다.

84) 제정일치시대의 모든 국가는 종교적 의식을 통치수단으로 삼았고 종교적 의식에는 신비의 음악이 수행하였다.

백제금동대향로 악기 명칭 비교

악기 / 발표	왼쪽 2	왼쪽 1	중앙	오른쪽 1	오른쪽 2
송 방 송	배소	장소	완함	북	거문고
전 인 평	소	퉁소	완함	북	쟁
이 영 희	소	피리	월금	북	거문고
서울신문	소	피리	비파	북	현금
경향신문					
조선일보					
한국일보					

2003년에 이종구가 백제금동대향로 다섯 신선 명칭에 대한 논문과 함께 그 악기를 재현하여 발표한 일이 있다. 이 다섯 신선의 악기에 대한 기존 명칭을 전면적으로 재검토해야 한다는 취지와 함께 새로운 악기로 명칭을 발표한 것이다. 이후 이에 대한 논란이 음악계와 문화계에 일기 시작하였고, 충청남도에서도 이에 대한 본격적인 연구의 필요성을 갖게 되었다. 이후 이종구는 2003년, 2005년, 2007년에 「백제금동대향로 주악 조소상 악기 명칭에 대한 연구」등의 논문에서 다음과 같이 악기명칭을 발표하였다.

이종구의 백제금동대향로 악기 명칭 및 분류

배치	중앙	왼쪽1	왼쪽 2	오른쪽 1	오른쪽 2
이름	백제삼현	장소	배소	백제생황	금
분류	줄울림악기	공기울림악기	공기울림악기	떨청울림악기	줄울림악기
지역성	한반도, 동남아	한반도, 동남아	중앙아시아	찾을 수 없음	중원 한반도

3. 월평동 출토 양이두(羊耳頭)

대전광역시 서구 월평동에서, 1994년부터 1995년 사이에 8개의 줄을 맬 수 있는 구멍이 있는 양이두(羊耳頭)가 출토되었다. 대전은 삼국시대에 백제의 우술군에 속하였던 땅이다. 아직도 백제가 축조한 계족산성이 남아 있다. 조선시대 말까지 백제의 고도(古都) 공주목(公州牧)에 속하던 대전에서 옛 악기 부품이 나온 것이 결코 우연이 아닐 것이다. 475년부터 538년까지 60여 년 간 웅진백제의 수도였던 공주부근의 대전에서 현악기의 주요 부품인 양이두가 나온 것은, 이곳이 과거 수준 높은 문화 공간이었음을 알게 한다.

월평동 유적은 백제시대에 만들어진 군사 방어용의 관방유적이었으며, 양이두는 그 지하창고인 목곽고(木槨庫)에서 발견되었다. 방사성탄소연대측정 결과 웅진백제기간인 6세기 후반에서 7세기 초의 것으로 밝혀졌다.[85]

이 양이두에는 줄을 매는 8개의 구멍이 있는데, 약 2cm 간격으로 고르게 배치되어 오늘날의 뜯는 악기의 줄 간격과 크게 다르지 않다. 상자형 지터(zither)류의 뜯는 현악기 몸체에 양이두를 따로 붙이는 구조는 한반도 악기에만 있는 독특한 것이다.

이 양이두는 폭 27.8cm, 길이 9.6cm, 두께 1.4cm 정도로 측정되었다.

대전 월평동 출토 양이두

85) 국립공주박물관/충남대학교 박물관/대전광역시 상수도 본부, 『대전 월평동 유적』(지역: 출판사, 연도), 216~217.

광주 신창동 출토 현악기 단편

4. 신창동 출토 현악기

1995부터 발굴을 시작한 전라남도 광주시 신창동 유적지에서 울림통의 절반 정도 되는 현악기[86]의 일부가 출토되었다. 길이 77.2cm, 복원 폭 28.2cm 정도의 목제이며, 줄을 매는 구멍은 약 9~10개로 추정하고 있다. 상단에 용은으로 보이는 큰 구멍이 있기에 양이두를 사용하지 않았던 악기로 보인다. 내부에는 2cm 정도의 깊이로 안쪽이 파져있고 중앙부분은 약간 솟아 있다. 꼬리부분에 대신 역삼각형의 돌출부를 만들어 금(琴)의 용은처럼 줄을 두 부분으로 결합하여 묶을 수 있는 장치를 하였다.

광주광역시 광산구 신창동 주변은 초기 철기시대와 마한시대 유적이 있는 곳으로 1~2 세기경의 늪과 못 터, 배수 시설, 가마터, 독무덤 등 고대 농경문화 생활과 관련된 유적이 출토된 곳이다. 그 대표적인 것이 장고분의 1호로 일본의 고대 무덤의 한 양식인 전방후원분(前方後圓墳)과 같은 것이어서, 한반도백제와 열도백제가 하나의 문화권에 있었음을 보여주는 사적이 되고 있다.

5. 보원사지 석탑의 팔부중상 공후

침류왕 원년(384년)에 동진의 승려 마라난타(摩羅難陀) 도래 이후 백제는 불교국가가 되었고, 많은 사찰과 석탑을 세웠다. 백제탑은 기단부(基壇部) 상석대(上石臺) 면석(面石)에 불타팔부중상을 전통적으로 조각한다.[87] 그 중

86) 국립광주박물관, 『光州新昌洞 低濕地遺蹟 II』, 114, 출토상황 사진.
국립광주박물관, 『光州新昌洞 低濕地遺蹟 IV』, 16.

87) 문명대, "한국탑부조각상(韓國塔浮彫彫刻像)의 研究", 『佛教美術 4』(서울: 동국대학교박물관, 1978).

음악을 담당하는 신장(神將) 건달파(乾達婆)는 대개 공후를 연주하는 모습으로 조각하였다.[88]

6세기 중엽의 금동여래입상이 출토되어 백제전성기에 창건되었을 것으로 추정하는 보현사의 석탑. 폐허된 절터에 이 탑만 남아있다. 당시 서산 지역이 대륙백제와의 중요한 교통로였다는 점과 이 사찰이 무관하지 않을 것이다.

서산 보원사지 석탑

6세기 중엽의 금동여래입상이 출토되어 백제전성기에 창건되었을 것으로 추정하는 보현사의 석탑. 폐허된 절터에 이 탑만 남아있다. 당시 서산 지역이 대륙백제를 잇는 중요한 교통로였다는 점에서 의의깊은 사찰이다.

백제시대에 창건되어 고려시대에 중건된 것으로 알려진 보원사지 5층 석탑에도 기단 상석에 공후를 연주하는 건달파의 상이 있다. 이 석탑의 주변에는 개심사와, 흔히 '백제의 미소'라 부르는 서산마애삼존불상 등 백제불교문화의 유적이 모여 있는 곳이다. 지금의 서산, 당진 등의 해안가는 옛날 백제가 바다를 통하여 대륙백제로 뻗어 나가는 길목이었다.

이 석탑에 묘사된 공후는 전형적인 수공후이다. 수공후는 받침대에 세워 연주하는 악기로 여러 공후들 중에서 비교적 몸집이 크다.

88) 조석연, 『고대악기 공후』, 183.

제3장

백제악기

제 1 편

백제악기 개괄

문헌사료는, 당대에 어떠한 음악을 연주하였는가에 대한 내용 보다 어떤 악기를 사용하였는가에 대한 편성에 더 관심을 두고 있다. 당시 사람들은 오성(五聲), 팔음(八音), 십이율(十二律) 등이 갖는 악기의 상징성을 국가 경영 철학으로서의 의례(儀禮)로 중요시하였다. 고대 궁중악기는 음악연주의 도구이자 예악(禮樂)을 상징하는 의물(儀物)이었다. 어느 나라에 어떤 악기가 있었느냐, 어느 의식(儀式)에 어떤 악기를 사용하느냐 하는 것이 지대한 문제였기 때문에 문헌사서에서 이렇듯 강조되었던 것이다.

백제 악기에 대하여 중국의 사료는 대체로 두 가지로 기술하고 있다. 하나는 여러 가지 악기가 있었지만 백제 멸망 후 49년 후에 남아있는 악기가 고, 각, 공후, 쟁, 우, 지, 적 등 7종에 그쳤다는 『북사』의 기록과, 쟁, 적, 도피필률, 공후 등 4종의 악기를 확인해 주는 『통전』이 있다.

이 두 사료에서 공통적으로 보이는 악기는 쟁(箏)과 적(笛), 공후(箜篌)이다. 『북사』의 7종 악기와 『통전』의 4종 악기를 취합하여 겹치는 것을 정리하면 고, 각, 공후, 쟁, 우, 지, 적, 도피필률의 8종이 된다.

그러나 이것이 전부는 아니다. 많은 악기가 있었지만 연주자가 죽거나 흩어지고 당시 궁중에 남은 악기가 8종이라는 것이니, 사실은 더 많은 악기가 있었던 것이다. 망실된 악기가 무엇이었고 얼마나 많은 지에 대한 기록은 없다.

한반도백제가 660년에 사비성이 무너지고 3년 뒤에 백제부국군의 임존성까지 함락되자 당나라연악에 대한 백제의 지원이 끊길 수밖에 없었다. 시간이 지나 당나라에 있던 악공들마저 죽거나 흩어지니 백제기악은 공백기가 생기게 된 것이다. 당나라 중종의 재위기간은 683년에서 709년으로 20년의 기간이니 백제 멸망 이후 중종의 사망기간까지 적어도 49년이라는 세월이 흘렀고, 그 사이에 백제악기가 많이 없어졌다는 것을 문헌들은 전하고 있는 것이다. 기왕범이 태상경의 직책을 얻어 백제음악을 다시 복구하였던 때가 713년이라면 한반도백제 멸망 후 53년이 흐른 뒤였다. 이 정도의 시간이면, 백제의 악공(樂工)들이 늙거나 죽고 악기와 의상도 낡아 못쓰게 되기에 충분한 기간이다. 악공들이 몇 살 때 당나라에 가서 활동하기 시작했는지 알 수 없지만 악기 수련 과정을 마친 성년이 파견되어 52년이 지났다면 이미 천수를 누렸다고 할 만한 시간이 흐른 것이다.

백제음악에 대한 또 하나 주목할 만한 기사는, 백제악기가 내지와 같은 것이 많다는 것이다.[89] 이는 중국 문헌에서 말하는 사이(四夷)의 음악 중 고구려나 신라 또는 왜(倭)의 음악에 나타나지 않는 기록이다. 백제 악기만이 유일하게 중국의 내지(內地), 그러니까 당나라 수도 장안 부근의 악기와 같은 것이 많다는 것이다. 그렇다면 당시 장안에서 연악(燕樂)[90]으로 사용하였던 내지악기는 어떠한 것이었을까? 그 악기들을 다음 표에 정리한다.

---

89) 『통전』(通典) 185권 邊方1 東夷 上 百濟 및 『삼국사기』(三國史記) 32권 잡지 제1 제사(祭祀) 악(樂) "樂器之屬多同於內地"

90) 수나라 때부터 있었던 궁중 연회(宴會)음악이지만 아악(雅樂)이 아닌 속악(俗樂)을 집대성한 음악이다.

연악(燕樂) 악기 분류표

관악기	적(笛), 지(篪), 소(簫), 필률(觱篥), 생(笙), 패(貝), 엽(葉), 가(笳), 각(角) 등
현악기	금(琴), 슬(瑟), 삼현금(三絃琴), 쟁(箏), 공후(箜篌), 비파(琵琶), 오현(五絃), 축(筑), 격금(擊琴) 등
타악기	방향(方響), 종(鐘), 순어(錞于), 징(鉦), 탁(鐸), 령(鈴), 발(拔), 박판(拍板), 경(磬), 절고(節鼓), 요고(腰鼓), 갈고(羯鼓), 모원고(毛員鼓), 도현고(都縣鼓), 답납고(答臘鼓), 계루고(鷄婁鼓), 제고(齊鼓), 저고(担鼓), 연고(蓮鼓), 도고(鞉鼓), 부고(桴鼓), 요고(鐃鼓), 반병(槃鞞), 옥고(玉鼓), 동고(銅鼓) 그 외 고취악(鼓吹樂)에 쓰이는 타악기가 약간 더 있음.

위에 나타난 연악(宴樂) 악기(樂器) 중, 필률(觱篥), 패(貝), 공후(箜篌), 비파(琵琶), 모원고(毛員鼓), 도현고(都縣鼓), 답납고(答臘鼓), 계루고(鷄婁鼓), 제고(齊鼓), 저고(担鼓), 연고(蓮鼓), 도고(鞉鼓), 부고(桴鼓), 요고(鐃鼓), 반병(槃鞞), 옥고(玉鼓), 동고(銅鼓) 등은 원래 중원의 악기가 아니라 다른 국가에서 수입된 것이다. 엄격히 따지면 내지악기라 할 수 없다.

따라서 연악 이전부터 있었던 내지(內地) 악기는 적(笛), 지(篪), 소(簫), 생(笙), 엽(葉), 가(笳), 각(角) 등의 7종 현악기의 관악기와, 금(琴), 슬(瑟), 삼현금(三絃琴), 쟁(箏), 오현(五絃), 축(筑), 격금(擊琴)의 7종 현악기, 그리고 방향(方響), 종(鐘), 순어(錞于), 징(鉦), 탁(鐸), 령(鈴), 발(拔), 박판(拍板), 경(磬), 절고(節鼓), 요고(腰鼓), 갈고(羯鼓)등의 타악기이다.

『통전』에 백제와 중원의 악기가 같은 것이 많다는 기록을 근거로 본다면 앞의 7종의 관악기와 7종의 현악기 12종의 타악기 등 모두 26종이 백제악기와 같을 가능성이 있는 내지악기가 된다. 다만 기록에 "같은 것이 많이 있다[屬多同]"라고 표현하였기 때문에 이 모든 악기가 백제의 악기라고 단정 지을 수 없다. 하지만 가능성이 있다고 하여 백제악기라 굳이 말할 수도 없어 백제 악기 항목에서는 제외하려 한다.

유물자료의 도상으로 찾은 백제 악기는, 횡적, 배소, 장소, 생, 퉁소, 백제생황, 곡경비파, 백제삼현, 백제금, 요고 등의 10종 악기이며, 문헌에 보이는 8종의 악기를 합하여 중복되는 것을 제외한다면 백제악기는 모두 22종으로 정리할 수 있다.

백제악기 일람표(총22종)

악기 종류	악기 이름	근거 자료
관악기	횡적	계유명비상
	적	수서, 북사, 통전, 구당서, 문헌통고, 율려정의, 삼국사기
	배소	금동대향로
	장소	금동대향로
	생	계유명비상
	지	수서, 북사, 통전, 구당서, 문헌통고, 삼국사기
	도피필률	통전, 구당서, 문헌통고, 율려정의, 삼국사기
	막목	일본서기
	각	수서, 북사, 통전, 구당서, 문헌통고, 율려정의, 삼국사기
	우	수서, 북사, 문헌통고, 삼국사기
	군후(箽篌)	일본서기
	소(퉁소)	계유명비상
	백제생황	금동대향로
현악기	곡경비파	계유명비상
	백제삼현	금동대향로
	공후	수서, 북사, 통전, 구당서, 문헌통고, 율려정의, 삼국사기,서산 보원사지 팔부중상
	와공후	일본후기, 수서 등 중국문헌의 공후 확대해석
	금	금동대향로, 삼국사기 본기
	쟁	수서, 북사, 문헌통고, 율려정의, 삼국사기
	백제금	월평동 출토
타악기	고	수서, 북사, 통전, 문헌통고, 삼국사기악지, 삼국사기 본기
	요고	계유명비상

동양의 모음곡
수·당(隋·唐)의 연악(宴樂)

16~17세기에 유럽의 왕국들은 모음곡(suit)을 연주하기 위하여 훌륭한 음악가를 앞 다퉈 찾아 나섰다. 당시 유럽은, 프랑스, 스페인, 프로이센, 오스트리아 같이 황제가 다스리는 큰 나라로부터 작은 왕국에 이르기까지 수많은 나라들이 마치 퍼즐 조각처럼 어지러이 널려 있었다. 이들 황실과 왕실은 혈연 등의 이해관계로 얽히고설켜, 전쟁, 무역, 협상 등을 위하여 서로 방문하거나 대사를 파견하여 크고 작은 국제회의와 사교의 자리도 많게 되었다. 여기에는 항상 여흥이 뒤따르게 되었고, 이 자리에 고용된 저명한 음악가는 곧 왕실의 권위와 위엄의 상징으로 세간에 회자되곤 하였다. 당시 황제나 왕, 귀족, 대신들은 모두 사교목적의 춤을 춰야 했다. 이는 선택이 아닌 필수였다. 상대방 국가나 지방의 춤을 잘 춘다는 것은 그 국가에 대한 예절과 호의에 직결되는 문제였다. 그래서 참가자들은 자국의 춤도 춤이려니와 유럽전체 지방색이 있는 갖가지 춤을 춰야 했으니 여기에 뒤따르는 음악도 역시 각국의 민속적 특색이 함께하며 조화를 이루어야 했다. 여러 유형의 춤곡들을 균형 있게 배치하여 참가 국가의 호감을 이끌어 친선도모에 이바지하는 이시대의 음악이 있었으니 바로 모음곡[suit]이다.

모음곡은, 알망드(allemande, 독일식 춤곡), 쿠랑트(courante, 프랑스식 춤곡), 사라반다(zarabanda, 스페인식 춤곡), 지그(gigue, 영국식 춤곡) 등의 큰 국가의 춤들이 기본적으로 배치되었고, 여기에 가보트, 부레, 미뉴에트, 에어(air), 시실리아노 등 군소국가나 지방의 춤곡들을 필요에 따라 사이사이 첨삭하였다.

중국의 고대국가에서도 유사한 일이 있었다. 수백 년 만에 중국을 통일한 수나라와 당나라는, 그들이 이미 정복한 땅의 왕들을 수도 장안으로 데려다가 적당한 벼슬을 주어 정복지 민심을 달래고 반란의 여지를 없애고자 하였다. 망국 왕이나 인질들이 장안으로 올 때는 한 사람 당 수백에서 수 천 명에 이르는 수행자들을 동반하였다. 수행자들 중에는 음악가나 춤꾼들도 포함되어 있었다. 궁궐에 못지않은 집과 수행원들을 위한 마을을 만들어 주어야 했고 때로는 이들을 접대하고 연회를 베풀어 동화시키려 하였다. 각 나라의 특색 있는 음악과 춤을 한자리에 모아 합동공연을 하는 일은 필수적이었다. 7개국이 모인 연회에는 7개국 지방에서 데려온 예술가들이 한자리에 모아 칠부기라는 연악(宴樂, 燕樂)을 베풀었다. 이러한 공연이 시간이 지나면서 정치적 목적성보다는 하나의 예술적 제도로 성격이 바뀌게 된다. 주요 참가 국가의 수에 따라 구부기(九部伎) 십부기(十部伎) 등으로 늘어났다. 그 결과, 연악은 동아시아의 국제적인 가무합동공연 양식이 되었다. 서역계의 호무(胡舞)와 함께 고구려음악이 서로 낯설지 않게 화답하고 여기에 임(任)과 천축의 기예가 어우러져 그야말로 백희기악의 장이 되었다. 연악, 청상, 서량, 부남, 고려, 구자, 안국, 소륵, 강국, 고창 등 광대한 지역의 대사와 유민, 인질 등을 위무하고 황제와 귀족들 스스로의 위엄을 뽐내던 수·당의 연악은 그래서 동아시아의 문화공연 양식이 되었다.

중세 모음곡 춤

【제 2 편】

현악기

1. 비파(琵琶)

비파는 줄울림악기(Chordophon, 炫鳴樂器)로 여러 줄을 갖고 있으며, 지판(指板, finger board)에 주(柱 = fret)가 있다. 발음이 분명하여 카랑카랑한 음빛깔을 자랑한다. 독주는 물론 합주에서도 주선율을 연주하며 음악을 이끌어 나가는 힘을 갖고 있다.

백제 악기에 비파(琵琶)가 있다는 것은 계유명전씨아미타불비상(癸酉銘全氏阿彌陀佛碑像)에 새겨진 조소(彫塑)상을 통하여 알 수 있다. 국보 제106호인 이 유물 이외에 백제에 비파가 있었다는 문헌사료는 없다.

계유명전씨아미타불비상의 전체높이는 43cm이며 세로 26.7cm, 가로 17cm이다. 그 중 비파주악(奏樂)의 크기는 불과 4~5cm에 불과하며, 갖고 있는 악기는 1~2cm 정도로 작다. 윤곽은 선명하고 인물의 얼굴과 몸집, 수족 등의 비례와 악기의 크기 등이 매우 사실적이고 정교하였을 것으로 보인다. 지금은 이목구비, 수족, 옷자락, 악기의 모습 등이 많이 마모(磨耗)되어 형태파악이 쉽지 않다.

비천상(飛天像)이라고도 하는 이 조상(彫像)의 주자(奏者)는 가부좌를 틀고 앉아 무릎위에 악기를 올려놓고 연주하는데 악기를 옆으로 비스듬히 세워

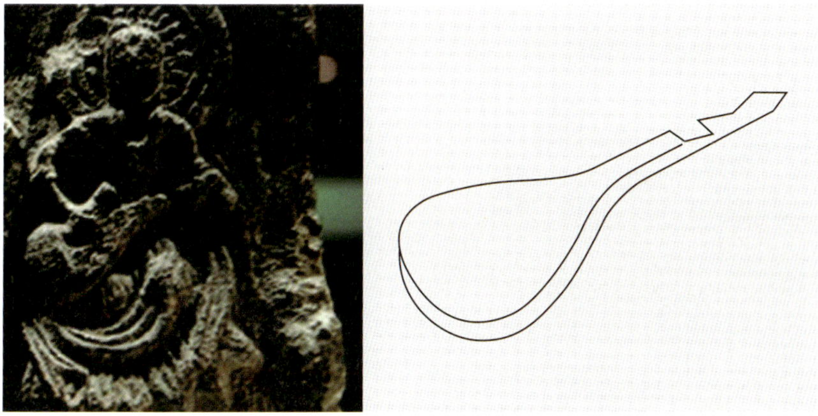

계유명전씨아미타불비상 비파 조소상(왼쪽)과 이를 전사한 악기의 본체(오른쪽)

서 잡고 있다. 눈에 띄는 것은 오른손에 발목(撥木)으로 추정되는 물체를 들고 있다는 것이다. 많이 손상되어 이 악기가 직경(直頸)인지 곡경(曲頸)인지는 파악하기 어렵고, 줄의 수도 또한 명확하지 않다. 악기의 몸통에 이어지는 목과 줄감개가 일직선으로 곧바르면 직경이라 하고, 뒤로 젖혀져있으면 곡경이라 하는데, 직경비파는 다섯줄로 구성된 것이 많고, 곡경은 4줄이 많다. 그러나 수 천 년의 역사 속에 하나의 규격으로만 제작된 것이 아니어서 줄의 수나 목의 기울기 또한 일정치 않다.

계유명전씨아미타불비상의 비파상을 보다 자세히 살펴보기 위하여 일러스터로 위 도형과 같이 전사(轉寫)하였다.

사진에서는 발목(撥木)의 그림자 때문에 악기 윗부분이 약간 휘어 보인다. 이를 비파가 좌우 대칭형이라는 점을 고려하여 전사 과정에서 약간 수정하였다. 이 전사 그림으로는 일견 직경비파에 가까운데, 악기의 목 부분이 연주자의 손이나 팔로 보이는 부분과의 경계가 분명히 보이지 않아 확신할 수 없다. 또 목의 기울기와 각도, 길이 등을 측정할 수 없어 직경, 곡경의 형태를 확인하기도 어렵다.

당이수묘 5현 직경 비파

당나라에 직경비파와 곡경비파가 공존하였다. 앉아서 연주하는 위쪽의 그림 중 외쪽 2째 연주자가 갖고 있는 것이 5현직경비파이고, 그 옆이 4현곡경비파이다. 서서 연주하는 아래쪽 그림 외쪽 2인이 들고 있는 것이 4현곡경비파이고 3번째 연주자의 악기가 직경비파다.

계유명전씨아미타불비상의 도상에서 오른손으로 잡은 것이 발목이라면 연주할 때 울림통에 닿아 손상될 수 있기 때문에 이를 보호하는 대모(玳瑁)가 있었을 것이다. 대모는 보통 가죽을 목재 부분 위에 덧붙이는 것으로 발면(撥面)이라고도 한다. 『악학궤범』을 비롯한 대부분의 악기이론 서적에 발목으로 연주하는 악기는 대모가 있다고 기록되어 있으니 이 악기에도 대모가 있었을 것으로 추측할 수 있는 것이다.

실물 비파로 오래된 것은, 일본 정창원에 있는 직경 비파 나전자단오현비파(螺鈿紫檀五絃琵琶)와 곡경비파인 자단목화조비파(紫檀木画槽琵琶)가 있다. 두 악기 모두 화려한 그림으로 장식한 대모가 있다.

나전자단오현비파는 5현 직경악기이고 자단목화조비파는 4줄 곡경비파이다. 이 악기는 756년 「국가진보장(國家珍寶帳)」[91]의 목록에 있지만, 그 이전에 제작되어 일본 왕실에서 보관하다가 동대사에 기증한 것이라 한다. 계유명전씨아미타불비상의 제작 연대가 660년 이후로 추정되기 때문

91) 일본 나라(奈良)현에 있는 도다이지(東大寺) 경내의 쇼쇼인(正倉院)에 보관중인 국가진보장(國家珍寶帳) 즉 일본의 진귀한 보물목록이다. 756년에 쇼무천황(聖武天皇)의 49재에 맞춰 쇼무천황의 왕비가 생활용품, 무기, 악기, 거울, 목공예 등 600여점을 헌납하였던 기록으로 많은 백제계의 유품이 있다.

에 756년 이전에 제작된 나전자단오현비파와 제작시기가 거의 비슷할 것으로 본다. 나전자단오현비파는 길이가 107.1cm이고, 너비가 30.9cm이다. 자단(紫檀)[92]으로 만들었고 전면에 자개로 꽃무늬를 장식하였지만 대모의 왼쪽에 야자수 같은 열대성 나무 무늬를 새기고 다섯 마리의 날아가는 새를 상감(象嵌)하였다. 오른쪽에는 낙타와 인물로 장식하여 남국의 정취를 느끼게 한다. 자단목화조비파는 이름에서 보여주는 바와 같이 자단이 주요 재료이며, 길이가 98.7cm이고, 너비는 41.7cm이다. 뒤판의 중심에 꽃들을 배열하고 이에 좌우 대칭으로 꽃은 물론 나는 새와 사자, 구름 등의 무늬를 상아, 녹각, 흑단, 황양 등의 재료로 새겨 넣었다.

백제도래인이 만든 나전자단오현비파(螺鈿紫檀五絃琵琶) 앞과 뒷면

정창원의 비파를 만든 사람들은 한반도에서 건너간 도래인들이며 한반도에서 전래된 물품으로써 제작하였으리라는 연구가 있다. 이러한 주장을 편 사람은 고려대학교 명예교수인 최재석(崔在錫, 1926~)으로, 그의 논문을 신뢰한다면 계유명전씨아미타불비상의 비천상과 시대뿐만 아니라 백제인이 제작하였다는 유사성까지 함께 한다.

중국인들은 정창원의 이 두 비파가 당나라에서 전하였다고 주장하며 모두 당비파(唐琵琶) 라고 하고 있다.[93] 당나라에서 제작하였다면 당비파라 하는 것이 당연하다. 우리나라에서는 『악학궤범』에 따라, 향비파는 5현 직경이며 술대로 연주하고, 당비파는 목이 굽은 곡경비파로 4줄 구성에 발목

92) 자단목(紫檀木)은 아열대에서 자라는 상록교목(常綠喬木)으로 재질이 아주 단단하고, 색깔이 적자줏빛이며, 박달나무처럼 단단하기 때문에 자단이라고 한다. 최고급 가구를 만드는 재료로 사용한다.

93) 樂聲, 中華樂器大典 (북경, 민족출판사) 본문 64쪽

당나라 초기 4현 직경 비파<윗쪽>와 고구려(추정) 4현 곡경비파<오른쪽>

으로 탄다고 구별한다. 하지만 이는 중국이나 일본에 없는 분류방법이다. 그들에게 당비파라는 용어는 단지 당나라에서 만든 비파라는 것 이상의 의미를 두지 않기 때문에, 『악학궤범』 방식으로 당비파라는 말을 쓰면 모두 중국악기로 해석할 빌미를 주게 된다.

당비파라는 용어는, 당나라의 도움으로 백제와 고구려를 멸한 신라 땅에 당나라 풍의 문화가 만연될 때부터 생겨났다. 당시 신라에는 5현 직경비파가 많았던 것으로 보인다. 4현 곡경의 악기를 접한 신라인들은 이를 당비파라 하여 기존 5현 직경악기와 구별하기 위하여 이런 이름을 붙이게 되었다. 하지만 5현직경비파가 신라에만 있는 것이 아니었고, 4현곡경비파가 당나라에만 있는 것도 아니었다. 따라서 그 이름이 적절한 것이라 할 수 없는데, 편의상 구별하기 위하여 생겨진 이 용어가 고려와 조선까지 이어져 정사나 『악학궤범』등의 이론서에 기록되어 고정되었다. 모화사상이 기승을 부리던 시대에 생겨난 이 이름은 자칫 우리악기임을 부정하는 듯 한 인상을 준다. 일제강점기 이후 식민사학자들이 쓴 역사책에는 이를 필요 이상으로 부각하어, 중국의 문화적 예속을 드러내는 증거물처럼 비춰게 되었다.

앞서 언급한 것처럼, 동아시아의 비파는 4줄과 5줄이 공존하였다.

곡옥탄비파용

중국 산서성 남부에 있는 곡옥지방에서 출토되었다. 춘추전국시대 진(晋)에 속하였으며 상공업의 중심지였다.

최근 인터넷 사이트에도 고구려 비파라 주장하는 4현 곡경비파가 나타났다.[94] 이 정보는 음악계에 보고되거나 공인되지 않은 중국 사이트에서 확인한 것이지만, 유물의 모양으로 보아 4현 곡경비파임에 틀림없다. 이 비파상은 한반도에서 사용하던 것과 유사한 등잔을 비롯한 여러 유물과 함께 출토되어 고구려유물임을 확인할 수 있다고 한다. 이 비파가 고구려의 것이라면 연대적으로는 백제시대와 유사하고, 당나라는 아직 건국하지도 않았거나 건국초의 악기일 수 있다.

당나라에도, 우리가 향비파라 하는 직경비파가 있었다는 흔적은 많다. 유명한 토번비파가 그 대표적인 것으로, 당나라 초기 당태종의 조카인 문성공주(文成公主)[95]가 당시 토번국(吐蕃)이라 하던 티베트로 가지고 간 비파다. 계유명전씨아미타불비상이 조성된 것과 비슷한 7세기 말의 일이다. 토번비파는 총 길이 72.7cm로 목재에 가죽을 입힌 직경비파이지만 4현이다. 또 당이수묘(唐李壽墓) 악무벽화에도 직경비파와 곡경비파가 함께 묘사되었다. 이외에도 갖가지 유물의 도상이나 조각품 또는 도용(陶俑) 등이 많아 두 종류의 악기가 공존하고 있었음을 살필 수 있는 자료는 충분하다.

15세기 말에 편찬된 『악학궤범』에 당비파에 대한 자세한 그림과 산형 및 해설이 들어있다. 여기에 나타난 악기 규격을 미터법으로 환산하면 몸길이는 약 73.5㎝, 목 길이는 약 21.3㎝, 머리길이는 약 16㎝, 복판 너비는 약 42㎝이다. 12개의 주(柱)가 있는데 그중 4개는 목에 붙어있고 8개는 몸통에 있다. 현은 안쪽에서부터 무현, 대현, 중현, 자현의 순으로 각각 고유한 이름을 붙이고있다. 가장 굵은 무현으로부터 자현까지 점점 가늘어 진다. 몸

94) 출처 : http://luckcrow.egloos.com/2266852

95) 문성공주(文成公主, 623년경~680년)는 당 태종의 조카딸로 당시 토번이라 하던 티베트의 송첸캄포왕과 결혼하여 제2 황후가 됨.

통의 뒷면은 화리, 철양, 산유자 등의 단단한 나무를 쓰고, 앞면은 두충, 노목 등 부드럽고 결이 곧은 나무를 쓴다. 주(柱)는 반죽(斑竹)으로 만들고 고리는 은이나 두석으로 만든다. 이 『악학궤범』의 당비파에는 대모가 없고 발목으로 연주하지만, 향악에서는 발목 대신 가조각(假爪角)을 사용하는 점이 다르다고 설명하고 있다. 가조각은 손톱을 대신하는 얇은 동물의 발톱이나 가죽을 가공하여 만든 기구이다. 이러한 내용은 세종 때의 『국조오례의』[96]에서 처음 보이고 있다. 그 이전의 고려사에는 향비파와 당비파가 구별되지 않았던 것으로 보인다. 그러니 이러한 구별은 『세종실록』과 『악학궤범』 이후에 한반도에서 생긴 것이지 그 이전 당나라와 무관한 것이다.

이러한 여러 가지 상황을 검토할 때 『악학궤범』에 수록된 향비파와 당비파라는 통념은 이제 부터라도 수정하여야 한다.

지금은 희귀한 악기가 된 비파는 분명한 우리 악기다.

역사적으로 백제는 물론 신라에서도 5현직경비파와 4현곡경비파가 있었음은 이미 살펴본 바 있다.

고려시대에는 당악(唐樂)에 제한하여 4현 곡경비파를 사용하였지만 조선시대 이후 여러 분야의 음악에 두루 사용하였다. 특히 조선 초기에 성행하여 세조도 아침조회가 끝나면 비파를 연주하였다는 기록도 있고, 성종 때는 서민과 천민까지도 이 악기를 배웠다는 기록이 있다. 궁중음악을 위한 악공(樂工)을 궁중에서 뽑을 때 비파로 시험을 보았다. 당시 음악공부의 필수 기초악기로 인식하였기 때문이다. 이렇게 모든 백성이 연주하는 악기였

96) 조선 시대 길(吉), 흉(凶), 가(嘉), 빈(賓), 군(軍)의 다섯 가지 예(禮) 가운데 꼭 지켜야 할 것들을 뽑아 그림과 더불어 설명한 책으로 세종의 명에 의해 허조(許稠) 등이 편찬을 시작하여 세조 때 강희맹(姜希孟)이 성종 때인 1474년 신숙주(申叔舟), 정척(鄭陟)이 이어받아 완성한 8권 8책의 도서

성도 만불사 바파 조소상

하남성 수장성묘 출토 탄비파용

던 가운데, 특별히 사대부들은, 그들이 즐겨하던 거문고와 연주법이 유사하여 이 악기를 더욱 애용하였던 것으로 보인다. 조선시대의 풍속을 사실적으로 그려 오늘에 전해주는 김홍도(金弘道, 1745~1806)의 그림에도 이 악기가 등장한다. 특히 그의 자화상으로 알려지고 있는 「포의풍류도」(布衣風流圖)에 "종이로 창을 낸 흙벽 집에서, 삼베 옷 걸고 시가를 읊으련다."[紙窓土壁 終身布衣 嘯詠其中]라는 화제를 적었는데, 이 그림의 비파를 연주하는 앞자리에 생황이 놓여 있어 당대 선비들이 일상에서 음악을 애호하였던 일면을 찾을 수 있다.

국립청주박물관은 계유명전씨아미타불비상의 비파를 당비파라 하고 해설하고 있다. 직경, 곡경도 확실치 않은 이 악기를 당비파라 함은 매우 부당하다. 더구나 약 900년 뒤에 편찬된 『악학궤범』에 적용한 이름을 붙인다는 것도 적절치 않다. 계유명전씨아미타불비상의 비파를 최초로 학계에 공개하였던 황수영과 이홍직은 이를 단지 '비파'라 고증하였는데도 문화재청에서는 유감스럽게 이를 당비파로 등재한 것이다.

김홍도 포의풍류도(布衣風流圖)

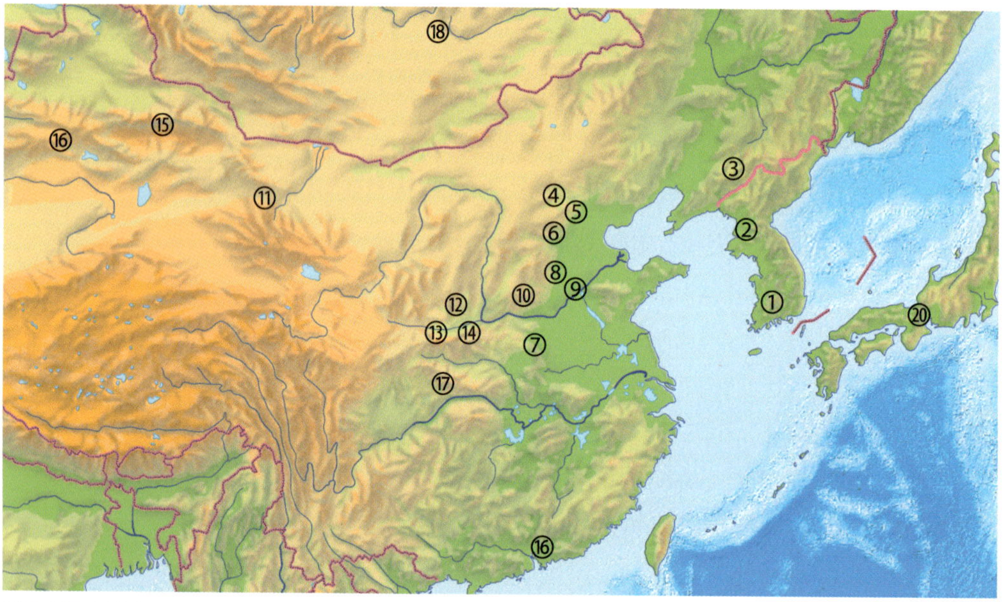

비파 실물사료 분포도

① 청주 계유명전씨아미타불비상 ② 고구려 오현 ③ 고구려 4현 ④ 운강석굴 ⑤ 산서성대동 석가채북위사마금룡묘위사금용묘) ⑥ 하북성 곡양중신묘 악무부조 ⑦ 하남성정주개원사 관상악무석조 ⑧ 하남 안양 영천사 당 동탑 기악석조 ⑨ 하남 안양 당양 묘 기악 무용(舞俑) ⑩ 하남 수무현 장세경묘대곡벽화 ⑪ 주천 ⑫ 서안 당이수묘악무전각 ⑬ 서안 당이수묘 당비파용 ⑭ 서안 당고조 손녀향현주묘 ⑮ 토로번(투루판) ⑯ 소륵현 ⑰ 사천성 납서족 ⑱ 몽골비파 ⑲ 남음족(홍콩, 대만 등지의 고유음악) ⑳ 일본 정창원

우리 비파의 시련
첫 문화콘텐츠 수출의 유감

신대륙 발견 400주년 기념 시카고 만국박람회가 1893년 5월 1일부터 6개월간 미국 시카고에서 개최되었다. 우리나라가 '대조선'이라는 국호와 태극기를 앞세우고 참가한 첫 번째 세계박람회였다. 여기에 우리 궁중음악 연주회가 있었으니 우리의 수준 높은 문화와 예술을 세계인들에게 선보인 첫무대였다. 출연한 사람은 고종의 명을 받은 10명의 악공으로, 거문고, 비파, 양금, 해금, 피리, 대금, 생황 등이 편성되었다.

여기에서 우리에게 주목을 끄는 악기는 생황과 비파다.

일제강점기를 지내면서 우리는 이 악기는 물론 연주법도 다 잃어버렸는데, 그 당시에는 우리 궁중음악의 대표악기로 세계 첫 문화콘텐츠수출무대에 내 보냈던 것이다. 이로써 이 악기들이 당시 궁중음악을 대표하는 보편적 악기라는 것은 알겠으나, 유감스러운 것은 비파를 당비파(Lute with Chinese Origin)라 하여 중국악기로 세상에 알리게 되었다.

당시 시카고의 미국인들에게 한국은 미지의 나라였던 것으로 보인다. 장중한 음악과 화려한 의상 등을 듣고 보았으니 무시할 수 없는 문화국이라는 것을 알게 되었지만 그들이 알고 있는 조선에 대한 정보는 전무한 상태였다. 자연히 이것저것 질문이 많아지자, 조선음악가들은 일일이 답하기가 어려워 다음과 같은 내용의 소개서를 현장에서 제작하여 전시하였다.

> Korea나 Corea 둘 다 맞지만, Korea로 써 주시기 바랍니다. 조선은 중국의 일부가 아니라 독립된 나라입니다. 조선인은 중국어를 사용하지 않으며 조선말은 중국어나 일본어와 다릅니다. 조선은 미국과 1882년에 조

약을 맺었습니다. 여기에 전시된 모든 물건은 정부의 물건들입니다. 조선은 전기를 쓰고 있고 증기선과 전보를 사용하지만, 아직 철도는 없습니다.

조선인들은 기와로 만든 지붕과 따뜻하게 데워지는 마루가 있는 편안한 집에서 생활합니다. 조선의 문명은 오래 되었습니다. 면적은 십만 평방피트이고, 인구는 천 육백 만 명이며 기후는 시카고와 비슷합니다. 지리적 환경은 산이 많고 광물은 아직 덜 개발되었으며 쌀, 콩, 밀 등의 농산물이 많습니다.

이 문장은 처음 대면한 미국인들의 호기심을 풀어 줄 모든 질문에 적절한 답을 다 하고 있다. 국호의 외국어 표기법에서부터 시작하여 주변국가와 문화가 다른 독립국임을 잘 설명하고 있었다.

이 행사가 끝난 후 연주회에서 사용하였던 한국의 악기를 미국 보스턴 피바디 에섹스 박물관(Peabody Essex Museum)에 기증하였다. 여기에 진열된 비파는 우리역사에서 실제 연주회에 사용한 가장 오래된 실물 악기로 기록될 것이다. 그 때가 120년 전의 일이니 이처럼 오래된 비파는 지금 국내에서 찾아보기 어렵다. 이 비파는 지금도 미국에 전시되고 있는데, 유감스러운 것은 아직도 "Lute with Chinese Origin"이라는 것이다. '당비파'를 이렇게 번역하여 '중국에서 기원한 류트' 즉 중국비파가 되어 버린 것이다. 이들 조선의 악공들이 한국을 소개한 안내문에서 "조선은 중국의 일부가 아니다"라고 역설하였지만 정작 백제 악기이자 동아시아 전체의 악기인 비파를 중국악기로 오해하게 되었다.

우리나라에서는 4현곡경비파를 당비파라고 부르고 있다. 당비파라는 명칭은 『고려사』「식화지」에서 처음 보인다. 이 이름은 신라가 백제를 멸하고 당나라와 근친관계에 있을 무렵 신라에 많던 5현 직경비파에 대하여 당나라 에서 온 4현곡경비파에 당비파라 한데서 기원한 것이다. 물론 당나라에 는 4현곡경비파 뿐 아니라 5현직경비파도 있었다. 그 중 곡경비파가 당악에 쓰였기에 이를 당비파라 하는 신라에서만 쓰는 이름이 생 겨난 것이다. 당나라와 신라가 망한 고려시대에도 이 사대적인 악기 이름은 바뀌지 않았다. 문종 30년 즉1076년에 당비파 업사(唐琵琶業師) 1명이 관현방(管絃房)에 배치되었다 하 여 당비파라는 악기 이름이 정사에 등장하기 시작하였 다. 『고려사』「악지」에는 넉 줄로 된 비파를 방향, 퉁소, 적, 피리, 아쟁, 대쟁, 장구, 교방고, 박 등 아홉 가지 악 기와 당악을 연주할 때 함께 쓰였기에 당악기라 기록 하였다. 이 내용을 잘 들여다보면 당악을 연주하기 위 하여 사용한 악기이기 때문에 당비파라 한 것이지, 당나 라악기이기에 당비파라는 것은 아니다. 그러나 시간이 지나 면서 이 말이 슬며시 당나라에서 온 악기로 혹은 중국악기로 되어버렸다.

피바디 에섹스 비파

『악학궤범』 집필당시 명나라 사신들이 우리 고대사가 중국보다 오래되었다는 사실을 못마땅하게 여겨 갖가지 트집과 함께 협박까지 여러 번 한 일이 있었다. 이에 맞설 힘이 없었던 우리 왕실은 그래서 고대사 서적을 스스로 불태웠다. 그렇게 중국의 입김이 거세던 시기에 만들어진 『악학궤범』에는 비파 뿐 아니라 여러 악기의 곳곳에서 사대주의적 기록을 찾을 수 있다.

문제는 시대가 변한 지금도 이 용어와 내용이 변하지 않고 있어, 중국이나 일본 그 어느 나라에서도 사용하지 않는 악기분류방법과 이름을 적용하여 분명한 우리악기를 중국악기라 외치고 있는 것이다.

2. 백제삼현

백제삼현(百濟三絃)은 백제금동대향로[97]의 상단에 있는 주악 조소상(彫塑像)에서 중앙에 위치한 신선의 악기에 붙인 이름이다. 이 악기는 줄울림악기[Chordophon]로 류트 계열의 악기라는 것만 확실할 뿐 줄의 수를 결정적으로 알 수 있는 줄감개가 다른 조각에 가려져 있어 그 정체를 파악하는데 다소 혼선이 있었다. 분명한 것은 소상의 악기에 세 개의 줄이 선명하게 묘사되어 있다는 것이다. 이를 근거로 이종구가 2007년 "백제금동대향로 주악조소상악기명칭에 대한 연구"라는 논문에서 처음으로 이 악기를 '백제삼현'이라 이름을 지은 일이 있다.[98]

이에 앞서 백제금동대향로 발견 당시 몇몇 학자들은 4현 악기인 완함(阮咸) 또는 월금(月琴)으로 이른바 있었다.[99] 이러한 주장에는 월금이나 완함이 사현이라는 중국의 고문헌에 근거한 것으로 보인다. 그래서 금동대향로의 주조상도 4현이어야 하는데 3현으로 잘못 묘사되고 있다는 해석까지 하게 되었고 이후 이를 모델로 만든 재현 악기들이 모두 4현으로 제작되었다.

사실 중국의 한족(漢族)을 중심으로 한 제한적 자료에 따른다면 동양 삼국의 악기는 중국의 진쟁(秦箏)과 일본의 삼현(三絃, 사미센)을 제외하고 거의 4현이다. 이 한족(漢族)의 역사는 이른바 중원의 기록이 대부분이다. 오

---

97) 부여능산리출토백제금동대향로가 문화재등록 공식 명칭이며, 국보 제287호로 국립부여박물관에 상설 전시되고 있다.

98) 이종구, "백제금동대향로 주악 조소상 악기 명칭에 대한 연구", 「音樂論壇 제21집」(서울: 한양대학교 음악연구소, 2006) 1-25쪽, 이 논문에는 배치 순서에 따라 중앙-백제삼현, 왼쪽1-장소, 왼쪽2-배소, 오른쪽1-무명백제악기, 오른쪽2 금(琴)으로 명명되었다. 그 중 오른쪽1-무명백제악기는 이종구, "부여능산리출토백제금동대향로 -주악 조소상 오른쪽1악사의 악기에 대한 연구-", 「국악원논문집 제20집」(서울: 국립국악원, 2009) 193~216쪽에서 오른쪽1-백제생황으로 보완 명명하고 있다.

99) 앞 논문, 3쪽

늘날의 중국 영토와는 달리 역사속의 중국 영토[100]는 동이(東夷), 서융(西戎), 남만(南蠻), 북적(北狄)이라는 사이(四夷)에 둘러싸인 곳이었다. 오행의 중심에 자신들의 중원을 두려는 의도도 있지만 사실상 중국의 역사는 이 사이들의 침략에 대한 투쟁사였기에 그들이 두렵고 한편으로 애써 멸시하려는 의도가 깔려있는 것이다. 이 사이들이 그침없이 침략하여 지배하는 역사의 순환 속에서 중원의 국경은 끊임없이 침식되고 붕괴되어 변하였다.[101] 그러면서 중원이라는 땅에 대한 개념도 생각 속에서만 존재하는 관념속의 땅이 되었으며[102] 시대에 따라 경계와 개념의 변화도 컸다.[103] 북쪽

100) 중국인들은 아래 표에서 보듯 역사적 영토를 지역으로 나누어 설명하며, 그 중 중원은 하남성을 중심으로 한 일부 지역일 뿐이다.

지역 구분	현재 위치	역사적 주요 도시
중원	하남(河南)성 대부분	정주, 난양, 개봉, 상구, 안양, 남양, 복양
연(燕),조(趙) 지구	하북(河北)성 대부분	감단
형(荆),초(楚) 지구	호북(湖北)성 대부분	무한, 형주, 양양
파촉 지구	사천(四川)성 대부분	성도
하투 지구	저하와 내몽골	호화호특
오월 지구	강소성 대부분	항주, 소주, 남경
제노 지구	산동성 대부분	제남, 치박
진(晋)의 땅	산서성	대동
관중 지구	섬서성	서안, 함양, 연안

도표 출처: 백도 백과(http://baike.baidu.com/view/47532.htm

101) 북방민족의 중국 침략은 그 역사에서 가장 중요한 과제이었고, 역대 통일 왕조 만 하여도, 진시황의 조상인 선진(先秦)이 동이족(東夷族)의 한 분 파, 수나라 양견의 조상은 선비족의 북의 출신, 원나라는 몽골족인 칭기즈칸의 후예가 건국, 명나라는 고려에서 건너간 주원장이 세운 나라, 청나라의 누루하치도 동이의 한 족속인 여진족의 족장이었기에 많은 중원의 한족들은 북방민족의 침략 속에 시달리었음을 알 수 있다. 이에 비해 중국 자체에서 통일을 이룬 나라는 한, 당, 송 그리고 오늘날의 중화인민공화국 정도에 그친다.

102) 중국 한족(漢族)이 부흥한 황하(黃河) 중류의 양 기슭 지역. 지금의 하남성(河南省)과 산동성(山東省) 서부, 허북성(河北省)의 동부를 포함한다는 제한된 정의를 하고 있지만 애매하다.

103) 중국의 가장 대표적인 인터넷백과사전인 백도백과(http://baike.baidu.com/view/2874.htm) 에, "중원은 중화문명의 발상지이며, 예부터 화하민족이 천하의 중심에 있다고 보았다. 상나라 하나라 때부터 수도였던 중원의 상구, 안양, 정주 등과, 한나라 때부터 일어난 낙양, 남양, 개봉성과 그 왕후장상의 땅이

은 그런대로 동이, 북적, 서융을 막기 위해 그들 스스로 만든 만리장성이라는 경계[104]가 있지만, 남쪽의 남만 경계는 이보다 더욱 애매하다.[105]

이 남만(南蠻)의 땅에 삼현악기가 많다.[106] 특히 중국 남방에서 베트남 깊숙한 곳까지 분포된 장족들이 이 3현 악기를 즐긴다. 그들 악기에는 이현, 삼현, 사현 등 여러 종류의 긋는 악기와 뜯는 악기가 있지만 보편적인 것은 3현이다. 뜯는 종류의 목 곧은 악기 3현이 주종을 이루며, 울림통에 기둥을 박고 줄을 매어 활을 사용하는 해금형 악기에도 3현이 있다. 두 줄을 하나의 활대로 마찰하여 소리를 내는 해금 계열의 악기에 3현이라니. 하지만 사실이다. 민속촌의 장족(壯族)악사들도 거리의 악사도 대부분 삼현을 사용한다.

해남도(海南島, 하이난따오) 남방에 사는 여족(黎族)의 현악기 중에도 삼현악기가 있다. 이 여족삼현은 장족의 삼현 월금보다 훨씬 더 백제금동대향로의 백제삼현과 닮았다. 이종구가 측정한 여족삼현은 전체길이 60cm이고, 울림통의 직경은 약 38.5cm이었다. 이외에도 운남성 율족의 대표적인 민족악기가 삼현이

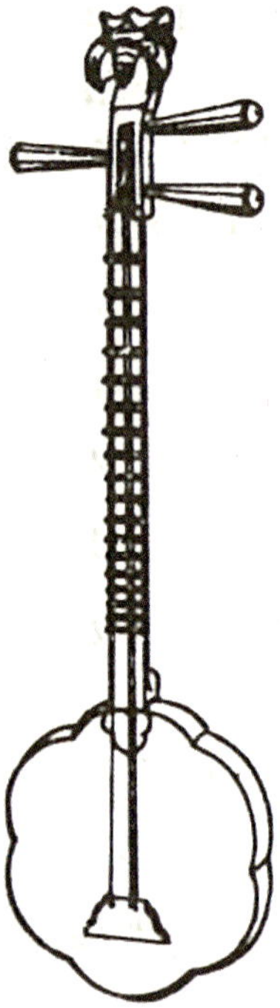

진쟁(秦箏)

오동나무 울림판에 비단줄을 쓰는 진쟁은 원래 조주지방 악기이었으나 광동성 전체로 퍼진 남방의 대표적인 삼현악기이다. 조주지방은 오월백제가 있었던 월나라 부근이다.

다" 하였으니 만리장성 이남 중에서도 황해가 있는 동쪽은 제외되었음을 알 수 있다.

104) 박시인, 「알타이문화사연구」, (서울 탐구당), 1970, 27-28쪽,

105) 백도백과, http://baike.baidu.com/view/43314.htm 중 역사관계 항목(項目)에 "남만의 민족 구성은 매우 복잡하다. 대부분 백월, 백업, 파촉 3민족계열이 우세하다. 백월족은 양자강 이남의 광대한 지역에 분포되었고 백업족은 지금의 호남성과 귀주 일대에, 파촉족은 사천성과 중경일대에 퍼져 있다. 오늘날 중국 남방의 소수민족들이 많고 크게 퍼진 것은 이들이 서로 진화하여 왔기 때문이다."라는 기사에서도 이러한 사실을 일 수 있다.

106) 이종구, "백제금동대향로 주악 조소상 악기 명칭에 대한 연구", 「音樂論壇 제21집」(서울: 한양대학교 음악연구소, 2006) 20쪽

복건성 천주 개원사

중국 복건성의 상업도시 천주에 있는 개원사는 당나라 이래로 큰 사찰이다. 쌍탑, 만안교 등이 유명하며 옛 악기들의 그림과 조각품이 특별히 많다.

복건성 천주 개원사 삼현기악목조상(三絃伎樂木彫像)

다. 중국 복건성(福建省, 푸지엔성)에서 홍콩 지역까지는 남음삼현(南音三絃)이 대표적인 민속악기이고, 조주(潮州, 초우저우)를 중심으로 한 광동성의 진쟁(秦箏)도 남방(南方) 삼현이며, 이 지역의 대표적인 민족인 이족(彝族)도 그들 고유의 이족삼현(彝族三絃)을 즐겨 사용하고, 태족(傣族)의 목정(穆玎), 그리고 베트남의 '난쨍'과 '단땀' 등이 모두 삼현악기이다. 특히 복건성의 천주시에 있는 당나라 때 건축한 개원사에도 삼현기악목조상(三絃伎樂木彫像)이 있어 이 악기가 오래 전부터 남방에서 사용되고 있었음을 시사하고 있다.

오동나무 울림판에 비단줄을 쓰는 진쟁은 원래 조주지방 악기이었으나 광동성 전체로 퍼진 남방의 대표적인 삼현악기이다. 조주지방은 오월백제가 있었던 월나라 부근이다.

중국 복건성의 상업도시 천주에 있는 개원사는 당나라 이래로 큰 사찰이다. 쌍탑, 만안교 등이 유명하며 옛 악기들의 그림과 조각품이 특별히 많다. 이 삼현악기의 분포도 흥미롭다. 3현악기는 거의 중국인들이 남만(南蠻)의 땅이라 하던 오월(吳越)백제의 옛 땅에 많이 퍼져 있다. 중국내 56개

백제금동대향로 중앙 악사가 연주하는 백제삼현<왼쪽>과 중국 남방 여족(黎族)삼현<오른쪽>

소수민족 중 52개의 소수 민족이 운집해 사는 이 백제의 옛 터전에 가장 숫자가 많은 민족이 장족이다. 이 장족의 악기도 3현이 많다. 이밖에도 이 지역의 문화자산이 오늘날의 한반도 문화와 유사성이 많다는 보고도 적지 않다. 여기에 열도백제의 땅이었던 일본에 삼현(三絃, 사미센)이 있으니 백제금동대향로의 백제삼현과 연결하여 헤아려 보면, 이 모두 옛 백제 땅에 존재하는 악기들이 된다. 그래서 한족의 악기가 4현 위주의 완함이라면, 백제권 악기는 3현 중심이라 말할 수 있는 것이다.

시각적으로 묘사된 옛 자료를 음악학의 관점에서 분류하고 해석하는 일은 음악도상학(圖像學)의 기본이다. 그 원초적 자료를 해석자의 일방적인 선입견에 의해 잘못 표현되었다함은 실물을 존중하지 않는 것이니 도상학의 기본에서 벗어난다. 더욱이 다각적으로 그 자료에 대한 정보를 확인하지 않은 채 편견을 유발할 수 있는 한정적 자료가 근거로 작용하였다면 더욱 경계해야할 일이다. 이 악기의 3현을 3현으로 보지 않고 굳이 죽림칠현의 완함 운운하며 4현으로 되어야 할 것을 잘못 묘사하였다는 주장은 정말

잘못된 것이다. 이는 고고미술학에서 삼가야 할 일일뿐더러 3현악기에 대한 무지를 스스로 드러낸 것이다.

백제금동대향로 조소 주악상의 악기는 남방문화와 연결된 삼현악기가 분명하다. 따라서 백제삼현(百濟三絃)으로 명명함이 옳고, 완함이나 월금 등으로 잘못 표기된 모든 기록들은 정정되어야 한다. 이 악기로써 백제금동대향로 역시 남방문화와 관계가 있다는 것을 다시 한 번 부언하며, 반도백제 및 오월백제가 동남아에서 인도를 거쳐 페르시아에 이르던 이른바 세라믹(ceramic)실크로드에서 활동한 하나의 자취로 이해하여야 할 것이다.[107)]

107) 이종구, "백제금동대향로 주악 조소상 악기 명칭에 대한 연구", 「音樂論壇 제21집」(서울: 한양대학교 음악연구소, 2006) 6쪽

백제삼현을 찾아서

'박자이'라 부르는 중국 속의 '백제(百濟)'

백제삼현과 보다 직접적인 관계성을 갖는 유사악기들을 찾아보기 위하여 필자는 2010년 1월 약 3주 동안 중국 광서장족자치구(廣西壯族自治區)를 방문한 바 있다. 이곳은 중국에서 한족 다음으로 많은 인구를 가진 장족 1천5백만 명이 사는 지역이며 중국에 아직도 백제(百濟)라는 이름을 유지하고 있는 도시가 있는 곳이다. 그러기에 한반도 악기인 백제삼현과 이 지역의 음악 문화적 연관성을 찾을 수 있지 않을까 하는 기대를 갖고 이 지방을 찾게 되었다.

광서장족자치구라는 성(省)은 중국의 서남쪽 베트남과 인접한 곳에 있다. 수도는 남령(南寧)이며 옹강(邕江)이 서에서 동으로 관통하고 있다. 남령시의 남동쪽에 있는 옹령구(邕寧區)는 아마도 이 옹강에 연유하여 지어진 이름 같았다. 한반도에서 보면, 중국 땅에서도 가장 먼 곳의 하나라 할 수 있는 이 변방에 백제(百濟)라는 이름을 가진 도시이다. 남령시 도심으로부터 남방 약 40km 지점이다.

남령시 중심에서 기차는 물론 직행 버스도 닿지 않는 곳에 백제가 있다. 유일한 대중교통수단인 마을버스를 타고 약 1시간을 달려서야 백제에 도착할 수 있는 곳이었다. 신기한 것은 이곳 사람들이 이지역의 이름을 '박자이'라 하는 것이었다. 중국의 표준어로는 백제(百濟)를 "빠이지(bai3 ji4)"라 하여야 할 텐데, 같은 한자를 두고 이곳 사람들은 박자이로 읽는 것이었다. 한족(漢族)의 말 빠이지보다는 박자이가 훨씬 '백제'라는 우리말에 가까워 내심 반가웠다.

옹령에서 1시간 이상을 달린 후 "百濟"라는 이정표가 나타나더니 언덕 위로 차가 올라갔다. 그 언덕이 바로 백제허(百濟墟)였다. 백제향은 비교적 낮은 구릉지대에 형성된 도시이며 야산들이 언덕을 이루어 주위를 둘러싸고 있는 분

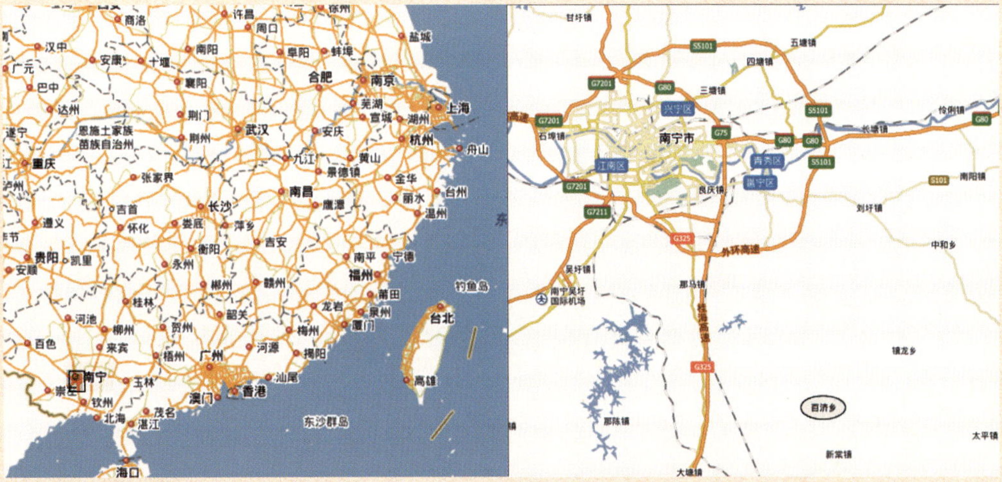

중국 백제 박자이 지도

박자이(백제) 시내

백제소학교(초등학교) 정문 앞에서 바라본 백제향
수백 년 묵은 느티나무들이 시내 곳곳에 있어 오래 된 도시임을 느끼게 한다.

광서자치구 박물관 소장 삼현월금(三絃月琴)

지이다. 시장을 중심으로 주택가가 있고 언덕위에는 학교와 관청 같은 주요 시설들이 있다. 백제소학교, 백제인민정부, 백제인민대표주석단, 백제기율감사위원회, 백제재정소반세복무소, 백제수산축목조합, 백제교통기술학교, 백제중국공상당위원회, 백제이동통신점, 백제연통지점 등 간판이 온통 백제라는 이름으로 되어 있어, 부여나 공주에서도 느끼지 못한 백제 그 자체인 곳이다.

옛 오월백제와 지리적으로 가깝다고는 하지만 백제의 흔적은 찾기 어려웠다. 다만 흑치상치의 묘석에 관련성을 암시하는 몇 글자만이 있을 뿐이다. 한반도백제가 사라진지 1350여년이다. 만약 백제 유민이 이곳에 살았다 해도 이미 이곳의 토박이들에게 동화되기에 충분한 시간이 흘러간 것이다. 문화적 유사성을 발견할 수는 없을까 하는 생각에서 민속 공연단이나 박물관 또는 민속학자들을 찾아보았다. 하지만 보호되어야 할 모든 문화유산들은 모두 큰 도시인 남령시로 옮겨져 있었다.

장족들은 현악기를 즐긴 것으로 보인다. 종류도 다양하여 이현, 삼현, 사현 등의 긋는 악기와 뜯는 악기 모두가 그들 고유의 현악기였다. 이번 여행 중 남령시에 있는 광서장족박물관에서 3현 월금(月琴)을 볼 수 있었던 것은 의외의 성과였다. 3층 전시장 끝 한편에 꽤 오랜 시간의 흔적을 느낄 수 있는 월금을 보게 된 것이다. 다시 보고 또 다시 확인해 보아도 역시 3개의 줄감개를 가지고 있는 삼현이 틀림없었다. 이 악기는 백제금동대향로의 조소상 악기와 매우 닮아있었다. 한반도의 악기 백제3현과 이곳 중국인이 전통적으로 남쪽 오랑캐(南蠻)라 부르며 멸시하던 이 지방과는 대체 어떤 관계가 있을까? 이에 대한 KBS의 보도를 떠올리지 않을 수 없었다.

KBS 방송팀이 한 역사학자의 도움을 받아 베트남 인접지역인 광서성(廣西省) 장족자치구(壯族自治區) 일대를 탐방했다.「백제향(百濟鄕)」이라는 이름을 가진 지역에서 전남지방에서만 보이는 독특한 맷돌과 외다리방아, 서낭당 문화의 흔적을 찾아냈다.

장족의 민속춤인 「삼현춤」을 출 때는 춤꾼들이 둥근 원을 그리는 가운데 춤을 이끄는 남자가 삼현금으로 반주하면, 그 밖의 사람들은 박자에 따라 노래하고 춤추면서 원을 줄이기도 하고 확대하기도 하면서 긴 소맷자락을 내젓는다. 이 춤은 중국의 역사책 삼국지 동이전(東夷傳) 마한편에 나오는 강강술래와 흡사한 것이다. 마한 곧 백제의 역사로 이어진다.

중국 광서자치구가 과거 백제의 한 담로이었다는 국내 일부 학자들의 주장을 인정하여야 할 것인가? 아니면 위 KBS의 주장대로 백제와 그 이전 같은 지역에 존재하였던 마한의 문화와 동질성으로 이해하여야 할 것인가? 특히 삼현금을 반주로 하는 삼현춤이 있다는 점은 백제금동대향로의 백제삼현과 같은 계열이기에 주목하여야 할 부분이었다. 또 하나 이 광서장족박물관에서 한국의 토종악기와 매우 닮은 북을 책으로 보게 되었다. 광서자치구의 사공무라는 종교적 내용을 가진 춤에 사용하는 신물(神物)이라는 이 북은, 한국 옛 농촌에서 볼 수 있었던 풍물(風物) 북이었다. 중국의 다른 지역에 없는 북이다. 단지 한반도 남쪽과 이곳 광서자치구에만 있는 북이다.

놀랄 일이 아닐 수 없었다. 아니 어쩌면 당연한 것일지도 모른다. 이 지역이 우리가 소홀히 하고 있었던 오월백제의 땅이든지 적어도 가까운 인근지역이 틀림없음을 생각한다면, 이 3현금과 사공무의 북이 이곳 광서자치구의 백제향이 과거 백제영토와 관계가 있음을 증언하고 있는지도 모른다. 보는 이도 찾는 이도 없고 햇빛도 들지 않는 중국 변방의 박물관 한 구석에서, 그 옛날 이 지역까지 호령하던 백제의 영화를 기억하며 이 악기는 인고의 시간을 보내고 있는 것은 아닐까 생각해 보았다.

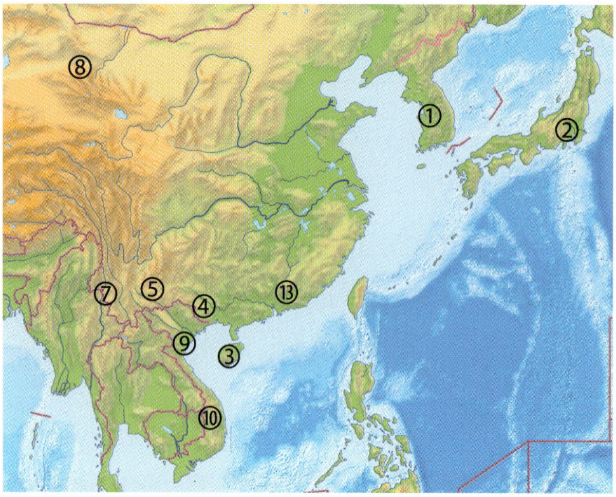

삼현 악기 분포도

① 백제금동대향로 ② 삼현(사미센) ③ 여족삼현 ④ 광서자치구 장족삼현 ⑤ 율족삼현 ⑥ 남음삼현 ⑦ 태족 목정 ⑧ 주천 위진M7묘 3현완함 ⑨ 베트남 난쨍 ⑩ 베트남 난땀

3. 공후(箜篌)

공후는 서양의 하프처럼 줄울림악기(Chordophon, 炫鳴樂器)이고, 한 줄에서 하나의 소리를 내기 때문에 많은 줄이 필요한 악기이다.

공후는 음빛깔이 맑고 깨끗하여 청량한 느낌을 주지만 부드러운 일면도 있다. 다양한 주법이 있어 풍부한 표현력을 또한 자랑한다.

백제에 공후(箜篌)가 있었음은 『북사』·『통전』『구당서』·『신당서』·『문헌통고』·『어제율려정의후편』등의 문헌에 전하고 있다.[108] 이를 인용한 고려 때의 『삼국사기』도 공후를 백제악기로 기록하고 있다.

有僧尼 多寺塔 而無道士 有鼓 角 箜篌 箏 竽 篪 笛之樂 投壺 蒲 弄珠 握等雜戲

승려와 비구니와 절과 탑이 많으나, 도사는 없다. 고, 각, 공후, 쟁, 우, 지, 적 등의 악기가 있고, 투호, 포, 농주, 악 등 여러 가지 놀이가 있다.

『북사(北史)』94권 열전 제82 (2) - 백제

위 사료는 여러 가지 백제의 풍습을 소개하고 악기를 열거하는 중에 '공

108) 이종구, "백제악기연구(1)", 「音樂論壇 제24집」(서울: 한양대학교 음악연구소, 2010) 286쪽

후'가 있다는 것은 밝히고 있지만 어떠한 종류의 공후인지는 구체적으로 기술하지 않고 있다. 같은책의 고구려에 대한 기록에는 와공후·수공후 또는 와(臥)·수(竪) 등으로 나타내어 백제의 기록보다는 구체적인 면을 보이는 것과 대조적이다.

돈황유림16굴 공후타는 천사

공후의 종류를 외형이나 크기 등에 의하여 분류한 가장 오래된 문서는『악서』[109]이다. 여기에서 소공후, 대공후, 수공후(竪箜篌), 봉수공후가 소개되어 있다. 와공후는 이 기록에 나타나지 않아 다른 종류의 악기로 인식하였다.

소공후와 대공후는 똑같이 L자 모양으로 외형이 비슷하지만, 크기와 줄의 수가 다르다.

소공후는 작은 공후이며 공명통이 약간 굽어 있고, 이 공명통 기둥 아래 부분에 곧게 가로지른 횡가(橫柯)가 있다. 이 횡가와 공명통 사이에 보통 13개의 줄을 팽팽하게 걸어 놓고 연주한다. 허리춤에 걸치고 연주하는 이 소공후의 모습을 714년에 주조된 상원사의 범종에서 찾을 수 있다.

대공후는 소공후와 같은 모양이지만, 크기가 더 크고 줄도 10줄이나 더 많은 23줄로 구성되었다. 백제의 대표적인 공후라 할 수 있으며, 공명통에 이어진 하주(下柱)를 허리에 꽂고 연주하는 것도 소공후와 비슷하다.

수공후(竪箜篌)는 악기의 기둥을 바닥에 세워 의탁(依託)하고 연주한다. 21개의 줄로 구성된 악기가 일반적이다. 『악서』의 공후는 그 하주를 받침

109) 진양 (陳暘, 1040-1110)이 40여년에 걸쳐 쓴『樂書』는 1103년에 완성한 음악이론 및 사상 서적이다.

대에 끼워 세우고 연주하지만, 그림에는 받침대가 생략되어 있어 필수적인 것은 아닌 것으로 보인다.

한편 봉수공후(鳳首箜篌)는 악기의 머리 부분에 봉황의 머리를 조각하였다 하여 생긴 이름이다. 휘어진 L자형의 몸통과 줄 사이에 넓은 공간이 있어 여기에 연주자의 한쪽 어깨와 팔을 넣고 양손을 모아 뜯을 수 있다.

『신당서(新唐書)』에는 봉수공후의 길이가 2척이고, 울림통의 넓이는 7촌, 머리에서 목의 길이는 2.5척이라 하였다. 그 표면은 뱀가죽으로 장식하였으며 봉황의 머리는 밖으로 향하고 14현 악기라고 전한다.[110]

돈황327굴 탄봉수공후벽화(彈鳳首箜篌圖)의 벽화에 나오는 봉수공후는 C자(arched harp)형이다. 한편, 수공후에도 봉수를 조각한 것이 있고, 봉수공후에 봉수가 사라진 것도 있어 시대에 따라 이름에 구애되지 않고 비교적 자유롭게 제작되었던 것 같다. 줄의 수도 음악에 따라 어느 정도 유동성이 있었던 것으로 보인다. 오대왕처직묘기악석조(五代王處直墓伎樂石彫)[111]

110) 조석연,『고대악기 공후』, 민속원 (서울, 2008) 92쪽

111) 〈그림 6〉 참조

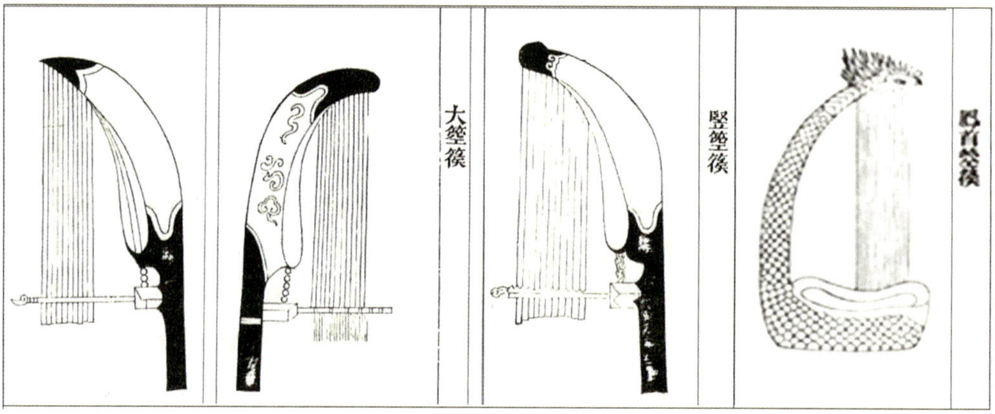

『악서』의 공후 그림

왼쪽부터 소공후(小箜篌), 대공후(大箜篌), 수공후(竪箜篌), 봉수공후(鳳首箜篌)

의 오른쪽 앞면 공후는 의자 정도 높이의 받침대에 얹어놓고 연주하고 있어 흔히 허리춤에 차는 연주 모습과 다르다. 이 왕처직묘에 부조된 이 공후는 봉수와 다른 꾸밈도 없지만 줄의 수는 30줄이 넘을 정도로 많게 묘사되어있다.

당나라 왕실 원림인 화청지(華淸池)의 벽화에는 기악도(伎樂圖)가 있다. 이 그림에 그려진 봉수공후는 크기가 매우 커 연주자의 왼팔을 줄과 본체의 사이에 넣고 연주하는 모습으로 묘사되어 있다. 악기의 크기에 비해 현의 수는 많지 않고 앞으로 몰려 있어 왼손을 넣을 수 있는 공간이 생기는 것이다. 『악서』의 봉수공후와 같은 종류의 악기이다. 이 그림은 당나라

차말(且末) 찰곤로극
(扎滚魯克) 공후

수장성묘탄공후용
隋張盛墓彈箜篌俑

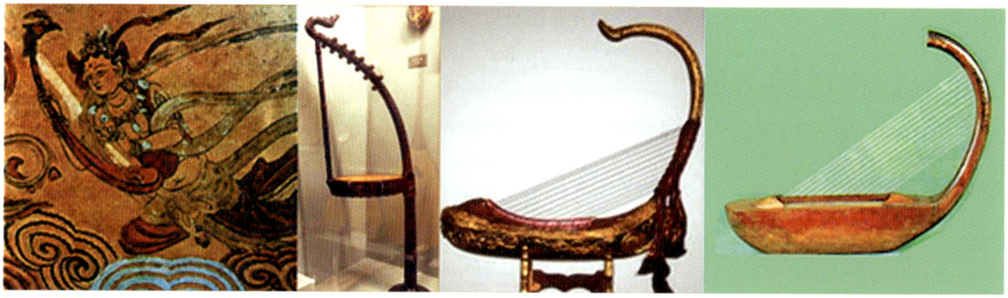

봉수공후들

돈황327굴 탄봉수공후(彈鳳首箜篌)와 봉수수공후(鳳首竪箜篌)<왼쪽>, 타이완 소재 당나라 봉수공후 면전수금(緬甸竪琴)<오른쪽 중앙>, 국립국악원에 전시된 와공후<오른쪽>

현종이 742년에 양귀비를 위하여 화청지를 대대적으로 보수하고 이를 기념하기 위하여 공연한 당부기(唐部伎) 장면을 그린 것이다. 147쪽 당나라 기악도가 그것이다.

공후의 모습들은 이렇게 자유롭게 변하였지만 크게 L자 형과 C자 형의 형태만은 크게 변하지 않은 채 오늘에 이어지고 있다. 지금의 국립국악원의 전신인 이왕직아악부의 아악사장이었던 함화진이 1937년에 북경에서

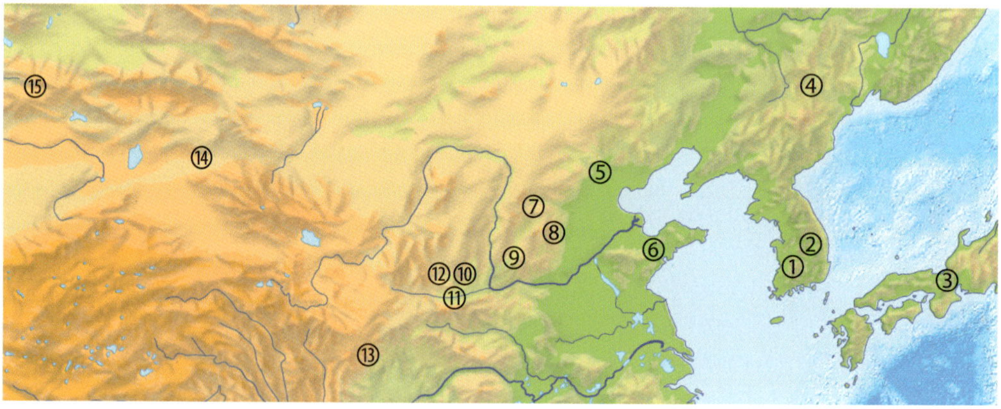

공후 유적 분포도

① 서산 보원사 ② 평창 상원사 ③ 일본 나양 ④ 연변 정효공주묘 ⑤ 북경 고궁박물관 ⑥ 산동 청주 용흥사 ⑦ 산서 운강석굴 ⑧ 산서 고묘산석굴 ⑨ 낙양 용문석굴 ⑩ 섬서 서안 ⑪ 섬서 풍휘묘 ⑫ 섬서 하후동제악무조상 ⑬ 사천 왕건묘 ⑭ 감숙 돈황 ⑮ 신강 차말

구입한 현존하는 오랜 공후도 C자 형이다.

백제의 공후는 대공후가 주종을 이루었을 것으로 보인다.

불교에서 탑은 사리를 보관하는 중요성이 있는데, 백제의 탑은 기단부(基壇部) 상석대(上石臺) 측면의 면석(面石)에 불타팔부중상을 조각하는 것이 하나의 전통이었다.[112] 불타팔부중상 중 음악의 신(神)인 건달파(乾達婆)는 공후를 연주하는 모습으로 탑의 상석대 면석에 흔히 조각하였다.[113] 보원사지 5층 석탑에 묘사된 공후는 전형적인 백제공후이다. 이 탑은 공후 이외에도 모든 면에서 백제의 양식과 수법을 간직하고 있다.

20세기 초에 복원한 나전조공후

석탑에 공후가 조각되었다고 하여 반드시 당대(當代)의 그 지역이나 국가에 공후가 있었다고 단언할 수는 없다. 교리적이거나 상징적인 의미에서 조각물을 만들 수도 있으며 종교적 신비성을 위하여 비현실적이거나 이국적인 풍물을 새겨 넣을 수도 있기 때문이다.

하지만 백제의 공후는 다르다. 백제에서 일본으로 건너가 정창원(正倉院)

112) 문명대, "한국탑부조각상(韓國塔浮彫彫刻像)의 硏究",「佛敎美術 4」(서울, 동국대학교박물관, 1978.)

113) 조석연,「고대악기 공후」(서울, 민속원, 2008), 183쪽

의 보물로 남아 있는 나전조공후[114](螺鈿槽箜篌)가 1000년의 시간을 견디고 지금도 실물로 남아있기 때문이다. 이 악기의 모양은 약간 굽어있는 울림통 본체에 줄을 맬 수 있는 대를 가로로 지른 전형적인 L자형 공후이다. 공명통은 기둥의 윗부분에 좁고 길게 만들어 두꺼워 보인다. 이 나전조공후는 23줄을 갖춘 수공후이며, 일본에서는 이를 백제금(百濟琴)이라는 이름으로 부르고 있다.

13현의 소공후(小箜篌)에 비하여 10줄이 더 많은 이 나전조공후는, 한반도 보원사지 오층석탑의 공후와 닮았다. 그래서 백제의 공후는 왕실이나 사찰에서 사용한 중요한 악기라는 것을 알 수 있다.

4. 군후(箽篌)

『일본후기(日本後紀)』에 백제악과 고려악에 군후(箽篌)라는 악기가 있었다는 기록이 있다. 이에 대하여 일본의 학자들은 군후가 와공후와 같은 악기라고 하였다. 이혜구는 거문고의 고대형이라 하였다. 일견 이러한 주장들은 서로 달라 보이지만 와공후가 곧 거문고의 고대형이라 할 수 있기에 사실은 같은 내용이라 할 수 있다.

근대 일본의 학자들은 일본의 사서에 나오는 군후를 공후 또는 와공후라 하였다. 아래 표 「군후기록문헌」처럼 안변성웅(岸邊成雄)은 공후로 보았고, 임겸삼(林謙三)은 공후 또는 쟁후(箏篌)라 하였다.

---

114) 나전공후도 비파처럼 756년에 쇼무천황(聖武天皇)의 49재에 맞춰 그의 왕비가 생활용품, 무기, 악기, 거울, 목공예 등을 헌납한 물품에 포함된 백제의 유품이다.

군후 기록 문헌[115]

책이름	출판사	출판년도	내용
일본후기, 속일본후기	경제잡지사	1897	고구려-군후 백제-군후
일본후기	조일신문사	1929	고구려-군후 백제-군후
증보일본후기		1940	고구려-군후 백제-군후
안변성웅 인용			고구려-군후 백제-공후
임겸삼『동아악기고』 인용			고구려-공(군)후 백제-공(쟁)후

오늘날의 악기 개념으로 공후는 하프 종류로 한 줄에서 하나의 소리를 얻는 다현(多絃)악기이다. 그러나 중국의 고문헌에는 와공후는 외형이 '금'(琴) 또는 '슬'(瑟)과 같았다[116]고 적혀있다. '슬'은 이나 '쟁'은 다현악기이고, '금'(琴)은 한 줄에서 여러 소리를 낼 수 있어 다르지만 모두 상자형 지터(zither)라는 공통점이 있다.

처음 감후(坎篌) 또는 공후(空篌)라고도 하였던 와공후의 기록 중 가장 오래 된 것은 류향(劉向)[117]의 『세본(世本)』「작편」(作篇)이다. 이 책에서, 공후는 공(空)나라의 후(侯)가 만들었다고도 하고, 사연소(師延所)가 만들었다고도 하였다.『석명(釋名)』에도 『세본』과 같은 내용을 수록하면서, 사연소가 상나라(B.C. 1600~B.C. 1046)의 마지막 왕인 주왕(紂王)의 악관(樂官)이라는

115) 조석연『고대악기 공후』(서울, 민속원), 2008년 154쪽 〈표36〉 편집 인용

116) 악성, 『중화악기대전』 (북경, 민족출판사), 2002년 28쪽

117) B.C. 77~B.C. 6까지 살았던 한나라 때의 역사학자 이며 기원전 4세기를 전후한 전국시대의 역사서인 세본(世本)을 편찬하였다.

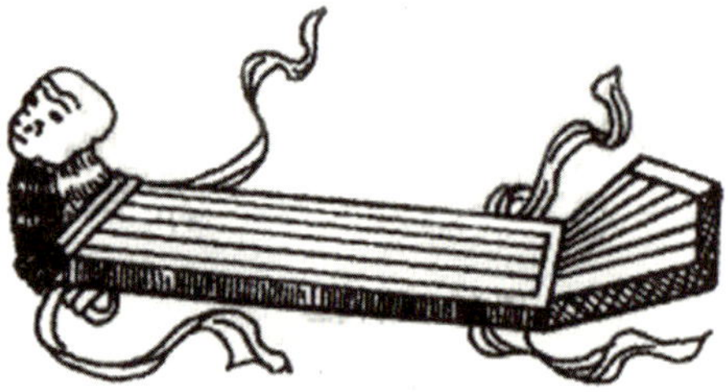

한나라 때 와공후
119)

내용을 더하고 있다. 한나라 때 청상악(淸商樂)에 쓰던 와공후는 5현이었고 십 여 개의 지주(支柱)가 있으며 나무로 만든 술대(拔)로 타서 연주하였다고 한다.[118] 여기서 지주가 있었다고 함은 하나의 줄에서 여러 음정을 낼 수 있는 장치를 의미한다. 따라서 오늘날의 거문고와 유사한 상자(箱子)형 지터가 되는 것이다.

『통전(通典)』에는 공후의 모양을 다음과 같이 구체적으로 설명하면서 7현 악기라 하고 있다.

> 공후는 옛 '금'의 하나이며 작은 '슬'의 모양이다. 7현에 비파처럼 술대로 탄다.
>
> 箜篌, 舊制一依琴制, 今按其形似瑟而小, 七絃, 用拔彈之, 如琵琶也。

이와는 달리 중국의 많은 유물에는 상자형 즉 금이나 슬의 모양을 한 악기를 와공후라 하였다. 이는 소공후, 대공후, 수공후, 봉수공후 등의 하프 계통의 악기와는 다른 것임을 뜻한다. B.C. 11세기에서 AD 3세기까지 중국에서 공후와 와공후의 이름을 혼용하여 사용한 듯하다.

중국악기를 정리한 『중화악기대전(中華樂器大典)』에도, 와공후를 갑형발현악기(匣形拔絃樂器)로 분류하는 한편 공후는 이형탄발현명악기(異形彈拔絃鳴樂器)로 완전히 다른 계열로 보고 있다.

118) 악성,『중화악기대전』(북경, 민족출판사), 2002년 28쪽

119) 앞 책. 2002년 28쪽 그림

『중화악기대전』의 현명악기 중 탄발현명악기 분류표

	형태에 따른 분류	대표 악기
탄발현명악기(彈拔弦鳴樂器)	갑형탄발현명악기(匣形彈拔弦鳴樂器)	고금(古琴), 슬(瑟), 와공후(臥箜篌), 고쟁(古箏), 거문고(玄琴), 가야금(伽倻琴), 아탁갈(雅托噶), 납서쟁(納西箏), 오현금(五弦琴), 봉황금(鳳凰琴), 율금(律琴)
	이형탄발현명악기(梨形彈拔弦鳴樂器)	비파(琵琶), 남음비파(南音琵琶), 몽고족피파(蒙古族琵琶), 만족비파(滿族琵琶), 오현비파(五絃琵琶), 납서비파(納西琵琶), 화불사(火不思), 소홀뇌(小忽雷), 대홀뇌(大忽雷), 고모자(考姆玆), 소고독(蘇古篤) 찰목년(扎木年), 유금(柳琴), 탐포이(彈布爾), 새의토이(賽依吐爾), 벽납우퇴금(碧納牛腿琴)
	표형탄발현명악기(瓢形彈拔弦鳴樂器)	독타이(獨它爾), 객십열화보(喀什熱瓦普), 다낭열화보(多朗熱瓦普), 열화보(熱布普), 파랑자고목(巴朗孜庫木), 고목일의(庫木日依), 이긍동포납(阿肯東布拉), 藏琵琶(장비파)
	병형탄발현명악기(餠形彈拔弦鳴樂器)	<생략>
	통형탄발현명악기(筒形彈拔弦鳴樂器)	<생략>
	이형탄발현명악기(異形彈拔弦鳴樂器)	수공후(竪箜篌), 봉수공후(鳳首箜篌), 소공후(小箜篌), 쌍배현공후(双排弦箜篌), 안주공후(雁柱箜篌), 카룡(卡龍), 궁금(弓琴), 달비아(達比亞), 태정(汰玎), 탁보수이(托甫秀爾), 동포이(東布爾), 비특극라(菲特克囉), 삼현금(三線琴)

한성백제와 비슷한 시기인 중국 육조시대에, 흙을 구워 만든 청자용(青瓷俑)이 진(晋)나라의 묘에서 나왔다. 악주진묘탄와공후용(鄂州晋墓彈臥箜篌俑)이라 하는 이 청자용은, 가부좌를 틀고 앉아 와공후를 타는 모습을 하고 있다. 이 악기는 상자모양의 지터 종류가 분명하며, 한 줄에서 여러 음정을 내기 위해 필요한 '괘'가 선명하게 돌출되어 있다.

이 와공후용(俑)이 출토된 악주는 중국의 한복판 양자강 상류의 호북성에 있는 한 지방으로 고구려와 멀리 떨어져 있는 곳이다. 『삼국사기』「악」 제32권에 현금 조에 처음 진(晉)나라 사람이 칠현금을 고구려에 보냈다[120]

120) "初晉人以七絃琴送高句麗"

고 하였다. 여기에 나오는 진나라를 동진(東晉 : 316~419)으로 보는 견해[121]가 지배적이어서 고구려에 보내왔다는 '금'이 악주진묘의 와공후와 같은 계열의 악기일 가능성을 크게 한다. 『삼국사기』 왕산악이 진나라 '금'을 고쳐 거문고를 만들었다는 기록에 따라서 진의 금이 거문고의 전신이라는 암시를 하고 있다. 따라서 고구려의 거문고는 진나라의 '금'과 무관할 수는 없으니 악주진묘와공후에 가까운 악기로 추측할 수 있다.

거문고의 '거문'은 'ㄱᆞᆷ'·'검'(玄·黑)에 어원을 둔 말[122]로 '나라'라는 뜻을 가지고 있다. 따라서 거문고는 고구려의 '나라 악기'로 고구려에서 자체 개발한 악기이다.

악주진묘 와공후가 출토된 진나라는 양자강물길을 따라 오월백제와 서로 통하던 나라였으며, 본국백제와 사신을 보내 친선 관계를 유지하였다.[123] 마라난타 승려를 백제에 보내기도 하여 백제와 우호적인 관계를 갖고 있었던 나라에서 나온 악주진묘청자용 와공후는 백제의 와공후인 군후와 같거나 유사한 악기일 수 있다.

옛 고구려의 땅 길림성(吉林省) 집안현(集安縣) 통구(通溝)의 고구려고분에 거문고로 보이는 악기를 연주하는 그림이 있다. 1937년 발견된 제17호분 그림의 4현 17괘 현악기에 대하여 일찍이 송석하(1904~1948), 청산학인(=이여성), 조성, 임겸삼, 안변성웅 등 여러 학자들의 논문과 보고서가 있었다.

121) http://blog.daum.net/yshqnqlove/12713657, cafe.daum.net/dansosori/3hQf/19, gulic.tistory.com/82, blog.naver.com/sunonthetree/110090164156, blog.naver.com/tkdals1595/80045287527 등 대부분의 우리나라 사이트 기록에 거문고의 원형은 금을 전한 진을 거의 동진, 서진 중 동진으로 보고 있다.

122) 장사훈,『국악대사전』, 세광음악출판사(서울, 1984) 68쪽

123) 박시인,『알타이 신화』, 청노루(서울, 1999) 166.

그 중 임겸삼, 안변성웅, 조성은 이 악기를 와공후라 하면서 거문고의 모체로 추정하였다.

후일 이와 유사한 악기의 모습을 담은 벽화가 2점 더 발견되었다. 고구려와 멀리 떨어진 중국 감숙성의 가욕관위진묘(嘉峪關魏晉墓) 탄화공후전화(彈臥箜篌磚畵)가 그 하나이고, 역시 감숙성 주천시에 있는 동진연악벽화(甘肅省 酒泉市 東晋宴樂壁畵)가 또 다른 하나이다. 이곳은 고구려에 순도(順道, ?~?)를 보내 불교를 전한 고구려의 우방국 전진(前秦)의 땅이었다. 거리로는 고구려와 멀지만 모두 만리장성 북방의 민족의 나라로 문화적 유사성이 많은 곳이다.

중국에서 북적(北狄)이라고도 하였던 우리 고조선의 한 민족은 북몽고 카라코럼[和林]부터 시작하여 서만주와 북경, 연안(延安) 등을 지나 내몽고 자치구를 포함하는 전체의 지역에서 만리장성에 이르는 수천리길을 왕복하며 유목생활을 해왔다. 따라서 이 벽화가 있는 모든 지역은 모두 고조선 강역에 있게 되고, 하나의 문화권이라는 역사와 인문적 자취라 할 수 있다.

중국문화당국에서는 이 악기들을 모두 와공후라 칭하고 있다. 이들 악기는 공통적으로 너비가 좁아 고구려 벽화처럼 줄의 수가 4줄 내외일 것으로 보인다. 지금은 동북아시아 어느 나라에서도 와공후를 연주하지 않고 있다. 당나라 때까지 사용하였고 송나라 때부터 사라졌다. 중국 남경(南京, 난징)시에 있는 부자묘(夫子廟)에 공자를 기리는 의물(儀物)로 와공후 한 대가 전시되고 있다. 이 와공후는 6줄로 구성되었다.

물론 연주를 하는 악기가 아니고 의물이다. 20세기에 중국의 민속악기 개혁을 주도하였던 장자세가 남경에 있는 부자묘의 요청으로, 당시까지 불안전하게 흩어져 있던 옛 자료들에 근거하여 공묘(孔廟)의 모든 악기를 재현한 바 있다. 이 때 그가 개량한 와공후는 15현이었으며 실제 연주에 사용하였다.

군후는 공후와 같은 일본식 한자말일 것이다. 한국과 중국에는 군후라는 '箽'자가 아예 없다. 중국에서 가장 많은 어휘를 수록하고 있다는 『강희자전』이나 『중화자전』에도 이 글자는 없다. 일본에서도 이 '箽'자는『도서료본류취명의초』라는 옛 사전에 오직 이 악기를 지칭하는 글자로 사용되고 있을 뿐이다. 악기와 함께 글자도 사라져 음악사에서만 제한적으로 사용한다. 일본에서는 '箽篌'를 '箜篌'로 아예 바꿔 쓴다. 일본학자 임삼겸이나 안변성웅이 이 악기가 공후의 '고대형 표기'라 하였기 때문이다. '箽'이라는 글자 뿐 아니리 8세기 이후 악기 자체도 아예 사라진 것으로 보인다.

『중화악기대전』에 와공후는, 우리나라로 전승되었고 시간이 경과되면서 거문고[玄琴]로 개량되었으며, 고구려와 대등한 세력을 가졌던 백제를 통하여 일본에 전해져 '백제금'이 되었다고 하고 있다.[124] 그러나 일본에서 백제금이라는 악기는 다현악기인 나전조공후를 말한다.

『악지』에는 국립국악원에 있는 것과 같은 C자형 공후를 누워있는 공후라는 뜻으로 와공후라 하고 있지만, 많은 다른 문헌에서는 괘를 사용하는 상자형 악기를 역시 누워있는 형태라 하여 와공후라 하였으니 서로 용어의 혼란이 생겨날 수밖에 없었다. 그래서 많은 음악인과 민속음악학자들까지도 하프종류의 공후와 군후로써의 와공후를 자주 혼돈 하고 있다.

상자 형 울림통 위에 괘를 세워 음정 조정을 하는 현악기는 한국의 거

124) 악성,『중화악기대전』(북경, 민족출판사), 2002년 28쪽, 星星百科知识网(http://www.exinshidai.cn), http://www. exinshidai.cn/news-374810.aspx : 卧箜篌在我国(중국, 필자 주)友好邻邦朝鲜' 韩国却得以传承 , 经过历代的流传和改进而成为今日之玄琴° 在日本 , 因经由当时的百济国(高丽' 百济均为朝鲜古称)传入 , 而称其为百济琴°

문고 이외에도 아시아의 다른 나라에서도 사용하고 있다. 태국의 차카이(Chakay)와 미얀마의 미관(Miguan) 등 동남아시아의 와공후류 악기들이 그 대표적인 것이다. 이들 동남아시아 와공후류 악기는 대개 3줄로 구성되었다. 거문고에서 개방현으로만 사용하는 문현, 괘하청, 무현을 없앤다면 이 동남아시아의 3현 와공후와 기능적으로 엇비슷할 것이다. 거문고의 역사에서도 괘에 얹은 3줄과 한 줄의 개방현을 사용한 4줄 악기가 있었다고 한다. 왕산악이 고구려식으로 개량하기 이전의 와공후가 바로 이런 것이 아니었을까 생각한다.

국악계에서는 한 때 "거문고와 와공후는 같다"라는 취지로 잘못 받아들여 논박(論駁)이 있었다.[125] 그러나 와공후는 동아시아 전체에 퍼져있는 보편적인 악기로 정리하고, 같은 계열이지만 고구려에서 개발한 고유의 악기가 거문고이며, 백제의 군후는 다른 왕산악 이전의 와공후로 4현에 17~18괘의 상자형 악기이었다고 하면 이와 같은 논박은 정리될 수 있을 것이다.

인류학에서 말하는 알타이 민족은, 아시아, 유럽, 남, 북아메리카 등 광대한 지역에 분포되었다. 알타이민족의 한 지류인 우랄어족은 핀(Finn)족, 라프(Lapp)족의 민족 이동 노선으로 이어지며, 서 러시아에서 스칸디나비아 반도를 따라 아이슬란드의 에스키모까지도 포함된다. 와공후가 이러한 민족의 이주역사를 따라 노르웨이에서 북독일 쪽으로 흘러간 자취가 보인다.

125) 1967년 이혜구 박사가 처음 와공후와 현금이라는 논문으로 임검삼, 안변성웅 등의 거문고는 와공후의 모체라는 주장에 대하여 「와공후와 현금」이라는 논문으로 반박한 이후 21세기 까지 지속적으로 많은 국악학자들의 논란이 지속되고 있다.

와공후 종류의 악기 유적 유물 분포도

①악주진묘탄와공후용 ②안악고분 벽화 ③즙안현 무용총 ④즙안북위묘탄와공후벽화 ⑤감숙성 주천시 동진연악벽화 ⑥가욕관 북위 진묘탄 와공후전화 ⑦태국(현행악기 차카이<Chakay>) ⑧미안마(미관, 런던 호르니만 박물관 소재) ⑨세종(계유명전씨아미타불비상) ⑩남경부묘 ⑪나양(군후)

악주진묘탄와공후용(鄂州晋墓彈臥箜篌俑)

1993년 장자세(張子銳)가 개량한 15현 와공후

와공후 벽화

① 집안무용총 천정 벽화 ② 집안 북위묘 탄와공후벽화 ③ 감숙성 주천시 동진연악벽화 ④가욕관 북위 진묘탄 와공후 전화

명덕당 아악기와 공후

중국 남경(南京, 난징)에 공자를 기리기 위한 부자묘(夫子廟)에 보관 중인 유일한 실물 와공후. 악기는 명덕당(明德堂)에 춘추전국시대의 편종과 편경 등 15종의 고대 아악기와 함께 앞쪽 오른쪽에 진설되었다.

Nigel Pennick(영, 1946~)이
슈아이트홀츠 연주 모습

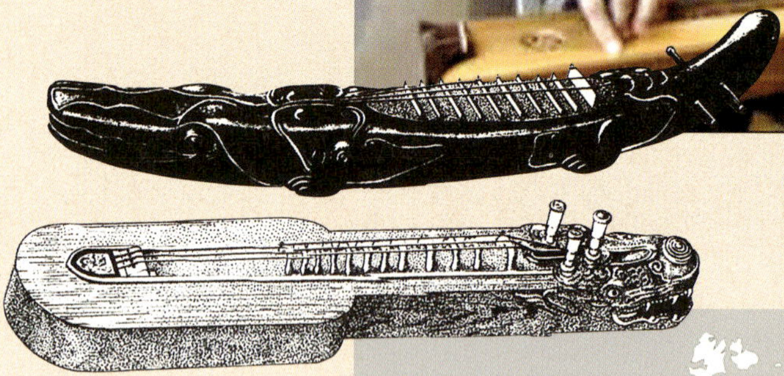

미얀마의 미관(Miguan)<위>과
태국의 차카이(Chakay)<아래>

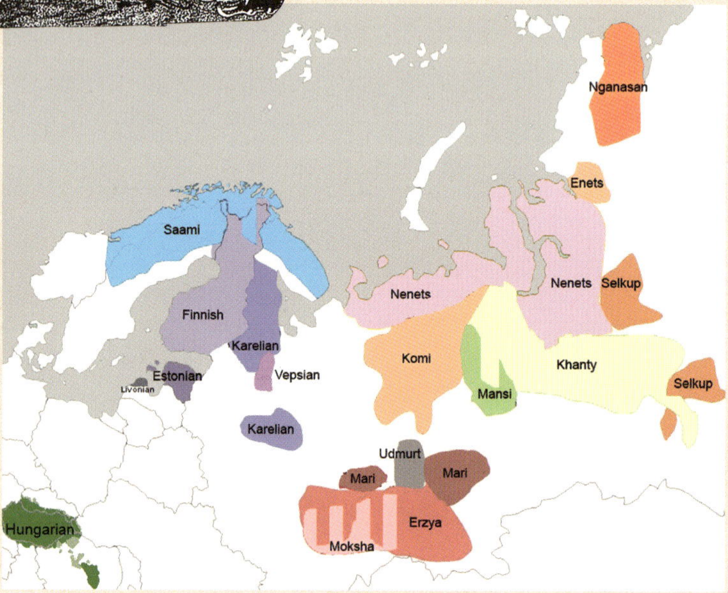

유럽 속의 알타이 민족 분포도

유럽의 와공후 종류로는 핀란드, 노르웨이 등의 랑게레익(Langeleik), 독일의 슈아이트홀츠(Scheitholt) 등이 있다. 이런 종류의 악기를 통틀어 지터(Zither)라 한다.

5. 백제8현금

대전광역시 서구 월평동에서 8줄을 맬 수 있는 구멍이 뚫린 양이두가 출토되었다. 1994년부터 1995년 사이의 일이다.

양이두는 양(羊)의 귀를 닮았다는 뜻에서 붙여진 현악기의 줄걸이 기구이다. 상자형 지터(zither)류의 현악기 중 몸체에 양이두를 따로 붙여 만드는 형태는 한반도에서만 볼 수 있는 독특한 것이다.

국립공주박물관에 있는 이 양이두는 폭 27.8cm, 길이 9.6cm, 두께 1.4cm 정도이다. 8개구멍은 약 2cm 정도로 고르게 배치되어 풍류가야금의 양이두와 비슷하다. 이 양이두의 이름을 '월평동출토 양이두'라 하였고, 이를 복원한 악기에는 백제8현금이라는 이름을 부여하였다.

이 양이두에는 구멍은 중앙 쪽에 모여 있다.

가야금에 비하면 줄의 수가 4개나 적기 때문에 이로써 연주하는 음악의 음역도 좁아지게 된다. 거문고는 6줄에 불과하지만 괘를 부착하여 한 줄에서 여러 음을 내게 하니 음정의 제약이란 있을 수 없다. 오히려 개방현만 쓰는 줄을 셋이나 더 두어 음정의 여유로움을 자랑한다.

백제8현금

월평동 양이루를 근거로 복원하여 국립공주박물관에 전시 중이다.

백제8현금은 괘를 사용하지 않는데다가 줄의 수도 적으니, 음역이 넓은 다른 악기와 같은 선율을 병주(竝奏)한다면 옥타브 조정이 필요했을 것이다. 그러나 이 악기가 저음악기라면 중·고음에 대한 음역상의 음양조화를 충분히 이루어 낼 수 있을 것이다. 저음악기가 되려면 줄을 굵게 하고 악기도 크게 만들어 줄의 길이를 길게 해야 한다. 저음악기의 또 다른 특징은 울림통이 커야 한다는 것인데, 양이두의 너비가 긴 것으로 보아 몸통의 폭도 컸으리라 여겨지며, 몸체의 울림 공간도 풍부하였을 것이다.

이런 점들을 고려할 때 이 악기는 저음악기였을 가능성이 크다.

6. 금(琴)

백제에 금(琴)이 있었음은, 『삼국사기』「백제본기」의 사료(史料)와 백제금동대향로 상단 주악조소상에 있는 소상(塑像)에서 확인할 수 있다.

『삼국사기』27권 무왕 조(條)에, 무왕(武王 재위기간 600~641) 3월[126)]에 왕이 친히 '금'을 연주하고 노래하였다는 내용이 있다. 그러나 금의 형태나 악기로서의 특성에 대한 설명은 없다.

백제금동대향로가 발견되면서 그 오른쪽 2번째 악기가 금으로 밝혀져, 백제의 금에 대한 실체를 가늠할 수 있게 되었다. 이 금의 모양에 대하여 현경채(玄璟彩, 1960~)는 유엽형(柳葉形) 금이라 하고 있다.

'금'의 모양은 다양하다. 상징적인 인물이나 신 또는 외형의 특성에 따라 아정한 이름을 붙여 부른다. 복희식(伏羲式), 중니식(仲尼式), 신농식(神農式), 연주식(蓮珠式), 낙하식(落霞式), 영궤식(靈軌式), 초협식(蕉叶式) 등이 그러한 이름이다. 또한 문양이나 재료, 또는 칠의 종류 등에 따라 고유한 이름을 붙이기도 하였다.

126) 무왕 37년 즉 636년 3월이다.

금은 보편적으로 7줄을 사용하기에 흔히 칠현금(七絃琴)이라 한다. 그러나 드물게 10줄, 9줄, 5줄, 3줄, 1줄짜리도 있다.

『삼국사기』27권 무왕 조(條)에 왕이 친히 '금'을 연주하고 노래하였다는 내용에서 보이는 금은 그 형태나 악기로서의 특성은 설명하지 않았지만, 백제금동대향로의 오른쪽 2번째 악기와 유사할 것으로 추정할 수 있다.

중국 호북성 증후을묘[127)]에서 출토된 전국시대의 금은 전체 길이가 67cm 정도이고, 장사마왕퇴3호묘에서 나온 금은 이보다 긴 82.4cm이다. 손상되지 않은 당나라 시대의 '금'이 4대나 전해 오고 있다. 그 하나가 비천(飛泉)이라는 이름의 악기로 길이가 121.6cm이며, 당구소배패금(唐九霄环佩琴)이라하는 또 다른 금은 124.5cm로 더 크다. 중국역사상 가장 큰 '금'은 명나라 때 제작한 설강도(雪江濤)인데 그 길이는 128.6cm이다. 이런 여러 가지 금을 기준으로 특성을 고려하면서 오늘날 중국에서는 120cm에서 125cm의 금을 제작한다.[128)]

일본 정청원에 보관되어 있는 금은평문금(金銀平文琴)도 오래된 금의 하나이다. 오동나무에 옷칠을 한 이 금은 앞뒷면에 금은 조각을 박아 장식을 한 전형적인 낙왕식 악기이다. 백제 유물을 많이 보관하고 있는 정창원의 보물이며 헌물장에 기록되어있는 이 악기는, 금의 울림통 내부에 '을해지년 계춘조작'(乙亥之年 季春造作) 즉 '을해년에 계춘이 만들었다'고 먹 글씨로 적혀있다. 그 해는 735년이니 백제보다 후대에 제작된 것이다. 하지만 이시대의 '금'은 외형에서 약간의 차이가 있을 뿐 기본적인 구조나 음향원리 및 주법 등이 대동소이하기 때문에 시대적으로 조금 뒤늦다고 하여도 백제의 '금'과 큰 차이는 없을 것으로 보인다.

---

127) 증후을묘(曾侯乙墓)에서 출토된 칠현금 실물은 지금으로부터 2천 4백여 년 전의 것으로 확인되었다.

128) 百度百科 http://baike.baidu.com/view/10374.htm#4 古琴演化 항(項)

백제금동대향로 오른쪽 2주악 신선의 금(琴)

백제금동대향로 오른쪽 2주악 신선의 금(琴)의 재현악기

여러 가지 모양의 금(琴形)

① 차군식(此君式)
② 체종식(遞鐘式)
③ 봉설식(鳳舌式)
④ 봉세식(鳳勢式)
⑤ 호종식(號鐘式)
⑥ 초엽식(蕉葉式)
⑦ 낙하식(落霞式)
⑧ 연주식(連珠式)
⑨ 녹기식(綠綺式)
⑩ 노왕식(潞王式)
⑪ 벽력식(霹靂式)
⑫ 신농식(神農式)
⑬ 정합식(正合式)
⑭ 자기식(子期式)
⑮ 중니식(仲尼式)
⑯ 아액식(亞額式)
⑰ 사광식(師曠式)
⑱ 영관식(伶官式)
⑲ 열자식(列子式)
⑳ 복희식(伏羲式)

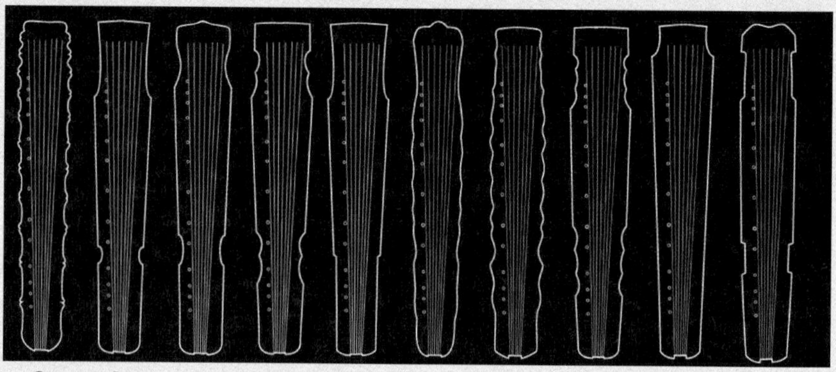

① ② ③ ④ ⑤ ⑥ ⑦ ⑧ ⑨ ⑩

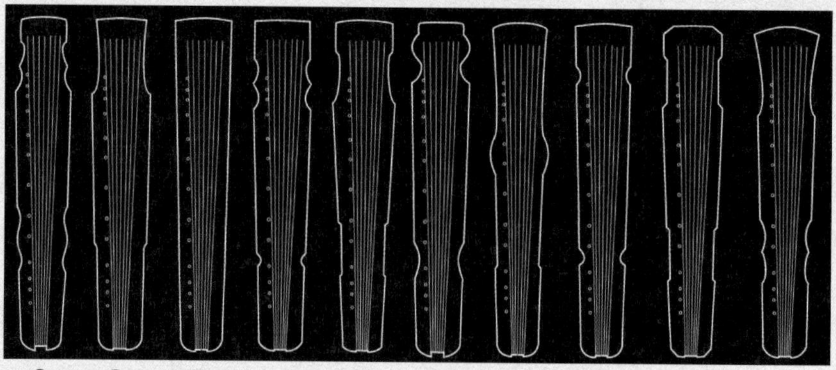

⑪ ⑫ ⑬ ⑭ ⑮ ⑯ ⑰ ⑱ ⑲ ⑳

일본 정창원 소장 '금은평문금'

역사적 금 분포도

① 백제금동대향로, 한국-부여 ② 증후을묘, 중국-호북성 수주 ③ 마왕퇴, 중국-호남성 장사 ④ 건융장금, 중국-북경 ⑤ 당구소배패금. 중국-북경 ⑥ 당대성유음, 중국-북경 ⑦ 송석간의금, 중국-중경 ⑧ 오현전국묘12현금, 중국-강소 소흥 ⑨ 당이수묘무악전각, 중국-서안 ⑩ 당소사훈묘악도무벽화, 중국-서안 ⑪ 설강도, 대만-대북 ⑫ 금은평문금, 일본-나양

용은의 윗면과 아래면

금(琴)은 용은(龍齦)에 모든 줄을 모아<왼쪽> 하단에서 두 묶음으로 나눠 안족(雁足)으로 고정시킨다.<오른 쪽>

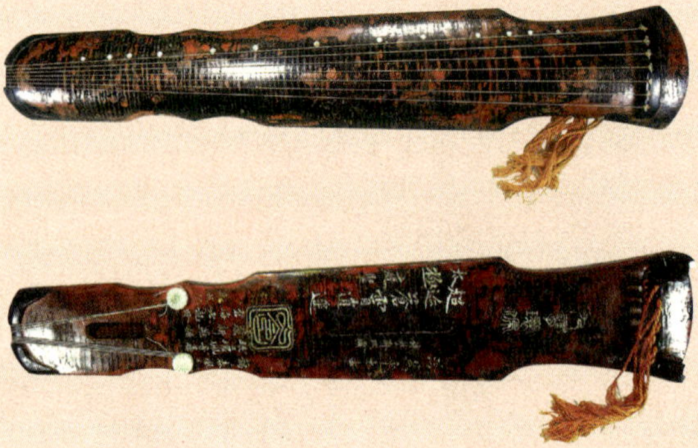

당나라금 '구소배패'

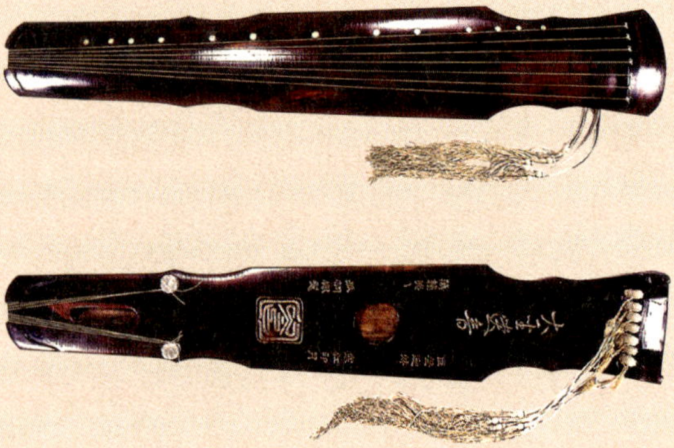

당나라 금 '대성유음'

백제금동대향로 '금'의 크기는 120cm 내외일 것으로 추정한다. 고대 한국인의 평균 남성의 키를 162~167cm 정도[129]로 보았을 때, 백제금동대향로 조소주악상처럼 가부좌를 틀고 앉았다면 어림잡아 무릎 끝과 끝 사이의 좌우 길이를 약 70cm 정도로 볼 수 있다.

여기에 미단(尾端)을 눈짐작 비례로 보아 대략 20cm, 현침(絃枕) 쪽을 이보다 짧은 10cm 정도로 계산하여 전체길이를 대략 120cm로 추정한 것이다.

백제금동대향로 금은 크기에 비하여 미단(尾端) 부분은 매우 좁고 길다. 이렇게 미단이 잘록하고 긴 모습은 거문고나 쟁에서는 볼 수 없다. 이는 금이 갖는 하나의 특징으로 전체 7줄을 미단의 끝 부분에 있는 용은(龍齦)으로 모으므로 때문에 넓을 필요가 없는 것이다. 그렇다하여도 미단의 너비가 특별히 좁고 긴 것으로 미루어 백제금동대향로 오른쪽 두 번 째 악기는 5줄을 넘지 않았을 것이다.

금에는 휘(徽)가 있기 때문에 휘금이라고도 한다. '휘'는 앞면의 가장자리에 음정의 위치를 둥근 점을 새겨 놓은 표시이다. 모두 13개로 12율과 하나의 윤(閏)을 상징한다. 휘는 자개를 박아 넣으며 줄의 1/2지점 즉 개방현의 옥타브 위 지점에 가장 크게 새기고, 점점 13휘까지 올라가며 작아진다.

『통전 (通典)[130]』의 사방악(四方樂) 중 고구려의 기악에 오현(五絃)이 있고, 당나라 연악에도 오현이 있다고 하였다. 이 오현은 지금까지 비파로 알려져 왔다. 그러나 오현이라고만 하였지 오현 비파라고는 하지 않았으니 다

129) 최성진,「한국인의 신장 변화와 생활수준의 변동」, 서울대학교 석사 논문 2006에 따름.

130) 당나라 때 두우(杜佑)가 상고시대로부터 당나라 천보년간까지의 역사를 두루 다룬 통사(通史)이다. 『식화』(食貨), 『선거』(選擧), 『직관』(職官), 『악』(樂), 『병』(兵), 『형』(刑), 『주군』(州郡), 『변방』(邊防) 등의 9전(典)으로 구성하였으며 총 200권이다. 33년에 거쳐 저술하였으며 801년에 완성하였다.

른 오현의 가능성도 재고해 보아야 할 것이다. 백제금동대향로의 오른쪽 2 악사의 금(琴)이 5줄 악기라면 이 고구려와 당나라의 오현도 금의 한 종류일 가능성이 충분하다.

금동대향로가 발견되기 이전까지 금은 당나라 때 우리나라로 들어온 악기라고 하였다.[131] 그러나 이러한 견해를 고쳐 금을 백제악기로 받아들여야 할 때가 되었다.

조선 고종 때 『휘금가곡』이라는 악보가 출판되어 전하고 있다.[132] 지금 우리나라에서는 금을 거의 연주하지 않아 중국악기로 인식하는 사람들도 있다. 그러나 조선 말 까지 연주하였던 자취가 이 『휘금가곡』악보로 남겨져 있으니 금은 백제의 악기이자 우리민족의 악기임에 틀림없다.

거의 모든 사전에 '琴'을 '거문고 금'이라 하고있다. 거문고와 '금'은 완전히 다른 악기이다. 따라서 이 훈독은 시정되어야 한다.

7. 쟁(爭)

쟁(爭)이 백제 악기라는 사실은 『수서』, 『북사(北史)』, 『구당서(舊唐書)』, 『통전(通典)』, 『문헌통고(文獻通考)』, 그리고 18세기의 『율려정의(律呂正義)』와 『삼국사기』등에 전하고 있다. 특히 『삼국사기』 32권 1악(樂) 조(條)에 다음과 같이 쟁에 대하여 자세한 기록을 남기고 있다.

> 풍속통(風俗通)에 이르기를 쟁은 진(秦)나라 악기라 하였고, 석명(釋名)에는 쟁은 줄을 높게 설치하여 소리가 쟁쟁(箏箏)하다고 하였으며, 병주(幷州)·양주(梁州) 2주(州)의 쟁 모양은 슬(瑟)과 같다고 하였고, 부현(傅

131) 세광음악출판사 편집부, 「음악대사전」(서울: 세광음악출판사 편집부, 1982), 175.

132) 장사훈, 「국악대사전」(서울: 세광음악출판사 편집부, 1984), 163.

玄)에 이르기를 쟁의 위가 둥근 것은 하늘을 모습이고 아래가 평평한 것은 땅의 형상이며, 가운데가 비어 있는 것은 육합[133]에 의거한 것이고 현(絃)의 지주(支柱)는 열두 달을 본뜬 것이므로 이는 어질고 지혜로운 악기라 하였고, 완우(阮瑀)에 쟁의 길이가 6자(尺)라 한 것은 율(律)의 수에 응한 것이고, 줄이 12개가 있음은 4시(時)를 본뜬 것이며, 지주의 높이가 3치인 것은 3재를 닮은 것이라고 하였다.

風俗通曰 箏秦聲也 釋名曰 箏施絃高 箏箏然 幷梁二州箏形如瑟 傅玄曰 上圓 象天 下平 象地 中空 准六合 絃柱 擬十二月 斯乃仁智之器 阮瑀曰 箏長六尺 以應律數 絃有十二 象四時 柱高 三寸 象三才

이 기록으로 몇 가지 쟁의 특성을 알 수 있는데, 우선 중국고서 『풍속통』을 인용하여 쟁의 역사와 사용 지역을 『삼국사기』는 말하고 있다. 즉 쟁은 B.C. 3세기 중반에서 B.C. 2세기 말까지 지금의 중국 섬서성(陝西省)을 중심으로 통일국가를 이루었던 진(秦)의 악기라는 것이다. 그래서 쟁의 또 다른 이름이 진쟁인 것이다.[134] 중국 최초의 제국으로 자리 잡은 진은 건축, 회화 등에서 보여주는 세련된 예술적 흔적으로 미루어 음악도 전대(前代)인 춘추전국시대를 뛰어 넘는 우수한 것이었으리라 추측된다. 진나라는 중국 최초의 제국으로 주변의 모든 나라와 백제를 비롯한 후대(後代)의 많은 나라에도 큰 영향을 끼쳤다.

『삼국사기』는 또 『석명』을 인용하여 쟁의 이름과 그 어원 그리고 음빛깔에 대한 언급이 있다.

많은 악기는 그 악기가 내는 소리에 따라 의성어로 흔히 이름을 붙인다.

133) 천지와 사방 즉 하늘, 땅, 동, 서, 남, 북을 통틀어 뜻한다.

134) 樂聲, 中華樂器大典 (북경, 민족출판사) 본문 29쪽

[135]쟁도 역시 의성어로 된 이름이다. 『삼국사기』의 번역에 "쟁은 높은 소리를 내는 줄에서[箏施絃高] 소리가 쟁쟁하다[箏箏然]"라 하였기 때문에 흔히 쟁의 고음이 '쟁쟁'한 것으로 알고 있다. 그러나 이는 중국문헌을 인용한 것이기에 쟁의 중국발음인 '쩡(zheng)'을 기본으로 해석해야 할 것이다. 쟁의 소리는 '쩡쩡'한 것이다. '쟁'과 '쩡'의 차이는 현저하다. '쟁'이 밝은홀소리인 반면 '쩡'은 어두운홀소리며 첫 닿소리가 된소리[硬音, fortis]라는 특성이 다르다. 그래서 '쟁쟁'보다 '쩡쩡'은 소리가 어둡고 무거운 반면 발음의 시작[Attack]이 강하고 날카롭다.

지터(zither) 계열의 악기인 쟁이 어두운 소리를 내는 이유는 지주(支柱)가 울림통의 진동을 방해하는 원인이 크다. 지주는 줄의 울림을 원활하게 하고 농현(弄絃) 등의 음정을 조정하는 기능 이외에 울림통을 압박하여 공명의 정도를 통제하며, 줄에서 발생한 음원을 일차적으로 공명통에 전달하는 등 여러 가지 기능이 있다. 대체로 현악기들의 울림통은 배음이 지나치게 커서 적당하게 억제해야 좋은 소리를 낼 수 있다. 쟁의 12줄을 받치는 지주는 일반적인 다른 현악기에 비하면 비교적 많은 편이다. 공명상자의 크기 즉 악기 본체의 길이와 앞판의 면적에 비하여, 지주의 수와 울림통에 맞닿는 지주면의 넓이와 소리의 높이와 관계가 있는 줄의 장력 등의 비례관계가 모두 음빛깔에 영향을 미친다. 이는 과학적으로 계산할 수 없는 복잡한 것으로 악기를 제작하는 장인의 경험과 감각에 따라 달라진다.

쟁이 날카로운 음빛깔인 '쩡'으로 발음될 수 있는 또 다른 이유 중 하나는 인조손톱[peak, 假甲]을 사용하여 연주하는것을 들 수 있다. 손가락 끝

135) 의성어로 악기이름을 짓는 일은 동서양에서 모두 사용하였으며, 우리 주변에 흔한 악기로도 "징", "꽹매기", "피리", "훈", "생", "공", "탐탐", "톰톰", "피들" 등의 악기이름이 의성어에서 왔다.

136) 三木稔「日本樂器法」人民音樂出版社 北京 2000, 133.

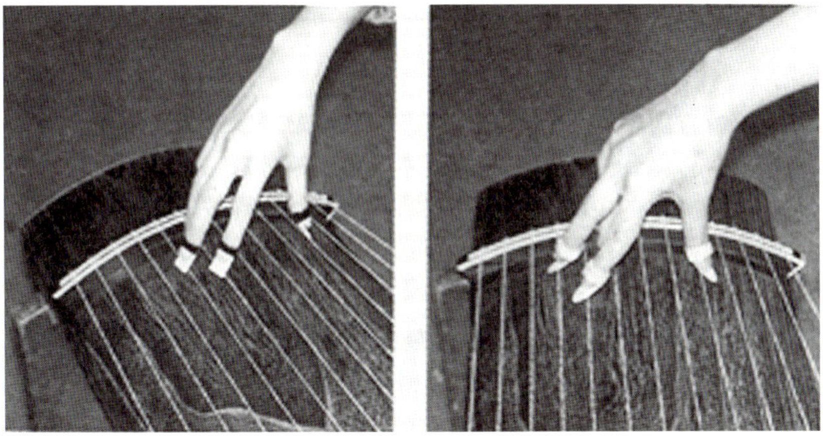

가조를 끼고 쟁을 연주하는 모습[136)]

부분으로 직접 발음체를 뜯거나 튕겨서 부드러운 소리를 내는 가야금의 일반적인 주법과는 달리, 쟁은 인조손톱을 사용하여 향비파나 피크를 사용하는 기타(guitar) 소리처럼 예리한 음빛깔을 낼 수 있다. 고대 인조손톱은 짐승의 뼈나 뿔 또는 무두질한 가죽을 사용하였다. 지금도 중국이나 일본에서 연주하는 대쟁(大箏), 소쟁(小箏), 조주쟁(潮州箏), 동현쟁(銅弦箏) 등에 인공손톱을 기본적으로 사용한다.

다시 『삼국사기』로 화제를 바꾼다. 이 책의 권32「악」(樂)의 가야금 조에서 중국의 고서 『부현(傅玄)[137)]』을 인용하여 쟁이 갖는 상징성을 설명하고 있다.

첫째, 울림통의 앞판은 하늘을 닮아 둥그렇고,

둘째, 아래 판은 땅처럼 평면이며

137) 217~278년간에 서진 때의 문신 겸 학자의 이름이며, 그는 위서(魏書) 편찬에 참가하였고 부자(傅子)의 저자이기도 하다. 부자는 서진 초에 완성된 이 저서에는 당시 유행했던 청담(淸談)사상과는 다른 유학사상의 필요성을 강조한 책이다

셋째, 울림통의 속은 천지사방의 공간처럼 비었고
넷째, 지주는 일 년 열두 달을 상징하여 어질고 지혜로운 악기
라는 것이다.

『삼국사기』는, 『완우』를 인용하여 쟁의 구조적 제도를 설명하고 있다. 대개 쟁의 길이와 발음체인 줄 그리고 지주의 높이에 대한 설명으로, 길이는 6자이고 지주는 3치라는 것이다. 척관법은 한국과 중국 그리고 시기에 따라 다르지만 원칙상 한 자는 한 뼘을 기준으로 하고 한 치는 손가락 하나의 굵기를 기준으로 하였다. 백제가 요서와 하북, 산동은 물론 오월지방을 지배하던 시기인 춘추전국시대의 척관법에서 1자는 23cm[138] 정도이고, 당척(唐尺)으로는 28~31.35cm가 되어 오늘날의 1자 30.303cm 보다 대체로 짧다. 『완우』에 기록된 대로 쟁의 길이 6자를 전국척(戰國尺)으로 계산한다면 138cm이고 당척으로는 168cm~188.1cm가 된다.

지금까지 발견된 쟁의 실물(實物) 중 가장 오래된 것은 중국 강서성의 선암동주안묘(仙岩東周岸墓)[139]에서 나온 2대이다. 이 쟁은 13줄로 구성되어, 25줄 정도를 가졌던 슬(瑟) 다음으로 줄이 많은 악기가 되었다. 이 두 악기 중 하나는 길이 166cm, 머리(좌단)쪽 넓이 17.5cm, 꼬리(미단)쪽 넓이 15.5cm이며 손상되지 않은 완전한 상태를 유지하고 있었다. 또 다른 하나의 악기는 길이가 174cm로 이보다 더 크지만 많이 훼손되었다.

지주(支柱)의 높이는 3치라 하였다. 당시에는 여러 가지 도량형이 있었지

138) 陳建源, 2005년 대만미래과학문화세미나논문(타이완, 神傳文化網), 2005년 6월 25일

139) 1979년에 중국 강서성 귀계현에서 발견한 동주(東周, B.C.770 ~ 249) 시대의 묘로 진(秦)나라 보다 시기가 앞선다.

만 어떤 것을 적용한다 해도 대개 7cm 내외에 머물게 된다. 지주의 길이가 길다는 것은 농음(弄音)의 음정 폭을 넓게 하는 기능과 관계된다. 물론 농음은 줄의 장력(張力)이나 줄의 재료에 따라 차이가 있지만 지주의 높낮이가 우선이다.

쟁을 본받아 개량한 가야금은 기능이나 음향에서 매우 우수하기 때문에 대중화하였다. 한국의 현행악기인 산조가야금의 안족(雁足)이 쟁의 지주보다 짧은 5cm 정도이다. 최저음인 '청[140)]'에서 약 증4도의 농현(弄絃)을 무리 없이 연주할 수 있다. 증4도는 1옥타브의 절반인 넓은 음정 폭으로, 다양한 농현을 구사하기에 부족함 없이 풍부한 것이다.

『완우』에서, 지주의 높이를 3치라 하고 있다. 이는 또 삼재(三才)[141)] 라는 개념과 일치한다. 줄과 울림통 즉 하늘과 땅 사이에 사람이 있는 것과 같은 원리이며, 안족이 사람인(人)자 형상을 하고 있는 것도 관계가 있다.

『삼국사기』는 『완우』를 인용하여 쟁이 4시(時) 즉 사계절을 본 떠 1년의 개월 수에 따라 12줄로 정하였다고 하였다.

12줄짜리 고대 쟁은 지금 남아 있지 않다. 13줄이 가장 적은 것이다. 아직도 중국에서 쟁을 고쟁(古爭, 꾸쩡)이라는 이름으로 연주하고 있다. 현행 고쟁은 13현, 15현, 18현, 21현 등 여러가지가 있다. 개방현의 기본조율은 다음 악보와 같다.

140) 가야금 구음법(口音法)에서 최저음. 구음은 시대와 명인들의 개인 차이가 있지만 청"은 거의 변함이 없다. 구음은 "청, 흥, 둥, 당, 동, 징, 땅, 지, 찡, 칭, 쫑, 쨍" 이 일반적이다.

141) 삼재(三材)는 · 삼극(三極)이라고도 하며, 천(天) · 지(地) · 인(人)을 가리킨다.《역(易)》의 〈계사전(繫辭傳)〉에 괘(卦)에 6개의 효(爻)가 있는 이유를 설명하면서 "천도(天道)가 있고, 지도(地道)가 있고, 인도(人道)가 있으며, 삼재(三才)를 겸하여 이를 둘로 하기에 "6효"가 된다는 해석도 있다.

<현행 중국 쟁의 악기 별 음역>

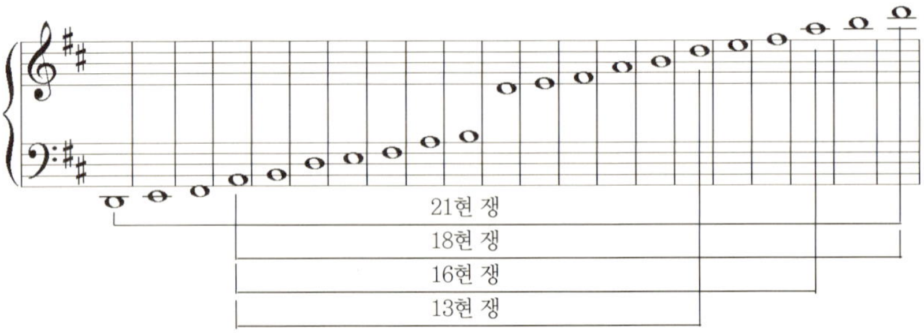

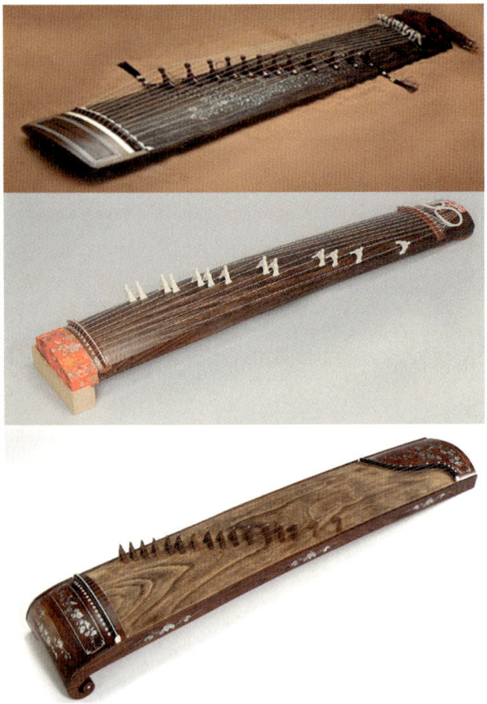

위로부터 가야금, 일본 쟁(箏, 고토), 중국 고쟁(古箏, 구쩡)

위 악보는 4종의 고쟁 음역은, 지주(支柱)를 움직여 원하는 음악선법[142)]이나 필요한 음계로 조정할 수 있다.

백제의 쟁은, 일본에서 지금 사용하고 있는 13현 쟁(箏, 고토)과 같든지 유사할 것이다. 1년 12달과 윤달 1달을 더하여 13달을 상징하는 의미에서 13줄이 된 것이다. 이 13줄 제도는 당나라 때 변한 것인데 일본에서는 지금도 이를 사용하고 있다. 이러한 정황으로 미루어 백제의 쟁도 12현이거나 13현일 것으로 추정할 수 있다. 만약 백제에서 쟁의 줄이 갖는 상징적 의미보다 음악적 효용성을 더 중요하게 생각하였다면 12줄 이상을 사용하였을 수도 있을 것이나, 가야금이나 신라금처럼 상징성을 무시하지 않았을 것으로 보이기 때문에 12줄이었을 것이다.

142) 21현은 우조, 나머지는 평조 선법체계를 제시하고 있다.

관악기

【제3편】

세종시 비암사

1. 횡적(橫笛)

우리말로 '가로피리'를 뜻하는 횡적(橫笛)이 국보 106호 계유명전씨아미타불비상(癸酉銘全氏阿彌陀佛碑像)의 왼쪽 석상 위 오른쪽 연주 소상(塑像)에 있다. 음악학자인 이혜구, 송방송 박사와 역사학자 이홍직 등의 여러 학자들이 이 악기가 횡적이라 고증하였다.

계유명전씨아미타불비상 왼쪽 면 횡적연주도상

횡적은 공기울림악기[Aerophone 氣鳴樂器]로 일명 횡취(橫吹)라고도 한다.

계유명전씨아미타불비상은 백제문화권인 세종특별자치시 전의면 다방리에 있는 비암사(碑巖寺)에 있었는데, 지금은 국립청주박물관에서 보관하고 있다. 비암사는 백제의 마지막 종묘 사찰로 약 1천3백년 이상을 유지해 왔으며 지금도 해마다 4월 15일에 백제대제를 개최한다. 계유명전씨아미타불비상의 명문(銘文)에 계유년 즉 673년에 백제 유민 50인이 백제국왕과 대신, 그리고 세상을 떠난 부모를 위하여 제작하였다고 그 서원을 새겨 넣었다.

계유명전씨아미타불비상 왼쪽에 부조된 이 횡적은 다른 악기 연주상과 마찬가지로 오랜 시간이 흐르는 사이 많이 닳아서 선명하지 않다. 악기의 두께가 팔의 두께만큼이나 두껍게 묘사되었고 오른쪽 무릎위에 악기의 끝부분이 선명하게 보인다. 악기의 길이를 어림잡아 대개 지금의 풍류대금(大笒) 크기 정도로 볼 수 있다. 그러나 악기의 상단부는 연주자의 얼굴 부분과 함께 심하게 마모되어 그 끝이 어디인지 알 수 없다. 얼굴이 정면인지 측면인지도 분명치 않고 취구(吹口)의 위치도 불분명하다. 취구의 위치는 발음체의 길이를 측정하는 결정적 근거가 된다.

동아시아에서 대나무나, 옥(玉), 또는 새나 짐승의 뼈 등을 횡적의 재료로 흔히 쓰는데, 계유명전씨아미타불비상의 횡적은 어떤 재료를 사용하였는지 판단하기 어렵다. 다만, 이 비석이 백제를 위한 것이니 백제악기라는 사실과, 외형으로 짐작컨대 지금의 대금 정도의 크기일 것이라는 추측만 가

증후을묘 출토 '적' 재현품

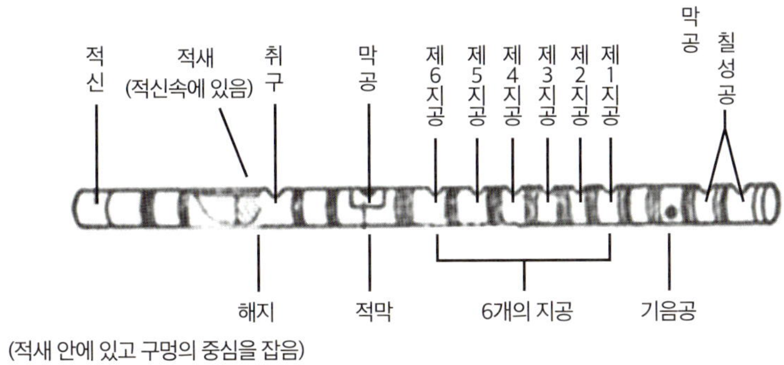

증후을묘 적 도해

능할 뿐이다.

동북아시아에서 나는 대나무는 단단하고 크기도 인체에 알맞은 것이 많을뿐더러, 내공의 지름이나 살의 두께도 악기로써 이상적인 소리를 낼 수 있는 조건을 갖추고 있다.

과학적으로 플루트는 내경(內徑)에 대하여 발음체의 길이가 '내림나' 조(調)일 때 이상적인 소리를 낼 수 있다.[143] 플루트의 외형은 원통이지만 내경에서 약간의 원추각을 형성한다. 횡적 자료로 쓰는 대나무도 외형이 원통형인데 대하여 밑동은 살이 많아 내경이 좁고 위로 올라갈수록 넓어진다. 점점 살이 얇고 내경은 넓어져 자연스럽게 원추형이 된다. 결과적으로 플루트와 비슷한 조건이 된다. 계유명전씨아미타불의 횡적도 외견상 대금과 구경이 비슷해 보여서 '내림나'조일 가능성이 있다. 좋은 소리를 얻을

143) 안등유전(安藤由典), 『樂器の音響學』(東京: 音樂之友社, 1973), 37.

수 있는 자연 현상은 동서양이 모두 같다. 관악기에서 기준으로 삼는 '임종'(林鐘)을 '내림나'로 맞춰 제작한 정악대금이 음역이나 배음 그리고 음빛깔에서 뛰어난 이유가 여기에 있다.

대금을 만들 수 있는 크기의 대나무는 압록강 이남에서 쉽게 구할 수 있다. 더 북쪽으로 올라가면 대나무가 귀하고 작다. 그래서 북방민족들은 짐승의 뼈나 새 다리를 흔히 사용하였다. 계유명전씨아미타불비상의 횡적은 크기와 악기의 굵기로 보아 짐승의 뼈 등의 재료가 아닌 죽관악기일 것으로 보인다.

중국에서는 '적'의 역사를 7000년 전으로 보고 있다.[144] 가장 오랜 죽관악기로써의 적은 B.C. 433년대에 매장한 것으로 알려진 증후을묘(曾侯乙墓)에서 나온 것이다. 오늘날 중국민속악에서 쓰는 죽적(竹笛)에 비해 기능이나 외형에서 뒤지지 않으며, 율관(律管)악기의 조건에서도 부족함이 없는 악기이다. 이 악기는 지공이 6개이며, 대금의 청공(淸孔)같은 막공(膜孔)의 흔적이 있다. 청공에 붙이는 청은 갈대의 속껍질로 종이처럼 얇다. 이를 횡적이나 대금 또는 퉁소 등에 특별한 구멍을 내고 그 위에 붙여 불면 고음역에서 이것이 떨면서 아주 독특한 소리를 낸다.

완벽한 형태로 남아있는 증후을묘 출토의 횡적은 길이 30.2cm로 현행 산조대금 68.8cm 이나 플루트 67.31cm의 절반에도 못 미치는 작은 악기다. 몸통은 옻칠을 하였고 삼각운문과 도문을 붉은색으로 새겨 장식하였다.

B.C. 168년 서한시대의 장사마왕퇴(長沙馬王堆)에서도 '적'이 출토되었다. 이 악기는 2개의 적을 묶은 쌍지죽적(雙支竹笛)이다. 서로 크기가 다른데 큰 쪽의 길이는 24.7cm이고 작은 쪽은 21.3cm이다. 증후을묘의 횡적보다 더

144) 악성(樂聖), 『중화악기대전』(북경: 민족출판사, 2002), 724.

현행 대금, 중금, 소금

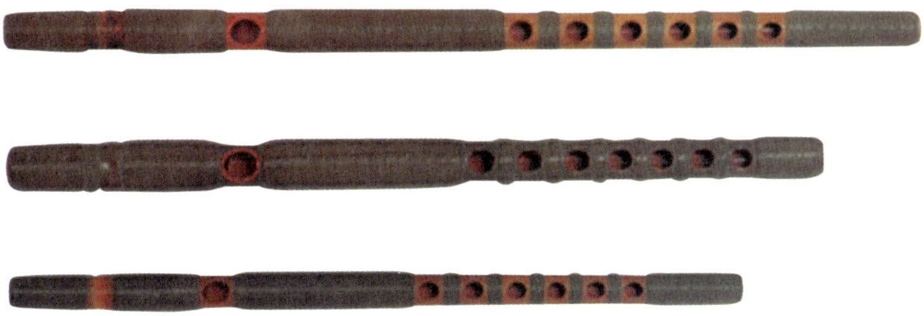

일본의 신악적, 용적, 고려적[146)]

작다.

이후 동한(東漢), 서진(西晉), 동진(東晋), 수(隋), 당(唐)에 이르는 시기를 거치며 횡적은 중국 음악의 대표적인 관악기로 자리 잡게 된다. 이 시기는 700년 백제의 존립 기간과 거의 일치하는 때이다. 위 중국의 역대 여러 나라에서 횡적이 합주에서 주선율을 이끌어 가는 중요악기이었던 것처럼 백제에서도 역시 중요하게 사용하였을 것이다. 횡적은 대체로 음량이 다른 악기에 비해 크고 고음역에서 음빛깔이 두드러지기 때문에 합주에서 음악을 당당하게 이끌어가는 힘이 있다.[145)]

『구당서』「악지」에 따르면 당나라 초기에 단적(短笛)의 길이가 변하

145) 고려적은 고구려의 적을 뜻한다.

여,[146] 장적(長笛)이 생겨났고, 이후 그 중간 쯤 되는 중관(中管)이 만들어졌다고 한다. 우리 악기에 비교한다면 소금(小笒)이 먼저 있었고, 그것을 개발하여 대금을 만들었으며 그 뒤 중금(中笒)이 생겨났다는 것과 같다. 그렇다면 단적이 가장 오래된 횡적이라 할 수 있는데, 이는 이미 알아본 증후을묘나 마왕퇴의 적이 40cm 미만의 단적이어서 일치되는 사실이다. 일본의 아악(雅樂)에 사용하는 신악적(神樂笛)과 용적(龍笛), 고려적(高麗笛)도 같은 종류의 횡적을 크기에 따라 서로 다르게 부르고 있다는 점에서 유사하다.

결과적으로 이 시기 백제권의 나라들은 공통적으로 크기에 따른 3종의 횡적을 사용하였다고 할 수 있다. 백제적(百濟笛)으로 알려진 일본의 횡적은 아직도 백제악에 사용하고 있다. 『고사유원(古事類苑)』의 기록에 따르면, 백제적을 연주한 아악사(雅樂師) 대전마려(大田麻呂)가 824년에 당악(唐樂) 횡적의 스승으로 임명되었다고 한다. 그래서 그 이전부터 횡적이 이미 백제악의 중요한 관악기였을 것으로 보는 것이다.

지금 우리나라에서 사용하고 있는 당적(唐笛)은 횡적 중 단적의 한 종류이다. 고려 문종[147] 때부터 당악계의 악기로 사용하였다. 이 악기가 들어오기 이전에 이미 신라삼죽이라 하는 대금, 중금, 소금이 있었다. 그 중 중금은 현재 전혀 사용하지 않고, 대금과 소금만 연주되고 있는데, 소금은 크기가 거의 당적과 비슷하여 대용으로도 많이 사용한다. 당적은 당악에만 쓰인다.

계유명전씨아미타불비상의 왼쪽 면 횡적연주도상이 무릎 위까지 악기가 나와 있어 길이가 비교적 긴 장적으로 지금의 대금과 유사한 악기였을 것이다.

146) 악성, 『중화악기대전』, 727.

147) 문종(文宗, 1019년 음력 12월 1일~1083년)은 고려의 제11대 국왕(재위 1046년~ 1083년)

백제가 140년간 통치하고 있던 강좌(江左)[148]의 광릉군(廣陵郡)은 양(梁)나라를 세운 소연(蕭衍)이 태어난 곳이다.[149] 그는 백제인의 후예였으며 남제(南齊)에서 쿠데타를 일으켜 보권왕(寶卷王)을 죽이고 왕이 되었다. 남제를 비롯하여 그에 앞섰던 남북조시대의 송(宋 420-479)나라도 모두 소연의 양나라와 같은 도이족(渡夷族)이 세운 나라다. 도이족은 모두 한반도 즉 백제에서 건너온 민족을 의미하였다.[150] 이러한 역사적 사실아래 문화적 연계성이 있으리라 생각할 수 있는 유물이 있으니, 성도만불사출토취적불(成都萬佛寺出土吹笛佛)의 횡적 연주 소상(塑像)이 그것이다. 이 소상의 주인공이 부는 악기는 계유명전씨아미타불비상의 횡적보다 작아 보여 소금 같아 보인다. 취구가 적신의 왼쪽 끝에 있는 모습이어서 적새(笛塞)가 긴 증후을묘의 횡적과 확연히 다른 백제계의 악기라 할 수 있다. 이 취적불은 지금의 중국 사천성 수도 성도(成都, 청뚜)에 있는 사천성박물관에 있다. 사천은 옛 오월(吳越)백제의 서쪽에 있는 지방으로 양자강을 통하여 그 지류인 민강(岷江)을 만나는 곳이다.

성도만불사출토
취적불

148) 강좌(江左)는 양자강(楊子江) 남쪽 해안가 즉 춘추시대의 오월(吳越)지대를 가리킨다.

149) 문정창, 『백제사』(서울: 인간사, 1988), 348.

150) 위수(魏收), 『위서』, 권97-98, 송, 남제, 양의 시조인 劉裕, 蕭道成, 蕭衍을 모두 渡夷라 하였고, 그들의 전기 제목도 『渡夷 劉裕傳』, 『渡夷 蕭道成傳』, 『渡夷 蕭衍傳』으로 부르고 있다.

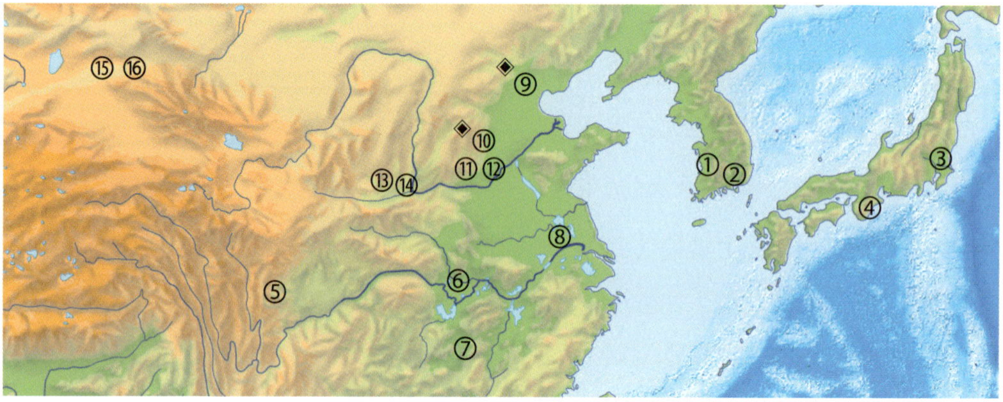

횡적 유적 분포도

① 청주, 계유명전씨아미타불비상 횡적 ② 경주, 신라삼죽 ③ 동경(일본), 신악적, 용적, 고려적 ④ 나양(일본), 방당죽황적 ⑤ 성도(중국), 성도 만불사 부조 횡적 ⑥ 수주(중국), 증후을묘 횡적 ⑦ 장사(중국), 마왕퇴 횡적 ⑧ 중국, 서진 남송조 횡적 ⑨ 곡양(중국), 오대왕처직묘 석조 ⑩ 하남(중국), 조옹묘 무악벽화 ⑪ 하남(중국), 채색화상전묘 ⑫ 안양(중국), 수장성묘 ⑬ 서안(중국), 당이수묘악무전각 ⑭ 서안(중국), 당수사훈묘 ⑮ 동황(중국), 막고154굴 아미타경변악무벽화 ⑯ 돈황(중국), 막고445굴 당보은경변악무벽화 ◈ 선화(중국 하북), 장세경묘 벽화<한족(漢族)형 횡적>

◈ 안양(중국 하남), 수장성묘<한족(漢族)형 횡적> ◈ 적봉시 홍산박물관

2. 적(笛)

우리말에서 '피리'라는 말은, 겹서 악기인 대피리, 세피리, 당피리 등을 지칭하지만 때로는 모든 관악기를 총칭하기도 한다. '적'(笛)이라는 한자어도 역시 피리처럼 가로피리, 세로피리를 가리지 않고 모든 관악기에 두루 쓰인다.

이러한 사전적 용어와는 달리, 백제음악을 다루는 사료들에는, '횡적'(橫笛)이라는 악기와 '적'(笛)이라는 악기를 서로 다르게 기록하고 있다. 오늘날에는 관악기를 가로피리 즉 횡적과 세로피리인 종적으로 분류하는 것이 일반적이지만, 『수서』, 『북사』, 『통전』, 『구당서』, 『문헌통고』, 『율려정의』, 『삼국사기』 등의 문헌에는 횡적과 적만 있을 뿐 횡적에 대응하는 종적(縱

笛)은 보이지 않는다. 세로피리 즉 종적에 해당하는 악기는 한자로 소(簫) 또는 직소(直簫)라는 다른 이름이 있기 때문이다. 같은 문헌에서 관악기 계통의 피리의 종류에는, 필률(觱篥)과 도피필률(桃皮篳篥)등을 구체적으로 세분하였으니, 횡적과 적도 다른 악기를 나타냈을 것이다.

한자권 문헌에서도 적은 횡적으로 흔히 표현한다. 그러나 협의의 횡적은 기원전 1세기부터 중국에서 사용한 고조선 악기 종류를 지칭하는 것이었다. 최표(崔豹)의 『고금주』(古今注)에 따르면, 횡적은 서역에서 들어온 오악으로 장박망(張博望)이 서역에서 마하(摩訶)와 두륵(兜勒)이라는 두 음악을 가져왔는데 후에 이를 이연년(李延年)이 새로운 28곡으로 만들 때 횡적음악으로 만들었다고 한다. 이것이 오랑캐 악기 즉 고조선의 횡적에 대한 최초의 기록이다. 당시 서역은 고조선의 선비족과 흉노족이 지배하였기 때문에 마하, 두륵도 고조선음악이 된다.

이런 횡적에 비하여 '적'은 중국의 여러 지방에서 만들고 연주한 여러 종류의 가로피리를 통틀어 말한다. 오래된 적으로는 홍산문화로 적봉시(赤峰市)출토된 골적(骨笛), 증후을묘의 적, 마왕퇴의 적, 일본 정창원에 보관된 당나라시대의 적 등이 대표적이다. 방당죽횡적(仿唐竹横笛)이라하는 정창원 적은, 취구 1공에 7개의 지공을 갖고 있으며 반죽제품으로 길이가 38.6cm이다. 정창원에는 이밖에도 옥을 가다듬어 만든 적과 상아로 깎은 적 등 여러 종류의 악기가 있다.

중국의 적은 지공이 4공부터 11공까지 다양하고, 활처럼 휜 궁적(弓笛)도 있다. 이 모든 가로피리를 통틀어 말하는 것이 적이다.

한편 『악학궤범』에 등재되어 있는 세로피리의 한 종류인 적(篴)은 백제악기 적(笛)과는 완전히 다른 악기이다.

백제금동대향로 오른쪽 2악사가 연주하는 배소

3. 배소(排簫)

백제금동대향로 주악(奏樂)조소상(彫塑像)의 왼쪽 2번째 악사의 악기가 배소(排簫)다. 배소는 길이가 서로 다른 여러 개의 관대를 나열하여 만든 악기이며, 하나의 관대에서 하나의 음을 내는 대표적인 다관악기(多管樂器)이다.

소상(塑像)에 나타난 백제금동대향로의 배소는 12관이다. 오늘날 모든 악기의 배열이 저음을 왼쪽에 두고 고음을 오른쪽에 두는데 반하여 이 배소상의 연주모습은 반대로 잡고 있다. 눈짐작으로도 몸과의 비례를 고려할 때, 악기가 매우 크다는 것과 최저음 관이 특별히 길다는 점이 인상적이다.

도상(圖像)대로라면, 가로 폭이나 긴 관대의 길이가 50cm 이상으로 보인다. 이렇게 긴 관대는 저음을 충실히 낼 수 있다. 이 '배소'가 5음계로 구성되었다면 12관대에서 2옥타브 이상의 음역을 연주할 수 있게 된다. 성악훈련을 특별히 받지 않은 일반인의 목소리가 대개 1옥타브 완전5도 미만인 점을 고려한다면, 상당히 넓은 음역을 연주할 수 있는 악기가 된다.

또 하나 이 도상의 특징은 왼손이 생략되어 있다는 점이다. 악기를 파지한 자세에서 균형을 잃지 않고 있는 점으로 보아 왼팔이 없는 것이 아니라 생략되었을 것이다.

조선시대의 『악학궤범』에 나오는 배소는 특별히 봉소(鳳簫)라고 한다. 이름은 그 소리가 봉황의 울음 같다는 데에서 연유하였다. 봉소 조율은 12율

4청성 16관으로 반음계를 기본으로 하고 있다. 관대는 대나무가 아닌 금속으로 만들었고, 관대와 관대 사이에 거리가 있고 연결되지도 않아 이어불기[Slur] 주법이 어려울 뿐 아니라 빠른 음형을 연주하기도 어렵다.

백제금동대향로의 악기는 봉소가 아닌 배소이다. 백제금동대향로의 배소는 12관이기 때문에 12율4청성의 음정 구조는 아니었을 것으로 보인다. 봉소의 취구는 단소처럼 관대 끝을 반원형의 작은 구멍을 파서 소리를 내지만, 배소는 취구 부분 전체를 사각으로 다듬어 팬 플루트처럼 소리 내는 것이 다르다.

증후을묘 배소

배소는 한자문화권에서 통소(洞簫), 저소(底簫), 아소(雅簫), 송소(頌簫), 순소(舜簫), 약(龠), 뢰(籟), 비죽(比竹), 참차(參差), 풍익(風翼), 풍소(風소), 운소(雲소), 진소(秦소) 등의 여러 이름으로 불렀다.

2600년 전, 전국시대에 이미 '배소'가 여러 가지 다른 악기와 병주(竝奏)를 하였다는 기록이 있다.[151] 이 보다 먼저 배소가 있었음을 증명할 상(商)나라 말기 학(鶴)의 뼈로 만든 실물배소도 있다. 중국 하남성 녹읍현(鹿邑縣)에서 나온 배소는, 모두 13관으로 구성되었으며 가장 긴 관이 32.7cm , 가

151) "진(秦)나라 목공(穆公)의 音律에 그의 애첩은 '청풍이 산들 불고, 색채 띈 구름 비단결 같구나, 금빛 봉황 나래 펴 춤추니, 많은 새 울어 화답한다.(淸風習習,彩雲似錦, 金鳳飛舞, 百鳥合鳴)'라는 노래를 소로 불었다."

장 짧은 관의 길이 11.8cm로 약 3,000년 전에 제작되었을 것으로 보고 있다. 이것이 아직까지는 가장 오래된 배소라 할 수 있다. 출토 장소 녹읍현은 지금의 행정구역상 하남성에 포함되지만, 산동성이나 절강성에 더 가까운 곳이다. 일제와 식민사학에 의해 가려진 고조선사에서는 이 지역까지가 구이(九夷)[152]의 땅이라 한다.

중국 하남성(河南省) 석천하사(淅川下寺)의 초나라 묘에서 출토된 석재(石材) 배소도 2,000년이 넘은 악기로 밝혀졌다. 이 악기 역시 13관이며, 놀라울 정도로 정교한 기술로 돌을 가다듬어 만들었다. 그러나 내경(內徑)이 1mm에 지나지 않아 과연 연주를 하였던 악기인지, 아니면 묘에 넣은 부장품에 지나지 않는지는 확인할 수 없다.

증후을묘(曾侯乙墓)[153] 출토 배소는 대나무가 그 재료이며 보관상태가 매우 좋아 지금도 연주가 가능할 정도이다.[154] 이 배소는 13관으로 가장 긴 관의 길이가 22.3cm이며 내경 0.7cm이고, 가장 짧은 관의 길이는 4.9cm, 내경 0.9cm이다. 증후을묘는 B.C. 433년에 조성되었기 때문에 백제금동대향로의 사용시기인 사비백제와 약 900년 차이가 난다.

---

152) 한(漢) 나라 때 사마천이『사기』(史記)의 삼황본기(三皇本紀)에 "태양에 사는 여럿마리 새에 멍에를 씌우고 곡구(谷口)에서 나와 형제 아홉 사람이 9주로 나누어 각기 우두머리가 되었다" 하는데, 이 '구황'(九皇)은 '구한'(九韓)과 동일한 뜻으로, 고대 중원에서는 '구이'(九夷) 또는 '구려'(九黎) 라고 하였다. '구려'(九黎)는 고구려의 '구려'(句驪)와 같은 말이다. 이 '구이'가 살던 지역이 대륙백제의 영토와 거의 같은 지역으로, 식민사학자 이외의 사학자들은 공통적으로 보고 있다. 구이의, 조이(鳥夷) 는 지금의 북경 이남에서 천진 부근, 우이(嵎夷)는 황하 하류지방, 내이(萊夷)는 산동 반도 동쪽 끝까지, 엄이(奄夷)는 산동성 남쪽, 서이(徐夷)는 그 보다 남서쪽에 서주(徐州)를 중심으로 한 지방, 회이(淮夷)는 강소성 중부, 도이(도이)는 강소성 남부에 퍼져있었던 민족으로, 중국의 시조라는 삼황오제가 대부분 고대 동이족이었다는 것은 말하는 것이기도 하다. 이러한 전제로 볼 때 배소는 알타이민족의 악기이자, 7,000년 역사를 갖는 고조선의 악기라 할 수 있으며, 여기에서 전 세계로 퍼져나간 것이 될 수 있다. 오늘날 남아메리카의 민속악기로 널리 알려진 팬-플루트의 역사는 500년 미만의 것이다.

153) 증국(曾国) 통치자 증후을(曾侯乙, 약 B.C. 477~433)의 무덤

154) 湖南省博物館,『曾侯乙墓』(北京: 文物出版社, 2007), 73.

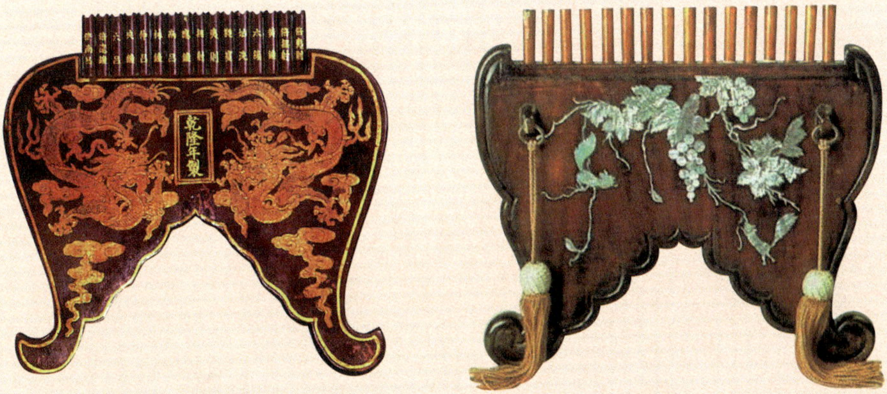

중국 청궁에 소장된 청나라 초기 봉소(왼쪽)
국립국악원 소장 봉소(오른쪽)

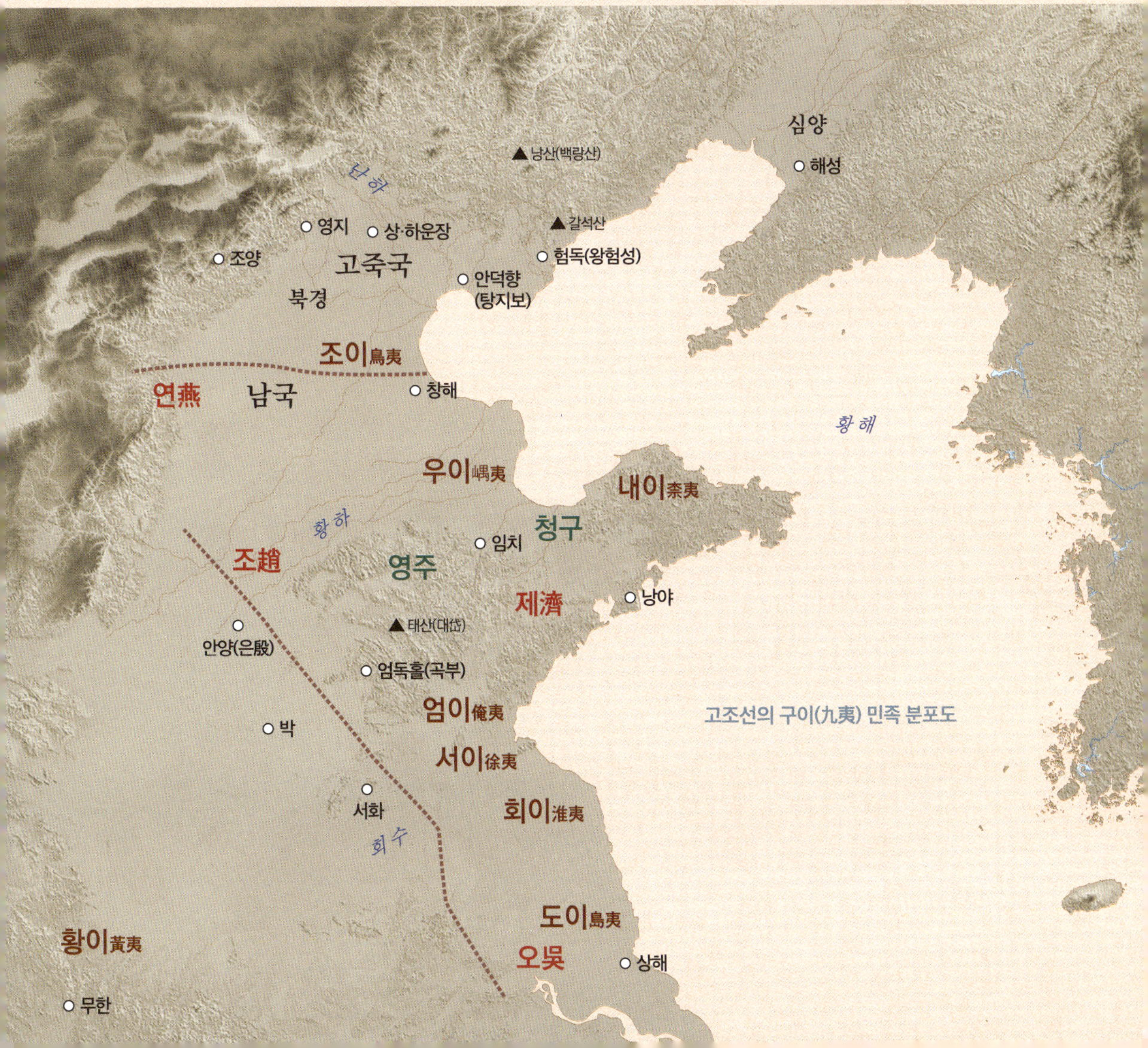

고조선의 구이(九夷) 민족 분포도

계유명전씨아미타불 배소상(왼쪽)

판과 다프니스
양치기 신 즉 유목 민족의 신인 판이 즐겨 불던 악기라 하여 배소가 유럽에서는 팬-플루트라 하고 있다.(오른쪽)

이외에도 당나라 때의 배소가 중국 하남성의 광산현(光山縣) 보상사(寶相寺)와 석천현(淅川縣) 하사(下寺) 1호에서 각각 한 개씩 발견되었다. 전자는 복원할 수 없을 정도로 많이 훼손되었으며 44관이라는 것만 확인할 수 있다. 후자는 돌에 조각한 유물로 13관이며 길이 15cm, 폭 8.3cm의 모형이다.

웅진백제시대와 같은 시기인 양나라의 유물에 배소로 추정되는 악기의 흔적이 남아있다. 성도(成都) 만불사 관음상(萬佛寺 觀音像) 하단에 조소된 배소 연주상도 그 하나이다. 이미 여러 차례 횡적 항에서 언급한 것처럼 양나라는 후기 백제와 문화교류가 가장 많았던 곳이다. 성도 만불사 연주상의 배소는 백제금동대향로의 배소처럼 저음이 오른쪽으로 와 있으며, 긴 저음관대를 갖고 있는 공통점이 있다. 백제와 중원대륙을 놓고 치열한 전투를 벌였던 북위가 국운을 걸고 조성한 운강석굴에도 배소상이 있다. 이 배소를 포함하여 많은 고대 배소가 저음관이 오른쪽에 있어 백제금동대향로와 같다. 당시에는 이런 연주법이 오늘날과 달리 공통적이었던 것으로 보인다.

오랜 시간 속에 많이 닳아서 형체를 알아보기 힘들지만, 계유명전씨아미타불비상에 나오는 배소도 백제금동대향로의 배소와 만불사의 배소처럼 오른쪽의 관대가 약간 길어 보인다. 이 비상의 악기는 황수영, 이혜구, 이홍직 등 세명의 학자들이 '소'라 고증하였는데, 봉소인지 배소인지 확실히 보이지 않아 이렇게 애매한 이름을 붙인 것으로 보인다. 이에 비해 송방송[155] 만이 배소라는 보다 정확하고 공감할 수 있는 명칭을 부여하였다.

양치기 신 즉 유목민족의 신인 판이 즐겨 불던 악기라 하여 배소가 유럽에서는 팬-플루트라 하고 있다.

백제가 대식국(大食國)[156]으로 교역하던 물길의 중간 기착지였던 타이완이나 베트남에도 고대 배소의 자취가 남아있다. 특히 베트남에서 띵덕(Ddingdek)이라 하는 배소 종류의 악기는, 인도네시아를 거쳐 오세아니아에 까지 퍼졌다. 이러한 해양 분포의 노선과 달리, 배소는 그보다도 수천년 전부터 육지실크로드를 따라 중앙아시아를 거쳐 페르시아, 그리스, 로마로 흘러 들어간 것으로 보인다. 기원전 1,100년경에 문화의 꽃을 피웠던 그리스에 팬-파이프 또는 팬-플루트라는 이름으로 동방의 배소가 흘러들어갔다. 그리스 음계 율관을 바꾸어 변형된 배소 즉 팬 플루트의 이름은 그

155) 송방송(宋芳松, 1942~) 한국음악 학자, 한국예술종합학교 명예교수

156) 사라센제국의 중국식 음역이다. 즉 당 · 송대에 아라비아를 가리키던 말로, 백제, 신라, 고려 등 한국사의 고대국가들이 해상 교역을 많이 하였던 나라이다.

알타이민족의 이동 노선

리스의 유목(遊牧) 신(神)인 판(Pan)에서 기원하였다. 이 악기는 다시 고대 로마로 가게 되었고, 그 식민지였던 유럽의 곳곳과 아프리카 등지로 퍼져 나가게 되었다. 페르시아를 거쳐 이 악기가 그리스로 이입되었다는 사실은 이들 문명보다 시대적으로 월등히 앞섰던 알타이민족의 이동 노선에 근거한 것이다. 동양에서의 배소는 그리스 보다 1,000년에서 4,000년 앞섰다는 사실과 함께 여러 가지 문화 이동의 근거가 될 만 한 고고학적 자료가 있기 때문이다. 이처럼 알타이민족의 이동 노선과 함께하는 또 다른 루트는, 유라시아 대륙의 동쪽 끝인 야쿠트(Yakut)[157], 축치[158] 등을 거쳐 베링

157) 현재 러시아의 시베리아 크라스노야르스크 지방의 타이미르 자치구와 사하 공화국(야쿠티야)에 위치하였으며 러시아 소수민족인 돌간(Dolgans)족이 살고 있다. 그들의 문화는 애니미즘과 샤머니즘의 혼합양상이 나타나고 순록 유목이 반영된 의식주문화를 아직도 유지하고 있다.

158) 러시아의 동부 끝에 있는 지방이름으로 '추코타'라 하기도 한다. 축치인과 에스키모가 주로 살며, 그 동쪽은 축치해, 베링해를 건너 아메리카 대륙의 알라스카로 통한다.

해를 건너 신대륙으로 건너간 아메리카 원주민의 악기에서 나타난다. 대륙을 횡단한 알타이민족은 남아메리카 대륙에서 마야, 잉카, 아즈텍의 찬란한 문화를 창조하면서 여러가지 배소의 흔적을 남기게 되었다.

4. 지(篪)

'지(篪)'는 아악 팔음 중 죽부(竹部)에 속하는 관악기이며 가로로 분다.

지금 한반도에서 쓰는 '지'는 고려 예종 11년(1116)에 송나라에서 문묘제례악과 함께 들어 와 그 전통이 이어가고 있다. 일반적으로 '지'의 지공(指孔)은 5개이지만 한반도에서 사용한 '지'는 첫 지공을 후면에 두고 있는 점이 중원의 것과 다르다.

'지'가 '횡적'이나 대금종류의 가로피리와 다른 점은, 취구의 위치가 지공의 배열 위치 보다 약 90도 정도 다른 각도에 있다는 것이다.[159] 다른 가로피리 악기는 취구와 지공이 일직선상에 나란히 배열되어 있는데 반해 '지'는 서로 다른 곳에 있다. '지'를 연주할 때 지공이 모두 전면 즉 관객 쪽을 향하게 된다. 이는 대금의 지공이 위로 향하는 것과 다른 것이다.

우리나라의 '지'는 이와 다르다. 기공의 위치가 취구와 나란히 일직선상에 있을뿐더러, 취구에 별도로 의취(義嘴)라고 관대의 옆에 덧붙인다. 의취는 대나무로 만들어 밀납으로 붙이는데, 단소의 취구 상단부를 약 2cm쯤 잘라 붙인것과 크게 다르지 않다. 따라서 발음기관은 세로피리인 단소이지만 음정을 만들어 내는 지공과 관대의 위치는 가로피리인 횡적과 같다. 이

159) 증후을묘 전시관에 지를 다음과 같이 설명하고 있다. "지는 취주악기이다. 대나무로 제작하며, 적과 다른 것은 양 끝이 밀폐되어 봉해져 있고, 소리를 내는 음공(취공)이 5개의 지공과 90도가 다른 위치에 있다. 연주할 때 손바닥이 안으로 향한다. 지의 연원은 매우 오래되어 전해지는 것이 없다가 증후을묘에서 발견되었다. 증후을묘에서 2건의 지가 출토되었는데, 길이는 약 30.2cm이다.(吹奏樂器. 篪由竹管制成, 与笛不同的是, 它兩端封閉, 管身的吹孔, 出音孔与五个指孔呈九十度, 演奏時 掌心向里.篪淵源甚古, 后失傳, 曾候乙篪爲目前所權見.曾候乙墓 出土了二件 長約30.2 厘米.)

증후을묘 출토 의취가 없는 지(篪)

두 종류의 악기를 혼합한 형태로 이해할 수 있다.

대개의 죽관악기는 악기의 끝을 개방하는 개관식(開管式)이다. 이에 반하여 '지'는 폐관식이라는 특징이 있다. 재료로 쓰이는 대나무의 마디 부분이 막히도록 절단하여 폐관을 만들고 여기에 십자 모양으로 다시 구멍을 뚫어 손가락으로 막아가며 음 높이를 보조적으로 조절할 수 있게 한다. 다섯 개의 지공과 이 십자공을 함께 조합해가며 12율(律)의 모든 반음을 연주할 수 있는 것이다.

『수서』와 『북사』에 의하면 백제의 악기 중에 '지'가 있었다 하고, 『신당서』에는 고구려에도 의취적이 있었다고 한다. 같은 책에서 '의취적'과 '지'를 구별하여 썼기 때문에, 고구려의 의취적은 지금 한국에서 사용하고 있는 '지'와 같은 것이고, 백제의 '지'는 증후을묘의 악기처럼 의취가 없었을 것으로 보여진다. 이는 "백제의 악기가 내지(內地)[160]의 그것과 유사하다"는『통전』의 기록과도 부합하며, 백제음악의 대륙성을 확인할 수 있는 일이기도 하다.

『시경』 소아(小雅) 중 하인사(何人斯) 편에 "백이는 훈(塤)을 불고 중씨는 '지'를 불었다하여, '훈지'라는 말이 형제의 친함과 화목함을 상징하는 말로 쓰인다고 하였다. 그들이 살았던 시대는 B.C. 6세기 이전이었다.

'지'는 약 3000년 전 주(周)나라 때에도 이미 사용하였던 것으로 보인

160) 당나라의 기록이니 내지는 당나라를 말하는 것.

다. 이 시대의 악기분류법인 아악 팔음(八音)에 '지'가 있어 이를 확인할 수 있다. 그 때의 지공 수는 후대의 악기 보다 2공이 많은 8공이라 하였지만, 『주례』에는 7공이라 다르게 기록하고 있다.[161)]

수나라 이후 아악이 쇠퇴하면서 이 악기도 희귀해졌다. 지금까지 나타난 '지' 중에서 가장 오래된 실물악기는 증후을묘 출토품이다. 이 '지'는 취공과 지공의 각도가 90도 다르게 배열되었고 의취가 없다. 또 취공이 지공처럼 작다. 이를 복원하여 연주하여 본 바, 저음 내림나(d♭)로부터 라(d), 내림마(e♭), 내림사(g♭), 내림가(a♭), 내림나(b♭)의 6음을 낼 수 있고, 그 주변 반음도 가능하여 12율 4청성은 물론 모든 조성의 연주가 가능한 악기로 측정되었다.[162)]

서진(西晉) 때의 학자 곽박[163)](郭璞)은 『이아(爾雅)』 석악(釋樂)의 주석을 달면서 "지의 길이는 1자4치이고, 둘레는 3치이며, 취구는 1치3푼 위로 튀어나왔다"라고 하였다. 이는 이 시대의 '지'에 의취가 있어 증후을묘의 그것과 달랐음을 알 수 있다.

한국의 의취 '지(篪)'

5. 도피필률

피리의 한자어는 필률(觱篥, 篳篥)로 중국발음은 삐리(Bi1, Li1)이다. 신장성 서쪽의 중앙아시아 지역에서는 디리(diri)라고 다르게 부른다. 모두 악기의 소리를 묘사한 의성어 이름이다. 일본에서도 글로 쓸 때는 필률(觱

161) 《廣雅》中记载此乐器有八孔，但《周礼》中记载此乐器有七孔.

162) http://baike.baidu.com/view/760933.htm 2012년 10월 9일 접속.

163) 중국 위진(魏晉) 시대 진(晉)나라의 시인 겸 학자(276~324)이며, 오행(五行)과 천문, 특히 점서(占筮) 예언술에 명성을 날렸고,『이아』(爾雅)에 주를 달면서 동시에 그 음과 뜻을 고찰하여 『음의』(音義)와 『도보』(圖譜)를 찬술했다. 산해경도 주석을 달았다.

篥)로 표기하지만, 읽기로는 히치리키(ひちりき)라 한다. 이외에 아르메니아에서 쓰는 두둑(duduk), 서아시아에서는 바라반(balaban) 또는 도우도욱(doudouk)이나 띠라나폭(Dziranapogh)이라 부른다. 따라서 필률은 유라시아 대륙 전체에서 사용되었던 대표적인 겹서[雙簧]악기라 할 수 있다.

백제 악기로 도피필률(桃皮篳篥)이 있었음은, 『수서』, 『북사』, 『통전』, 『구당서』, 『문헌통고』, 『율려정의』, 『삼국사기』 등의 문헌에서 전한다.

『구당서』「음악지」에 필률의 원래 이름은 비률(悲篥)이며, 이는 만리장성 북쪽 동호(東胡)[164]의 슬픈 소리(其声悲)에서 유래한 악기라 하였다.

동호는 흉노족의 동쪽에 살았던 우리민족의 하나이며, "백제가 고구려를 좀 먹었다"고 최치원의 「상태사시중장」에 나오는 연(燕)나라에 패하여 요하에서 내몽고에 이르는 광활한 지역으로 이동하였다.

피리를 만드는 재료로는 갈대, 나무, 버드나무 껍질, 갯버들, 복숭아나무 껍질, 상아, 짐승의 뼈, 조류의 뼈, 쇠 등이지만 단연 대나무가 가장 좋다. 천연적으로 관대가 형성되어 만들기가 쉽고, 음빛깔도 좋으며 견고하다.

수나라 581년경의 궁중악에 대피리, 소피리, 쌍피리, 도피필률 등을 사용하였다는 기록은 앞서 소개한 바 있다. 여기에 소필률과 대필률, 도피필률이 있었다고 피리 종류를 구별하였으니[165] 이는 크기와 재료에 따른 분류이며 그 중 하나가 도피필률이라는 것이다.

도피필률은 복숭아나무 껍질을 재료로 만든 피리라는 뜻이다. 『악학궤범』의 도피필률 조에는 도엽(桃葉) 즉 복숭아나무 이파리로 초적을 만들

164) 호(胡)라 하였으니 곧 고조선 백성들을 말하며, 고조선의 서쪽 경계는 난하 서북쪽 내몽골에 이르는 지역을 차지하고 있었다. 이 '호'는 동이와 북융을 합한 만리장성 이북지역의 유목이 가능한 모든 지역이었다.

165) 百濟樂, 中宗之代, 工人死散. 岐王范为太常卿, 复奏置之, 是以音伎多阙. 舞二人, 紫大袖裙襦, 章甫冠, 皮履. 樂之存者, 筝, 笛, 桃皮篳篥, 箜篌, 歌. 此二国, 東夷之樂也.

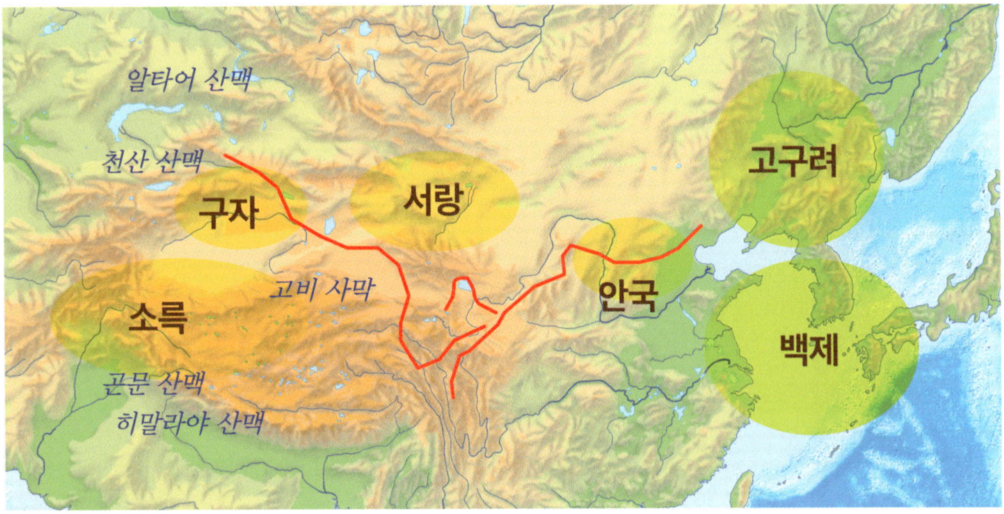

『수서』의 구부기(九部伎)에 나타난 피리 연주국가와 만리장성
피리를 연주한 나라 중 고구려와 서량이 붉은 선으로 표시된 만리장성 북쪽의 나라이며 서쪽은 알타이, 천산, 곤륜, 히말리아 등 고산지대였다. 모두 옛 중국의 영토인 중원 이외의 지역이다.

어 부는 이야기를 같이 적어 놓아 도피필률이 도엽이나 초적의 한 종류로 생각하기 쉽다. 그러나 이파리를 의미하는 '엽'(葉)과 껍질을 의미하는 '피'(皮)는 엄연히 다르다. 복숭아나무 이파리나 새순에서 돋은 가지로 만든 초적은, 갓 만들었을 때에만 진동이 원활하여 소리가 나며, 하루만 지나도 수분이 증발하여 말라비틀어져 쓸 수 없게 된다. 또 음정이나 음빛깔도 단조로워 예술적 음악을 연주할 수 있는 악기가 될 수 없다. 이런 악기가 수나라까지 수출되어 수십 년 동안 남아 역사에 기록되었다고 할 수 없으며, 다른 악기들과 합주를 할 수 있을 정도의 뛰어난 연주기능을 가졌다고 생각하기도 어렵다.

진양(陳暘)의 『악서(樂書)』132권에 도피필률에 대한 글[166]과 그림이 전한

166) 至今我们常看到孩子们用柳枝作玩具，其制法是将手指粗的柳枝抽去其中的柳骨。保留着完整的柳皮，成一空筒，也可以管腔上穿孔，即成为柳皮笙篥。推想起来，若用桃枝制作，也就是桃皮笙篥了。

다. 그림에는 관대와 분리할 수 있을 것으로 보이는 서[舌, reed]가 있고, 전면에 6공이 있으며 복숭아나무 껍질의 자연문양과 같은 무늬가 그려져있다.

이 책에 다음과 같이 도피필률에 대한 해설이 있다.

도피필률의 소리는 '소' 또는 '가', '횡적' 소리와 대응하며, 남만(南蠻)과 고구려악기이다. 고취부에 속하고 악기는 잘 보존해야 한다.
(桃皮觱篥 其聲應簫笳橫吹之南蠻高麗之樂也 令鼓吹部 其器亦存焉)

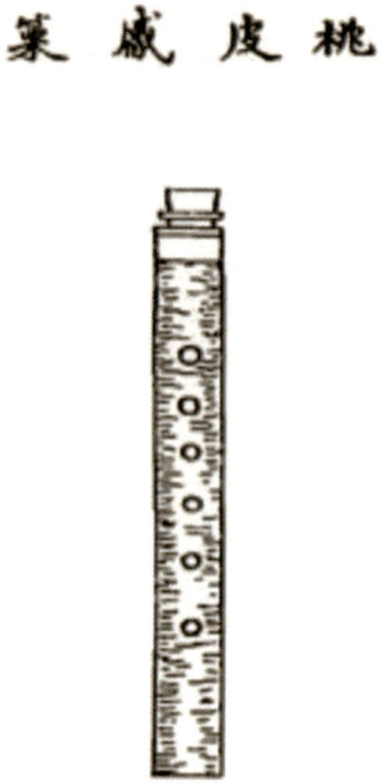

악서의 도피필률

『악서』에서 말하는 도피필률은 몇 십 년을 견디며 예술음악을 연주할 수 있는 악기일 것이다. 그러나 지금 한국이나 중국에서는 도피필률을 연주하지도 않고 제작하지도 않는다. 따라서 도피필률을 구체적으로 알지 못하고 있다.

도피를 관대로 사용하는 피리를 만드는 것은 사실상 어렵다. 그러나 도피의 속껍질을 벗겨 끈을 만들어 대나무피리에 감는 정도로 악기기능을 가질 수 있다. 이렇게 만든 악기가 바로 일본의 피리 히치리키이다. 이 악기는 대나무 피리에 도피로 만든 끈을 칭칭 감고 그 위에 옻칠과 장식을 하여 외형을 아름답게 할 뿐 아니라 악기를 보호하는 기능을 추가한다. 이 외에 지나친 울림을 억제하여 음빛깔까지 조정하는 효과까지 더하고 있다. 히치리키의 역사는, 7세기 후반 백제에서 전해진 아악을 통하여 받아들인 계열[167]과 중국에서 직수입된 두 가지 갈래가 있다. 백제와 당나라에서 동

167) 三木稔, 日本樂器法 (동경: 音樂之友社, 2000), 55.

히치리키

시에 들어온 것이 아니고, 먼저 반도백제에서 열도백제를 지원하는 과정에서 이 악기가 흘러갔다. 후일 백제 멸망 후 새로 당나라와 거래를 이었기에 당나라에서도 도피필률이 들어왔다고 한 것이다. 백제의 전통을 이은 일본은 신라를 적국으로 인식하였기 때문에 지역적으로 가까운 신라를 제쳐놓고 당나라를 교역대상으로 삼았던 것이다. 일본의 전변상웅(田邊尙雄, 다나베히사오)도 고대피리인 도피피리(桃皮篳篥)가 오래 전 한국을 통하여 일본에 전하여졌다고 하여 이러한 사실을 뒷받침하고 있다.

종합적으로 중국의 여러 사서에서 말하는 백제의 도피필률은, 『악서』의 도피필률과는 다른 일본의 '히치리키'이거나 적어도 이와 유사한 악기일 것으로 결론지을 수 있다.

벽사 주술의 힘을 숨긴
도피필률의 진실

도피필률을 만들어 보기 위하여 여러 차례 복숭아나무의 외피를 채취하려고 시도를 해 보았지만, 결론부터 말하면 성공하지 못했다. 도피의 크기는 피리의 서를 낄 수 있는 정도는 되어야 하는데 그 크기는 성인 남성의 가운데손가락 정도 되는 굵기의 매끈한 20cm 이상의 복숭아나무 가지에서 채취할 수 있다. 이를 구하려 경기, 충청, 전라도 지방에 새 가지가 돋는 봄철과, 도피가 굳어 단단해지는 가을철에 맞춰 채취를 시도하였다. 복숭아나무는 대개 이른 봄에 꽃부터 피고 그 뒤에 이파리가 나며, 순이 자라 새 가지를 만든다.

새 가지의 껍질은 아직 단단하지 않아 견고성이 부족하다. 한두 달이 지나면 새 가지에도 이파리가 나거나 새 순이 촘촘히 돋아 매끈하지 않다. 때문에 도피는 악기로써는 원하지 않는 위치에 많은 구멍이 생기는 것을 피할 수 없다. 가을이 되면 이미 묵은 가지가 되어 내년의 새 가지를 준비하게 되어 도피의 견고성은 있지만 고르지 않다. 도피는 얇고 질긴 특성이 있다. 봄철에 채취할 수 있는 관대는 유연하지만 건조되면 기형으로 말라버린다.

그리고 새순과 이파리가 돋은 자리에 도목을 제거할 경우 모두 구멍이 뚫려, 모든 조건이 정상적인 악기를 만들기에는 매우 까다로운 재료이다. 굳이 만든다면 도피와 도목(桃木)을 분리하지 않은 채 목재부분에 구멍을 뚫어 관대를 만드는 것이 가능하다. 따라서 『악서(樂書)』의 도피필률은 실질적으로 도피를 포함한 도목피리일 것으로 보인다. 이러한 방법 이외에, 문제꺼리인 도피에 생기는 자연적인 구멍을 때워 사용할 수는 있는데 굳이 이렇게 궁색한 방법을 써 가면서 피리를 만들어야 한다면 음악적 기능 이외의 목적이 있을 것이다.

한국, 중국, 일본 등 극동아시아에는 복숭아나무가 벽사(辟邪)의 능력을 지니고 있다는 의식이 있고, 이와 함께 여러 가지 설화도 전한다.

그래서 도피필률은 악기로써의 기능보다 주술적이거나 상징성인 의미가 더 클 것이다. 『산해경』에, 동해에 떠 있는 도삭산에, 사방 3천리에 걸쳐 가지와 잎이 퍼진 복숭아나무가 한 그루 있는데 그 나무 가지에는 귀신이 지키는 문이 있다고 하였다. 이 문지기 귀신은 사람을 해치는 악귀를 찾아 복숭아나무로 만든 활을 쏘아 맞춰 호랑이 먹이로 던져준다고 한다. 그래서 연말에 액을 물리치고 새해를 맞을 때 문 앞에 복숭아나무를 세워두고 문에는 도석산의 문지기 귀신과 호랑이 그림을 붙이고 갈대로 만든 끈을 걸어 귀신을 막는 세시풍습이 이 지역에 있다는 것이다.

일본에도 비슷한 전설과 풍습이 있다. 즉, 동쪽바다 저편으로 끝까지 가면, 도도산(桃都山)이라는 산이 있는데, 그 산꼭대기에도 역시 가지가 삼천리나 뻗어 퍼져있는 복숭아나무가 있으며, 그 나무위에는 아침햇살이 비칠 때 우는 금닭이 살아, 밤에 나쁜 귀신이 돌아다니면 울음소리로써 그 귀신이 제 굴속으로 들어가게 한다는 것이다. 이 금닭이 울면 세상의 모든 닭들도 따라 울어 새벽을 알린다.

게으른 사람 이외에 모든 사람이 닭 우는 소리를 듣고 잠에서 깨 활동을 하며 하루를 시작하게 하는 신령한 힘이 이 금닭의 울음소리에 있다는 것이다. 그래서 설날에는 일찍 일어나 복숭아나무가지를 대문에 붙이고 복숭아나무를 지키는 두 신령의 모습을 그려 대문에 붙이며, 생 계란을 하나씩 먹고 복숭아로 만든 국을 마시는 풍습이 생겼다.

산해경의 동해에 떠 있는 도삭산이나, 일본의 도도산은 모두 동이족의 땅이다. 이 모두 백제악기의 도피필률과 관계 있는 지역의 전설이다.

이러한 벽사의 의미 이외에도 복숭아나무는 영생, 다산, 치병 등의 상징성이 있다. 신선이 죽지 않는 이유가 하늘나라 천도복숭아를 먹었기 때문이라 하며,

복숭아나무로 피리를 만들기 어려운 이유

① 복숭아 나무는 새순 보다 꽃이 먼저 핀다.
② 꽃이 지고서야 새순이 돋고 새 가지와 잎이 핀다.
③ 잎이 나온 뒤에 열매가 맺는다.
④ 잎이 나온 자리는 모두 마디가 생겨 도피를 가다듬으면 원하지 않는 구멍이 생긴다.
⑤ 껍질은 얇고 결이 질기며 목재와 유착되어 분리하기 어렵다.
*이런 이유로 도피필률은 목재를 함께 써야 악기를 만들 수 있는데, 그렇다면 '도피'보다는 '도목'이라 해야한다.

①

②

③

④

⑤

불로장생으로 유명한 서왕모와 동방삭도 곤륜산(崑崙山)의 3천 년에 한 번 열매가 열리는 복숭아나무를 먹었기 때문에 장수하였다는 이야기가 있다.

오행 이론에 따르면 복숭아나무는, 아직 대지에 찬 기운이 남아 있는 이른 봄에 먼저 양기를 발하여 꽃을 피우는 나무이기 때문에 음기를 가진 귀신을 쫓을 힘이 있다고 한다. 잎이 피기도 전에 꽃을 많이 피고 열매도 많이 맺어 강한 생산력과 생명력을 또한 갖고 있다는 것이 또한 복숭아나무가 갖는 의미이다. 그래서 복숭아나무로 귀신을 쫓아내고 질병을 물리치는 생활도구를 만들거나 부적 또는 도장을 만드는 재료로 썼다.

무속에서 잡귀를 물리칠 때 복숭아나무 가지로 부정을 풀고 잡귀를 쫓아낸다. 특히 동쪽으로 뻗은 나뭇가지가 효험이 크다고 하여 동도지(東桃枝)라는 이름까지 붙어 있다.

이러한 여러 가지 조건들을 살펴 볼 때 도피필률은 악기로써의 기능 보다 주술적 상징을 갖는 일종의 의물로써의 가치가 더 컸으리라 생각하는 것이다. 아니면 히치리키처럼 대나무피리에 도피를 감은 악기로 추정할 수 있다.

'서'를 접는 공정

① 시누대를 절단
② 관대에 꼽을 부분과 진동부분을 구분하여 깎기
③ '서'접기
④ 완성품

6. 막목

『일본후기 日本後記』 권17에 '막목(莫目)'이라는 악기가 나타난다. 이 책은 "백제·고구려 악사들이 일본에 건너와 백제와 고구려의 음악을 전하며 횡적, 군후, 막목, 무(舞) 등을 가르쳤다"하였는데, 이것이 '막목'에 대하여 언급한 유일무이한 기록이다. 백제 악기에 막목이 있었다고 하는 것을 최초로 언급한 학자는 이혜구이다. 그는 막목을 오현·호·향필률 중의 하나일 것으로 해석하였다[168)]가, 후일 횡적이나 필률이 아닌 다른 종류의 관악기일 것으로 수정한 바 있다.

한편 일본학자인 길천영사(吉川英史, 깃카와에이시)는 서역지방의 원시 악기인 맘(mam)과 관련이 있는 악기라는 견해를 밝힌 일도 있다. 그는 이 악기가 향피리로 중앙아시아의 고대피리였던 '마무', 즉 종적의 일종인 도피피리가 있었는데, 오래 전 한국을 통하여 일본에 전해졌다고 하였다. 평안시대(平安時代, 헤이안시대 794~1191) 중기에 새로운 아악관현제(雅樂管絃制)가 정해지면서, 당악이나 고려악에 쓰던 도피필률을 모두 당피리로 통일하면서 사라졌다고 하였다.

한국의 학자 송방송은 백제악사가 일본에 전했다는 막목은 아악에 사용한 피리의 일종인 관악기라고 추정한 바 있다. 이밖에 이 악기의 실체를 파악할 수 있는 다른 문헌이나 유물은 전혀 없다.

7. 각(角)

'각(角)'은 뿔 또는 뿔의 형태를 가진 소라고둥으로 만든 악기를 뜻하는데, 우리 국악기에는 나각(螺角)이 그 대표적인 악기이다. 국악기로 흔치 않은 진순(振脣)관악기로 위아래 입술을 진동시켜 소리를 낸다.

168) 이혜구,『한국음악연구』(서울: 수문당, 1976), 199.

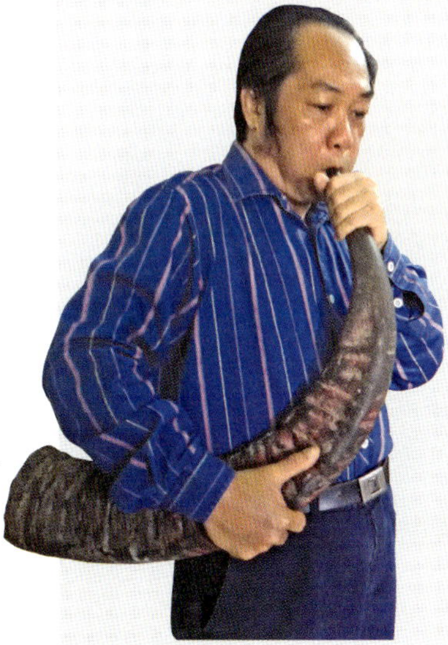

우각(牛角), 양각(羊角), 나각(螺角)

진순관악기 각(角) 연주 모습(왼쪽)과 타악기 각(角)

겹서 악기로서의 각(왼쪽)과 훈(塤)형 각(가운데), 공명통으로 한 이호(二胡) (오른쪽)

'각'은 대부분 진순악기이지만, 다른 계열의 악기로도 사용하고 있음을 한편으로 고려해야 한다. 짐승의 뿔 즉 각(角)에 피리의 서를 붙여 쌍황(雙簧)악기로 만들 수도 있고,(아래 사진 왼쪽) 훈(塤)의 발음원리를 응용하여 다율악기로 만들기도 하기 때문이다.(아래 사진의 가운데) 이러한 악기는 중국 백제(百濟 = 광서장족자치구에 있는 도시) 부근과 옛 남제(南齊)와 양나라가 차지하였던 양자강 남방 지방에서 흔히 찾아 볼 수 있다. 백제의 옛 땅이라 할 수 있는 이곳은, 뿔이 큰 아시아물소가 축생 한다. 야생 아시아물소는 인도에서부터 인도차이나 반도 그리고 남중국까지 퍼져있어 그 뿔의 속을 쉽게 제거할 수 있기 때문에 악기와 여러 가지 생활도구로 사용한다. 이 지역의 물소의 뿔은 최대 2m까지 자라며, 주름 잡힌 것이 특징이다.

서한채회악무잡기도용(西漢彩繪樂舞雜技陶俑)

서한전기(B.C. 206—B.C. 141)에 제작된 것으로 추정되며 뒤 왼쪽에 2명의 악공이 불고 있는 악기가 우(竽)다.

8. 우(竽)

지금 우리에겐 다소 낯선 악기인 '우(竽)'가 백제악기라는 것을『북사』,『수서』,『통전』과『삼국사기』등이 전하고 있다. 춘추전국시대 이전부터 왕실은 물론 민간에서도 널리 쓰였던 악기이다. 수당시대에 구부기·십부기의 백제악에 사용하였던 '우'는, 한나라의 백희(百戲)에도 중요하게 사용하였다.

'우'는 떨청악기로 다관(多·管)이다.

송나라 이후 '우'는 생(笙)에게 그 음악적 역할을 넘기고 사라졌지만 미얀마, 태국 등 남방에서는 아직도 '우'를 들고 연주하거나 춤을 춘다.

'우'를 확인할 수 있는 역사적 자취는, 중국 산동성 제남(濟南)시에서 발굴한 서한백희도용(西漢百戲陶俑)에서 우선 찾을 수 있다. 관의 수나 길이 등 악기의 구체적인 형체를 파악할 수 있을 정도로 세밀하게 묘사된 것은 아니지만, 2인의 악공이 백희의 춤 반주를 하는 모습은 분명하다. 여기에 선율악기로 볼 수 있는 도용은 하나씩 있는데 비하여 '우'는 2인이 연주하고 있어 중요한 악기로 사용되었음을 보여주고 있다. 이 백희도용이 발견된 중국의 제남시나 산동성 일대는 백제 동성왕 때 요서진평백제를 기반으로 5차례의 전쟁을 거쳐 쟁취한 백제 영토였다. 중국 제일의 농경지이며 한반도와 요동반도의 여러 나라들이 '바다의 고속도로'라 할 수 있는 황해를 사이에 두고 쟁패를 다투던 곳이다.[169] 서한채회백희도용의 시기에는 고조선이, 그 후에는 백제와 고구려가 침공하여 한나라에 속해있던 이 지역을 곤경에 빠트린 일이 여러 차례 있었다.[170]

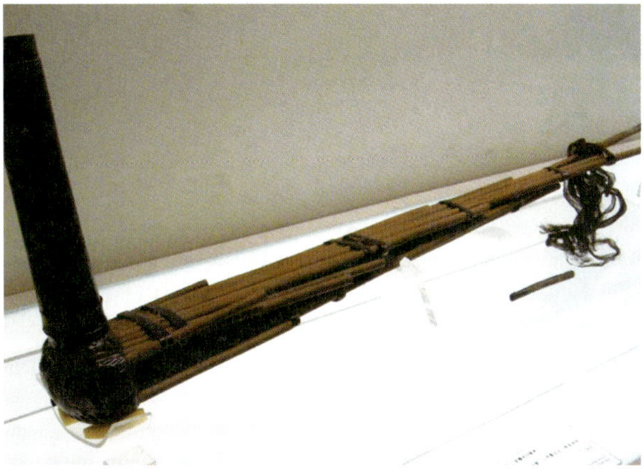

마왕퇴1호 한묘 출토 우(竽)

한편, 마왕퇴1호한묘(漢墓)에서 실물 '우'가 출토되었다. 마왕퇴라고 흔히 부르는 이 한묘는, 중국 호남성 장사(長沙, 창사)시 동쪽 교외에 있는 고고학적 유적지로 서한 장사국 대후의 무덤 3기도 여기에 있다. 22관으로 구성된 이 '우'의 가장 긴 관은 길이가 78cm이다. 취구부(吹口部)와 관을 꼽아

169) 이곳은 사람 사는데 반드시 필요한 양질의 어염(魚鹽)이 나는 지역이며, 1천 리의 광활하고 기름진 평야가 열려 곡물이 풍성한 중국제일의 보고(寶庫)다. 이러한 이유로 북쪽의 남만주와 동쪽의 한반도 그리고 서쪽의 한족(漢族)사이에 숱한 쟁탈전과 국가의 흥망성쇠를 반복하였던 곳이다. 이 동이족과 한족의 쟁패지역에서, 백제 이전의 사건만 하여도 치우(蚩尤)와 황제(黃帝)의 대결이 있었고, 요순(堯舜) 정권의 교체도 이러한 사례에 속하며, 우(禹)와 하(夏), 하와 은(銀), 은의 후기에 단군조선계의 람후(藍侯)가 세운 동호조선(東胡朝鮮)의 교체, 주(周)나라 무왕(武王)이 조선을 막기 위해 설치한 연(燕)나라와 조선 간의 수백 년 쟁패, 오환의 절멸(絶滅)과 선비의 흥성(興盛), 한나라의 동방 진출과 4군 설치 등의 많은 역사적 사실이 많은 곳이다.

170) 주서(周書), 북사(北史)의 백제전에도 백제의 침입 사실의 기록에서 확인할 수 있다.

조립하는 우두(竽頭)는 나무로 제작하여 옻칠을 하였다. 이 '우'는 22개의 길고 짧은 관대를 2열로 배열하여 수직으로 꽂아 하나의 취구를 통하여 연주하는 구조를 갖고 있다. 우두 중앙에 취구를 통하여 불어 넣은 숨을 여러 관대로 배분하여 서로 다른 소리를 낼 수 있게 한다. 모든 관대 아래 부분은 우두에 꼽기 위하여 약간 가늘게 깎았고, 관대마다 하나의 지공이 있다.

마왕퇴1호 한묘에서는, '우' 이외에도 나무인형과 함께 종, 경(磬), 축(筑) 등의 악기가 함께 나왔다.

마왕퇴1호한묘보다 2년 늦게 발굴한 마왕퇴3호한묘에서도 '우'가 나왔는데 그 우두(竽頭)는 대나무로 만든 것이었다. 마왕퇴1호한묘의 '우'와 크게 다르지 않지만 관대가 4개 더 많은 26관이다. 또 마왕퇴1호한묘와는 달리 탄성이 아주 좋은 구리로 만든 23장의 떨청[簧片]이 나왔다. 이는 '우'가 공기울림[氣鳴式]악기에서 떨청악기로 그 사이에 변하였음을 말하는 것이다. 이 떨청은 길이 1.18cm에서 2.35cm까지 다양하였고, 폭은 0.4~0.75cm이며 두께는 0.07cm로 균등하였다. 이를 중국예술연구원 음악연구소에서 복원해 본 결과 바장조[F Major]음계의 악기였고, 음역은 3옥타브에 가까웠다고 한다.

이 유적지에서 12반음 우율(竽律)도 나왔다. 당시 음높이의 기준을 추정할 수 있는 구체적인 자료이다. 이 12개의 우율에 먹으로 12율명(律名)을 하단(下端)에 적어 놓았다. 우율 중 가장 큰 저음관의 길이는 17cm이고 가장 짧은 고음관은 10cm이다. 대나무의 두께는 1.2mm로 동일하였다. 보관상태도 아주 좋고 음률(音律=temperament) 산정의 협화도(協和度)가 높은 것으로 보고되었다. 이 우율의 관대는 마왕퇴1호한묘의 '우'와 같은 종류의 대나무를 사용한 것으로 밝혀졌다.

본국백제가 멸망한 당나라 시절에도 일본에서는 백제음악을 계속 유지

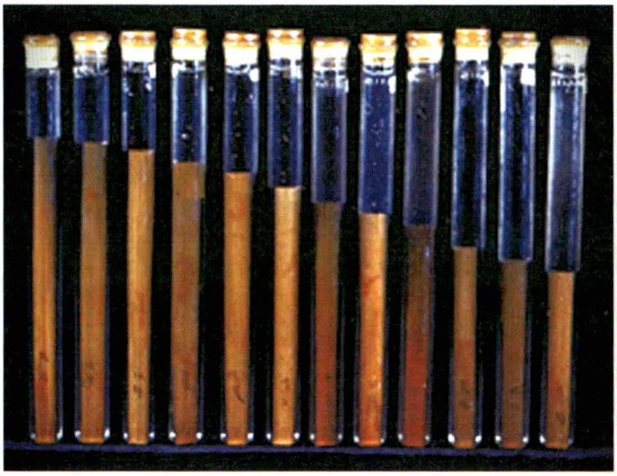

우율(竽律)

유리관에 각각 보관된 12기준음률(音律=temperament)

우율(竽律)주머니

출토 당시 우율을 싼 주머니 모습

하고 있었다. 그 시절, 한반도백제 유민들이 사용하던 '우'가 3대나 아직 일본에 남아 있다. 백제가 망하자 일본은 당나라와 직거래를 할 수밖에 없었다. 이때 일본이 수입한 당나라의 '우'도 2대 전하고 있다. 하나는 오죽(烏竹)으로 만들었고 높이는 87cm이다. 반죽으로 만든 다른 '우'의 길이는 91.8cm로 더욱 크다. 이 '우'의 관대는 모두 17개이고, 우두(竽頭)는 나무로 제작하여 옻칠을 하였다.

이렇게 '우'는 오늘날 한반도와 일부중국과 일본에 거친 한반도백제, 대륙백제, 열도백제 등 백제강역 전체에서 성행했던 흔적을 남겼다.

9. 생(笙)

'생(笙)'은 우리말로 '떨청'이라는 황편(簧片)을 진동하여 발음하는 오래된 악기이다.

백제 종묘가 있는 충청남도 세종시 비암사의 계유명전씨아미타불비상 왼쪽 측면의 '생'(笙)을 연주하는 조소상이 있어 백제에 이 악기가 있었음을 알 수 있다. '우'는 '생'과 같은 계통의 악기지만 시대적으로 먼저 사용하다가 '생'의 쓰임새가 많아지면서 점차 사라진 악기이다. 이러한 맥락에서 '우'가 있었던 백제에 '생'이 있었음은 자연스러운 일이다. 두 악기의 존재는 문헌과 유물이 함께 있어 더욱 확실하다.

유럽에서는 금속 공학이 발달한 18세기 이후에서야 비로소 '생'과 유사한 떨청을 가진 악기가 만들어지기 시작하였다. 하모니카나 아코디언 그리고 흔히 풍금이라 부르는 하모니움(harmonium) 같은 악기가 그 대표적인 것이다. 따라서 황편악기는 금속재료의 발달에 비례한다고 할 수 있는데, '생'의 역사가 춘추전국시대에 이르니 그 선진성에 놀라지 않을 수 없다.

'생'은 악기 구조에서 오르간(organ)과 비슷한 점이 많다. 기구를 사용하지 않고 사람의 호흡으로 공기 주입을 한다는 점만 다를 뿐, 공기주입 방식에서 공기를 보관하는 원리, 파이프 제작의 정교함, 이를 통해 공기 배급을 하는 장치 등이 모두 같다.

'생'은 금속 떨청을 사용하기에 다른 어떠한 악기보다 음빛깔이 독특하고 우미함을 자랑한다. 동아시아 악기로써는 유일하게 화성(和聲)까지 연주할 수 있는 악기이기도 하다. 주법과 기교도 다양하여 궁중음악은 물론 민속음악에 까지 두루 사용하였다. 쓰임새도 독주에서 합주 그리고 무용 반주에 이르기까지 다양하였다.

'생'은 '황편'으로 소리를 내기 때문에 생황(笙簧) 또는 황생(簧笙)이라고도 한다. 우리나라에서는 생황이라 부른다.

'생'은 제작에 필요한 재료가 여러 가지이고 또 구하기가 쉽지 않으며, 뛰어난 장인만이 만들 수 있는데다가 경비까지 많이 들기 때문에 옛적부터 흔한 악기가 아니었다. 이러한 악기가 백제말기의 수도였던 부여, 공주의 근교 비암사의 계유명전씨아미타불비상에 새겨져 있다.

'생'은 원래 춘추전국시대 산동성에 있던 노(魯)나라 여인이 봉황의 울음소리를 듣고 만들었다는 전설이 있다.[171] 생을 처음 만들었다는 노나라는 어떤 나라인가? 백제 동성왕 때 북위와의 전쟁에서 사법명, 찬수류, 해례곤, 목간나 등의 승리로 백제에 편입되어 250년 이상 지배하였던 곳이 바로 이 노나라[172] 땅이다.

계유명전씨아미타불비상의 생황 연주상

이와는 달리 『세본』「작편」에는 생황을 수(隨)가 만들었다고 하고[173], 또 『예기』「명당위」에는 중국의 전설적인 여와(女娲)[174]가 만들었다고도 한다. 모두 신화적 인물이어서 어떤 것이 이 악기의 기원인지 단정하기 어렵다.

그러나 '생황'이 지금으로부터 약 3천 년 전 상(商)나라[175] 때부터 있었던 악기라는 견해는 긍정적이다. 그 시대의 것으로 보이는 갑골문자에 '생'이나 '생'을 연주하는 모습을 나타내는 글자가 있기 때문이다.[176]

171) 악성, 『중화악기대전』, 946.

172) 노나라의 옛 땅 주인은 번조선이었다. 중국에서는 이들 고조선 민족을 산융(山戎)이라 하였다. 그러나 B.C. 723년 백금(白禽)이 산동성 연주부를 빼앗아 나라를 세우고 그 이름을 노(魯)라 하였다. 그러나 56년의 통치기간을 끝으로 다시 번조선과 화해하고 반환한 곳이다. 후일, 주(周)나라 문왕이 동쪽을 정벌할 때에도 이 지역까지는 세력이 미치지 않아 오랫동안 번조선의 땅으로 남았었다.

173) 隨作笙

174) 천신의 명을 받들어 황토로 사람을 만들었다는 복희, 신농과 함께 3황으로 중국인들이 받드는 신이지만 모두 동이(東夷)족이다.

175) 상나라는 다른 이름으로 은나라이며 동이족이 세운 나라이다.

176) 악성, 『중화악기대전』, 946.

증후을묘 출토 생(왼쪽)과 생관(오른쪽 위) 생편(오른쪽 아래)

『이아』(爾雅)「석악」(釋樂)에서는 큰 '생'을 '소'(巢)라 하였고, 작은 것은 '화'(和)라고 하였다. 크기에 따라 이름도 다르게 붙였던 것이다.

'생'은 주(周)나라[177] 때부터 악기팔음(樂器八音)의 포부(匏部)악기로 분류하였다. 주나라는 기원전 11세기에 나라를 세워 800년을 끌어왔으니, '생'의 역사도 이와 함께 길게 된다. 공자의 『시경』[178]에는 '생'을 포함한 29종의 악기가 인용되는 부분이 있다. 따라서 공자가 살았던 B.C. 5~6세기 이전에 '생'이 널리 사용되고 있었음이 분명하다.

앞에서 '생'과 관련하여 언급한 상나라, 그 뒤를 이은 주나라, 그리고 춘

177) 상나라를 이은 주(周, 기원전 1046년-기원전 256년)나라는 중원 역사에서 가장 오랜 800년 역사를 가졌던 국가이다.

178) 시경은 원래 B.C.11~B.C.5에 황하 유역에서 부르던 작자미상의 3,000 여수 노래를 305수로 정리한 책이며 공자가 편집하였다는 주장도 있다. 시 공부를 하는 것은 교육적가치가 있어서 경(經)자를 붙여졌다고 하는데, 내용은 풍(風) 즉 민간의 사랑과 풍습의 노래, 아(雅) 즉 귀족의 풍년기원이나 조상의 덕을 찬양하는 노래, 송(頌) 즉 종묘에서 황실 조상의 공덕을 찬양하는 노래로 구성됨.

추전국시대의 노나라 등은 모두 동이배달민족에 의해 건국되고 멸망한 나라들이다.

가장 오래된 '생'의 유물은 증후을묘[179]에서 출토된 것이다.[180] 바가지로 만든 이 '생'의 몸통 즉 생두에 나무로 만든 취구(吹口)를 부착하여 옻칠을 하였다. 생두에 시누대로 제작한 7개의 관대를 원통형으로 꽂아 배열하였다. 황편도 잘 보존되어 있다. 2400년 전 생황으로 보기에 믿기 어려울 정도로 좋으며, 매우 정교한 기술로 제작하였음을 확인할 수 있다.

이 무덤에서 또 다른 3종의 생두가 나왔다. 12황, 14황, 18황[181] 등의 악기가 그것인데, 이 중에는 생두를 대나무로 만든 것도 있었다. 생두의 재료인 바가지는 약하기 때문에 점점 단단한 나무나 동(銅) 또는 우각[182] 등으로 대체해 간다. 『율려신론』에도 옛적에는 생황을 바가지로 만들었으나 지금은 나무를 사용한다고 설명한다. 그 이유는 바가지 제품이 나무제품보다 소리가 빈약하기 때문이라고 하였다. 따라서 악기팔음(樂器八音)에서 포부(匏部)가 제외되니 이제는 악기칠음(樂器七音)이 되어야 한다는 이론까지 덧붙였다.

약 2천 년 전 남중국의 운남성(雲南省, 윈난성)에 있었던 고대 왕국 전국(滇国, B.C. 278~115)에 금속을 사용하는 생황이 있었음을 알 수 있는 유물이 있다. 입우곡관동박노생(立牛曲管铜葫芦笙)라는 이름의 이 생황은 관대가 없이 머리만 남아있었는데, 높이가 26cm이다. 박으로 만든 생황과 큰 차이가

179) 중국 증국(曾国) 통치자 증후을(曾侯乙, 약 B.C. 477-433)의 무덤.

180) http://www.chinamedley.com/langyuan/sheng/sheng_lishi_2.shtml 2012년 10월 9일 접속

181) 이 관대 수에 대해서는 13관, 17관, 19관이라는 학계의 주장도 있어 일치하지 않는다.

182) 북경 지화사(知化寺)에 보존된 17관 생은 머리부분을 우각으로 제작하였다. 통의 높이는 51cm, 생의 머리 높이 8cm, 직경 8,5cm에 이른다.

없다. 생두의 윗부분에 소의 전신이 조각되어 있다. 청동기 시대의 정교한 문화상을 전해주는 것으로, 운남성 강천현, 이가산(李家山)의 고묘(古墓)24호에서 출토된 것이다. 이 악기는 청동으로 제작되어 전국시대에도 팔음(八音) 제도에 맞춰 굳이 바가지를 사용하지 않았음을 알 수 있다. 『율려신론』에 팔음 중 포부(匏部)가 사실상 없으니 칠음(七音)으로 해야 한다는 논리가 벌써 이때부터 실현하였음을 알 수 있다.

한편, '생'의 재료에 대한 기록이 진(晉)나라 때 문인(文人)들에 의해 시(詩)·가(歌)·부(賦)의 형태로 약간 남아 있다. 그 대표적인 것이 반안인(潘安仁)의 「생부」(笙賦)이다.

> 옛적 생은 박과 대나무가 주요하게 사용되었다오. 박을 말려 생두를 만들되. 산서의 곡옥(曲沃)에서 나는 박을 최고로 쳤었소. 크기도 하려니와 굳고 딱딱하며 매끄럽고 꼭지 부분이 길어 손잡이로 쓸 수 있어 좋고, 거기다가 공명(共鳴)도 좋았으니까요. 그래서 옛적 문인들이 '옥곡의 자그마한 생과 어양(漁陽)의 북 음악에 맞추니'라는 시구(詩句)를 남기게 되었으려니. 추(鄒)나라[183]와 노나라[184]의 문양(汶陽) 일대에서 생산되는 조죽(篠竹)은 또 어떻고요. 그 대나무는 세밀하고 견고한 동시에 질기며 마디도 고르고 균등하여 생황의 관대로 쓰기에 으뜸가는 재료라 하더이다. (古笙主要用匏和竹, 匏吊干後可做笙斗, 古代以山西曲沃匏最好, 个體碩大外形端正 質地堅硬細賦 古帶柄共鳴好 所以古代文人有 巢笙傳曲沃 操鼓發漁陽的詩句 在鄒國的汶陽一帶盛産篠竹 質地細密堅韧 节骨以称适干制作笙管)

183) 지금의 중국 산동성 추현이다.

184) 지금의 중국 산동성 태산과 제남을 중심으로 하던 나라이다.

『주례』(周礼) 「생사장교생」(笙师掌教笙) 반안인(潘安仁) 생부(笙赋)

이 『주례』의 「생사장교생」(笙师掌教笙) 문장에서 관심을 끄는 또 하나의 부분은 요서·진평백제의 지척인 산동반도 노(魯)나라에서 생산되는 시누대가 '생'을 만드는데 가장 좋은 재료라는 것이다. 이를 뒷받침이라도 하듯 산동성과 가까운 천진(天津)은 지금도 '생'을 제작하는 곳으로 중요한 도시이다. 다른 지방에서도 '생'을 제작하여도 재료를 천진에서 가져다가 사용한다. 한편, 우리나라에서 악기를 제작하기에 좋은 시누대는 충청남도 태안군의 바닷가에서 해풍을 이겨낸 해죽(海竹)을 으뜸으로 치고 있다. 생의 관대를 만드는 재료가 시누대이다. 중국의 산동성과 우리나라의 태안반도는 바닷가를 끼고 있는 지리적 환경이 유사하다는 공통점이 있어 보인다. 『수서』「음악지」에 "생은 19관대를 바가지 속에 넣고 황편을 떨어 소리 낸다"라 하여 증후을묘의 12, 14, 18관보다 관대가 더 많아졌음을 알 수 있다. 수나라 때의 '생' 음악 악보가 아직 남아있다. 이 악보는 중국이 아닌 일본의 고서적 『체원초(體源抄)』[185]에 전한다.

입우곡관동박노생

계유명전씨아미타불비상의 '생'은 부식이 많아 그 형태와 크기를 명확하게 헤아리기가 어렵다. 다만 도상의 윤곽으로 보아 전체 높이 51cm, 생

185) 일본 무로마치시대(1338~1573)에 제작된 궁중음악이론서.

의 머리 높이 8cm, 직경 8,5cm으로 측정된 북경 지화사(知化寺)의 '생'과 비슷할 것으로 보인다.

조소상의 취구(吹口)는 길이가 매우 길다. 취구의 길이는 일반적으로 '생'보다 '우'가 길기 때문에 '우'로 볼 수 있겠지만, '생'도 그 길이가 지역마다 차이가 있음을 감안해야 한다.

백제의 후예들이 백제의 종묘 사찰 비암사를 창건하여 그들의 옛 나라와 조상을 기리기 위해 건립한 계유명전씨아미타불비상에 '생'을 새겨놓았다. 이러한 흔적들이 바로 황해를 무대로 오늘날의 한반도와 중국, 일본에서 찬란한 꽃을 피웠던 백제의 문화자취인 것이다.

10. 소(簫) 또는 통소(洞簫)

계유명전씨아미타불비상 오른쪽 측면에 조소된 주악상 중 아래 왼쪽 악기를 적, 통소, 장적이라 해독한 사람은 황수영, 이혜구, 이홍직, 송방송 등이었다.

세로피리 계열의 악기를 흔히 '소(簫)'라 한다. 그러나 '적(笛)'도 넓은 의미에서의 가로, 세로피리를 포함한 모든 관악기를 나타낼 수도 있기 때문에, 위 네 학자의 견해가 모두 합당한 것이라 받아들일 수 있다.

통소 종류의 세로피리는 고대로부터 즐겨 사용하였던 오래된 악기이다. 중국 하남시 남송관요박물관(南宋官窯博物館)에는 지금으로부터 8,000년 전인 신석기시대에 만든 것으로 추정하는 통소가 있다. 모두 7공을 갖고 있는 악기이니 벌써 음률이 확정되었던 것으로 볼 수 있다.

한편 북한 함경북도 선봉군(舊 웅기군) 굴포리 서포항동에서 1961년 발굴한 세칭 뼈피리가 있는데, 이 악기도 위아래가 통하고 있으니 통소라 할 수 있다. 7,000년 전의 악기로 13개의 구멍이 뚫려져 있어 연주용이라기보다는 종교적 의물(儀物)로 사용하였을 것이다. 사람의 손가락으로 이 구멍을 다 짚을 수 없기 때문이다. 삼족오(三足烏)나 솟대 등에서 볼 수 있듯이 천신(天神)의 사자(使者)가 새라고 생각하였던 고대 알타이인들은 새의 다리뼈로 피리를 만들어 하나의 종교적 상징물을 만들어 사용하였다. 구멍 사이의 간격은 대체로 1cm 내외다.

계유명전씨아미타불삼존석상 소

'통소'는 한반도와 지금의 중국 동북 삼성에 흩어져 사는 조선족이 즐기던 공기울림악기이다. '통소'는『고려사』권71 당악기조에 8개의 지공을 가진 악기로 소개하고 있다.『악학궤범』에도 청공까지 합하여 9공(지공 6개와 허공 2개)이 뚫린 악기를 '통소'라 하였다. 이와는 달리『고려사』「악지」(樂志)의 통소는 8공으로 기록되어 있다.

통소는 전형적인 죽관악기이고, 관대의 한쪽에 사각으로 파낸 반원형의 취구로 발음한다. 전체 길이는 70~74cm이고 취구가 있는 상단의 내경은 약 2cm 정도이다. 하단은 대나무 뿌리 쪽이 되기 때문에 내공이 점점 좁아져 자연히 원추각(圓錐角)을 이루게 된다. 이것이 바로 통소가 좋은 소리를 낼 수 있는 조건이다.

통소는, 민속악에서 보다 널리 애용되던 악기였다. 오래 묵은 황죽(黃竹)을 재료로 하여 단소(短簫)보다 굵고 크게 만든다. 길이가 55㎝정도고 내경

한국의 통소(왼쪽 2개)와 일본의 척팔尺八, 사쿠하치(오른쪽 2개)

구한말 가장 흔했던 관악기 통소 연주 모습

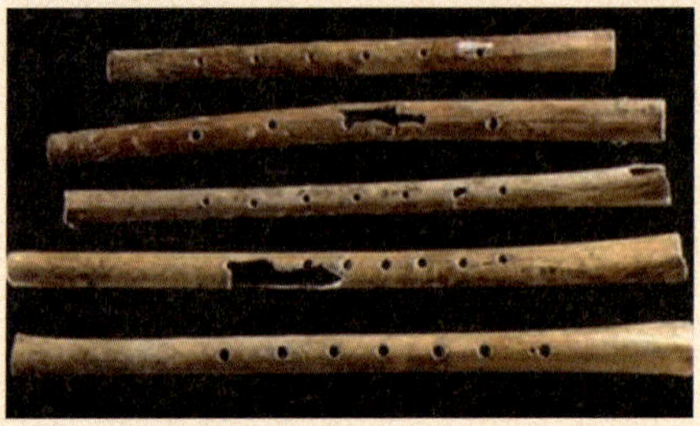

남송관요박물관 南宋官窯博物館

서포항 뼈피리

함경북도 선봉군 서포항에서 출토한 7000년 전 뼈피리은 2㎝ 내외다. 조선시대에 들어와 음빛깔의 변화를 주려고 갈대청을 붙이는 청공이 첨가되었다. 그러나 모두 그런 것은 아니었다. 지공은 뒤에 하나, 앞에 다섯, 끝에 쓰지 않는 양방공(兩旁孔)이 있다. 저취(低吹)·평취(平吹)·역취(力吹)가 서로 다른 음빛깔을 구사하며, 2옥타브 이상의 넓은 음역(音域)을 자랑한다.

일본의 민속악기가 되어버린 척팔(尺八, 사쿠하치)도 수당시대를 거치면서 일본에 도입되었기에 백제악기 '통소'와의 관련이 있을 것이다.

김득신 - 신선도(神仙圖)

11. 장소(長簫)

백제악기에 '장소(長簫)'가 있었음은 계유명전씨아미타불비상 오른쪽 측면의 아래 왼쪽 악기에 근거한다. 이에 대하여 송방송은 그의 저서『한국고대음악사연구』에서 '장소(長簫)'라 명명하였다.

'장소'는 문자 그대로 해석한다면 '긴 소'라는 뜻이니, 단소(短簫)에 상응한다.

장소라 이름 할 수 있을 정도로 긴 통소 종류의 악기는, 중국의 남방과 북부 베트남까지 퍼져있다. 중국 남방에는 묘족악기 '직통소'(直通簫), 중국 서남부 운남성 부근에 사는 하니족(哈尼族)의 악기인 '다세파락'(多賽波洛), 운남성 라고족(拉祜族)의 악기 '열도'(列都), 운남성은 물론 티베트에 이르는 지역에 사는 와족(佤族)의 악기 '율서'(葉西), 중국 귀주의 소수민족인 동족(侗族)의 악기 '옥병소'(玉屛簫) 등이 그것이다.

백제금동대향로 주악 조소상 오른쪽 1 악사의 백제생황

이러한 장소의 분포에서 오·월백제의 강역과 장소의 연계를 떠올리지 않을 수 없다.

12. 백제생황

부여능산리출토백제금동대향로(夫餘陵山里出土百濟金銅大香爐)상단에 조소(彫塑)된 오른쪽1악사의 악기를 이종구가 2007년 "백제금동대향로 주악조소상악기 명칭에 대한 연구"라는 논문에서 '백제생황'으로 명명한 바 있다. 이러한 미증유의 이름을 붙이기까지 10여 년간의 연구와 실험이 뒤따랐었다. 그 사이 3차례의 논문발표와 2차례의 실험악기제작을 하였고, 중국, 동남아, 실크로드 주변국가, 스위스 악기박물관까지 모두 답사하면서 이 전대미문의 악기와 유사한 것을 찾아다닌 바 있다.

백제금동대향로가 처음 발견되었을 때 고증에 참여하였던 학자와 언론인들은 모두 이 악기를 '북' 또는 '타악기'라 하였다. 이로써 백제금동대향로가 발견된 직후부터 지금까지 해당 박물관 안내 게시물에서 각종 교과서를 비롯한 국내외에 모든 배포자료에 의심 없이 이를 '북'으로 혹은 '타악기'로 소개하였다. 하지만 이 악기는 '북'이라 할 수 없는 조건들이 많다.

여러 각도에서 본 오른쪽 1 악사의 백제생활

첫째, 한 눈에 보아도 이 악기의 외형이 북은 아니다. 막울림악기인 북은 원통형 몸통에 가죽으로 북을 멘다. 가죽의 장력을 고르게 유지하여 좋은 소리를 얻기 위함이고 악기를 견고하게 하여 오래 보전하기 위함이다. 그러나 금동대향로 주악 조소상의 악기모양은 양변기(洋便器)처럼 생겨 원통형이 아니다. 이런 형태에 가죽을 씌운다면, 오래 지탱하지 못하고 쉽게 손상될 것이다.

둘째, 오른손의 모습이 타악기를 연주하는 모습으로 보이지 않는다. 만약 오른손에 잡고 있는 물체가 타악기의 채라면 엄지, 검지 방향으로 채를 길게 하여 잡았을 것이다. 그러나 조소상의 손 모습은 반대로 되어 억지로 몇 번 두드리는 정도는 가능하나 세련된 연주를 하기는 어색하고 부자연스럽다. 사람이 오른손으로 기구를 이용할 때 그것이 북채든, 필기도구이든, 칼이나 숟가락이든 모두 엄지와 검지를 주로 사용하고 또 그 방향에 기구를 돌출시켜 활용한다. 그러나 오른쪽 1악사는 이와는 반대로 무명지와 소지(小指) 방향에 물체가 돌출되어 있는 것이다. 몸울림[體鳴] 타악기의 일반적인 연주 방법과 특성에서 벗어난다.

셋째, 만약 이 악기가 북이라면 북채로 북통의 가운데 부분을 치는 것으로 묘사되었을 것이다. 그러나 이 조소상은 북의 가운데도 변죽도 아닌 모서리 부분에 있다. 좀 더 자세히 관찰하면 이것은 북채가 아니라 마치 양변기 뚜껑 같은 모습의 상단부에 부착되어 돌출한 손잡이임을 알 수 있다. 그래서 북치는 모습이 아닌 것이다. 위치도 위치려니와 악기와 채가 분리된 공간과 각도가 전혀 없기에 채가 북의 가죽을 가격할 수 없는 모습이다.

넷째, 이 연주를 하는 신선(神仙)의 왼손이 악기의 본체의 측면에 대고 있다는 점이다. 만약 타악기라면 왼손이 악기를 파지(把持)하는 것으로 보아야 하는데, 이러한 파지는 악기의 진동 장애만 일으킬 뿐 전혀 불필요한 동작이다. 있을 수 있는 일은, 타악기의 음빛깔의 변화를 위해 순간적으로 발음체를 막고 치는 약음주법(弱音奏法, Damping)이다. 그러나 그런 경우라도 울림이 많은 타악기의 앞면을 막든가 아니면 옆면의 상단을 막아야 할 것이다. 이 조소상은 왼쪽은 측면에 대고 있어 약음주법으로 연주하는 모습이라고 하기도 어렵다.

다섯째, 오른팔이 아래로 처져있어 타악기 연주자세가 아니다. 북이든 타악기이든 가격을 하여 소리를 얻으려면 힘의 전달에 알맞은 팔의 각도가 필요한데 그렇지 못하다.

이 악기의 정체는 참으로 규명하기 어렵다. 이와 유사한 악기는 동아시아 주변 국가는 물론 전 세계 어디에서도 찾기 어렵다. 이와 유사한 악기를 찾아 여러 국가의 민족 악기 관련 대학과 연구소 등에 문의하였지만 모두 만족할 만한 해답을 얻지 못하였다.

모두 채를 엄지 검지 방향이 길게 나오도록 잡고 연주하며, 진동에 장애

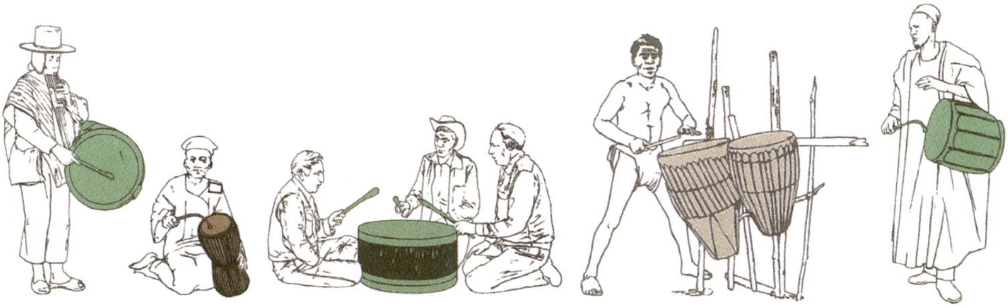

여러 가지 원기둥형 막울림악기의 채를 잡은 모습.
모두 채를 엄지 검지 방향이 길게 나오도록 잡고 연주하며, 진동에 장애를 최소화하는 방법으로 고정하고, 모두 북 윗면을 친다는 점에서 백제악기조소상의 주법과 확연히 다르다.[187)]

를 최소화하는 방법으로 고정하고, 모두 북 윗면을 친다는 점에서 백제악기조소상의 주법과 확연히 다르다.

관련악기를 찾을 수 없고 이를 알 수 있는 문헌정보도 없으니 과연 이것이 악기인지 어떠한 계열이지 그 정체를 찾기 위하여 조소상의 모양대로 모형으로 만들고 여기에 악기로써의 구조와 발음원리를 적용하는 실험을 하게 되었다.

그 전제 조건으로 이 신선의 연주 모습부터 자세히 관찰하여 다음과 같이 정리하였다. 여기에 기초가 되는 사진을 이종구가 Illustrator CS2에서 일러스트로 외곽선을 다음 그림과 같이 정리하였다.

가) 오른손으로 손잡이의 뒤쪽을 잡고 있다. 그 뒤쪽에 엄지와 검지가 있어 뚜껑을 전면에 고정시키고, 뒷부분을 상하로 움직이는 모습으로 볼 수 있다.

나) 왼손으로 손바닥을 펴서 수도(手刀) 방향을 아래로 악기 몸통의 오른

186) 한 결 같이 엄지와 검지를 이용하여 채를 잡고 엄지 방향으로 길게 채를 잡아 백제금동대향로 악사와 다른 모습이다.

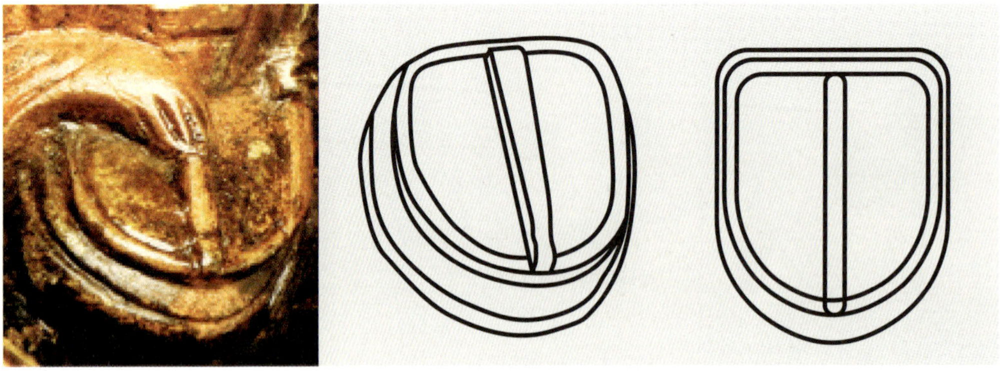

백제금동대향로 주악 조소상 오른쪽 1 악사의 백제생황, 일러스트 전사

쪽에 대고 있다.

다) 가부좌 자세로 무릎을 벌리고 앉아서 그 위에 악기를 얹어 놓고 있다. 정강이와 발꿈치로 악기를 약간 조이듯 파지(把持)를 돕고 있다.

라) 무릎에 얹어 놓고도 고정하고 연주할 수 있다면 이 악기의 재료는 중량이 무거운 목재이거나 금속일 가능성이 크다. 만약 이 악기가 북과 같은 타악기이어서 속이 비었다면 가볍기 때문에 움직임이 많아 연주하기가 어렵다.

마) 연주자가 입을 벌리고 있어 악기연주로써 반주하며 노래를 하거나 주문을 외울 가능성이 있다.

이러한 기초자료로 관악기와 타악기의 두 가지 가능성을 놓고 악기를 만들어 실험하였다.

먼저 관악기로 설정하여 악기를 만들었다.

이 악공이 연주하는 악기가 손잡이가 달린 상단부분을 위아래로 움직여 풀무질을 하는 모습으로 만들었다. 아주 흡사하다. 특히 이 조소상(彫塑像)의 악기부분 정면에 선명하게 보이는 주름을, 풍구(風具,bellows)의 주름관으로 볼 수 있어 그 가능성을 더욱 충분하게 하였다.

다음 단계로 이에 합당한 발음기관을 악기의 본체 안쪽에 설치하였다. 공기 저장 공간, 공기 분배 공간, 관대, 떨청 등의 장치를 두어 외부로부터 공기를 흡입하여 내부의 관을 통과시켰다. 왼손으로 지공을 막고 열수 있게 하여 떨청관을 통과하게 하니, 호른보스텔-작스 악기분류 번호 412.132번[187)]에 해당하는 차단식공기울림악기[氣柱振動樂器=Interruptive free aerophones]를 만들 수 있었다. 이러한 유형의 동양악기로는 3천 년 이상의 역사를 가진 생황(笙簧)의 음향원리를 따르고 있으나, 생황이 입김을 불어 넣어 연주하는 것에 반하여 이 악기는 기구를 사용하는 하였다는 것이 다르다고 할 수 있다. 서양악기에 비하면 콘체르티나(concertina)의 종류가 될 수 있다.

오늘날의 콘체르티나

이렇게 재현한 악기를 백제금동대향로 주조상의 악사와 대조하면, 오른손은 상단에 고정된 손잡이를 잡아 풀무질을 하는 모습이 어색하지 않았고, 생황 종류의 악기에 꼭 있어야 하는 지공(指孔)을 왼쪽에 두어 왼손으로 개폐하며 음정을 조정하는 모습이 될 수 있어 자연스러웠다. 즉 왼손가락으로 악기 측면에 둔 지공을 막고 열어 연주하는 것이다. 파지(把持)의 모습까지 안정되어 악기로써의 기능을 표현하는데 무리가 전혀 없었다. 18세기 말, 인도에서 영국으로 가져온 티푸의 타이거(Tippoo's Tiger)가 이와 유사한 악기로 보였다. 이 악기도 일종의 오르간으로 돌출된 꼬리부분을 잡고 상하 운동을 하여 바람을 주입하는 방식으로 연주한다. 생황 계열의 악기와 공기 주입을 입으로 하는 방법이 다를 뿐 같은 종류의 악기가 되었

187) Sets of free reeds – Accordion, harmonica, and reed pipes of the pipe organ

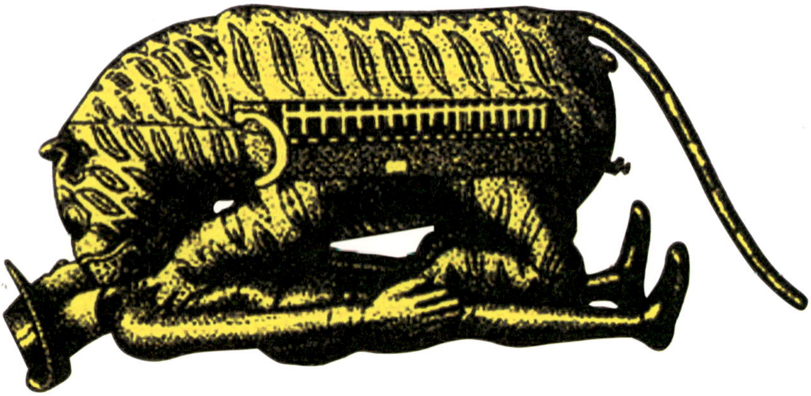

티푸의 타이거
(Tippoo's Tiger)

다. 티푸 타이거의 방법처럼 바람을 주입하고 이를 파이프에 연결하여 소리를 내는 공기울림악기[氣柱振動樂器][188]의 기능을 갖추게 되어 무리 없이 연주할 수 있었다.

이 악기의 재현 실험과 연주[189]에서 내부 관대에 떨청을 두는 것이 실험 결과 좋은 소리를 얻을 수 있었다. 이 악기는 관대의 길이 보다 떨청을 발음체로 하기 때문에 고대 동양의 팔음(八音) 분류에 이 악기를 대입한다면 죽부(竹部) 보다 금부(金部)에 속한다고 하는 것이 타당하였다. 전체적으로 생황(笙簧)의 기능을 차용한 악기라는 이유에서 잠정적으로 '백제생황'이라는 이름을 부여하게 된 것이다.

그러나 이러한 악기가 백제에 있었다고 하기에는 매우 생경한 것임을 인정한다. 더욱이 19세기 유럽에서 개발한 악기인 콘체르티나와 비교한다는 것은 상상의 비약이 크다는 비평을 감수해야 한다.

---

188) Ruth Midgley(ed), Musical instruments of the world: an Illustrated Encyclopedia by the Diagram Group (New York: Bantam Books, 1978), 252.

189) 국립국악원에서 2009년에 이 악기의 재현 연주회로 이종구작곡 '백제의 향기'를 발표를 하였다.

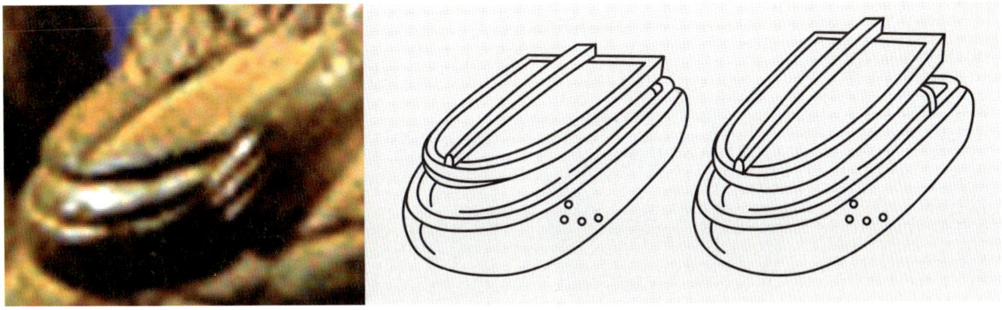

llustrator CS2에서 관악기(생황)일 경우로 드로잉한 디자인.
중앙이 공기를 배출할 때이고 오른쪽이 공기를 흡입할 때. 악기의 왼쪽(사진에서는 오른쪽)에 최대 4개의 지공(指孔)을 설정할 수 있다.

이러한 자성 속에 두 번째로 타악기로써의 가능성을 실험하였다. 하지만 예상했던 대로 타악기로써는 조소상과 일치하는 연주모습을 구상할 수 없었다. 오른손이 채를 잡은 모습으로는 좋은 고법을 구사할 수 없고, 왼손도 타악기라면 악기 본체에 대야 할 이유가 없기 때문이었다. 왼손은 본체에 댐으로써 악기가 밀려다니기 때문에 오히려 연주에 방해가 될 뿐이었다.

그러나 실험적인 타악기를 만들고자 하는 의도에서 시작한 일이니, 이러한 기능상의 결점을 무시하고 도상과 많이 다르지만 북채

관악기로서의 가능성 실험 악기
선입관 없이 도상의 원형을 따라 재현해 보는 것이 도상학[圖像學, iconography]에 접근하는 원칙이라 생각하여 모형을 도상에 따라 만들고 여기에 가능한 발음체를 대입시키고 보니 관악기가 타당하다고 여겨졌다.
이 가능성 실험을 위하여 만들었던 이 악기는, 기존 생황이나 배소보다 오히려 제작하기가 용이하였고, 발음, 공명, 연주 등의 음악적 효과도 원활하고 우수하였다. 이러한 고증과 실험을 거친 악기는 백제 고유의 것임과 동시에 새로운 국악기가 될 것이다.

여러가지 목어류 악기

이 악기는 북이 아닌 다른 종류의 타악기로 추정하여 목어(木魚) 또는 목탁(木鐸)일 가능성도 고려해 보았다. 그러나 역시 모양과 연주 모습이 같지 않았다.

(가)

(나)

(다)

(라)

(마)

(바)

(사)

도 고려하지 않은 채 본체만 제작해 보았다. 대표적인 타악기 막울림악기[Membranophone] 즉 북을 우선 시도하였지만 우려했던 것처럼 북통이 기형이기에 팽팽하게 북을 메울 수가 없었다. 때문에 느슨하게 메워 보았는데 그 결과는 탄력이나 강도가 모두 떨어져 음악으로 쓸 수 없는 물건이 되어 버리고 말았다. 북이라 하기 위해 억지로 만든 기형체일 뿐이었다. 양면고(兩面鼓)나 단피고(單面鼓) 2종류를 모두 고려해 보았다. 그래도 악기라 할 수 없는 물건이 되었다. 만약 북이 되었다손 치더라도 역시 세계 그 어디에도 없는 악기라는 점에서 관악기인 '백제생황'과 다를 바 없을 것이다.

방향을 바꿔 다시 생각한 것은, 공명통과 뚜껑이 분리된 타악기를 주름잡힌 물체로 연결하여 상하로 때려 소리 내는 몸울림악기[Idiophone]로 만들어 보는 것이었다. 뚜껑은 몸체의 전면에 부착하고 후면을 상하로 움직여 몸체를 두드리는 일종의 목탁(木鐸, wood block)을 만들었다. 이것 역시 목탁과 목어 등 탁월한 악기가 있는 상황에 이런 비효율적인 악기가 있어야 할 이유가 없었으며, 조상(彫像)에서 보이는 왼손의 기능과도 맞지 않아 무엇 하나 해결되었다고 볼 수 있는 것이 아니었다. 결국 타악기여야 한다는 전제아래 억지스럽게 꿰맞춘 모양 그 이상의 의미는 없었다.

백제고

국립국악원이 이종구가 제시한 외형을 따라 타악기로 제작하였지만, 악기로서의 효용성은 미치지 못하였다.

이런 과정을 거쳐 결국 이 악기를 관악기로써의 '백제생황'으로 이름 할 수밖에 없었다.

떨청을 발음체로 생황(笙簧)은 3천 년을 뛰어 넘는 역사를 갖고 있기에 이를 본받은 악기라는 긍정적인 면이 있었다.

생황은, 인도의 티푸, 서북아시아의 콘체르티나, 북유럽의 백파이프, 헬라 문화의 시링크스, 히드라우리스 등의 고대악기의 조상으로 세계 각 지역의 음악문화에 영향을 준 바 있다.

2009년 충남문화산업진흥원이 충청남도의 지원으로 백제금동대향로조소상의 오악사 악기 재현사업을 한 바 있다. 충남문화산업진흥원은 이 사업에 대한 선행연구가 많은 당시 한양대학교전자음악연구소장이었던 이종구에게 수행하도록 요구한 바 있으나 후일 충청남도가 국립국악원으로 지정을 바꾸게 되었다. 국립국악원은 백제금동대향로 발견당시 발표했던 악기이름을 토대로 악기를 만들고 학술대회를 기획하며 작곡가들에게 작품을 위촉하여 발표하는 정도면 충분하리라 싶어 별 준비 없이 이 프로젝트를 맡은 것으로 보인다. 그러나 이 학술대회에 주제발표자와 백제금동대향로조소상의 다섯 악기 복원 음악 작곡자로 참여하게 된 이종구가 기존 월금이니, 완함이니 하던 중악악사를 부정하면서 삼현악기임을 밝히고, 북이라 하였던 오른쪽1악사 악기의 정체를 설명하자 국립국악원은 이에 대처하는 이론을 찾기에 분주하였다. 그러나 국립국악원이 이에 맞설

이론을 찾을 수 없게되자 절충안으로 기존의 주장과 이종구의 주장을 동시에 수용하는 방법을 내놓았다. 즉 오른쪽1악사의 악기 모양이 이종구가 제시한 모양으로 바뀌어, 이상한 형태의 북을 제작하게 되었고 한편 역시 이종구가 설계하고 제작하였던 백제생황을 모방하여 결과물을 만들었다. 결국은 이종구가 제시하였던 관악기로써 또는 타악기로써의 가능성을 사실상 다 받아들인 것이다. '백제고' 사진은 이때 국립국악원이 만든 타악기이다. 디자인이 아름다워 캐릭터 상품으로는 좋을 것으로 보이나 악기로써는 실용성이 없다.

이름을 '백제생황'이라 한 백제금동대향로 조소상 오른쪽1악사의 악기는 세계 어느 곳에서도 비슷한 유형의 악기가 없다는 점에서 백제 자생악기일 가능성이 높다. 후학들의 지속적인 연구가 필요한 악기이기도 하다.

선입관 없이 도상의 원형을 따라 재현해 보는 것이 도상학[圖像學, iconography]에 접근하는 원칙이라 생각하여 모형을 도상에 따라 만들고 여기에 가능한 발음체를 대입시키고 보니 관악기가 타당하다고 여겨졌다. 이 가능성 실험을 위하여 만들었던 이 악기는, 기존 생황이나 배소보다 오히려 제작하기가 용이하였고, 발음, 공명, 연주 등의 음악적 효과도 원활하고 우수하였다. 이러한 고증과 실험을 거친 악기는 백제 고유의 것임과 동시에 새로운 국악기가 될 수 있다.

【제 4 편】

타악기

1.고(鼓)

등현 고취조전

고이왕이 북과 취주악으로 하늘에 제사지냈다는『삼국사기』의 기사만으로는 당시의 고취악 편성과 위용을 살피기 어렵다. 고이왕 재위기간 보다 100여년 후대에 만들어진 것이기는 하지만, 남북조시대의 등현남조묘(鄧縣南朝墓)에서 나온 벽돌에 고취악과 관련된 제천의식 유물이 있어 간접적으로나마 그 흔적을 찾을 수 있다.

『삼국사기』권24, 「백제본기」고이왕 5년 조에 "하늘과 땅에 북과 취주악기로 제사를 지냈다[祭天地用鼓吹]"라 하였고, 같은 책 「백제본기」 권27에는 무왕 37년 3월에 "왕이 좌우 신료들과 함께 사비강 북쪽 포구에서 잔치를 베풀었으며 포구의 양쪽 언덕에 기암괴석이 서있고 그 사이에 진기한 화초가 그림 같으니, 왕이 술을 마시고 몹시 즐거워하여 북(鼓)을치고 금(琴)을 타며 스스로 노래하였다.[王率左右臣寮 遊燕於泗河北浦 兩岸奇巖怪石錯立 間以奇花異草 如圖 王飮酒極歡]" 라는 문장도 있다. 이 사료(史料)로서 백제 악기에 '고'(鼓) 즉 '북'이 있음을 알 수 있다.

백제에 '북'이 있었음은 이외에도『삼국사기』「악지」나『수서』,『북사』,

『통전』, 『문헌통고』 등의 문헌에서도 확인할 수 있다.

북은 사실 어느 나라 어느 민족이나 다 가지고 있는 악기이다. 이러한 사서(史書)의 기록이 아니어도 700년 이상 세상을 호령하던 백제에 북이 없었다 할 수는 없을 것이다. 어떠한 종류의 북이었고 어떤 음악에 쓰였는지가 더 중요하다. 북은 음악적으로, 저음을 낼 수 있는 큰 규모의 북으로부터 춤추며 놀기에 적합한 소고(小鼓)까지 북은 종류가 많지만, 나름대로의 쓰임새가 서로 다르다. 큰 규모의 북은 큰 황소나 말의 통가죽 1장을 한 면으로 쓴다. 소리의 전달력이 크기 때문에 큰 규모의 궁중음악이나, 야외에서 많은 사람들이 모여 지내는 제천의식, 사찰의 법고, 전쟁에서 진군의 신호 등으로 사용되었다. 이밖에도 야외 놀이, 기악(伎樂) 등 실외에서 연희할 때에는 이보다 작았을 것이고, 노래반주나 실내악에는 이보다 더 작은 악기를 사용하였다. 춤을 출 때는 가볍고 움직이기 편한 더욱 작은 소고가 어울리는 것이다.

북은, 음악에서만 사용한 것이 아니라 의물로도 사용하였다. 그래서 삼재(三才), 즉 천·지·인 사상에서 북은 지축을 흔드는 악기로 인식되었다. 왕이나 고관, 장군, 무당 등이 벌이는 의식에서 상징성이나 위엄을 나타내는 의물로 쓰인것이다.

북은 양면고(兩面鼓)와 단면고로 나눌 수 있는데, 동아시아에서는 양면고를 선호하였다. 반면, 중동지방에는 도이라(Doira) 등의 단면고가 아주 흔한데 동아시아에서는 비교적 희귀하다. 중국 남방에 쓰는 단피고(單皮鼓)와 러시아 동부 축치(Chukchi)족의 악기정도가 있을 뿐이다.

북이 이렇게 음악과 의식에 두루 사용되다 보니 북통을 비롯한 외장에 많은 도안들을 두어 화려하게 장식하는 일이 많았다. 특히 의물로써의 북에 이러한 장식은 필수였다.

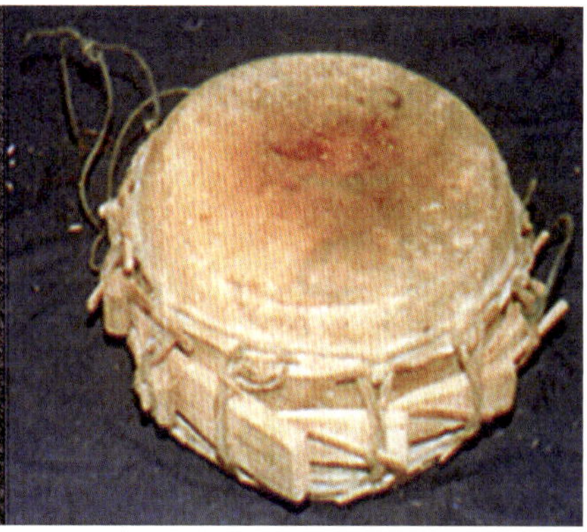

한국의 풍물북과 중국 백제(百濟) 지방의 법물(法物)인 북

요즈음 제작되는 풍물북은 북의 양면을 엮는 축승(줄)을 가늘고 질긴 화학사로 흔히 사용한다. 예전에는 가죽끈, 삼줄, 천, 노끈 등으로 묶었다. 또 쐐기도 불규칙하고 투박한 것을 사용하였는데, 그러면 중국 광서자치구 백제지방의 법물인 사공무 북의 외형과 더욱 유사하게 된다.

이에 비해 장식이 전혀 없는 소박한 북이 한반도에는 전해 온다. 양면의 가죽을 북통 중앙에 모아 묶어놓고 그 가운데 목재의 지름대를 질러 조율도 할 수 있게 하는 북이다. 흔히 풍물북이라 부르는 이 북은, 풍물놀이 등 민속음악에서 즐겨 사용하던 악기이며, 주변 국가에서는 찾아보기 어려운 독특한 것이다.

중국 장족박물관에서 장족문화를 다룬 『사공[190]·의식·신앙(師公·儀式·信仰』, (장학총서, 양수철 지음, 남령, 광서인민출판사, 2006)이라는 책에, 오래된 '북' 사진이 게재되어 있다. 장족의 전통 제례의식이며 원시 종교의 일종이라 할 수 있는 사공무(师公舞)를 출 때만 사용하는 법물(法物)이라 한다. 이 북이 바로 우리 풍물북과 유사하다. 이러한 종류의 악기는 우리나라의 궁중 의례에 사용한 흔적이 보이지 않고, 중국의 한족(漢族) 문화권에서도 찾아보기 어렵다. 북은 무율악기이기 때문에 사실상 조율이 필요 없지만, 소

190) 장족(莊族)들의 민속신앙

리의 탄성을 얻기 위한 조율은 한다. 가죽에 물을 먹였다가 다시 건조시켜 가죽의 수축정도를 높이는 방법으로 조율한다. 우리의 풍물북은 이러한 건조 상태로 조율하는 방법 말고도, 북통에 있는 지름 대에 조그만 나무 조각으로 만든 쐐기를 박아 가죽의 팽창정도를 조정하면서 조율하는 방법을 추가하고 있다. 이런 한국의 토종악기와 유사한 악기가 광서자치구의 사공무에서 신물(神物)로 사용하였다니 놀랄만한 일이 아닐 수 없었다. 한편 그 많은 중국사서에 기록되어 있는 오·월백제와의 관계를 생각한다면 오히려 당연한 일일수도 있다. 사공무가 있는 광서자치구는 바로 중국의 백제인 백제향(百濟鄕)이 있는 곳이다.

2. 요고(腰鼓)

요고(腰鼓)는 악기를 허리에 매고 연주하거나 춤을 출 때 쓰는 북이다. 형태는 악기통의 중간부분인 배가 부르고 양끝으로 갈수록 가늘어지는 배흘림형 요고와, 장구처럼 허리가 가는 두 종류의 요고가 있는데, 후자를 세요고(細腰鼓)라 한다. 두 종류 모두 가볍고 휴대하기 쉽기 때문에 야외놀이나 춤, 무속 등의 음악에 주로 쓰인다.

국보 106호 계유명전씨아미타불비상(癸酉銘三尊千佛碑像)의 석상에 새겨진 요고는 세요고이다. 과거 고조선을 이루던 북방민족들의 이동노선에 따라 분포되어 있어서, 이 악기가 오래전부터 우리 민족과 같이 있던 악기였음을 알 수 있다. 세요고의 한 종류인 모원고(毛員鼓)는, 『구당서』 음악지에, '수당시절, 천축, 구자, 부남 등의 기악(伎樂)에 사용되었다'고 하였다. 천축(天竺)은, 흔히 인도를 생각하지만, 히말라야산맥의 북쪽에 위치한 산악지대에 단군조선의 후예들이 이동하여 살던 곳까지도 포함한다는 연구가 있다. 구자(龜玆)는 중국 감숙성(甘肅省)의 서쪽, 신강성(新彊省)의 북쪽에 있었던 고대국가로, 북쪽으로 천산산맥을 의지하고 남쪽으로는 타림하(河)를 경계로 하였으며, 대부분 타클라마칸 사막이 차지하는 곳이었다. 인구 구성은 대부분 고조선을 구성한 흉노 계열의 민족들이었다. 부남(扶南)은 오늘날 타이와 캄보디아 지방에 있었던 고대국가이다.

계유명전씨아미타불비상(癸酉銘三尊千佛碑像)의 석상 요고

운강석굴 세요고

돈황의 석굴과 사천성의 성도(成都, 청뚜)에도 요고를 연주하는 석각(石刻)이 있다.

몽촌역사관에 전시된 백제시대 장구통

세요고는 북위시대에 조성된 운강석굴에서도 확인할 수 있는데, 이곳은 오늘날 대동(大同)시 부근으로, 요서백제의 접경지대였다. 실크로드 서쪽에서부터 몽골을 거쳐 만리장성 이북에 거주하던 이른바 동호라는 고조선 민족들이 애용하던 양면 막울림악기가 세요고이다. 그 분포가 서쪽의 실크로드 뿐 만 아니라 동으로도 뻗어나가, 요서, 요동, 만주, 한반도, 일본 등으로 이어졌다.

중국 광서자치구의 백제 지방에는 장족이 많이 사는 자치구 안에 있다. 이 장족박물관에 있는 세요고는 한쪽 모양이 거의 원구형에 가깝지만 좌우 대칭에서 벗어나 독특하다.

세요고 북통은 나무나 도자기를 사용하는데, 도자기로 만든 세요고는 무

중국 백제 지방의 세요고

거워서 악기의 흔들림이 적다는 장점이 있다. 이에 비해 목제는 도자기보다 울림이 좋아서 소리의 빛깔이나 음량이 풍부하여 이 악기가 갖고 있는 매력을 한껏 발휘할 수 있다.

허리에 매고 세운 형태를 유지하며 양손으로 연주하기도 하고, 가로로 놓고 양면을 연주할 수도 있다. 채를 이용하여 칠 수도 있는데, 이 경우 '채'를 뜻하는 '장'(杖)자를 사용하여, 장고라 한다. 그래서 장고는 세요고의 한 종류인 것이다. 휴대하기에 간편하여 춤을 추는 도구로도 사용하였던 장고(杖鼓)는, 다시 장고(長鼓) 즉 길이가 긴 세요고로 변화하면서 악기가 커진 것이다. 이러한 종류의 장고는 소리의 울림이 단연 좋아지고 음량도 풍부하여 음악적 효용성이 커졌다. 그래서 정악, 민속악, 종교음악을 따질 것 없이 국악의 모든 분야에서 두루 애용된다. 장고는 한반도뿐 아니라 고구려의 고지였던 길림성, 만주, 요령성, 흑룡강성은 물론, 대륙백제의 옛터인 북경 부근의 하북성과 내몽고까지 우리민족이 있는 곳이면 어디든 항상 같이 하던 악기다. 그러니 장고는 고조선 이래 역대 한국사의 모든 국가에서 사용하였던 대표적인 타악기라 할 수 있다.

대한제국시절의 장구

배가 부른 모양의 요고는, 중국의 한족들이 화고(花鼓)라는 아칭으로도 부르는 악기이다. 만족(滿族)과 이족(彝族)이 즐겨 사용하며, 나무와 가죽으로 만들고, 크기는 길이가 27cm에서 38cm 정도이고, 최대 지름은 20~27cm정도로 제작된다.

우리음악의 보배

천상천하를 넘나드는 음양의 악기 장구

우리가 표준말로 쓰는 '장구'는 장고(杖鼓)라는 한자말이 변한 것이다. 세요고의 한 종류이다.

세상에는 참으로 많은 종류의 타악기들이 있지만, 악기로써의 기능이나 효용성은 물론 미적 조형성까지 뛰어난 최고의 타악기를 꼽으라면 주저하지 않고 장구를 들 수 있다. 이 악기의 장점은 2개의 서로 다른 북통을 하나로 연결해 저음과 고음을 한 악기에 두고 서로 돕고 배음까지 조화를 이루어 풍부하게 한다는 점을 들 수 있다. 이러한 종류의 다른 악기로 팀파니나 팀발레스(Timbales), 콩가(conga) 같은 악기가 있는데, 모두 여러 개의 개체를 모아 나열하여 연주하기 때문에 부피가 크고 차지하는 면적도 넓으며, 이동이 불편한 점이 있다.

또 따로따로이기에 배음의 연결은 지극히 미미하다. 이에 비하여 장구는 가볍고 간편하면서도 음악적으로 우수한 기능을 잃지 않는다. 그 우수한 기능이라 하면, '북편'이라하는 왼쪽의 저음북과 '채편'이라 하는 오른쪽의 고음 북이 명료하게 대비되는 음악효과를 이루는데 있다.

북편은 비교적 두꺼운 쇠가죽으로 메우고, 채편은 보다 얇은 개가죽이나 양가죽으로 메워 음빛깔을 다르게 한다. 이러한 조화의 특성은 다른 악기를 포용하고 감싸주는 협화율이 뛰어나 성악이든 기악(器樂)이든 또 다른 타악기이든 장구로 하여금 잘 어울리게 한다. 그래서 풍물이나 무악에서 이 장구가 음악의 중심에서 이끌어 나가는 역할을 할 수 있는 것이다.

양쪽 가죽을 고정시키기 위하여 쇠붙이로 둥그렇게 만든 원철(圓鐵)에 실로 꼬아서 만든 축승이라는 끈으로 몸통을 양쪽에서 얽어매는데, 이 기능은 단순히 악기를 결합하는 차원을 넘어서 소리의 높낮이를 조정하게 하는 조율의 기능까지 겸한다.

연주법도 다른 세요고처럼 손가락이나 손바닥으로 치는 이외에, 대나무를 얇게 깎아 다듬은 '열채'나, 가는 대나무 뿌리에 딱딱한 구슬을 낀 '궁채' 등 다양하여 다채로운 음빛깔을 구사할 수 있다. 음빛깔의 변화는 채의 종류에 따르는 방법 이외에도 북의 어느 부분을 치느냐에 따라 현저하게 다른 것이 장구다. 장구는 궁편과 채편의 두 북 복판을 두드려 내는 소리를 기본으로 하지만, 원철과 북통 사이 이른바 '변죽'을 쳐서 날카로운 듯 맑은 또 다른 소리를 구하게 된다.

북통의 위치에 따라 소리가 다른 것처럼 변죽에서도 치는 위치에 따라 또 다른 다양한 소리를 얻을 수 있다. 단일 악기로서 이렇게 무한한 음빛깔을 구사하면서 다른 종류의 악기와 어울릴 수 있는 악기로 장구 이상 없을 것이다. 그래서 장구하나로 현란한 음빛깔이 변화와 통일을 이끌며 자아내는 멋들어진 장구독주음악에 몰입할 수 있다. 또 섬세하고 우아한 춤사위에서부터 격렬하면서 극적인 춤에 이르기까지 인간의 희로애락을 유감없이 표현하는 춤을 이끌어 낸다.

당나라(위)와 고려(아래)의 자기(瓷器) 장구통

장구춤

춤 : 최지은

중국 섬서고무(陝西鼓舞)의 요고춤

중국 섬서성의 비물질문화유산(非物質文化遺産)인 요고 춤. 이들이 메고 있는 악기는 세요고가 아닌 배가 부른 요고이다.

제4장

백제 음악

제1편

백제음악의 성격

1. 백제음악의 특성

백제음악에 대한 연구는 1940년대의 안확(安廓)[191]과 1960년대 장사훈 등의 학자들에 의해 태동하였다. 안확은 백제가요와 조선시대의 가곡형식을 비교하는 문학적 접근에 주력하였고, 장사훈은 삼국시대 전체를 조망하는 차원에서 백제음악을 다루었다. 이시대의 대부분 연구가 그러했듯, 관련 사료(史料)는 『삼국사기』와 식민사관에 입각한 백제사의 한계에 머무르고 있다.

이혜구가 1985년에 쓴 『일본에 전해진 백제악』[192]은 순수한 백제음악의 최초 연구[193]라는 큰 의미가 있다. 특히 일본의 육국사[194]와 여러 고대 사

191) 호는 자산(自山), 일제강점기에 국학, 정치사, 문학사, 국어학, 음악, 미술 등의 여러 분야에 관한 글을 집필하였다. 특히 1930년 잡지 『조선』에 『조선음악의 연구』와 『안자산의 국문학연구』등의 저서를 통해 백제가요의 음악형식과 인지요록(仁知療錄)의 기악(伎樂) 등 백제음악과 국악 전반에 대한 글을 남겼다.

192) 이혜구, "일본에 전하여진 백제악" (대전: 충남대박물관, 1971), 『한국음악논총』(서울: 수문당, 1976), 164-190 재인용.

193) 전통예술원 편, 『한국고대음악의 전개양상』 (서울: 민속원, 2001), 130.

194) 일본의 나양(奈良)시대에서 평안(平安)시대까지의 역사를 일본 왕실에서 엮은 여섯 가지의 역사책으로 모두 편년체이며 한문으로 썼다. 『일본서기』(日本書紀), 『속일본서기』(續日本書紀), 『일본후기』(日本後記), 『속일본후기』(續日本後記), 『일본문덕천황실록』(日本文德天皇實錄), 『일본삼대실록』(日本三代實錄)

전 등, 다양한 사료를 적극 활용하였다는 점을 높게 평가할 수 있다. 이 논문은 백제음악이 일본에 건너간 사실을 체계적으로 문헌 제시와 함께 서술하였고, 일본에 건너간 백제악의 스승들과 그 제자들의 계보를 정리하였으며, 일본에서 사용하였던 횡적, 군후, 막목 등의 백제 악기도 소개하고 있다. 백제 음악에 대한 10종의 사료도 『속일본기』등의 일본문헌에서 색출하여 제시하였다. 이밖에도 이혜구는 고구려음악과 관련한 『와공후와 현금』 이라는 또 다른 논문을 통해서 백제 악기 군후를 와공후라 하지 않고 실제로 백제금[195)]"(百濟琴)이라 하였다는 것을 주장하면서, 와공후와 군후가 모두 거문고이거나 이와 같은 계열의 악기일 것으로 추정하였다. 이 백제 악기에 대한 견해는 뒷날 후학들에 의해 찬반(贊反)[196)]의 견해차를 보이며 다양한 연구를 할 수 있는 계기가 되었다.

일본문헌을 근거한 백제음악의 연구가 이렇게 어느 정도 활기를 띄고 있었던 것에 반하여, 한국과 중국 문헌을 통한 대륙백제음악의 연구는 매우 미진하다. 20세기 후반에 중국의 개방과 인터넷의 발달에 힘입어 25사 문헌을 쉽게 접할 수 있고, 백제음악과 관련된 유물이 추가로 발견되어 새로운 연구가 출현하고 있다. 이러한 결과물들이 기존 연구에 당연히 반영되어야 할 일이지만, 아직은 그 통합정리가 부족하다. 더구나 이 분야의 연구자들은 식민사관의 그늘에서 벗어나기는 것을 꺼리고 있는 실정이다.

백제 역사의 사료는 백제문화개발연구원이 1985년에 펴낸 『백제사료집[197)]』(百濟史料集)과, 사학자 양종국이 2006년 『중국사료(中國史料)로 보는 백

195) 전통예술원 편, 『한국고대음악의 전개양상』, 457.

196) 권오성, 송방송, 이진원 등의 학자는 대체로 군후(○篌)를 와공후 또는 거문고[玄琴]로 해석한 이혜구 박사의 주장에 찬성하고 있는 반면, 조석연 등 삼국사기 악지의 기록에 따라 진나라 칠현금이 변천한 것이 거문고라는 기존 거문고의 정체성을 옹호하는 학자들은 반대의 견해를 보인다.

197) 백제문화연구원 편, 『백제사료집』(百濟史料集) (서울: 민속원, 1985)

제(百濟)[198]』등 두 책에 대부분 수록되어있다. 앞의 책은 한국 측 금석문과 『삼국사기』, 『삼국유사』등의 국내 사료와 중국의 25사, 『일본서기』등 6국사에서 발췌하여 편찬한 것이고, 뒤의 책은 중국문헌[199]에서 19종의 사료를 종합적으로 뽑아 정리하는 한편 9종의 금석문까지 포함하고 있다.『중국사료로 보는 백제』에는 11종의 백제 음악에 대한 사료를 따로 정리하고 있다.

이러한 여러 사료들 중에서 음악관련 기사는『태평어람』에 가장 많이 게재되어 있는데 그 중 아직까지 우리 음악계에 크게 알려지지 않았던 백제 음악의 성격을 구체적으로 서술하고 있다.

> 만보상의 악서부를 보면 기악(伎樂) 중에서 오직 백제의 음악이 맑아 사람들이 부르고 있으나 그 노래의 곡조는 이루다 적을 수가 없었다.
> 萬寶常觀於樂署部 伎樂中 惟百濟樂淸 有歌人間 謳謠之曲 不可勝載
>
> 『태평어람』564권「악부」

이 문장에서 말하는 만보상은 64종의 악보를 수록하고 있는 『수서』(隋書) 중 「만보상전」(萬寶常傳)이다. 이 문헌에 따르면, '당나라의 음악기관인 악서부의 여러 가지 기악 중에서, 오로지 백제음악이 맑아 인기가 많아 애

198) 양종국/공주대학교 백제문화연구소, 『중국사료(中國史料)로 보는 백제(百濟)』백제문화연구총서 제4집 (서울: 도서출판 서경문화사, 2006)

199) 삼국지(三國志), 후한서(後漢書), 송서(宋書), 남제서(南齊書), 양직공도(梁職貢圖), 위서(魏書), 양서(梁書), 주서(周書), 수서(隋書), 괄지지(括地志), 진서(晋書), 한원(翰苑), 남사(南史), 북사(北史), 통전(通典), 구한서(舊漢書), 당회요(唐會要), 태평환우기(太平寰宇記), 책부원구(册府元龜), 신당서(新唐書), 자치통감(資治通鑑), 통지(通志), 문헌통고(文獻通考), 조선약사(朝鮮略史), 우공추지(禹貢錐指), 어정연감류함(御定淵鑑類函), 흠정만주원류고(欽定滿洲源流考), 흠정속통지(欽定續通志) 등을 문헌사료로 택하고 있다.

창되었다'는 것이다. 이는 백제기악(伎樂)에서 노래가 중요하게 쓰였음을 보여주는 한편 대중적 지지도가 컸음을 말하는 것이다.

동양음악에서 맑다는 뜻으로 쓰는 글자 '청'(淸)자는, 십이율사청성(十二律四淸聲), 중청성(重淸聲), 「청성삭대엽」(淸聲數大葉), 「청성곡」(淸聲曲), 등의 용어에서처럼 '음이 높다'는 뜻으로도 흔히 쓰였다. 높다 혹은 낮다는 개념에는 항상 그 비교의 대상이 있어야 한다. 예를 들어 「청성곡」은 「태평가」의 반주음악에 비해서 높은 조로 조옮김되었다는 전제가 있는 것처럼, 막연하게 높다고 하지는 않는다. 사람의 인체를 통하여 표현하는 노래에서는 '높다', '낮다'라는 개념 속에 다른 차원의 기준치가 있게 된다. 즉, 목소리에는 중음역과 고음역 사이에는 발성상의 경계가 있는데, 이 음역을 넘어서면 고음이라 할 수 있는 것이다. 이 절대치라 할 수 있는 '경계음역대'는 이탈리아 말로 흔히 파사지오(passaggio)라 부르며, 이는 사람마다 다르고 또 건강 상태에 따라서도 다소 변할 수도 있다. 고음이란 바로 이 경계음역대 이상의 소리라고 정의할 수 있다. 고음은 진성(眞聲)으로도 낼 수 있지만 가성(假聲)으로도 낼 수 있는 특성이 있다. 가성은 기악에서의 꼭두청과 유사한 것으로, '속청'이라는 말로도 쓰인다. 질러서 소리 내는 진성(眞聲)으로서의 고음이 아닌 가성(假聲)을 말함인데 팔세토(falsetto)[200]라고도 한다. 진성이 힘을 실은 역동적인 소리라고 할 때 가성은 가히 맑은 소리 즉 청성(淸聲)의 고운 음빛깔이 특성이다. 가성은 고음에서만 가능한 것이어서, 『태평어람』에서 백제음악이 '맑다'라고 한 표현을 '높다'라고 해석할 수 있고, 그 노래에는 가성이나 가성음역대의 소리가 많이 포함된 음이 많다는 풀이도 가능하다. 국악에서는 이 가성의 고음을 "세청(細聽)이라고도 하는

200) "가짜 소프라노"를 뜻하여 전통적으로 성인 남자의 두성을 나타내며, 진짜 소프라노인 여성에 대해서는 이 용어를 사용하지 않는다.

김월하 정가 중요무형문화재

가곡·가사·시조 명창 김월하(1919~1996), 중요무형문화재 제30호 가곡 예능보유자

데 이는 비단실을 뽑아내듯 가늘게 내는 소리"라 흔히 표현한다. 과학적으로는 배음(倍音, harmonics)으로 내는 소리를 뜻한다. 이 창법은 판소리나 민요 등 모든 성악에서 두루 사용하지만 특히 정가(正歌)에서 그 활용도가 크다. 정가 중에서도 뛰어난 예술성을 자랑하는 가곡(歌曲)은 그 별명이 일청이조[201](一清二調)로 여기에도 '맑다'라는 표현이 사용되고 있다.

『태평어람』에서 '백제의 음악이 맑다'[惟百濟樂淸]라 말한 것은 종합적으로 현행 가곡처럼 높고 맑은 목소리를 우선으로 하는 음악이었다고 특징지을 수 있다.

조선시대의 가곡(歌曲)과 백제가요를 연결한 연구가 있으니, 안확(安廓, 1886-1946)의 『안자산의 국문학 연구』가 그것이다. 그는 이 책에서 『고려사』악지(樂志)를 들어 소개된 선운산곡(禪雲山曲), 무등산가(無等山歌), 방등산가(方登山歌), 정읍사(井邑詞), 지리산가(智異山歌) 등 5편의 백제가요를 소개하고, 가사와 음악형식이 전하고 있는 정읍사(井邑詞)를 예로 하여 백제가요의 음악 형식을 조선시대의 만대엽, 중대엽, 초수대엽 등의 가곡형식에 비교한 바 있다. 그에 따르면 백제가요의 음악과 형식의 전통이 고려와 조선에 이어져 오늘날의 가곡(歌曲)과 맥락을 같이한다는 것이다. 이러한

201) 一淸二調 : 좋은 정가의 조건은 첫째는 목소리가 맑아야(높아야) 하고, 둘째는 가락 즉 음악의 해석을 잘 해야 한다는 뜻이다.

그의 이론은 『태평어람』이 전하는 "백제의 음악이 맑아 사람들이 부르고 있으나 그 노래의 곡조는 이루다 적을 수가 없었다"는 문장과 상통하는 점이 있다. 그래서 조선시대 가곡의 뿌리는 저 멀리 백제음악에서 기원하였다고 말할 수 있다.

백제가요 정읍사 재현 장면

2010년 전주세계소리축제 개막제 "천년의 사랑 여행" 중 백제가요 「정읍사」 재현 장면 (총감독 김명곤, 음악감독 및 작곡 이종구)

2. 음률(音律, Temperament)

고대 동양음악에서 일반적으로 사용하던 삼분손익법(三分損益法)에 의한 음률을 백제음악에서 사용하였을 것으로 보인다. 복잡한 비례식을 따라 음률을 구하는 순정률 보다 2:3의 단순비만 연속 적용하여 사용하는 삼분손익법은 피타고라스율(pythagorean temperament)이라고도 하는 인류가 자장 보편적이고 폭넓게 사용하던 음률 창출법이다. 대륙백제의 강역(疆域)과 그 주변에서는 이미 율관을 정하여 표준음을 고정하였고, 이에 삼분손익법을 적용하여 12율[202]을 만들었다. 이는 조

202) 사기(史記)에는 12율명의 명칭과 이에 포함한 상징성을 1년 12달의 월령적 관계로 다음과 같이 설명하고 있다.

황종(黃鐘) : 황천에서 양기를 쏟아냄을 상징하며 11월에 해당함.
(象征着陽氣衆黃泉中涌出, 對應十一)

태주(太簇) : 만물을 다시 살려 모음을 상징하며, 1월에 해당함.
(象征着萬物簇生 , 對應正月)

고선(姑洗) : 만물이 새롭게 생겨남을 상징하며, 3월에 해당함.
(象征着萬物洗生 , 對應三月)

유빈(蕤賓) : 음기가 적음을 상징하며 5월에 해당함.

율이 용이한 현악기보다, 지공의 위치로 음률이 고정하는 관악기에서 더 욱 분명해 진다.

삼분손익의 이론은, 시대적으로 백제에 훨씬 앞선 진(秦)나라 시절 동이 족이었던 여불위[203] (呂不韋, ?~B.C. 235)의 여씨춘추(呂氏春秋) 중하기(仲夏紀) 고악편(古樂篇)에 이미 나오고 있다.

여기에는 삼분손익의 사상적 의미를 설명하며, 과학적 문제점이 있음을 암시하고 있다. 삼분손익을 2회 연속하면 기음과 함께 3음계가 구성될 수 있고 4회에서 5음계를 만들게 된다. 그러나 12율을 모두 구할 경우 이른바 고대음률오차 또는 피타고라스오차라는 편차가 생겨 1옥타브가 같은 음으로 들리지 않고 다른 음으로 들리는 문제가 생긴다. 근대적 개념에서 본다

(象征着陰氣幼少，痿陰不用事，對應五月)
이측(夷則) : 양기가 만물을 죽임을 상징하며, 7월에 해당함.
(象征着陽氣 厄殺萬物，對應七月)
무역(無射) : 음기가 성하고 양기가 쇠퇴함을 상징하며 9월에 해당함.
(象征着陰盛陽衰，對應九月)
임종(林鐘) : 만물이 우거져 무성함을 상징하며 6월에 해당함.
(象征着萬物林林然，對應六月)
남려(南呂) : 양기가 떠돌아 숨는 상징성이 있으며 8월에 해당한다.
(象征着陽氣之旅入藏，對應八月)
응종(應鐘) : 음기가 때를 만나 일어나는 것을 상징하며 10월에 해당한다.
(象征着陰氣應時而起，對應十月)
대려(大呂) : 양기가 올라가서 내려오지 못하니, 만물은 감춰 나오지 않는 것을 상징하며 12월에 해당한다.
(象征陽氣在上未下, 萬物萌伏不出, 對應十二月)
협종(夾鐘) : 음양이 서로 얽혀있음을 상징하며, 2월에 해당한다.
(象征着陰陽相互交錯，對應二月)
중려(中呂) : 만물이 떠도는 것이 극에 달하여 서쪽(가을)으로 가는 것을 상징하며 4월에 해당한다.
(象征着萬物尽旅而西行，對應四月)

203) http://blog.tianya.cn/blogger/post_show.asp?BlogID=1890112&PostID=16190311 2013년 1월 25일 접속.
여불위는, 동이족의 기마전술로 진(晉)나라에서 분리된 조(趙)나라 사람으로, 그 역시 동이족이었다. 그는 주(周)나라의 백작국이었던 진(秦)나라의 대상(大相) 벼슬을 하면서 왕비와 몰래 사통하여 장양왕을 낳으니 그가 후일 진시황이 된다.

면 1옥타브를 1200센트[204)]라 할 때 큰온음(즉 황종에서 태주 사이)은 204센트가 된다. 작은온음을 인정하지 않는 삼분손익법에서 1옥타브를 구성하는 6개의 큰온음만을 합하고 있기 때문에 1224센트가 되어 1200센트 보다 음정이 넓게 된다. 이로 인하여 '황종(黃鐘)'과 '청황종'(淸黃鐘) 사이에 24센트의 오차가 발생하기 때문에 옥타브가 다른 음으로 들리게 되는 것이다. 이를 비례식으로 본다면 순정율의 옥타브 차이가 1 : 0.5인데 비하여, 삼분손익에서는 1 : 0.4933이 되는 차이로 설명할 수 있다. 이러한 문제를 해소하려는 노력은 고대에서도 벌써 여러 차례 시도 되었다. 그 대표적인 인물로 한나라 때의 경방(京房, B.C. 77~27년)과 남북조시대의 전악지(錢樂之, AD 424~453) 그리고 심중(沈重, ?~?) 등을 들 수 있다. 오차의 폭을 조정하여 53센트, 또는 360센트까지 증가하려는 방법을 연구하였다. 이들은 당시 음악에서 사용하는 오음계(pentatonic scale)와 온음계(Diatonic scale)를 구성한 이후 같은 방법으로 계속해서 12음까지 삼분손익을 추가하면서, 오음음계에서 빠진 이외의 음들에서 편차를 조정하려 하였다. 중기(中期)백제라 할 수 있는 동진(東晉)때 하승천(何承天, 370~447)은 삼분손익법의 1:0.333… 오차를 피하기 위하여 7:3의 단순비로 균등한 12율을 구한 바 있는데, 그가 살던 동진은 마라난타승을 통하여 백제에 불교를 보낼 정도로 아주 가까운 관계를 유지하였던 나라이기 때문에 음정 산출방법도 백제와 공유하였을 가능성이 크다.

이러한 산율법은 다시 수나라로 이어져 류작(劉焯, 544~610)에 의해 12평

204) 음정을 나타내는 단위로 진동비를 음악에서 사용하기 쉬운 가감(加減)수로 바꿀 때, 대수의 값이 무리수 등으로 복잡하여 옥타브를 나타내는 log2의 값 0.30103을 1200이라는 수로 환산하는 것이 센트이다.

피타고라스와 피타고라스 율

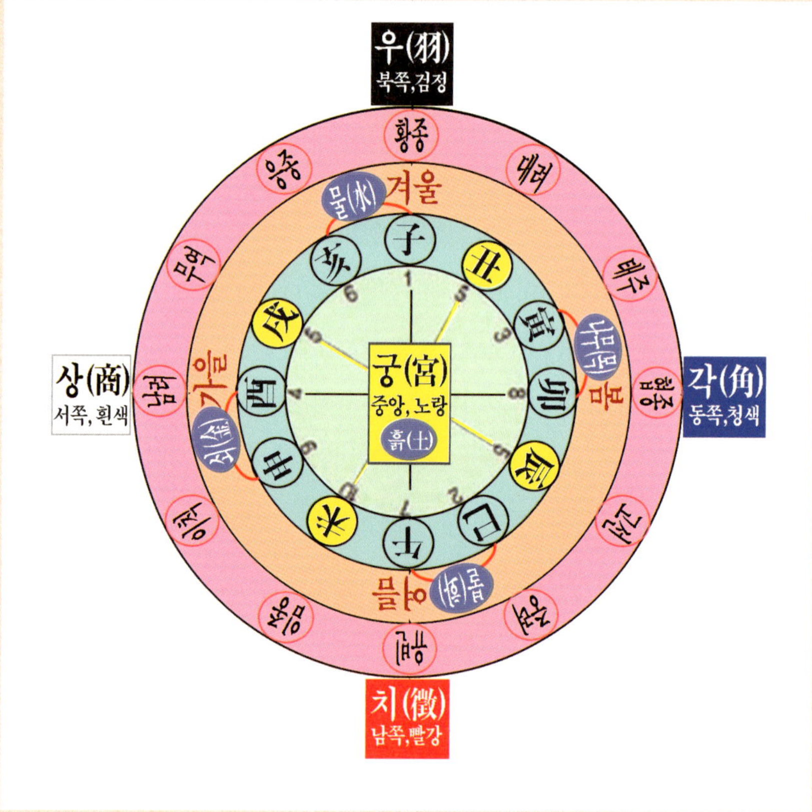

12율려방위

균율까지도 산출하게 된다.[205] 이때는 아직도 백제가 대륙을 경영하던 시기이기에, 삼분손익은 물론 평균율을 사용하였거나 적어도 그 정보를 공유하였을 개연성이 있다. 더욱이 백제의 악기가 내지(內地)[206]의 그것과 유사하다는『통전』(通典)의 기록으로 볼 때 악기조건의 기본이 되는 음정산출의 여러 방법을 적극 활용하였을 것이다.

『악서』에 당나라 연악(宴樂)에서 음악과 춤을 추던 백제 예술가들이 동이음악을 연주하였다는 글이 있다.

> 『악서(樂書)』174권, 호부, 백제악
> 백제의 악무공인은 큰 소매의 노란색치마와 저고리를 입었고 장보관을 썼으며 가죽신발을 입고 동이음악을 연주 하였다.
> 百濟樂舞工人 紫大袖 裙襦 章甫冠 皮履 東夷之樂也

동이음악의 특징은, 음계에서 삼재(三才) 오행(五行)사상에 따른 3음계와 오음계의 특성이 있다는 것은 필자가 오래전부터 주장해 온 이론이다. 백제의 수도가 있었던 한반도의 경기, 충청, 전라 3도의 민속음악은 기본적으로 3음계를 아직까지도 축으로 하고 있다. 이 3음계는, '황종'을 기본으로 설정하여 2회의 삼분손익을 통해 구할 수 있는 '임종'과 '태주'로 구성한 것이다. 3음계를 한나라 때 류운(劉歆, B.C. 50~AD 23)이 천·지·인(天·地·

205) 유소군(俞晓群), 律数的构成, 2009-1-4 11:46:00 xiaoqun56091.blog.tianya.cn. 2013년 1월 20일 접속.

206) 당나라의 기록이니 내지는 당나라를 말하는 것.

人)을 상징한다고 하여 우주 조화론으로 설명한 바 있다.[207)]

음악예술에서 천·지·인 삼재사상은 우선 음정조직에서부터 적용된다.

음악의 기초 자료인 음은, 공기의 진동이 귀를 통해 인체에 전달되어 인식된다. 음높이는 이 진동의 수에 관계된다. 인간 가청범위는 대략 20~20,000진동/초이다. 그 중 어느 진동의 음을 기준음으로 삼고, 이를 어떤 방법으로 또 다른 음들과 연계하여 음악으로 만드는가를 규정하는 것이 음률(音律, temperament)이다. 그 기준 음을 동양에서는 황종(黃鐘)으로 정의하였다. 황종은 중앙의 색이고, 종(鐘)은 음의 종자(種子) 즉 씨앗이니, 이로부터 음악에 쓰이는 다른 음을 잡아가는 중심이자 표준이 되는 것

---

207) 황종(黃鐘)은 율관의 길이가 9촌이다. 이 음은 12율 중 6율(6律, 양〈陽〉에 해당하는 6음)의 우두머리 음이다. 양성에 소속된 숫자 9는 『주역(周易) · 계사전』에 하늘의 수 중 우두머리라 하여 일치성을 보인다. 황종은 천 · 지 · 인 중 '천(天)'을 대표하는 음이며, 황종 율관을 3등분하여 구멍 위치를 파서 다른 음을 만드는 삼분손익의 기초이다. 삼분손익의 3이라는 숫자 자체가 하늘을 헤아리는 수(數)인 동시에 그 관(管)의 무게가 12수(銖=무게의 단위. 한 냥의 24분의 1)인 것은 12달을 상징하고 , 2관의 무게가 정확하게 24수 인 것도 24절기에 해당한다.

(黄钟：律长为九寸，它是十二律中六律之首，属于阳性；数字九在《周易·系辞传》中又是"天数"之首，所以它们彼此吻合° 刘歆还把黄钟对应三统说中的"天统". 再有，黄钟律管的孔径为三分，象征着"参天"之数；管重为十二铢，两个管重之和恰好为二十四铢，与二十四气对应，等等).

임종(林钟)은 율의 길이는 6촌이어서 황종의 2/3이고 12음률 중 6려의 우두머리이기에 음(陰)에 속한다. 6촌의 6이라는 숫자를 『주역(周易) · 계사전』에서는 땅〈地〉의 수라 하여 음이라는 개념에 일치한다. 이러한 이유로 임종은 음 또는 천지인의 지에 해당하는 음들의 우두머리가 되는 것이다. 이미 언급한 것처럼 임종의 관장은 6촌인데, 관의 둘레는 6푼인 바, 이를 곱한 수 즉 6X6은 36이 되는데 음력으로 1년인 360일이 이 숫자와 관련되는 것이다.

(林钟：律长为六寸，它是十二律中六吕之首，属千阴性；数字六在《周易·系辞传》中又是"地数"的中间者，所以它们彼此吻合，同时林钟还对应着三统说中的地统. 另外，林钟的管长为六寸，管围为六分，六六三十六，相当于《系辞传》中的"当期之数"三百六十.)

대주(太簇)는 율의 길이가 8촌으로 주역《周易》의 8괘에 해당하는 수이다. 하늘의 일월성신(日月星辰)과 땅의 산천초목(山川草木)을 합한 수가 8이어서 성스러운 수로 인식하였거니와 하늘과 땅 사이에 있는 만물을 나타내기도 한다. 따라서 천지지간에 있는 사람을 나타내기도 하는데 태주가 바로 천 · 지 · 인 중 '천(天)'을 대표하는 음이다. 태주는 길이가 8촌이고 그 둘레는 8푼이다. 이 숫자를 곱한 수 즉 8X8=64라는 수는 주역에서는 64괘를 의미하는 숫자가 된다.

(太簇：律长为八寸，数字八为《周易》中的八卦之数，八卦在圣人的操作下，具有"在天成象，在地成形"的功能，所以太簇对应三统说中的人统. 另外，太簇的管长为八寸，管围为八分，八八六十四，恰好与《周易》的六十四卦相对应.)

이다. 절대적인 진동수에 대하여, “황제(黃帝)가 음악가 영윤(伶倫)을 서쪽에 있는 곤륜산(崑崙山)에 보내 채취한 대나무로 기준치인 황종 율(律)을 만들었다”는 다소 막연한 기록이 『여씨춘추』에 나온다. 수천 년 전부터 지금까지 사용해 온 황종의 음높이나 문헌 대조 등 다소 복잡한 과정을 거쳐 확인할 수 있는 것은 황종의 절대 진동수는 293~310진동/초 사이에 있다는 것이다. 이는 ‘라3’에서 ‘내림마3’정도의 음높이여서 민속악에서는 ‘라3’, 합주나 관현악에서는 ‘내림마3’으로 거의 고정하여 사용하고 있다.

여기에서 다른 음을 산출하기 위해서는 정수비로 곱하거나 나누어야 한다. 가장 간단한 비례인 1/1은 같은 음이고, 1/2는 1옥타브여서 역시 같은 음이 된다. 다음으로 간단한 비례는 1/3이며 완전5도 관계의 다름 음을 구할 수 있다. 이 비례가 삼분손익법(三分損益法)의 기초가 된다. 즉 1/3은 1/2보다 적어 옥타브 이상의 소리를 내기 때문에, 1/3의 옥타브 아래인 2/3를 적용시키니 이를 삼분손일(三分損一)이라 한다. 또 2/3의 옥타브 아래인 4/3을 적용하면 삼분익일(三分益一)이 된다.

황종에서 삼분손일한 음은 완전5도 높은 임종(林鐘)이며, 이는 땅을 상징한다. 임종에서 다시 삼분손일이나 삼분익일 하면 태주(太簇)소리가 되니 이는 사람에 해당한다.

하늘, 땅, 사람을 상징하는 황종, 임종, 대려는, 또한 으뜸음, 딸림음, 버금딸림음의 근친관계에 있는 소리이다. 바로 세상의 음악에서 사용하는 모든 음으로 퍼져 나갈 씨앗이 되는 것이다.

단순하게 황종·임종·태주로 구성되는 3음계는, 동이

우주론의 관점에서 바라본 3음계

민족의 강역 곳곳에서 아직도 찾아볼 수 있지만, 가깝게는 우리 주변의 일상적인 음악에서도 자주 접하게 된다.

새야새야

시천주

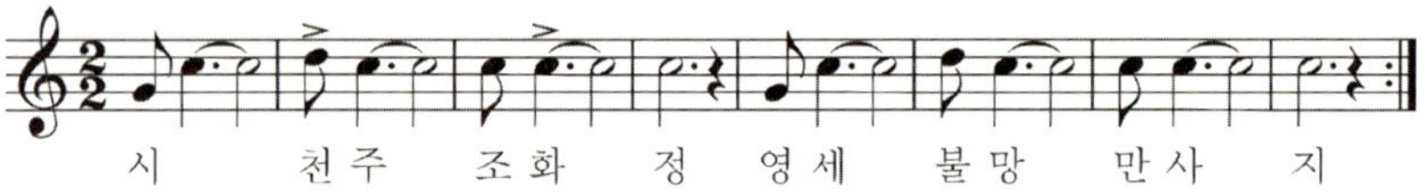

이 3음계의 중에서 사람을 상징하는 '태주' 소리는 자주 음악적인 강세를 갖게 되는데, 그 강세를 '구르는 소리'[轉聲]로 표현할 경우 이 구르는 소리는 강세와 함께 반음 정도 높은 음으로 변한다. 이것이 근거가 되어 태주가 반음 높은 협종(夾鐘)으로 변하게 되니, 결과적으로 단3화음의 분산화음과 같은 계면조3음계[208]로 변형된다.

반야심경

초상집에서 남자 곡(哭)하는 소리

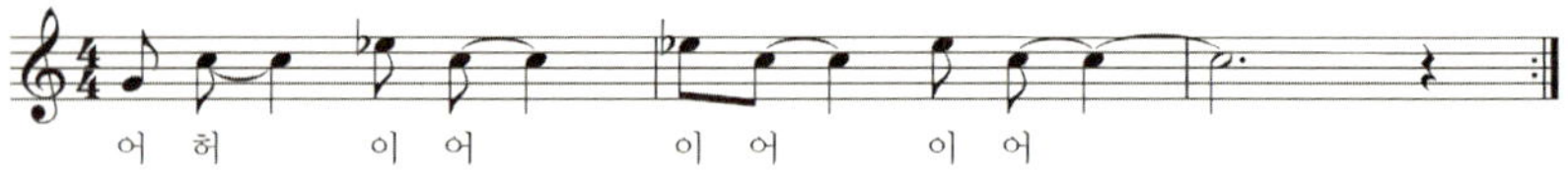

208) 3음계는, 오음약보에서 '궁'의 상(上)1이 장2도 높지만, 계면조의 상1은 단3도 높은 소리이다.

이 계면조적 3음계에서 넓은 음정인 임종과 황종 사이를 하행(下行) 진행할 경우에만 징검다리처럼 무역(無射)음을 거쳐 지나갈 경우도 있다. 이런 사이음들은 경과음이 되며, 독자적으로 쓰이지 않기 때문에 음계 구성 음으로는 볼 수 없다. 따라서 이 또한 3음계의 한 변종으로 본다.

천자문 외는 소리

대부분의 전라남북도와 일부 충청도지방의 음악은 태주를 반음 언저리의 높은 음으로부터 흘려 꺾어 내리고 임종은 굵게 떠는 특성을 갖고 있다. 한단계 다르게 변화된 3음계인 것이다.

진도아리랑

충청도 여자 곡하는 소리

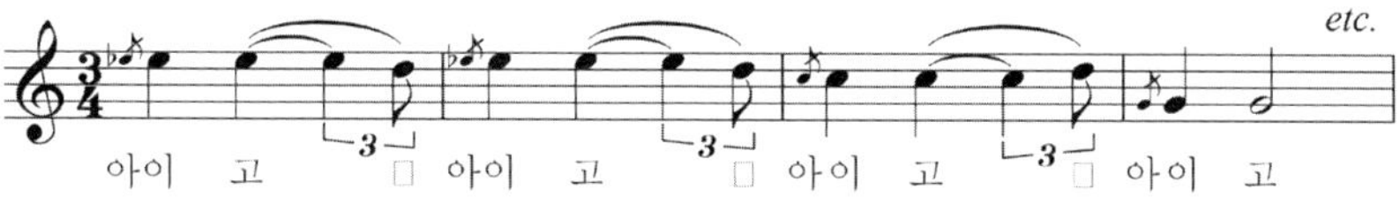

3음계가 백제시대에도 한반도의 남도지방 음악의 중심 음계였다고 잘라 말하기는 어렵다. 하지만 B.C. 1세기 때 한나라의 류운이 이미 황종·임종·태주의 3음을 묶어 하나의 음계를 구성하는 원리를 제시한 걸로 보아 세상에는 이미 3음계가 있었으니, 백제에 이 음계가 없었다고 부정할 수도 없다.

남도민속음악의 음계는 3음계라 하지만, 이른바 꺾는목과 떠는목이 특징이 다른 3음계와 차별된다. 이를 음계로 정리하기 위하여 꺾는목의 음정 폭을 단2도 즉 반음으로 고정하고, 떠는목의 비브라토의 음정 폭을 반음으로 제한한다면 3음계에 2개의 반음을 추가한 독특한 음계가 된다. 일반적으로 사용하는 오음계는 삼분손익을 4회 연속 구성한 것이기에 장2도와 단3도 이외의 다른 음정이 없는 음계이다. 남도3음계가 다른 3음계나 5음계와 차별화되어 아주 특별한 정서를 자아내는 데에는 이 반음의 특성에서 생겨나는 것이다.

한일 음계 비교

그 특색을 '다' 황종으로 설정하여 예를 든다면, '라'음이 꺾는목이고, '사'음은 떠는목이 된다. 그 꺾는목은 단2도 위 음인 '내림 마'에서 포르타멘토로 끌어내는 소리이며, 떠는목은 '사'와 '내림 가' 사이를 교차하는 비브라토를 말한다. 이를 음계로 다시 정리한다면 다, 라, 내림마, 사, 내림가의 5음계로 변형될 수 있는데, 이 두 개의 반음을 갖는 독특한 5음계가 바로 일본의 도절음계(都節音階, 미야코부시)와 결과적으로 같게 된다. 왜색이 가장 짙다고 말하는 일본의 도절음계는 사실상 백제 땅 남도의 음계와 관계를 갖고 있다. 정서적인 면에서도 두 음악은 다른 오음계나 중국의 7음계인 리디아선법등과 확연히 다르다.

세계 여러 나라에 3음계와 5음계를 사용하는 음악이 적지 않다. 그러나 이러한 특색을 갖는 3음계는 유일하니, 남도3음계야 말로 가장 한국적인 음악적 소재라 할 수 있다.

3음계는 천·지·인을 의미하며 태고 적부터 알타이민족이 갖고 있었던 삼신사상(三神思想)과 일치한다. 우리가 흔히 고조선이라 부르는 백제이전의 우리 역사는, 북부여, 대부여, 단군조선, 배달조선, 환국으로 시간을 거슬러 올라간다. 그 기간은 7,000년 이상으로 보고 있다. 그래서 우리민족의 역사를 9,000년이라 하는 것이다. 환국(桓國)은 『삼국유사』 첫 장에 등장한다. '박달(朴達)' 또는 '백달(白達)'이라는 말과 함께 배달조선에 대하여 자세히 기록한 사료는 『규원사화』(揆園史話)[209]와 『환단고기』(桓檀古記)[210]가 있다. 환국이라는 말도 역시 '환하다' 또는 '밝다'라는 알타이민족의 일관된 나라이름이다. 이 환국에는 동이, 동호, 서융, 북적, 선비, 오환, 흉노, 유연, 숙신[211], 말갈, 읍루, 오손, 여진, 해족, 몽골, 맥, 예, 한, 왜 등 여러 이

209) 1675년(숙종 2) 북애노인(北崖老人)이라는 호를 가진 이가 쓴 역사책으로, 참고한 책은 고려 말의 이명이 지은 『진역유기』(震域遺記)이다. 『진역유기』는 다시 고려 초 발해유민이 쓴 『조대기』(朝代記)를 토대로 쓴 것이다. 『삼국유사』에서는 환인, 환웅, 단군을 할아버지, 아버지, 아들의 3대의 혈통으로 보고 있으나 『규원사화』는 7,000년에 거친 3대의 나라로 보고 있는 점이 다르다. 내용은 천지를 여는 과정, 환웅이 동방의 군장이 되어 수천 년을 다스린 역사, 환웅의 아들 환검이 최초의 단군이 되어 마지막 고열가 단군이 아사달의 당원경에 들어가 나라가 망하기까지 47대 1195년의 역사를 구체적으로 기술하고 있다.

210) 환단고기』는 『삼성기 상(上)』〈안함로(安含老) 지음〉, 『삼성기 하(下)』〈원동중(元董仲) 지음〉, 『단군세기』, 『북부여기』〈이암(李嵒) 지음〉, 『태백일사』〈이맥(李陌)〉 등 여러 시대를 거치면서 저술된 5권의 고대사를 합한 책이다. 구체적으로, 『삼성기 상 · 하』,에는, 3,301년간의 환국의 역사와, 환웅(왕)이 다스린 1565년 동안의 신시배달국 역사를 수록하고 있다. 『단군세기』는 47대의 역대 단군의 치적과 함께 2천여 년 간 다스린 역사를 담고 있으며, 『북부여기』는 북부여에 6명의 왕의 치적이 있고, 여기에서 고구려가 탄생하기까지의 역사를 다루고 있다. 『태백일사』는 환국, 배달국, 삼한, 고구려, 발해, 고려(고구려)의 역사를 다루면서 백제와 신라사도 언급한다.

211) 숙신족(肅愼族)은 한나라 이전의 전기숙신과 한나라 이후의 후기숙신으로 구분된다. 전기숙신은 중원 북계 및 남만주지역의 주민들을 말하는데 그 분포지역이 부여, 고구려 이전의 고조선과 대부분 겹친다. 요서지방의 하가점문화(夏家店文化)나 길림지방의 서단산문화(西團山文化)가 전기숙신의 문화로 본다. 후기 숙신은 시대에 따라 그 명칭을 읍루(挹婁), 물길(勿吉), 말갈(靺鞨), 여진(女眞), 만주족(滿洲族)이라 하였다. 숙신족의 후신인 만주족은 과거와 마찬가지로 만주지역 일대에 살고 있지만 한족에 동화되어 역사와 언어마저도 잃어버렸다. 그들이 지은「만주원류고(滿洲源流考)」라는 책에는 숙신 → 읍루 → 말갈 →

름으로 호칭되는 민족이 수 천 년 간 동아시아를 호령하였다. 이들은 홍산 문화와 황하 문명으로 대별되는 동이(東夷)문화의 주역이기도 하다.

고조선은 번한(番韓), 진한(辰韓), 마한(馬韓)으로 나라를 나누어 다스리던, 삼한관경제(三韓管境制) 시대를 거치면서 삼한(三韓)이라는 이름을 갖게 되었다. 삼한은 샤만(薩滿, shaman, sjamaan)의 어원이기도 하다. 샤만은 17세기 후반 트란스바이칼(Transbaikal, Dalai-Nor)지방과 예니세이(Yenisei, Enisei)강 가에 살던 퉁구스[212]인(人)들의 말을 따라 러시아인들이 호칭하던 것으로 그 뜻은 그 지역인 사람들이 갖고 있던 주술적 동양종교로 정의하여 알려지게 되었다. 그러나 샤만 즉 삼한은 단군왕검이 요동과 만주일대에서 직접 통치하던 진한과, 부(副)단군을 두어 다스리던 몽골에 산동반도 이남까지의 번한, 그리고 한반도지역의 마한을 아우르는 거대한 고조선의 이름이자 그들의 우주관이고 문화이며 예술이었다.

발해 → 여진 → 만주족으로 이어졌다고 주장하면서 고구려는 제외하는 반면 발해를 포함시키고 있다. 현재 중국과 일본, 그리고 이에 동조하는 일부 남한의 학자들이 발해를 말갈족이 세운 나라라고 보고 있는데 그것은 만주의 귀속권을 둘러싼 국가이익 때문이다. 일제는 만주를 차지하기 위하여 만주의 역사를 우리나라 역사에서 분리시켜야 할 필요가 있었고, 중국은 현재 만주를 차지하고 있기 때문에 발해를 당나라에 귀속된 말갈족이 세운 나라라고 주장하고 있다. 조선의 실학자 한치윤은 "김부식이「삼국사기(三國史記)」에 발해의 역사를 기술하지 않음으로써 말갈, 여진족, 만주족이 우리겨레의 한 갈래였음을 망각하게 되어 만주의 역사를 잃게 되었다."고 하였다. 종합하면 전기 숙신은 고조선의 한 종족이었고, 후기 숙신의 읍루, 물길, 말갈은 부여, 고구려, 발해에 이르는 약 1천 년 간을 우리 민족의 일부로서 같은 정치권을 형성했으나 발해 멸망 이후 고려와 조선의 정치세력이 만주에까지 미치지 못하는 틈에 고구려, 발해 국민의 조선족과 함께 만주족이 되어 다른 정치권을 형성한 우리 겨레의 한 가지인 것이다.

– 출처: 오순제 –중국사서에 등장하는 우리민족–에서 발췌

212) 퉁구스 민족의 최대 분파는 만주 · 여진족으로 그 수가 약 1천만 명이다. 이외에도 어웡키, 네기달, 울치, 시버, 오로치, 오로크, 오로챈, 우데게 인 등의 분파가 있다. 17세기부터 중국과 한국문화에 대부분 동화되었지만 아직도 중국 흑룡강성 일대와 러시아의 예벤키 자치주에서 자신들 고유의 문화와 풍습을 지키며 살고 있다.

황금색 민족의 우주관을 담은
알타이 동이민족의 삼재오행 사상

알타이민족이라는 말은 고비 사막에서 서시베리아 평원까지 남동에서 북서 방향으로 뻗어 있는 알타이산맥에서 따온 이름이다. 중국에서 금산(金山)산맥이라 부르는 이 산맥은 길이가 1,600㎞에 이르며 유라시아 대륙의 한 복판에 있다. 알타이의 '알'이 태양을 의미하는 것처럼, 금(金)도 태양의 색깔로 인식하는 것이니, '알타이'나 '금산'은 모두 '밝고' '환한' 산이 되는 것이다.

알타이민족이라는 말은, 19세기 서양의 언어학자들이 우랄어족과 알타이어족의 유사성을 근거로 우랄·알타이어족(Ural-Altai language-family)이라 이름을 붙인 데에서 생겨났다. 그러나 이러한 이름을 부여한 카스트렌(M.A.Castren, 1813 ~1852)가 자신의 고국인 핀란드를 중심으로 생각하여, 알타이어족의 한 지류에 불과한 우랄어족을 앞세운 것이 잘못이라는 지적이 많았다. 그래서 우랄이 없어지고, 언어학에서는 알타이어족, 인류학에서는 알타이민족으로 통한다.

알타이 민족과 알타이어족은 차이가 있다. 알타이민족 모두가 알타이 계열의 언어를 쓰는 것이 아니기 때문이다. 그 대표적인 집단이 중국어족이다. 그들은 알타이민족이지만 알타이어를 쓰지 않고 중국어를 쓴다.

9,000년 이전부터 알타이어족이 몽골과 만주 등의 북방에서 농사를 지어 정착할 곳을 찾아 따뜻한 중국으로 흘러 들어가기 시작하였다. 이러한 상황은 오랜 시간을 거치면서 끊임없이 반복하여 많은 정복왕조가 교체되어 독자적인 중국역사와 문화를 형성하게 되었다.[213]

---

213) 박시인, 『알타이 신화』, 청노루, 1994, 서울 29쪽

그러나 그들이 중국으로 들어가서 이미 먼저 들어와 살고 있었던 선행 정착 민족의 혈족과 문화에 동화되는 과정을 수천 년 간 반복하며 하나의 어족을 이루게 된 것이다.

알타이어족은 터키, 헝가리, 핀란드까지도 영향을 미쳤지만, 그 중간 중동은 사막에서 이동생활을 하는 지역이어서 인구밀도가 희박하다. 이 지역은 근세에 아랍인과 러시아인 등에게 우세를 넘겨주게 되었다.

퉁구스족 보다 먼저 북동쪽으로 가서, 베링해협을 넘어 신대륙 전체로 흘러가 퍼져있는 원주민들도 이동해간 연대와 거리가 멀어서 본래의 언어적 동질성을 찾을 수 없을 정도로 변하였다.

그래서 알타이민족의 본류는 중국의 북부, 동부를 경계로, 알타이지방에서 몽골 만주, 한반도, 일본, 시베리아 동부로 남게 되었으니, 여기가 고조선 최초의 국가 환국(桓國)의 강역이 되는 것이다.

환국의 주요 민족인 동이, 흉노족이 갖고 있는 근본 사상에는 삼재오행 이념이 있다. 이러한 사상은 자연스럽게 민족의 이동노선을 따라 중국으로도 흘러가게 되었다.

삼재는, 철학적으로, 천(天)·지(地)·인(人)을 나타내며, 조화(調和), 교화(教化), 치화(治化)로 설명한다. 종교적으로는 여기에 신(神)이라는 개념을 더하여 천신(天神), 지신(地神), 인신(人神)의 삼신이 되는데, 이를 대종교에서는 진성(眞性)·진명(眞命)·진정(眞精)으로 보고, 증산도에서는 조화(調和) 교화(教化) 치화(治化)로 해석하며, 불교에서는 법신불(法身佛)·보신불(報身佛)·응신불(應身佛)로, 힌두교에서는 브라마, 비쉬뉴, 시바, 고대 이집트에서는 호루스, 오시리스, 이시스, 천주교에서는 성부, 성자, 성신 등의 개념으로 변화했다.

시각예술에서는 적(magenta) 청(cyan) 황(yellow)의 삼원색을 삼재로 말한다. 즉, 이 세 색깔이 세상의 무한한 모든 시각의 대상을 구성하는 기본이 되는 것이다. 청각예술에서는 음높이, 음길이, 음세기 등의 소리요소를 삼재개념으로 본다. 또 음높이에서는 으뜸음, 딸림음, 버금딸림음 등의 협화도가 높은 음으로 구성된 3음계를 삼재사상에 대입할 수 있다.

『사기』의 첫째 권 「오제본기」(五帝本紀」에 오행의 이치에 대한 이야기가 나온다.

> 공손헌원(公孫軒轅)이라는 사람은 날 때부터 총명하여 곧 말을 하는 신기한 사람이었다. 그 때 신농씨가 세상을 다스리고 있었지만, 날로 쇠퇴하여 각지의 후(候)들이 따르지 않으니 그 고통은 모두 백성에게 돌아갔다. 이때 공손헌원은 창과 방패 쓰는 법을 익히니 복종하지 않는 후가 없었다. 다만 구려(九黎)의 임금인 치우(蚩尤)만이 세력이 강하여 이기지 못하였다. 공손헌원은 덕을 쌓고, 오행의 기운으로 다스리고, 오곡을 길러 백성들이 잘 살 수 있었으며, 그 교화는 곰이나 호랑이 등의 짐승에게까지 미쳤다. 이후 공손헌원은 염제 신농씨와 판천벌 싸움에서 이기고, 탁록에서 또 전쟁을 벌여 이기고 치우를 죽였다. 그러자 모든 후들이 공손헌원을 천자로 받들어 모셔 황제가 되었다.
>
> 황제는 다시 북방의 흉노를 격퇴하여 탁록을 중심으로 이동하며 나라를 다스렸다. 그래서 일정한 수도(首都)가 없었다.

이 고사에 나오는 황제와 전욱, 곡, 요, 순 등이 오제(五帝)다. 이 이야기는 알타이 유목민족인 동이(東夷)가 농경사회를 시작하면서 작은 왕국을 이루는 문화사적 발전단계와 일치한다. 황제가 신농씨와 싸웠다는 판천은 상곡 즉 오늘날 북경 서쪽부근의 옛 지명이고, 치우와 싸웠다는 탁록도 유사한 곳으로 추정하고 있다. 『환단고기』에서도 치우가 단군세기 14대 임금인 자오지 환웅이라

하는데 『사기』에도 같은 내용이 전하고 있다.

이 기록에 황제가 오행을 실천하여 세상을 다스렸다는 설명이 있다. 이 오행은 우주 만물의 변화양상을 다섯 가지로 압축하여 설명한 것으로, 다섯 가지 원소 즉 목(木,나무)·화(火, 불)·토(土, 흙)·금(金, 쇠)·수(水, 물)가 우주와 인간 사회에 운행변전(運行變轉)한다는 이치이다.

목(木)은 뭉쳐있지만 유약한 것이고, 화(火)는 정밀하지만 적은 것이며, 토(土)는 실하지만 흩어져 있고, 금(金)은 강하고 견고하며, 수(水)는 많으나 허한 것을 뜻한다.

오행은 상극과 상생의 두 가지 방식으로 변천한다.

오행상생은, 목생화, 화생토, 토생금, 금생수, 목우생화의 순으로 행(行)을 낳으며 끝없이 돌아간다. 이는 해가 동에서 솟아 남 중천을 거쳐 서에 이르러 지고, 한밤에 북을 지나 다시 동으로 순행하는 시간적 주기와 같다.

오행상극은 나무는 흙을 이기고, 흙은 물을 이기고, 물은 불을 이기고, 불은 쇠를 이기고, 쇠는 나무를 이기고, 나무는 또 흙을 이긴다는 순서로 끝없이 바뀌는 사물의 성질에 따른 변동을 말한다.

오행은, 이러한 오방 이외에도 다음과 같이 온갖 사물에 적용된다.

행	방향	계절	색	소리	수리	덕행	신	장	감정
나무	동	봄	청	각	3	인	청룡	폐	노
불	남	여름	적	치	2	예	주작	심장	기쁨
흙	중	환절기	황	궁	5	신	구진	비장	생각
쇠	서	가을	백	상	4	의	백호	간	근심
물	북	겨울	흑	우	1	지	현무	신장	공포

『회남자』[214]에는 "황종은 율관의 길이가 9촌이어서 만물이 다 3배로 생성해 나가는 법칙에 따른다"[215] 라고 기음(基音)의 의미를 부여하였다.

기음에서 삼분손익(三分損益)을 2번 할 때 3음계가 생기고, 4번 할 때 5음계가 생기며, 6번 할 때 궁, 상, 각, 변치, 치, 우, 변궁의 중국의 7음계와 같은 리디아선법(Lydian mode)이 생긴다.

700년 역사를 자랑하며 동아시아의 다양한 문화를 조화롭게 이끌어 간 백제는 동아시아의 대표적 문화국이었다. 그래서 이 지역에서 사용하였던 3음계와 5음계는 물론, 삼분손익에 의한 음률 산정과 이를 넘어서는 여러 가지 수정(修正)삼분손익법, 그 이외에 평균율까지 사용하였으리라는 추측이 가능하다. 이는 오늘날 우리국악에서 사용하는 음률, 음계와 크게 다르지 않다.

삼분손익으로 산출한 12율(첫째단)과 동아시아의 여러 음계 구성 관계

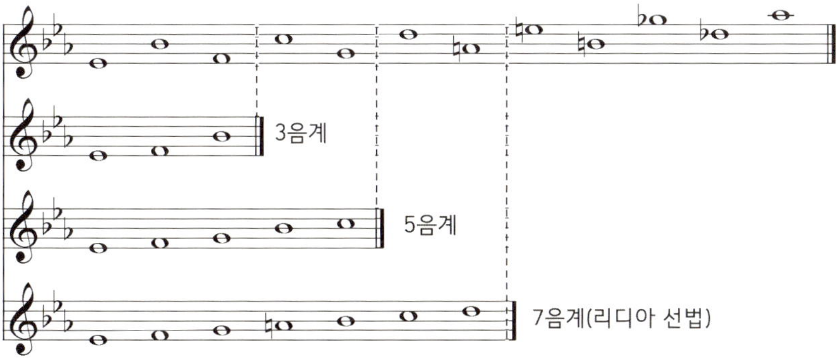

214) 강신주,『회남자 & 황제내경: 하늘, 땅, 인간 그리고 과학』(파주: 김영사), 2007.

215) 淮南子 中列举道：由于黄钟的律数为九，所以万物都按照三倍的规律产生.

백제를 멸한 당나라도 907년에 멸망하고, 50여 년간의 5호16국 혼란기를 거쳐 그 문화는 송(宋, 960년-1279년)나라에 옮겨지게 된다. 당나라는 백제악을 비롯한 주변 국가들의 음악을 전리품처럼 들여와 연악으로 삼으면서 거대한 아시아음악을 집합하여 찬란한 문화를 이룬 바 있었다. 그 당나라의 문화를 송나라가 이어가며 백제악을 품게 되었다. 이후, 고려는 그 송나라의 음악을 당악이라는 이름으로 받아들여 아악으로 삼았다. 물론 신라 때 당나라에서 직접 들어온 당악의 흔적이 없는 것은 아니지만 지금 한국음악에서 당악이라 하는 거의 대부분은 고려 때 송나라에서 전이된 아악을 말하고 있다.

그렇다면 백제악은, 한반도에서 신라를 거쳐 고려로 이어온 역사적 흐름과, 당나라와 송나라를 거쳐 다시 고려로 들어온 계열, 그리고 열도백제에서 일본에 정착한 세 갈래로 그 족적을 남겼다고 할 수 있다.

백제음악의 특성은, 비록 오늘날 국경이 한중일로 바뀌어졌다고 해도 옛 백제의 강역 어디에선가 남아있어, 시간의 흐름과 함께 형성된 다양한 형태로 용해되고 결합하여 일정부분 아직도 우리와 함께 하고 있는 것이다.

제2편

백제악과 수(隋)·당(唐) 연악(燕樂)

화청지

음악을 치세의 한 방법으로 생각하였던 동양에서는[216] 음악을 국가적 위엄의 상징으로 소중히 여겼다. 특히 아악은 종묘와 사직을 섬기는 제사의 식으로 중요하였다. 백제 700년의 시기에, 지금의 중국 땅에서는, 동한시대, 삼국시대, 5호16국시대, 남북조시대, 수당5대10국시대의 긴 전란이 연속되면서 수많은 나라가 흥망성쇠를 거듭하였다. 그 역사를 종식시키며 중원을 통일한 수와 당은 주변의 많은 국가와 다양한 외교활동을 펼쳐야만

216) 이영구, 『중국고대음악론, 악기』(樂記) (서울: 자유문고, 2003), 60.

했고, 여기에 필요한 것이 연악[217)](燕樂)이었다. 연악은 자국의 상징인 아악을 앞세우고, 주변국의 민속적 악·가·무를 함께 연희하던 공연양식이었다.[218)] 이 연악의 이면에는 자신들이 정복하여 흡수한 국가의 음악을 전리품처럼 과시하고 자만도 하려는 목적이 있었다. 연악의 성격을 설명하는 문헌마다 언제 어느 국가를 평정하고 그 음악을 '얻었다' 라든지 '바쳤다' 라 하고 있음에서 이러한 의도를 읽을 수 있게 한다. 이렇게 패망시킨 국가의 민속악을 승전국에서 연주한 이유는, 그 유민들을 감싸 안아 위무하는 한편 위엄으로 제압하는 등의 여러 가지 요소가 있었다. 그러나 이러한 정치목적은 시간이 지나면서 점차 퇴색하여 나중에는 오락적이고 예술적인 것만 남게 되었다.[219)] 수나라 때부터 구성되었던 연악은 스스로의 음악과 각 민족의 음악과 악기를 흡수하여 재창조하면서 '악'보다 '기'(伎)라는 용어를 더 많이 사용하였다. 수대(隋代)의 칠부기(七部伎), 구부기(九部伎), 당대(唐代)의 구부기(九部伎), 십부기(十部伎), 그리고 좌부기(座部伎) 입부기(立部伎) 등에 쓰는 '기'라는 말이 이를 대변한다. 하지만 연악이라는 용어가 완전히 사라진 것이 아니고 필요에 따라 혼용하였다.[220)] '기'라는 용어에는 음악보다 춤을 더 중요하게 여긴다는 의미가 있다. 그러나 통치자를 칭송하는 등의 정치적인 가사가 들어있는 경우에는 음악을 춤보다 중요시 하였다.[221)]

217) 연악의 '燕''이라는 글자는 여러 의미가 있지만 잔치, 향연(饗宴), 연회(宴會) 등의 '宴'자와 같은 의미로도 쓰인다.

218) 양음류(楊陰瀏), 『중국고대음악사고』(中國古代音樂史稿) (북경: 인민음악출판사, 1881), 213.

219) 양음류, 『중국고대음악사고』, 214.

220) 양음류, 『중국고대음악사고』, 214, "進到隋,唐「燕樂」, 人們常會想「七部伎」,「九部伎」, 唐「九部伎」,「十部伎」, 和「座部伎」,「立部伎」等「燕樂」的部分名稱".

221) 양음류, 『중국고대음악사고』, 214, "「燕樂」是帶有對統治者頌揚的內容".

수, 당대의 연악 대조표[222]

시 대	수나라		당나라		최초 중원 설치시기
	개황 초 (581년 이후)	대업 중 (605-618)	무덕 초 (618년 이후)	정관 16년 (642년)	
악총명(樂總名)	칠부악	구부악	구부악	십부악	
부 분			연 악	연 악	
	청상기(清商伎)	청상(清商)	청상(清商)	청상(清商)	386년
	국기(國伎)	서량(西凉)	서량(西凉)	서량(西凉)	약 520년
				고창(高昌)	384년
	구자기(龜玆伎)	구자(龜玆)	구자(龜玆)	구자(龜玆)	436년
		소륵(疏勒)	소륵(疏勒)	소륵(疏勒)	586년
		강국(康國)	강국(康國)	강국(康國)	436년
	안국기(安國伎)	안국(安國)	안국(安國)	안국(安國)	346-353년
	천축기(天竺伎)	천축(天竺)			
			부남(扶南)	부남(扶南)	436년
	고려기(高麗伎)	고려(高麗)	고려(高麗)	고려(高麗)	
	문강기(文康伎)	예필(禮畢)	예필(禮畢)	연후(讌後)	

위 표 중 최초 중원 설치시기가 수나라, 당나라 보다 앞선 기악(伎樂)은 이미 남북조시대부터 있었던 것들이다.

구부기 등의 선발 기준은, 패망 국가와의 이해관계가 우선 하였고, 황제가 개인적으로 좋아하는 정도와 공연단체의 여건에 따른 완성도 등을 중요시하였다. '부기' 앞에 붙은 숫자는 몇 개의 국가와 민족 음악을 모았는가를 나타낸 것이다. 예컨대 구부기라면 9개국의 음악과 춤을 선발하여 연희하였음을 뜻한다. 백제음악은 구부기나 십부기에 속하지 않았다. 앞서 설명한 선발기준에서 제외되었던 것이다. 그러나 백제유민들과의 융화(融和)가 필요하였고, 곳곳에 남아있을 수 있는 잔재세력을 견제하는데 백제기를 존중하는 모습을 보일 필요성은 있었기 때문에, 패망한 이후에도 오

222) 출처 : 양음류, 『중국고대음악사고』, 215.

대당 연악도

랫동안 예술가들을 황실에 유치하여 백제악을 보존하였던 것으로 보인다.

수나라와 당나라에서 주변 국가들의 음악을 받아 들여 기악을 총괄하던 곳은 악부, 또는 악서부라는 기관이었다.

원래, 초기의 기악(伎樂)은 불교의 의식이나 행사와 밀접하게 관련되었으며, 포교의 목적이 컸다. 문맹률이 높았던 고대사회에서 불교의 심오한 교리를 대중에게 전달하는데 공연문화는 매우 효과적인 수단이었다. 그러나 시간이 지나면서 민간의 악가무언희(樂歌舞言戲)의 연희도 기악이라 하게 되었다.[223]

대륙백제가 수나라에 합병된 후 그들의 음악도 '기'(伎)라는 양식으로 헌정하였다. 이후 한반도백제의 기악도 당나라에 바치게 된다. 이 백제기악

223) 양음류, 『중국고대음악사고』, 215.

오대왕처직묘기악석조(五代王處直墓伎樂石彫) 춤이 없는 당나라의 기악

의 성격은, 이미 미마지가 오월백제와 한반도백제를 거쳐 열도백제에 두루 퍼지게 한 것으로, 정치적 성격보다 불교와 관계된 내용이 중심이었을 것으로 추측할 수 있다. 미마지 활동당시 불교는, 백제를 수호하는 종교이었다. 그래서 열도백제의 성덕태자도 적극적인 불교보호 정책을 펴가며 기악을 적극 지원한 바 있다.

기악에 대하여 사료(史料)에 가끔 '기'대신 '악'(樂)이라는 문자로 나타내는 경우가 있다. 『구당서』에는 '악기'(樂伎)라고도 하였다. 따라서 '악'이나 '악기'는 모두 '기악', 즉 악가무의 총체 공연이었음을 뜻하는 것이다. 기악의 제도를 언급하는 사료(史料)에 항상 의상(衣裳)과 춤의 동작에 대한 설명이 따르는 이유가 여기에 있다.

하지만 모든 기악이 다 이러한 양식이었다고 할 수는 없다. 중국 하북성 곡양현의 오대(581~959)때 묘에서 나온 당나라 기악(伎樂)을 묘사한 위 오대왕처직묘기악석조(五代王處直墓伎樂石彫)를 보면 춤의 흔적이 없다. 이 그림은 당 현종 때의 미인 양귀비와 관계가 있는 궁중음악 연주장면으로 알려지고 있다. 악기는 뒷줄 왼쪽부터, 적, 필률, 고, 공후, 아래 줄은 징(?), 박판, 비파, 쟁, 수공후, 우 등이 보인다. 『통전』에서 전하는 백제악기 중에서 각(角)을 제외한 모든 악기 즉 쟁, 적, 필률, 공후, 고, 우가 나온다. 도상만으로 횡적과 '지'를 구분하기는 어렵다.

백제 음악에 대한 구체적인 기록은 미미하다. 그러나 아악(雅樂)은 분명히 있었을 것이다. 초기한성백제 시절에 고취악으로 하늘과 땅에 제사를 지냈다고 하였으니, 이것이 곧 아악인 것이다. 당시 동아시아의 모든 국가들이 다투어 올바른 나라의 음악 즉 아악을 만들려 하였으니 백제도 아악을 제정하였을 것이다. 열도백제로 보낸 백제악이 오늘날 일본의 아악으로 남아있다는 점도 이러한 믿음을 갖게 하는 한 사례이다.

이밖에 세련된 민속악도 있었으리라 본다.

무왕(武王)이 스스로 '금'과 '고'를 연주하였다는 『삼국사기』「백제본기」의 기록에서, 그가 연주했다는 음악은 궁중의례 음악이라기보다는 민속악이었을 가능성이 높다. 『삼국사기』에 무왕이 법왕의 아들이라고 기록하고 있지만, 『북사』에는 위덕왕의 아들로 나오며, 『삼국유사』에는 강가에 사는 과부가 검은 용과 통정해서 낳은 자식이라 하고 있다. 21세의 나이로 왕위에 오르기 전 서동이라는 이름으로 신라에 잠입하였었다는 기록과 가난하게 살다가 선화공주의 도움으로 부자가 되었다는 설화도 전한다. 이로 미루어 서민이나 다름없던 몰락한 왕족이었던 그가 왕이 되었으니 궁중음악보다는 민속음악에 훨씬 익숙하였을 것이다. 무왕이 "술을 마시고 즐거움이 극에 달한" 상태에서 스스로 연주한 음악이 궁중 제례악(祭禮樂)이나 예악(禮樂)을 갖춘 대향(大饗)은 아니었을것이다. 궁중의 법도 상 악공(樂工)이

해야 할 일을 왕이 하지는 않았을 것이기 때문이다.

백제는, 음악을 포함한 모든 문화와 역사에서 대륙과 교류차원을 넘어 대륙음악의 일부로 당당하게 이끌어간 나라이다.

주변국에 대하여 인색한 입장을 고수하였던 중국의 사서에서, '백제의 악기와 중원의 악기가 같다'[224]고 표현한 것은 백제악이 중원과 동일하거나 그 이상의 평가가 가능하였음을 뜻하는 것이다. 『통전』이나 『북사』에 백제의 악기로 전하는 쟁(箏)과 우(竽)는 중원의 악기이지 이융만적(夷戎蠻狄)의 악기가 아니었다. 각(角)[225], 공후, 지(篪)[226]도 중국의 궁중의례에 주로 사용하는 아악계의 악기이다. 이렇게 중원의 악기가 백제에서 사용되었다는 것은, 대륙백제의 악기가 한반도로 전래하였기보다 백제 자체가 대륙적이었다는 것을 말하는 것이다.

국경은 국력에 비례한다는 시각에서 볼 때 700년을 이어온 백제야 말로 우리나라 고대사의 유사시대를 가장 화려하게 장식한 나라라고 말하지 않을 수 없다.

224) 『통전』(通典) 185권

225) 각(角)은 고대로부터 내려오는 짐승의 뿔을 재료로 하는 관악기이다. 오늘날의 금관악기처럼 위, 아랫입술의 진동을 발음체로 한다는 점에서 나발이나 나각과 같은 계열의 악기로 한정할 수 있다.

226) 현재는 문묘제례악의 등가 헌가 정도에서나 쓰는 아악기로 12율4청성(十二律四淸聲)을 발음하는 비교적 희귀한 악기이다.

기악(伎樂)의 스승
미마지(味摩之), 그는 백제를 떠난 일이 없었다

미마지(味摩之)는 백제의 음악가이다. 그는 오늘날의 한반도와 중국 그리고 일본 땅에 해당하는 넓은 지역에서 기악(伎樂)이라는 양식의 탈놀이 공연을 개발하여 완성하고 계승시켰다. 학계에서는 기악을, 중국의 곤극, 한국의 산대놀이, 일본의 능악(能樂)의 원류와 관계성이 있을 것으로 보고 있다. 미마지에 대한 기록은 『일본서기』에 나온다.

> 백제 무왕12년, 오(吳)에서 기악무를 배우고 돌아온 백제인 미마지가 일본에 왔다. 사쿠라이에서 소년을 모아 기악무를 가르치게 하였다. 진야수제자(真野首弟子, 마노노비토데지)와 신한제문(新漢濟文, 이마키노야히토 사이몬) 두 사람이 그 춤을 익히고 전하였다. 이들이 지금 대시수(大市首, 오친노비토)와 벽전수(辟田首, 사키타노비토) 등의 조상이다.[百濟人味麻之歸化日,學于吳得伎樂舞則安置櫻井而集少年令習伎樂舞, 於是真野首弟子新漢濟文二人習之傳其舞, 此今大市首 辟田首等祖也]

미마지가 기악을 배웠다는 오(吳)는 오늘날의 국경 개념으로 보면 중국에 있으니 기록대로라면 백제에서 태어난 미마지가 중국에서 기악을 배우고 일본에서 이를 가르친 셈이다. 그는 어떻게 그 머나먼 지역을 넘나들면서, 악·가·무의 종합체인 기악(伎樂)을 연희하고 가르칠 수 있었을까? 국경을 넘나든다는 것이 예나 지금이나 수월한 일은 아니다. 더욱이 당시의 백제는 고구려, 신라, 동진, 송, 제, 양, 진(陳), 서위, 북주 등의 여러 나라가 그침 없이 물고 물리는 전쟁의 시기였으니 국경 수비는 어느 때 보다도 엄중하였을 것이다. 이렇

기악탈

①오녀 ②가루라 ③오공 ④금강 ⑤사자 ⑥호취왕

일본 천리대 기악 공연

천리대 기악연구소가 연희하는 기악 「삼장법사」. 교훈초를 기초로 창작하였다고 한다.

게 국경이 경직된 상황에서, 그는 어떤 자격으로 무엇때문에 거침없이 다니며 활동을 하였을까?

그리고 당시의 기악이 종교 활동의 일부이었고, 종교는 호국의 수단으로 보호하는 대상이었는데 백제가 무슨 이유로 오나라와 일본에 기악을 허락할 수 있었을 까?

여기서 오(吳)나라에 대하여 살펴 볼 필요가 있다. 중국 역사에 오나라는 세 차례 존재하였다. B.C. 506년부터 B.C. 473년까지 존재하였던『손자병법』의 무대로서 유명한 오나라와, 220년부터 60년 간 지속하였던『삼국지三國志』의 손권의 땅 오나라가 있으며, 오대십국 중의 한 나라로 902년에서 35년간 존속하였던 또 다른 오나라가 있었다. 모두 단명 국가이며. 양자강 하구(河口)에 위치하였다는 공통점이 있다. 이 세 오나라 중에서 미마지가 살았던 612년대와 일치하는 나라는 없다. 따라서 『일본서기』에 전하는 미마지의 오나라는 실질적인 나라 이름이 아니라 옛 오나라의 이름을 따서 관례적으로 호칭한 지역이름이었던 것이다. 오늘날의 상해와 그 부근 강소성 일대가 바로 옛 오나라 땅인데 아직도 이 지역은 오(吳)라는 이름으로 이 지방을 흔히 부른다.

미마지 시대의 백제 영토를 상기하면 그의 활동무대에 대한 모든 의문이 풀린다. 백제는 고이왕13년(346년)부터 지금의 중국 땅인 요서 진평2군을 점령하고, 이어 주사(舟師)를 보내 양자강 좌우 연안을 차지한 바 있다. 이곳이 바로 『일본서기』에서 미마지가 기악을 배웠다는 오나라인 것이다. 구이신왕 2년(420년)에 반도백제는 왜국으로 하여금 이 지역 즉 오월백제에 진출하도록 명령한 기록도 있다. 495년에는 위나라가 중국내의 백제 식민지군을 몰아내려고 20만의 식민군(植民軍)을 보내 2진으로 나누어 산동 반도와 양쯔강 남쪽에서 5년간 전투를 하게 된다. 하지만 위나라의 문제(文帝)가 죽자 백제는 다시 산동 반도와 오월백제를 탈환하게 되었다.

이러한 정황으로 볼 때, 미마지는 반도백제에서 태어나 오월백제에 가서 기악을 배운 뒤, 열도백제에서 제자들을 가르친 것이다. 그러나 『일본서기』를 편찬하던 720년대에 백제는 이미 멸망하여 없어졌으니, 미마지의 행적은 '오' 또는 '일본' 등의 기록 당시 지명을 사용할 수밖에 없었던 것이다.

오늘날 국경 개념으로 볼 때 미마지가 한국 중국 일본의 동양 삼국을 거침없이 다니며 활동할 수 있었던 이유는 이 모든 지역이 하나의 백제였기 때문에 가능한 것이었다.

그러니 미마지는 국경을 넘은 것이 아니라 백제 안에서 기악을 만들어 지역적 안배 차원에서 이곳저곳을 다니며 그의 예술을 완성하고 보급하였던 것이다.

제3편

백제불교와 음악

미륵불은 석가모니 부처님이 열반에 든 뒤 56억7천만 년이 지난 후에 다시 세상에 출현한다고 한다. 그 때에는 이 세상이 모두 이상향으로 변하여 인간세계에 다툼이 없어지고 지혜와 위덕이 갖춰져 기쁨과 편안함이 가득하게 된다고 한다. 미륵불의 출현에 대한 믿음은, 그치지 않는 전란 속에 시달리던 5호16국시대 사람들에게 큰 희망으로 다가와 급속도로 확산되었다.

그러나 56억년 이후의 일이라니 사람들이 기다리기에 너무 긴 시간이 아닐 수 없다. 이때 중앙아시아 월지(月氏)출신의 축법호(竺法護, Dharmaraka, 241~313)가 미륵하생경(彌勒下生經)을 번역하면서 '미륵은 언제라도 예고없이 이 세상 사람으로 태어나 성불한다'고 하였다. 까마득하기만 하던 미륵의 하생이 당대에도 실현될 수 있으리라는 희망이 생기게 된 것이다. 전란의 소용돌이에 휘말렸던 5호16국의 여러 나라들은 모두 자신의 나라에서 미륵이 태어나기를 갈망하며 앞다투어 미륵불을 조성하였다.

각 나라의 왕을 비롯한 정치가들은 이를 단순한 갈망으로 치부하기 보다

현실화 하려는 노력을 하게된다. 왕 스스로 미륵이 되거나, 덕망 있는 승려를 미륵으로 만들어 백성들에게 희망을 주도록 부추기게 되었다.

백제와 대치하던 북위사람들은 초기에 불교를 배척하였다. 특히 제3대 세조 탁발도(拓跋燾)는 도교를 신봉하면서 불교를 거세게 탄압하였다. 하지만 5대 고종 문성황제 때에 이르러 불교가 다시 국교로 받아들여지게 된다.

고종은 선왕들의 불교탄압을 속죄하면서, 460년 무렵부터 사문통(沙門統 : 종교장관) 담요(曇曜)를 시켜 5개의 초기 운강석굴(雲岡石窟)을 조성하도록 하였다. 석굴마다 북위 초기의 다섯 황제의 모습을 불상으로 새겨 미륵으로 비춰보이게 하여, 북위가 불국(佛國)이라는 자부심을 갖고 병사들로 하여금 전쟁에 임하도록 유도하려 하였다. 그래서 이 시대의 종교는 정치적 목적을 수행하는데 필요한 것이었고, 무기이상의 군사적 가치를 갖을 수 있었다.

자신의 나라에 미륵이 하생하기를 기대하는 나라는 북위뿐이 아니었다. 나라마다 유명한 고승을 초치하여 그가 미륵이기를 기대했다. 현세가 이상적인 미륵 불국토가 되기를 바라는 희망은 이렇게 유명한 고승들을 자신의 나라에 모시는 경쟁의 모습으로 나타난다. 상대적으로 미륵이 다른 나라에 가지 못하도록 철저히 경계의 대상이 되기도 하였다.

5호16국과 북위에서 시작된 이러한 불교의 위력은 그 주변에 있던 대륙백제를 통해 한반도백제로 전래되었을 것이다. 이즈음 한반도백제에는 이미 불교가 민간인 사이에 들어와 있었다. 372년, 백제와 적대관계에 있던 고구려 왕실에 순도(順道)가 들어가 불교를 전한다. 순도는 천축에서 왔다고도 하고 전진(前秦, 351년~394년)에서 왔다고도 하는데, 티베트계 민족이 세운 나라이니 고구려로 보아서는 머나먼 남서역의 신비스러운 땅에서 온

서산 마애석불상

은진미륵불

승려를 미륵으로 보지 않을 수 없었을 것이다.

전진은 지금 중국 감숙성에서 건국하여 점점 세력을 동쪽으로 펼쳐 북으로 대륙백제를 위협하고, 남으로 백제의 동맹국 동진(東晋)과 맞서 전쟁을 하였던 나라다. 백제에게는 전진이나 고구려가 모두 적국인 셈인데 여기에 미륵이 들어갔으니 다급해질 수밖에 없었다.

이렇게 고구려의 불교유입에 자극받은 반도 백제는 뒤질세라 우방국이며 전진의 적국인 동진에서 고승 마라난타(摩羅難陀)를 초치하여 바로 숙원을 풀게 된다. 침류왕이 한강유역에 있었던 수도 위례성에서 몸소 전라남도 영광군까지 나가 마라난타를 영접하는 예우를 하였다. 『삼국사기』에서 말하는 마라난타의 도래설은 백제 왕실에서 공식적으로 불교를 받아 들였다는 것으로, 이전부터 민간에는 불교가 퍼져 있는 상태였다.

마라난타는 서역(西域)에서 온 고승으로만 알려져있고 출생지는 분명치 않다. 대개 실크로드 어느 지역일 것으로 추정할 뿐이다. 이 지역의 고승으로 추앙받아 동진의 효무제의 참모로 초빙되어 12년간 그곳에 머물렀었다. 동진은 매우 허약한 나라였다. 습하고 더워 인구도 적었다. 북쪽의 중원에서는 전쟁이 끊이지 않아 혼란

마라난타 불교 성지 법성포

스러웠고, 여기서 패한 도주자들이 수시로 동진으로 흘러들어 왔다. 이들은 기존 거주자들과 다투게 되었고, 서로 군벌을 조성하여 나라 안팎이 어지러웠다. 현실회피성 종교가 상대적으로 커져 도교와 불교가 성행하였다. 종교와 관련한 문화예술은 크게 발전하였다. 이 때 동진은 비수대전(淝水大戰) 등 여러 전투에서 기적과 같은 승리를 얻게된다.

이 전쟁은 고구려에 불교를 보낸 전진과 백제에 불교를 보낸 동진의 싸움이었다. 전진이 막강한 군사를 보내 동진을 섬멸하려 했지만 대패하였다. 역사에서는 이 동진의 승리가 전진의 황제 부견(符堅)의 실수로 패배하였다고 평하고 있지만, 동진의 백성들은 당시 세상에 회자하던 미륵하생설과 연결하여 마라난타의 법력이 승리의 원인이었다고 믿었을 것이다.

어쨌든 극진히 떠받들던 마라난타가 백제에 오게 된 것은, 동진으로 볼 때 엄청난 손실이었음에 틀림없다. 그래서인지 마라난타가 떠난 후 동진의 효무제는 방탕한 생활을 하다가 후궁에 의해 살해당한다.

고승 모시기에 국력을 다하던 당시 동진이 왜 마라난타를 포기하였고,

백제는 어떻게 그를 얻을 수 있었을까? 사료에 없으니 이 문제는 풀리지 않는 수수께끼다. 백제는 4세기 벽두부터 양자강 남쪽연안을 점령한 후 다시 북쪽의 회수유역(淮水流域)을 차지하고 계속해서 황회평원(黃淮平原)을 점령하여 오늘날 안휘성(安徽省) 지방에 6대방을 설치한 바 있다.

그 때가 동진의 건국보다 약간 앞섰던 시기이니 동진 부근에 있던 백제6대방이 모종의 거래를 통하여 마라난타를 본국백제로 모셔오는데 성공하였으리라 추측할 수 있다. 아니면, 마라난타 스스로 비수전투 이후 효무제가 점차 주색에 빠져 국정을 돌보지 않게 되자, 동진에 희망을 버리고 이웃해 있던 백제에 기대를 걸었을 수도 있다.

어쨌든 백제로 가는 것에 대한 사전 협의를 마치고 반도백제에 이를 통보한 후 384년 9월에 황해를 건너 백제물길의 주요 기착지인 오늘날의 전라남도 영광 법성포에 도착하여 침류왕의 영접을 받게 된다. 이듬해인 385년에 한산에 절을 짓고 양민 10명을 출가시키면서 찬란한 백제의 불교시대를 열어가게 되었다.

한편 이 기간 백제와 신라 간에 미륵을 놓고 첨예한 미륵 대결을 펼치게 된다. 이에 대해서 많은 연구를 해 온 간송미술관 최완수 관장의 견해에 따르면, 이 대결은 『삼국유사』에 나오는 미시랑으로부터 시작한다.

미시랑의 이야기를 요약하면, 신라 진지왕 때 흥륜사 승려인 진자(眞慈)가 미륵께서 화랑(花郞)으로 세상에 출현하면 정성껏 받들겠다고 발원하여 맹세하니, 어느 날 밤 꿈에 한 승려가 나와 백제 땅 웅천 수원사(水源寺)에 가면 미륵 선화(仙花)를 볼 수 있다고 말한다.

이에 수원사에 가보니 잘 생긴 소년이 반가이 맞이하기에, 예전에 알지 못했는데 어찌 이렇게 정답게 대하느냐고 묻자 소년은 나도 또한 서울사

공주시내의 유일한 옛 사찰 영은사

람이고 먼 길을 오셨으니 위로했을 뿐이라 말하고는 사라졌다. 그 후 우여곡절 끝에 천산(千山)에서 산신을 만나, 수원사에서 만난 그 소년이 바로 미륵임을 알게 되어 그를 찾아 경주로 모셔 미륵 즉 국선으로 삼으니 그가 미시랑이었다. 미시랑은 신라 청년들과 화목하게 하고 예의로 풍속을 가르치는 것이 보통사람과 달라 풍류로 세상을 빛내더니 7년 후 홀연히 사라졌다. 진자가 몹시 슬퍼하였으나 자비로운 혜택을 입고 맑은 교화를 직접 받은 것만으로도 충분하다고 스스로 깨달았다는 것이다.

"미륵하생 신앙이 백제에서 먼저 일어났기 때문에 뒤따라 모방하려 한 신라에서는 초기에 백제로부터 하생한 미륵을 모셔오는 형식이 필요하였다. 미시랑 이야기에서 신라가 백제로부터 미륵선화를 맞아오는 상황을 짐작하게 하며, 신라의 국찰인 흥륜사의 승려 진자가 백제의 수도 공주[熊川]에서 미륵선화를 찾아 모셔왔다는 것으로 신라의 미륵하생신앙이 얼마나

미륵사 탑

더 절실했는가 하는 것을 드러내 주는 증거가 된다. 미시랑이 본래 서울 사람이라 한 것은 미륵이 신라 서울 경주에서 출현해야 한다는 사실을 우회적으로 표현한 것이며, 일시적으로 백제의 미륵이 하생하였다가 다시 신라로 돌아오게 되었다는 의미이다.

진지왕에 의해 국선으로 세워진 미시랑이 7년 동안 국선의 자리에 있다가 종적 없이 사라진 것은 진평왕 초에 새로운 미륵 즉 선덕여왕이 탄생한 것과 관련이 있다."

이상은 최완수의 미시랑과 신라미륵에 대한 견해이다. 이렇게 미륵을 신라에 빼앗긴 백제는 후일 신라의 미륵인 선화공주를 백제로 데려와 반전을 하게 된다.

미륵전쟁, 누가 이긴 싸움일까?

신라미륵 선화공주 백제를 멸망시키다

"진자대사가 진지왕(576~578경) 때 백제 웅주(지금의 공주)로 가서 하생한 미륵보살인 미시랑을 모셔왔다고 했으니, 백제는 미륵을 신라에 도둑맞은 꼴이었다. 이에 백제에서는 신라로부터 이를 되찾아올 필요성이 절실하였을 것이다. 그런 때에 진평왕의 3공주가 차례로 태어나 그중에서 미륵 선화를 선발하게 되었고 첫째인 덕만(선덕여왕, ?~647)과 셋째인 선화가 물망에 올랐을 듯하다. 둘째인 천명부인은 당숙인 용수에게 출가하여 김춘추를 낳았기 때문에 제외했을 것이다. 결국 선화공주(584년경~?)가 그 이름대로 미륵선화가 될 자격을 모두 갖추고 있었기에, 16세 정도의 묘령에 이르자 미륵선화로 선발하여 국중의 화랑을 총괄하게 하고 장차 왕위를 계승하게 하였을 듯하다. 즉 태자로 책봉한 것이다. 이 소문을 들은 모험심 많고 잘생긴 백제왕자 서동(薯童)이 신라의 미륵화신을 꾀어 백제로 데려옴으로써 빼앗긴 미륵을 되찾아오는 일을 해내려 했던 것 같다."

위의 글은 간송미술관장 최완수가『삼국유사』제3권, 미륵선화(彌勒善花) 미시랑(未尸郎) 진자사(眞慈師)와 『삼국유사』제2권, 무왕조의 선화공주 이야기를 해석한 것이다.

> 선화공주님은 남몰래 몸바쳐두고 서동집에 밤에 안겨 간다네[227)]
> 善化公主主隱 他密只嫁良置古 薯童房乙 夜矣卯乙抱遣去如

백제와 신라가 각각 자신의 땅에 미륵이 나타나기를 기다리던 바로 그 때,

---

227) 김선기 독해

미륵사지 전경

원래 갯벌이어서 배가 들어오던 이곳을 뒤에 보이는 용화산의 한자락을 허물어 조성한 절터

몰락한 백제의 왕족으로 마를 캐서 내다 팔던 서동이 신라의 미륵선화를 데려와 아내로 맞음으로써 백제는 빼앗겼던 미륵을 되찾게 되었고, 그 공로와 인기로 서동은 왕위에 오르게 된다.

그러나 선화공주의 뒷이야기는 이렇듯 로맨틱하게 마무리되지 않는다. 백제 왕비가 된 선화왕비는 익산시에 있는 용화산을 무너뜨려 넓은 연못을 메우는 엄청난 토목공사를 일으킴으로써 막대한 국력소모를 하게 만들었다. 그 곳에, 당시로는 한반도 최대라 할 수 있는 미륵사를 창건하여 역시 국가재정을 휘청거리게 하였는데, 이 때 적국의 왕이자 무왕의 장인인 신라의 진평왕까지 백공을 보내 도와 공사를 부추겼다.

그 뿐 아니다. 왕궁의 남쪽에 못을 파고 20리 상류지점에서 금강의 물을 끌어들이는 수로를 만드는 토목공사를 했으며, 못의 가운데에는 방장선산(方丈仙山)을 모방한 인공 섬까지 만들었다. 한편, 열도백제에는 금당, 강당 등의 전당과 승원 등의 건물을 합하여 100동이 넘는 반구사(班鳩寺=법륭사)를 만든 바 있는데, 무왕은 본국의 수도인 사비성에 이보다 몇 배 더 크고 화려하게 왕흥사를 짓게 하였다. 요서백제, 열도백제, 오월백제 등을 경영하며 식민지에서 벌어들인 나라의 재정을 선화왕비와 무왕이 모두 기울게 만든 것이다.

"백제가 망한 것은 백제 스스로가 망한 것이다. 그 이유는 왕의 대부인인 요녀가 무도하여 의자왕으로부터 왕권을 횡탈하고 어진 신하들을 살해하였기 때문이다."[百濟自亡 由君大夫人妖女之無道 擅奪國柄 誅殺賢良 故召斯禍矣]라고 백제 멸망의 원인을 『일본서기』제명6년기(記)에 말하고 있다. 여기서 지칭한 왕의 대부인이며 요녀라 한 사람은 다름 아닌 의자왕의 생모이자 무왕의 왕비이며 신라 진평왕의 딸인 선화왕비인 것이다. 『삼국사기』백제본기에 의자왕 19년, "여우무리가 궁중에 들어왔고 흰여우 하나는 상좌평의 책상에 앉았다. 4월에 태자궁에서 암탉이 작은 참새와 교미하였다."[衆狐入宮中 一白狐坐上佐平書案 夏四月 太子宮雌鷄與小雀交]라는 왕실의 변괴를 기록한 기사가 있다. 여기에 나오는 흰여우와 암탉도 선화왕비를 은유한 것이라 하기도 한다. 연대가 잘 맞지 않는 이야기이기는 하지만, 그렇다면 무왕은 신라에 가서 백제를 번영케 할 미륵을 구해온 것이 아니라 나라를 허물어 망하게 한 요녀를 데려왔다고 볼 수밖에 없다.

이러한 역사의 모티브를 제공한 「서동요」는 신라 입장에서 보면 백제흡수의 단초가 되는 달콤한 노래라 하겠고, 백제에서는 꼭 좋아할 수만 없는 '백제의 향가'인 것이다.

궁납지

20여리나 되는 수로를 만들고 백마강의 물을 끌어 들여 인공호수를 만들고 인공섬을 만들었다는 곳으로 추정되는 한반도백제의 마지막 서울 부여 궁남지에 연꽃이 가득 피었다.

불교전래 사은비(충남 부여)

이 시대는 미륵이나 불교를 어떻게든 자신의 나라에 모시려 하였고, 적국에 빼앗겨서는 안 되는 대상으로 여겼다. 상대적으로 나라 안에서는 지역의 차등 없이 고르게 불교를 분배하여 균형있게 국가의 기반을 다져야 했다. 왕족을 파견하여 식민국으로 다스리던 왜국에도 본국과 차별 없이 불교를 배치해야 하는 이유가 여기에 있었다.

본국의 성왕 때부터 열도백제에 불교를 배치하였고, 무령왕의 외손자인 흠명왕(欽明王,, 재위:539~571)때에 달솔 노리사치계(怒唎思致契)를 파견하며 불상과 불경을 보냈다. "불교는 난해하지만 뛰어난 교리를 갖고 있어 이를 믿으면 무한한 복이 있을 것"이라는 서간과 함께 보전(寶殿)을 꾸미는데 필요한 신령한 깃발 번개(幡蓋)와 석가불금동상 1구, 다수의 경론(經論)을 나누어 주었다. 552년에는 사원 건설을 위하여 많은 학자와 기술자들을 대거 열도백제에 파견하였다. 위덕왕 24년인 577년에도 반도백제는 수많은 경전과 학자와 율사·선사·비구니·주금사 등으로 구성된 대규모 승려들을 보냈다. 불상을 만드는 장인(匠人)을 보내 이제 스스로 제작하는 할 수 있을 정도의 기술을 보급하도록 하였고, 사찰을 지을 목수들도 파견하였다. 그 결과 열도백제는 반도백제의 지원이 없이도 독자적으로 사찰과 불상을 조성할 수 있는 능력을 어느

비조사(일본 나양 소재) 본당

정도 갖추게 되었다. 반도백제가 열도백제에 불교를 배치한 일은 계속 되어 사찰건설에 필요한 기와장과 금속 공예사들을 지속적으로 보냈다. 583년에는 무령왕의 외손자인 열도백제 민달왕의 간청에 답하여 고승 일라(日羅)를 파견하였고, 584년에 불상과 미륵상을 추가로 보냈다. 588년에 이르러 위덕왕은 그 어느 때 보다 큰 규모의 불교 지원을 하는데, 사신과 함께 혜총과 영근, 혜식 등의 고승을 불사리와 함께 열도로 보냈다. 은솔 수신과 덕솔 익문, 나솔 복부미신 등 관리들도 파견하고, 영조률사와 영위, 혜중, 혜숙, 도엄, 영개 등의 승려와, 절 짓는 기술자인 태량미태와 문가고자, 노반박사(鑪盤博士) 장덕백매순, 와박사(瓦博士) 마나문노와 양귀문, 능귀문, 석마제미, 화공(畵工) 백가 등도 함께 보냈다. 이렇게 열도백제의 지방수도인 나양(奈良, 나라)지방에 다양한 인력과 물자를 대규모로 보내게 된 이유는 법흥사(法興寺)를 짓기 위함이었다. 후일에 비조사(飛鳥寺, 아스카지)라 이름을 바꾼 법흥사는 탑을 중심으로 동·서·북 3방향으로 금당이 있고 그 바

사천왕사(일본 대
판 소재)

같은 회랑이 일주하며 중문·남문·서문과 강당을 갖춘 열도백제 최초의 대규모 사찰이었다. 이 사찰은 일본에 전하는 백제의 공예미술의 기준이 되어 후일 일본의 뛰어난 불교예술의 시원을 열게 한다.

602년, 불교를 전파하여 열도백제 최초의 승정(僧正)이 된 관륵(觀勒)이 천문·책력·지리·둔갑방술(遁甲方術) 등에 관한 많은 책도 전하였다. 이러한 과정을 거쳐 한반도백제는 열도백제를 홀대하지 않고 조화롭게 불교를 공유하게 되었다.

불교음악은 불교의 법회를 비롯한 각종 의식에 사용하는 음악과, 승려가 포교나 대중교화를 위해 사용하는 많은 종류의 음악을 포괄적으로 일컫는다. 이밖에 일반 신자가 신앙을 표현하거나 고양하려는 목적으로 행하는 음악도 불교음악에 포함된다.

사서에 백제불교음악에 대하여 특별히 기록된 것은 없다. 그것은 당시 불교에 음악이 사용되지 않아서가 아니라 왕조사나 정치사에 관계되는 사건을 주로 기록하는 사서의 특성상 기록하지 않았을 뿐이다.

어떤 종교든 의식이 따르고 그 의식에는 음악이 따른다. 불교가 백제에 4세기에 들어왔다 함은 불교음악도 함께 들어왔다는 것을 의미하는 것이다. 특히 예불의식의 근간을 이루는 다게(茶偈), 오분향게(五分香偈), 헌향진언(獻香眞言), 칠정례(七頂禮) 등의 예불음악은 아주 기본적인 불교의식음악으로 언제나 불교의 역사와 함께 하였다. 그것이 오늘날 사찰에서 들을 수 있는 예불음악과 같은 것일지는 확실치 않으나 가사(歌詞)라 할 수 있는 예불문이 다르지 않았다면 불교전승의 보수성을 참작할 때 크게 다르지 않았을 것으로 보인다.

만다라(근대작가 향파<香波> 작)

범어로 만트라(mantra)라고 하는 진언(眞言)은, 찬가라는 뜻을 가지고 있으며 명상으로 탈아(脫我)의 경지까지 이끌어 갈 수 있는 차원 높은 불교음악이다. 산스크리트 문장을 번역하지 않고 음 그대로 읊어 노래하는 비밀스러운 밀어(密言)가 진언이다.

음악적으로 전문성을 띈 범패는 백제보다 훨씬 뒤 진감선사(眞鑑禪師, (774~850)가 당나라에서 귀국한 뒤 퍼졌다고 한다. 이와 같은 내용은 하동 쌍계사의 진감선사대공탑비문(眞鑑禪師大空塔碑文)에 근거한 것이다. 즉 진감선사는 804년(애장왕 5)에 재공사(才貢使)로 당나라에 갔다가 830년에 귀

범패<중요무형문화재 제50호>

동대사 후원

국한 뒤, 지금의 쌍계사인 옥천사에서 제자들에게 범패를 가르쳤다는 것이다.

중국에 범패가 들어온 것은 위나라 때인 230년의 일이었다. 진감선사를 통하여 신라에 들어온 시기와 무려 600년이라는 긴 시간차이가 난다. 그 중 장장 230여년을 백제는 요서·진평, 산동 등 대륙을 경영하였다. 결코 지척에 있던 위나라의 범패를 백제가 모르고 있지 않았을 것이다. 특히 불교국가인 백제가 석가여래의 공덕을 찬미하는 불교의 핵심이 되는 노래인 범패를 소홀히 할 리도 없지만, 주로 죽은 사람을 위한 재(齋)를 올릴 때 부르는 의식음악이 또한 범패이기에 왕의 붕어(崩御)나 전사자들의 추모의식 등에 반드시 필요한 것이어서 어떤 형태로든 존재하였을 것이다.

뒤늦게 진감선사는 당나라에서 보다 세련되고 다양한 짓소리를 들여와 범패의 새로운 시대를 열었고 이를 전문으로 수행하는 바깥차비들을 가르쳤을 것으로 보인다.

대부분의 범패는 홋소리이다. 홋소리는 신도들의 요청에 따라 거행하는 재의식(齋儀式)에서 부르는 음악이다. 그러나 불도수행을 위해 요령과 목탁 등을 치면서 의식문을 독송하는 것도 이에 포함할 수 있다.

홋소리가 비전문가적 불교음악이라면, 이를 다 배운 이후 전문적으로 범패를 연희하는 것을 짓소리라고 하는데, 백제에 이러한 소리들이 있었다고 말할 근거나 자료는 없다. 짓소리에는 오랜 수련을 겪어야 비로소 터득할 수 있는 72종의 다양한 발성법이 있다고 한다.

범패는 주로 다음 다섯 가지 재(齋)에 사용된다.

죽은 사람의 영혼을 위로하는 상주권공재(常住勸供齋)가 일반적인 범패이고, 그보다 규모가 큰 시왕각배재(十王各拜齋)가 있으며, 살아있는 사람이 죽은 후 극락왕생하게 해달라고 미리 지내는 생전예수재(生前豫修齋), 물에 빠져 수중고혼(水中孤魂)이 된 영혼을 위한 수륙재(水陸齋)가 있다. 범패에서 가장 큰 규모로 죽은 이를 위해 지내는 제는 영산재(靈山齋)이다.

불교의 교리가 심오하기도 하지만, 원문이 불교범어(佛敎梵語, Buddhist Hybrid Sanskrit language)이고 이를 번역한 한문경전까지도 언어가 다른 우리나라의 일반대중이 이해하기에 어려운 것이었다. 이를 대중에게 널리 알리기 위해서, 이미 알려진 민속악적인 노래에 쉬운 불교경전의 가사를 얹어 부르는 음악이 필요하게 된다. 화청이나 회심곡 같은 대중 교화적 불교음악이 이러한 이유에서 백제에도 있었으리라 생각할 수 있다.

미마지의 제자들이 만든 기악 탈이 아직도 일본 동대사 등 여러 곳에 보관되어 있다. 기악의 내용은 역시 불교 포교(布敎)를 위한 교훈적인 내용으로 사찰을 중심으로 공연하였다. 문맹률이 높았던 고대사회에서 기악공연은 불경을 읽을 수 없는 서민들에게 믿음을 심어 주는 좋은 포교 공양이었을 것이다. 수당시대의 기악은 이미 세속화한 이야기로 변한 것이 많았지만, 운강석굴이나 막고석굴(莫高石窟)[228] 등에서 볼 수 있는 벽화에 종교적

228) 흔히 천불동(千佛洞)이라 하는 이 석굴은 현 감숙성 돈황시 동남쪽 명사산 단층 벼랑 지역에 있다. 전

범종각

기악의 그림도 있어 초기기악이 불교관련 악·가·무에서 출발하였음을 시사하고 있다.

백제사찰 뿐 아니라, 대부분의 절에는 법고(法鼓), 목어(木魚), 운판(雲版), 범종(梵鍾)등의 이른바 불교사물이 있어 각종 의례에 사용한다. 이런 타악기들도 한·중·일 모든 불교국가의 사찰에서 예외 없이 갖추고 있는 것인만큼 백제에도 당연히 이 악기들이 있었을 것이다.

아침, 저녁예불은 범종소리로부터 시작한다. 우주구성의 4대 요소를 상징하여 법고는 땅, 목어는 물, 범종은 불, 운판은 바람으로 의미부여를 한다. 한국의 사찰에는 이외에도 원반모양의 큰 동판으로 만든 태징이라는 악기가 있다.

진(前秦) 때인 366년경에 시작하여 약 400년 가까운 기간에 거쳐 5층으로 불동(佛洞)을 조성한 세계 최대의 석굴이다. 신라 승려 혜초의 행적기록이 발견된 곳으로 우리에게 유명하다.

이 두 종류의 악기 즉 쇠북과 태징은 아시아 전체에 퍼져있고 터키에서 개조하여 탐탐(tamtam) 또는 공(gong)이라는 이름으로 전 세계에 보급되었다.

자바라(啫哱囉)도 불교와 함께 백제에 있었을 것으로 본다. 이 악기는 심벌즈(Cymbals)의 조상악기이다. 중동지방에서 '찰파라'라 한다. 백제시대에 조성되기 시작한 운강석굴의 많은 예불의식 그림에서도 자바라가 보여 그 역사성을 알게 한다.

백제대제 신위

이러한 불교악기들은, 불교 춤을 뜻하는 작법무(作法舞)에서 사용하여 신앙심을 북돋우고 재(齋)를 더욱 장엄하게 한다. 바라무, 착복무, 법고무, 타주무 등이 작법무이다.

바라춤은, 바라를 들고 빠른 장단에 맞춰 남성적인 강렬함을 나타내는 춤이다. 태징에 맞춰 장삼과 가사를 입고 추며 혼자 추는 '외 바라'와 둘이 추는 '겹 바라', 셋이 추는 '쌍 바라'가 있다.

착복무는 탁한 곳에서도 청정함을 잃지 않겠다는 의지의 춤으로, 고깔에 육수가사(六垂袈裟)를 입고 양손에는 연꽃을 들어 춘다. 이는 마음을 가라앉히고 삼매에 들게 해 대중을 중도의 세계로 들게 인도하려는 염원을 함께 하고 있다.

법고춤은 말 그대로 법고를 치면서 추는 춤이며 용맹정진의 수행으로써 원하는 경지에 도달하는 과정을 표현한다. 느린 무 장단으로 시작하여 점점 격렬해진다.

타주 춤은 고깔에 육수가사를 입고 팔정도(八正道)를 뜻하는 기둥 주위에서 북채를 들고 둘이 추는 춤이다.

나비춤은 하얀 백색 장삼과 바닥에 닿을 듯 길게 늘어진 육수가사를 입고 위에 영자를 빨간 끈으로 고정시켜 의복을 갖춘 뒤, 탑 모양의 고깔을 쓰고 범음(梵音)과 태징에 맞춰 추는 춤이다. 혼자 추는 춤을 향나비 춤이라 하고 둘이 추는 쌍 나비춤이 있으며 다섯 명이 추는 오행나비 춤이 있다. 오행나비춤은 오행에 맞춰 동서남북 그리고 중앙에 자리 잡고 춘다.

세종시에 있는 비암사에서는 1983년부터 매년 4월 15일에 백제대제(百濟大祭)를 개최하는데 이곳에서 여러 종류의 작법을 감상할 수 있다.

백제 율종律宗의 시조로 이르는 겸익謙益(?~?)은 무령왕과 성왕 사이에 활동한 승려이다. 율종은 계율을 연구하고 널리 펴는 것을 기본 취지로 내세우는 종파宗派다. 그는 526년에 인도로 건너가서 4년간 상가나대율사(尙伽那 大律寺)에서 수학하고 인도 승려 배달다삼장(倍達多三藏)과 함께 한반도백제로 돌아왔다. 왕오천축국전으로 유명한 혜초보다 무려 200년 앞선 시기에 인도로 건너가서 불교를 연구하고 귀국하는데 성공한 것이다. 왕명으로 흥륜사에 머물면서 산스크리트로 쓴 율문을 국내의 고승 28명과 함께 율부 72권으로 번역하였다. 겸익의 율학으로 백제 불교는 의례를 중요시하는 계율 중심의 불교가 되었다. 그 영향으로 법왕(法王) (재위 599~600)은 그 원년에 영을 내려 살생을 금하고 어획과 수렵 등에 사용되는 도구들을 모두 없애게 하였다. 이러한 백제불교의 율종은 다시 열도백제로 넘어가 오늘날 일본불교에 큰 영향을 끼쳤다.

불교사물 - 신성한 범음(梵音)

중생의 깨달음을 향한 회향(廻向)의 소리

규모가 큰 불교사찰은 해탈교를 건너 일주문, 천왕문, 불이문을 지나 경내로 들어간다. 대개 불이문에서 가까운 곳에 범종각이 있어, 불교사물이라 하는 범종(梵鍾), 법고(法鼓), 목어(木魚), 운판(雲板) 등을 만날 수 있다.

법고는, 그 소리를 통하여 축생 등 땅에 사는 모든 중생의 마음에 불변의 진리인 법(法)으로 울려 퍼져 어리석음을 깨우치게 한다. 그래서 법고를 칠 때에 두 개의 북채로 마음심(心)자를 그리듯 두드린다. 법고는 양면고(鼓)로 각 면에 암수 한 마리씩의 쇠가죽을 사용하여 음양의 조화를 소리에 담는다. 일반적으로 북통에는 용을 그리고, 양면 가운데에는 태극이나 진언(眞言)을 새긴다. 크기와 모양은 다양하며 큰 것은 지름이 2m에 이르는 것도 있다. 예불 등의 불교의식 뿐만 아니라 승무(僧舞)에도 없어서는 안 되는 중요한 악기이다.

운판은 뭉게구름 모양의 얇은 평판으로 청동이나 쇠로 만들며 그 소리는 허공을 헤매는 고독한 영혼을 천도하고 공중을 날아 떠도는 조류(鳥類)의 영혼을 구제한다고 한다. 이와는 달리

미륵사 법고(위), 범종(아래)

수덕사 운판

금산사 목어

선종(禪宗) 계통의 사찰에서는 운판이 비를 머금은 구름 모양이라는 의미로 화재를 막는다고도 믿는다. 이 때문에 불을 가까이하는 부엌 앞에 걸어두고, 대중에게 공양 시간을 알리는 신호로 사용한다. 판 위에 보살상 또는 '옴마니반메훔' 의 진언을 넣기도 하고 가장자리에 승천하는 용이나 구름, 달을 새길 수 있다.

목어의 머리는 용의 모양이고 몸은 물고기모양을 새겨 넣은 통나무 조각에 가운데 부분을 길게 파낸 후 양쪽으로 두들겨서 소리를 내는 악기이다. 이를 간편하게 만든 것이 목탁이다. 그 소리를 듣고 물 밑에 살고 있는 수중 중생들은 해탈의 마음을 가질 수 있다하며, 수행자들이 물고기처럼 나태하지 말고 항상 정진하고 깨어 있으라는 이중적 의미를 담고 있다. 물고기는 잠을 잘 때도 눈을 뜨고 있으며 또 움직이기 때문이다. 수중고혼을 제도하기 위한 종교적 염원과 함께 물고기가 여의주를 얻어 용이 된다는 속설처럼 중생이 오랜 수행을 통해 깨달음의 경지에 이르러 보살이 되기를 바라는 것이다.

범종(梵鍾)은 부처의 음성을 상징한다. 부처의 말씀을 글로 표현하면 불경이 되고, 모습을 형상화 하면 불상이 되며, 깨달음을 그림으로 나타내면 만다라가 되듯이 부처의 음성이 곧 범종의 소리라 불교에서는 말한다. '범'(梵)이란 우주 만물이고 진리이자 청정하며 한없이 넓고 크고 좋은 것이라는 뜻이다. 범종의 소리는 모든 중생의 깨달음을 염원을 담아 울려 퍼져 현세의 중생들과 지옥에서 고통 받는 모든 중생들에게 '범'의 뜻을 전하려 한다. 전생에 업의 과보에 따라 지옥에 있을지라도 범종소리를 들으면 환희의 마음을 낼 수 있으니, 고통이 사라져 순간의 기쁨과 휴식을 느끼라는 염원을 담고 있다.

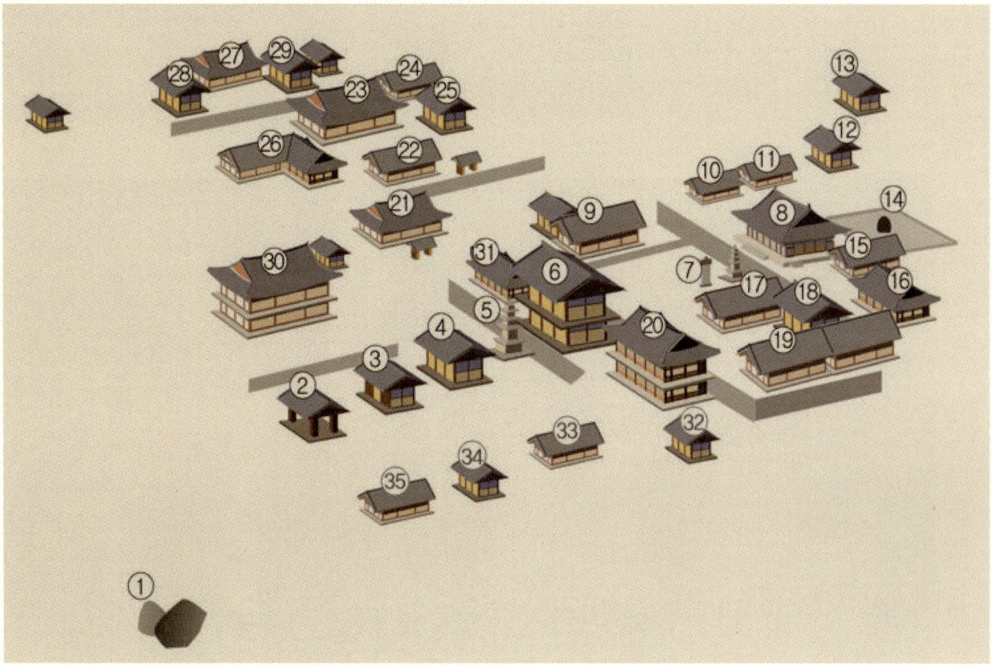

송광사로 본 한국 사찰 전각 배치도

1. 석문 2.. 일주문 3. 금강문 4. 천왕문 5. 석탑 6. 팔영루 7.대공탑비 8.대웅전 9.적묵당 10.첨성각 11.나한전 12.화엄전 13.삼성각 14. 금강계단 15. 명부전 16. 반야실 17. 설선당 18. 육화료 19. 해행료 20. 종무소 21. 방장실 22. 청학루 23. 팔상전 24. 영모전 25. 봉래당 26. 영주당 27. 금당 28. 동방장 29. 서방장 30. 성보박물관 31. 범종루 32. 해후소 33. 공용화장실 34. 샤워실 35. 시민선방

백제대제

비암사 작법

제 4 편

백제가요

1. 백제가요

백제시대의 노래로 현재까지 가사가 전하는 것은, 「서동요」(薯童謠)와 「정읍사」(井邑詞) 뿐이고,「무등산가」(無等山歌),「지리산가」(智異山歌), 「선운산가」(禪雲山歌),「방등산곡」(方等山曲) 등은 곡명과 그 유래만이 『고려사』(高麗史) 「악지(樂志)」에 전한다. 그 외에 「숙세가」(宿世歌)가 21세기 첫해에 발견되었다.

『고려사』에 전하는 6수의 백제가요는 모두 여인이 지었으리라는 점과, 산 이름을 제목으로 삼고 있다는 공통점을 갖고 있다. 이에 비하여 「서동요」의 작자는 남자, 「숙세가」는 미상이다. 이 중 악보(樂譜)와 무보(舞譜)까지 남아있는 것은 「정읍사」하나뿐이다.

1. 「서동요」

『삼국유사』에 전하는 「서동요」는 오랫동안 신라향가로 분류되었지만, 지은이가 후일 백제의 무왕이 되는 서동(薯童)이기에 백제가요라 할 수 있다.

서동요

서동(무왕) 지음

번역: 양주동

선화공주님은 남 그으기 얼어두고

맛둥방을 밤에 몰래 안고 가다

善化公主主隱 他密只嫁良置古

薯童房乙 夜矣夘乙抱遣去如

2. 숙세가

2000년부터 2001년 사이에 충청남도 부여 능산리 고분 옆 절터에서 발굴된 23개의 목간(木簡) 중에 「숙세가」(宿世歌)'가 있었다. 지금까지 남아있는 모든 고대 시가(詩歌)들이 후대에 편찬된 문헌에 전해지는데, 「숙세가」는 지은이가 살던 백제시대의 실물이 전하는 노래라는 점에 의미를 둘 수 있다. 사비백제시대의 수도인 부여에서 발견한 유일한 시가(詩歌)라는 점도 주목할 일이다. 이 노래는 4언4구 형식의 한자어 가사이며, 서정적인 내용과 함께 불교 연기론에 바탕을 둔 시대상을 나타내고 있다.

숙세가

지은이 : 미상

전생에 맺은 인연이 있어 / 함께 태어난 이 세상

서로 시비를 가릴 터이면 / 큰절을 올리고 사뢰러 오시오

宿世結業 同生一處

是非相問 上拜白來

이 「숙세가」의 발견으로 한자의 음과 훈을 빌려 우리말을 적는 이두(吏讀)가 백제에 있었다는 주장이 대두되었다. 그간 학계에서는 고구려에서 이두가 시작되어 신라에 전승되었고, 백제에서는 사용하지 않았다는 것이 정설처럼 되어 있었다. 그러나 「숙세가」의 '宿世結業'과 '同生一處'가 한문의 어순인데 반하여 '是非相問'은 우리말의 어순이고, '上拜白來'의 '白來'는 이두에서 공손한 의미로 쓰던 우리말의 표현이어서 초기 형태의 이두라는 것이다.[229] 백제에서 이두를 사용하였다는 주장은, 열도백제시대의 노래가 다수 포함되어 있는 일본의 『만엽집』(萬葉集, 만요슈)[230]이 고대백제어의 이두라 할 수 있다는 점에서 더욱 수긍이 간다.

3. 선운산곡(禪雲山曲)

노래의 원래 가사나 번역 등이 전하지 않고 다만 『고려사』 권71 속악조(俗樂條)와 『증보문헌비고』 권106 악고(樂考) 17에 각각 '선운산곡'이라는 제목과 해설만이 남아있는 백제가요이다.

백제 때에 장사(長沙) 사람이 정역에 나갔지만, 기한이 지나도록 돌아오지 않아 그의 아내가 남편을 그리워하며 선운산에 올라 바라보며 부른 노래라는 해설이 있다. [長沙人 征役 過期不至 登禪雲山 望而歌之] 정역은 일정한

229) 정재영(한국기술교육대 국어국문학)교수는 1971년 발굴된 무령왕릉에서 출토된 사마왕 왕비의 은팔찌(국보 160호)에서 서기 520년 백제시대에 쓰인 음각돼 있는 명문(銘文)인 이두문(吏讀文)을 처음으로 발견하였고, 김영욱(서울시립대)교수는 '백제의 이두에 대하여'란 논문에서 2000년 충남 부여 능산리 고분 출토 목간(木簡)에 새겨 진 사언사구 형식의 숙세가(宿世歌) 16자를 중국식 · 한국식 한문 어순을 섞어 쓴 초기이두로 기록된 가장 오래된 시가(詩歌)라고 주장한 바 있다.

230) 만엽집[만요슈]은 7~8세기 후반에 만들어진 일본에 현존하는 고대 가집(歌集)이다.

나이 이상에 이른 남녀가 국가가 지정하는 장소에 가서 복역하는 제도를 말하는 것이다.

구체적인 내용과 형식은 자세히 알 수 없지만, 해설로 보아 여인이 남편을 그리는 내용이었을 것이다. 안자산(安自山)은 이 노래의 가사가 유실된 것이 안타까워 제목과 해설을 기초로 정읍사의 형식에 따라 다음과 같이 인작(引作)하였다.

선운산

인작 : 안자산

선운산 올라보니
천일우(天一隅)야 어디메냐
내 수심(愁心) 저 달 속에
던져주어 부치노라
활활이 바람에 따라
무보남(戊堡南)에 대여라

4. 무등산가(無等山歌)

「무등산곡」(無等山曲)이라고도 한다. 가사와 악보가 전하지 않고, 제목과 유래만 『고려사』「악지」(樂志)에 실려 있다.

해설에, 무등산이 광주(光州)의 진산(鎭山)이기에 이 산에 성을 쌓으니 백성이 안심하고 살아갈 수 있다는 기쁨을 노래한다는 것이라 하였다.[無等山 光州之鎭 州在 全羅爲巨邑城 此山 民賴以安 樂而歌之]

무등산

가사와 악보가 전하지 않아 알 수 없지만, 전쟁이 없고 안정된 세상을 원하던 백제인들의 염원이 배어있는 노래로 보인다. 어쩌면, 관리들이 국가 방위를 튼튼히 해야 한다는 의식을 백성들에게 심어주려는 목적을 가진 노래일 수도 있다. 무등산이 있는 광주(光州)는 백제시대에 무진 혹은 노지라 하였다. 안자산은 이 노래의 가사가 유실된 것이 안타까워 다음과 같이 가사를 만들었다.

무등산

인작 : 안자산

무등산 팔진도(八陣圖)야
소장안(小長安)이 아롬답다
시정(市井)도 즐비할사
들리나니 노래로다

민심(人心)도 구든성(城)이라

낙토무등(樂土無等) 하지라

5. 방등산가(方登山歌)

방등산은 지금의 방장산(方丈山)으로 전남 장성과 전북의 고창, 정읍 경계에 위치한 호남정맥의 한 신비로운 영산이다. 방등산가도 역시 작자, 연대 미상으로, 가사와 악보도 전하지 않고, 『고려사』권 71, 삼국속악조와 『증보문헌비고』에는 반등산곡(半登山曲)이라는 이름으로 노래에 대한 해설만 나온다.

그 내용은, '방등산은 나주의 속현인 장성의 경계에 있다. 신라 말에 도적이 크게 번져 이 산에 은거하며 양가집 자녀들을 많이 잡아갔다. 이때 장일현(長日縣)의 한 여인도 잡혀 갔는데, 이 방등산가를 지어 그 남편이 구하러 오지 않는 것을 원망했다'[方登山 在羅州屬縣 長城之境 新羅末 盜賊大起 據此山 良家子女 多被擄掠長日縣之女 亦在基中作此歌以諷其夫不卽來救也]는 것이다. 노래에 얽힌 이러한 해설을 근거로 안자산은 이 노래의 가사를 새롭게 만들었다.

방등산

인작 : 안자산

방등산(方等山) 휘파람에

장일화(長日花)가 이우나니

난간(欄干)에 나든 나비

꼿이없다 일년마나

지리산

엇지타 심상(尋常)히 날아

자치 아니 보느냐

6. 지리산가(智異山歌)

가사와 음악이 전하지 않고 제목과 노래의 내력만이 『고려사』 권71 「삼국속악조」(三國俗樂條)에 전하며, 그 내용이 『증보문헌비고』 권106 「악고」(樂考) 17에 옮겨져 있다. 『고려사』에는 작품명을 「지리산」이라 하였고, 『증보문헌비고』에는 「지리산가(智異山歌)」라고 적혀 있다.

노래는, '구례(求禮)의 지리산 밑에 집안은 가난하지만 아름다운 용모와 부덕을 갖춘 한 여인이 살았는데, 왕이 이 소문을 듣고 궁으로 데려가려 욕심을 내자 그녀는 이 노래를 지어 죽기를 맹세하고 따르지 않았다'[求禮 縣人之女有姿色 居智異山 家貧盡婦道 百濟王聞其美 欲內之 女作是歌 誓死不從]는 내용이다. 백제여인의 정조관을 엿볼 수 있는 내용이다. 안자산의 인작은 다음과 같다.

지리산

인작 : 안자산

지리산(智異山) 높다하니

험(險)한길이 천지(天地)니라

용루전(龍樓殿) 구름속이

숭광(崇光)이사 홀란하나

우락(雨落)에 부상천(不上天)하기

예사(例事)거기 아닌가

7. 정읍사(井邑詞)

백제시대 때 작자 미상의 가요이며, 가사는 『악학궤범』 권5 시용향악정재조(時用鄕樂呈才條)에 무고보(舞鼓譜)와 함께 실려 전하는데, 한글가사이다. 『고려사』 악지 2 삼국속악조에도 해설이 있다. 『대악후보』에는 정읍(井邑)이라는 악보가 실려 있지만 가사는 없다. 가사와 악보가 각각 다른 문헌에 소개되고 있다.

정읍사

지은이 : 미상(어느 행상인의 아내)

(前腔) ᄃᆞᆯ하 노피곰 도ᄃᆞ샤/어긔야 머리곰 비취오시라

어긔야 어강됴리/아으 다롱디리

(後腔) 全져재 녀러신고요/어긔야 즌ᄃᆡ를 드ᄃᆡ욜셰라/어긔야 어강됴리

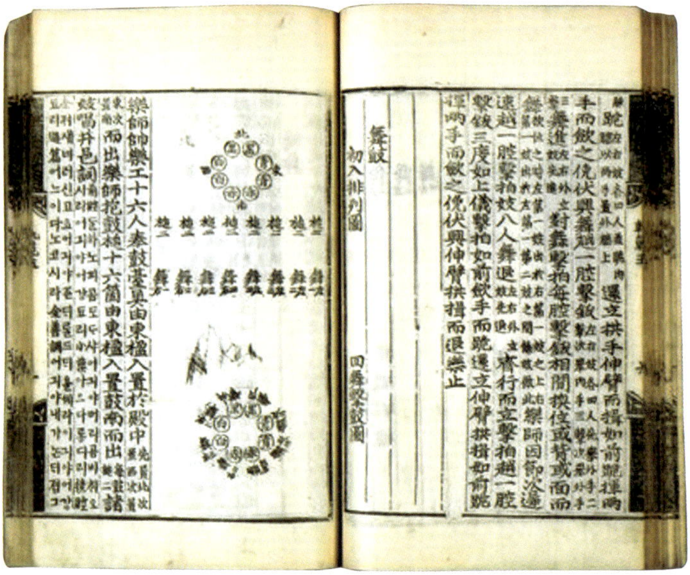

『악학궤범』중「정읍사」부분

(過篇) 어느이다 노코시라

(金善調) 어긔야 내 가논ᄃᆡ 점그ᄅᆞᆯ셰라/어긔야 어강됴리

(小葉) 아으 다롱디리[231]

---

231) 박병채(1925~1993)의 현대어 번역

달아 높이높이 돋으시어, 어기야차 멀리멀리 비치게 하시라,
어기야차 어강됴리, 아으 다롱디리,
시장에 가 계신가요, 어기야차 진 곳을 디딜세라, 어기야차 어강됴리,
어느 것에다 놓고 계시는가,
어기야차 나의 가는 곳에 저물세라, 어기야차 어강됴리
아으 다롱디리

백제에서 온 그대
유네스코 수제천(壽齊天)을 으뜸으로 꼽다

옛 궁중음악 중 우리들이 가장 사랑하는 하나를 꼽으라면 대부분 「수제천」(壽齊天) 을 우선 떠올린 것이다.

한자로 된 수제천의 이름은 '영원히 하늘이 다스리심' 또는 '수명이 하늘처럼 가지런하게' 등으로 풀이할 수 있는데 너무 일차적이어서 만족스럽지 못한 부분이 있다. 이 음악의 이름에는 우주의 원리와 운행의 이치를 담았다는 동양철학의 향기가 배어있음직 하다. 음악의 흐름이 유장하고 가락에 기백이 가득하여 시공을 초월하는 무한한 정신세계로 이끄는 듯한 매력이 있다. 그래서 외국인들은 '영적인 음악'이니 '천상의 음악'이니 하는 찬사와 함께 가장 한국적이고 가장 빼어난 음악이라고 치하한다. 이 음악은 1970년 유네스코 아시아음악제의 전통음악 분야에서 최우수상을 받은 바 있다.

이 「수제천」의 원류를 백제음악으로 유명한 정읍사에 두는데 무리가 없다. 「수제천」은 우아한 정서에 따라 지어진 별명이고, 원래 이름은 「횡지정읍」또는 「빗가락 정읍」이었다. '횡지(橫指)' 또는 '빗가락'등은 연주기법의 특징을 말하는 것이니 이 음악을 듣는 사람들 입장에서는 그저 '정읍'이라 하여도 충분하다. 「정읍사」는 가사가 있는 음악이고, 「정읍」은 「정읍사」를 기악곡(器樂曲)의 특성에 맞춰 변형한 것이다. 집을 떠난 남편이 무사히 귀가하기를 기원하는 「정읍사」는 7세기 백제에서 조선 초기까지 1000년 이상을 노래로 불러왔다. 조선시대 중반부터 노래가 빠지고 기악합주곡으로 연주할 수 있도록 변하게 되었다. 그래서 제목에서도 가사를 뜻하는 '사'(詞)자가 빠진 '정읍'만 남게 된 것이다.

고려 때 민간음악을 궁중에 수용하는 과정에서 아악에 편성되었고, 이 조선

국립국악원 「수제천」 연주장면

시대 때 궁중의 각종 행사와 임금의 거동에 이 음악이 사용되었으며 처용무의 반주음악으로 쓰였다. 이 시대의 보편적 합주편성인 삼현육각(三絃六角), 즉 피리 2, 대금 1 해금 1, 북 1, 장고 1로 연주하였다. 편성만으로는 그다지 큰 규모라 말할 수 없지만, 그 음악 안에는 한국인의 심성과 전통의 큰 숨결이 담겨 있다. 오늘날 대규모 국악관현악단이 생겨나면서 이 수제천의 편성도 커져 악기의 종류와 연주자의 수를 제한하지 않고 대 편성으로 장중하게 연주한다.

모두 4장, 23장단으로 구성되며 연주시간은 15분가량으로 1장에서는 가락을 제시하고, 2장에서는 이를 반복하며, 3장에서는 극적인 변화를 이루고, 4장에서는 이를 마무리 하여 기승전결의 형식을 갖추고 있다. 음량이 크고 의젓한 향피리가 주선율을 연주를 하다가 잠시 쉬는 사이 그 뒤를 이어 당적, 대금, 해금, 아쟁 등의 악기가 가락을 이어받는 연음(連音)형식이 특징이다.

저 웅혼하였던 백제의 기상을 담고 1천5백년 이상을 우리 겨레와 함께 해 온 수제천에는 결 고운 가락이 굽이굽이 유장하게 물결치고 하늘의 이상으로 만물을 고르게 키운다는 정신이 배어있는 듯하다.

선율이 유장하게 뻗어 저 하늘에까지 이르는 그 수제천의 아름다움에 대하여 서양의 한 음악학자는 "이 지구상에 남아있는 유일한 천상의 음악"이라는 극찬을 아끼지 않은 바 있다.

빗가락정읍의 '빗가락'은 『악학궤범』 권1 악조총의(樂調總義)와 현금조(玄琴條)에서 지적하는 것처럼 악기에서 일정한 조성(調性)을 지정한 것이다. 거문고의 계면조를, 빗가락[橫指 : 四指]즉 셋째손가락의 위치를 넷째손가락으로 바꿔 잡아, 임종(林鐘) 대신 남려(南呂, 다)를 주음으로 하여, 태주(太簇, 바)·고선(姑洗, 사)·임종(林鐘, 내림나)의 음계로 조옮김하여 연주하는 특징을 제목으로 붙이게 된 것이다.

2. 만엽집이 전하는 백제가요

『만엽집』(萬葉集, 만요슈)는 7~8세기에 만든 일본에서 가장 오래된 노래 가사집(歌詞集)이다. 백제의 식민국으로 존재하던 응신왜국 시절부터 백제 부흥을 염원하던 제명여왕 시기를 거쳐, 일본[232)]이라는 국호를 사용하며 한반도백제로부터 독립한 669년 이전까지 그 격변하던 시기의 노래들도 몇 수 담겨있다.

『일본서기』를 비롯한 육국사(六國史)[233)]는, 백제로부터 독립하여 새로운 독립 국가를 만들면서, 일본을 주변의 다른 나라보다 우위에 두기 위한 목적 아래 만들어진 역사책이다.[234)] 이에 비하여 비슷한 시기에 편찬한 『만엽집』은 다각적인 은유와 상징으로 당시의 정치사 등을 노래하였기에 오히려 진실을 그대로 남겼다는 평가를 받고 있다.

지은 사람은 일본 왕과, 귀족, 그리고 신분이 알려지지 않은 계층까지 다양하지만 모두 상류층이라는 공통점이 있다. 노래 가사는 4,500수 이상이다.

---

232) 신라 문무왕10년(670) 12월에 왜국은 일본으로 국호를 바꿨다.(文武王10年 12月 倭國 更號日本) 『삼국사기』 당나라 함형원년 왜라는 이름이 나빠서 국호를 일본으로 바꿨다.(咸亨元年 惡倭名更號日本) 『신당서』「일본전」

233) 고대 일본(日本)의 율령국가가 편찬한 『일본서기』,『속일본기』,『일본후기』,『속일본후기』, 『일본문덕천황실록』(日本文徳天皇実録), 『일본삼대실록』(日本三代実録)을 통틀어 부르는 말

234) 일본에서도 『일본서기』를 비롯한 육국사의 조작 사실을 폭로한 사학자들은 많았다. 대표적인 학자들과 저서를 소개하면, 나가야마 야스오(長山靖生)의 『사람은 왜 역사를 위조하는가』, 하야시 세이고(林靑梧)『일본서기의 암호』, 나오키 코우지로(直木孝次郎)『일본신화와 고대국가』, 하니하라 가주로(埴原和郎)『한반도를 경유한 아시아대륙인』등을 들 수 있다. 이들의 공통된 견해는 "고사기(古史記)와 일본서기(日本書紀) 등의 역사책은 일본왕실의 만세일계를 확립하기 위해 상당 부분이 왜곡되어 있으며, 왕실이나 중앙정부에 불리한 것은 무엇이든지 제거하였고 이로 인해 객관성이 결여된 부분이 매우 많다"는 내용으로 요약할 수 있다.
이와 같은 견해는 이미 에도(江戶)시대의 도테이칸(藤貞幹 1732~1797년)을 비롯해서 메이지(明治)시대의 구메 구니다케(久米邦武 1839~1931년), 기타 사다키치(喜田貞吉 1871~1939년), 가나자와 쇼사브로(金澤庄三郞 1872~1967년) 등의 학자들도 같은 주장을 했다.
그 외 역사학자 미즈노 유(水野 祐) 교수, 아라타 에이세이(荒田榮誠) 등 수많은 국내외 학자들이 일본서기가 조작으로 점철된 위서임을 밝혔다.

인덕왕릉

백설조이원중릉(百舌鳥耳原中陵, 모즈노미미하라노나카릉)이라 하며 대판(大阪, 오사카)시 근처 계(堺, 사카이)시에 있다. 열쇠모양의 해자 안에 능이 있다.

『만엽집』의 편찬 동기에 대하여 여러 가지 설이 있는데 그 중에서 가장 유력한 것은 칙찬설(勅撰說) 즉 천황의 칙명으로 편찬하였다는 것이다. 칙찬설이라 하면 인덕왕을 비롯하여, 일본의 실질적 초대 천황인 천지(天智, 덴지)천황, 그리고 그의 아들과 손자인 지통(持統, 지토)천황, 원명(元明, 겐메이)천황 등의 백제계 왕들이 편찬한 것이다.

『만엽집』은 모두 20권이 편집되었으며 역사적 연대순으로 증보되었다고 추정한다.

『만엽집』제1권 53수와 2권 150수 중 배열이 앞선 노래에는 열도백제시절에서 일본으로 넘어가는 시기의 작품이 있다. 열도백제의 정서와 역사를 배경으로 노래한 백제가요가 여기에 수록된 것이다. 또한 이는 백제사를 간접적으로 찾을 수 있는 자료가 되기도 하다.

『만엽집』의 백제 노래 중 가장 시대적으로 앞선 작품은, 제2권에 나오는 인덕(仁德, 닌도쿠, 337~419, 재위396~419)왕과 관련된 노래들이다. 후세에 16대 인덕천황으로 추존된 그는, 본국백제 14대 근구수왕의 서장자이며 침류왕의 이복형이다. 두 형제가 같이 열도백제에 파견되었다가 396년에 침류왕(枕流王, 363~422 = 우치천황<宇治天皇>추존)이 본국백제로 돌아가면서 인덕을 열도백제의 왕으로 즉위시켰다. 그는 399년 열도백제를 중심으로 본국백제와 가야를 연합한 대군을 일으켜 신라를 침공하였다. 그러나 그해 침류왕은 산동반도 지금의 청도(靑島)에 출정하여 동청주(東靑州)를 건설하였고 요서에도 백제군(郡)을 세우게 되는데, 이를 위하여 신라 전투의 군대를 철수하게 된다. 이것이 원인이 되어 대륙백제는 거대하게 확장되었지만, 본국백제에는 진사왕의 반란이 일어났고, 열도백제의 인덕왕 연합군은 신라 지원군인 고구려군에 의해 궤멸 당한다. 여기서 인덕왕은 겨우 목숨을 건졌으나, 가야, 대마도, 큐슈를 빼앗기고 419년에는 고구려 왕자 고진에게 살해당한다. 이러한 상황에서 그의 왕비 반희(磐姬,, 이하노히메)왕후가 인덕왕을 그리면서 지은 노래 4수가 『만엽집』제2권에 전한다.

인덕왕을 그리며 (1)

반희(磐姬)왕후 지음, 만엽집 권2-85

번역: 이연숙

당신 떠난 지
많은 날이 지났네
산길 따라서
마중하러 갈까요
기다리고 있을까

君之行　氣長成奴　山多都祢　迎加將行　待尓可將待

인덕왕을 그리며 (2)

반희(磐姬)왕후 지음, 만엽집 권2-86

번역: 이연숙

단지 이렇게

그리워하기 보단

높은 산속의

바위를 베개로 해

죽어버리고 싶네

如此許　戀乍不有者　高山之　磐根四卷手　死奈麻死物呼

인덕왕을 그리며 (3)

반희(磐姬)왕후 지음, 만엽집 권2-87

번역: 이연숙

지금 이대로

그대를 기다리죠

치렁거리는

나의 검은 머리에

서리가 내릴 때까지

반희(磐姬)왕후 노래 비

"인덕왕을 그리며 (3) 가사 "在管裳　君乎者將待　打靡　吾黒髮尓　霜乃置萬代日"을 새겨 넣은 이 노래비는 인덕왕릉 서쪽 산책길에 있다.

在管裳　君乎者將待　打靡　吾黒髮尓　霜乃置萬代日

인덕왕을 그리며 (4)

반희(磐姬)왕후 지음, 만엽집 권2-88

번역: 이연숙

가을의 밭의

벼 이삭 위에 걸린

아침 안갠 냥

나의 사랑 갤 방법

어디에도 없구나

秋田之　穂上尓霧相　朝霞　何時邊乃方二　我戀将息

『만엽집』의 4500여수의 노래 중 첫 제1권의 첫 노래는 백제 전성기인 5세기 말 왜국을 다스렸던 웅략왕[235](雄略王)이 지은 노래다.

『일본서기』「웅략기」(雄略記)에 웅략왕은, 일본국을 다스린 백제인[236].이라 하였으니 그의 노래는 곧 백제가요이다. 그는 반도백제가 고구려의 침공을 당하자 군사를 이끌고 대항하여 승리로 이끌었으나 대마도에서 순사(殉死)한 열도백제의 왕[237]이었다.

웅략왕의 노래(1)

웅략왕 지음, 만엽집 권1-1

번역: 박상현

바구니도 좋은 바구니 가지고

호미도 좋은 호미 가지고

이 구릉에서 나물 캐시는 처녀여

집안을 밝히시오 이름을 일러주시오

---

235) 웅략왕의 정체는 명확하지 않다. 광개토대왕의 손자라는 설도 있지만, 백제 개로왕의 동생인 곤지(昆支)라 하기도 하고, 『일본서기』에는 무왕이라고 하였다. 왕이 되기 위하여 많은 형제를 죽였고, 왕이 된 뒤에도 개로왕의 딸 적계공주 등을 살해하여 아주 나쁜 왕으로 평가되고 있다. 그러나 웅략왕은 백제 시조 온조의 사당을 만들어 받들어 모셨다.

236) '百濟國者 爲日本之官家'는 백제사람으로 '일본의 관가(官家)는 '백제의 가 왜국을 다스린다' 라는 뜻이 있다고 문정창의 문정창《한국사의 연장 일본고대사》105~106쪽에 밝혔다.

237) 웅략20년(476) 겨울, 고구려의 여러 장수가 그의 왕에게 말하기를, 백제인의 마음은 비상하니, …이때 멸망하는 것이 좋을 것이라 하였으나, 고구려 왕은 "불가하다. 과인이 듣기로 백제는 일본을 다스린 지 오래고 멀다. 또한 일본왕이 백제국왕을 섬기고 있음은 이웃나라가 모두 아는 바이다" 하면서 백제를 멸망시키지 않았다. 『일본서기』

야마토[大化]라는 나라는

모두 다 빠짐없이

내가 다스리는 나라다

내가 먼저 고할까

신분도 나이도

籠毛與美籠母乳布久思毛與美夫君志持此岳爾菜採須兒家吉閑名告沙根

虛見津山跡乃國者押奈戶手吾許曾居師吉名倍手吾己曾座我許曾者告目家呼

毛名雄母

이 작품의 주제는 왕이 구릉에서 나물 캐는 처녀에게 "집안을 밝히시오. 이름을 알려주시오." 하며 상대방 신상을 물음으로서 청혼을 하는 내용이다. 열도백제시절, 사람의 이름은 자신의 가족 이외의 다른 사람에게 말하는 것을 금기시 하였다고 한다. 이름이 곧 자신의 생명으로 생각하였기에 가족만이 알아야 하였고, 이름을 묻는 것이 곧 그의 가족이 되겠다는 뜻으로 청혼을 의미하는 것이었다. 이른 봄 싹튼 식물의 생명력을 얻기 위한 나물 캐는 행사가 벌어지고 있는 들녘에서 열도백제의 대화왜국을 다스리는 웅략왕이 한 처녀에게 관심을 보이며 이러한 노래를 지었다고 한다.

웅략왕

웅략왕은, 왕이 되기 위하여 많은 형제를 죽였고, 왕이 된 뒤에도 개로왕의 딸 적계공주

등을 살해하여 평판이 좋지 않다. 이러한 평가의 이면에는 제왕적 기질이 또한 있다하겠는데, 한 나라를 전횡하며 다스리던 그가 어린 처녀에 희롱하는 듯 한 구혼을 하는 노래를 지어 그것도 『만엽집』의 얼굴 같은 권1의 첫 노래로 게재한 것과 어울리지 않는다는 지적이 있다. 그 원인은 해석의 문제에 있다. 이 가사는 백제어이기 때문에 고대 한국어로 해석하여야 올바르다는 주장들이 커지면서, 한국과 일본의 여러 학자들이 이런 시각에서 다양한 풀이를 내 놓고 있다. 그 중 정광산인[238)]이 풀이한 번역이 있어 소개하고자 한다.

대궐로 모여 아름다운 대궐로
오! 입을 다물지 못해져
오래 사랑(舍廊) 모여
아름다운 부군(웅략) 뜻까지 차 막히니
남을(정적의 비리를) 캐 써염
얼 나가길 마구간(정신 나가 마음대로 정사를 펼친)이름 알려
모래 뿌리어 드러내
나루, 산 자취 내
나라 사람들 눌리었지
집 티 나, 나아가 일찌기 살아서 섬길
이름값들(웅략의 명성) 티나 , 몸 일찌기 벼슬자리
우리 나아가 일찍이 사람에 알려,
눈 까부르틀 웅략이름 세워 들옴에

238) 글돋선생이라는 또 다른 필명으로 고가(古歌)를 연구하는 학자.

이를 현대어로 그 내용을 정리하면, “아름다운 대궐을 짓고 아름다운 웅략을 모신 새로운 정치에 모인 웅략의 세력들이다. 아예 잘못 간 정치를 바로 잡기 위해서, 잘못된 일을 끊고 정체를 드러내고 쿠데타를 치른 웅략왕이다. 첫 부분에 정권을 잡고 아름다운 대궐에 모인 신하들에게 전 왕의 전철을 밟지 않고 자기 통치 방식대로 진행하였고, 마치 모래를 뿌려서 나루와 산들의 자취를 확실하게 들어나게 하듯, 백성들을 통치하였다. 드디어 정권을 잡아 지켜선 웅략왕의 이름값이 솟아나고 일찍이 벼슬자리에 올라서 백성들에게 명성이 드러나게 알려서 강력한 권력자로서 궁정군주가 된다. 문무백관 가득 사람을 거느리고 눈 찌푸려 근엄하게 이름 높이고 박뢰조창궁에서 새로운 군주로 왕좌에 앉았다”라는 것이다. 이 노래를 번역한 정광산인의 해설이다.

향구산(香具山)에 올라

서명왕 지음, 만엽집 권1-2

대화(大和, 야마토)[239]에는 많은 산이 있지만
특히 신성한 향구산(香具山, 카구야마)에 올라가 나라를 둘러보면
국토에는 연기가 뭉개뭉개 피어오르고
해상에는 많은 갈매기들이 날고 있네
실로 아름다운 나라구나
잠자리의 나라 야마토국은

山常庭 村山有等 取與呂布 天乃香具山 騰立 國見乎為者 國原波 煙立龍 海原波
加萬目立多都 怜A國曽 蜻嶋 八間跡能國者

239) 지금 일본의 나라현의 옛 지명이며 국가이름

향구산

서명왕(舒明王, 593년~641년)은 백제 동성왕으로도 등재되어 본국백제와 열도백제를 통합하여 통치한 왕으로 알려졌다. 동성왕은 요서진평백제를 발판으로 산동성 일대에 거대한 땅을 쟁취하는 한편, 열도백제에서도 관서지방까지 쟁취한 바 있다. 비조(飛鳥, 아스카 = 아침)시대를 연 군왕이라는 뜻은 그의 추존 이름인 '서명', 즉 '밝음을 열다'에 반영되고 있다.

이 작품은 왕이 봄을 맞이하여 높은 산에 올라가 나라를 둘러보는 '망국'(望國,쿠니미)이라는 의식에서, 국토의 풍요로움을 주술적으로 노래한 것이다.

우지 사냥의 노래(1)

간인연로(間人連老) 지음『만엽집』1권 3

번역 이연숙

우리들의 대왕이

아침에는요 손에 들고 만지고

저녁에는요 옆에 세워두었던

애용하시던 가래나무로 된 활

한가운데서 소리 들리네

아침 사냥을 지금 떠나시나봐

저녁 사냥을 지금 떠나 시나봐

애용하시는 가래나무로 된 활

한가운데서 소리 들리네

八隅知之 我大王乃 朝庭 取撫賜 夕庭 伊縁立之 御執乃 梓弓之 奈加弭乃 音為奈利 朝猟尓 今立須良思 暮猟尓 今他田渚良之 御執<能> <梓>弓之 奈加弭乃 音為奈里

우지 사냥의 노래 (2. 반가[240])

간인연로(間人連老) 지음『만엽집』1권 4

번역 이연숙

우지(宇智)의 넓은 들에

말 나란히 해

아침에 밟겠지요

풀이 무성한 들을

玉尅春 内乃大野尓 馬數而 朝布麻須等六 其草深野

240) 만엽집에서의 반가(反歌)는, 장가(長歌)와 짝을 맞추는 새로운 노래로, 장가의 내용을 다른 시각에서 작가의 주관에 따라 표현하는 특징이 있다.

앞의 「우지 사냥노래」 2수는, 서명왕이 내야(內野, 우치노)에서 사냥이 잘 되도록 기원하는 노래를 간인영로(間人連老)에게 지어 달라 의뢰하여 생겨난 작품이다.

망향의 노래 (1)

군왕(軍王) 지음『만엽집』1권 5
번역 황명천

노을 낀 봄날이 언제 저문 줄도 모르고
마음 아피 느끼고 있노라니
우리 대군 납시온 뫼 넘어 오는 바람이
혼자 있는 내 옷소매에
아침저녁 불어오고 불어 가는데
대장부라 자처하는 나라도
나그네 길이라 마음 풀 수 없어
망포의 해녀들이 굽는 소금처럼
타는 도다 내 마음속은

霞立 長春日乃 晩家流 和豆肝之良受 村肝乃 心乎痛見 奴要子鳥 卜歎居者 珠手次 懸乃宜久 遠神 吾大王乃 行幸能 山越風乃 獨<座> 吾衣手尓 朝夕尓 還比奴礼婆 大夫登 念有我母 草枕 客尓之有者 思遣 鶴寸乎白土 網能浦之 海處女等之 焼塩乃 念曽所焼 吾下情

망향의 노래 (2. 반가)

군왕(軍王) 지음『만엽집』1권 6

번역 황명천

뫼 넘어 노는 바람은 노상 그치지 않아

밤마다

마누라를 마음에 두고 그리워 하네

山越乃 風乎時自見 寐<夜>不落 家在妹乎 懸而小竹櫃

일본의 여러 기록에 이 "망향의노래" 작자인 군왕(軍王)에 대한 기록이 없다고 한다. 그러나 한국의 많은 학자들은 본국백제 의자왕의 아들인 부여풍장으로 추정하고 있다. 631년 열도백제로 파견되었다가 661년 이미 망한 본국백제로 돌아가 부흥운동에 참여한 부여풍장이 찬기국(讚岐國)의 안익군(安益郡)에 갔을 때 서명왕과 동행하여 지은 작품으로 보고 있다. 이 노래를 번역한 황명천에 따르면 노래 중 "산 넘어 부는 바람이 아침저녁으로 불어 옷자락이 뒤집힌다"의 마지막 '뒤집힌다'라는 말이 '고향으로 돌아간다'라는 뜻을 연상하게 한다고 한다.

노래 제목은 30년이나 열도백제에 파견되어 살았던 부여풍장이 본국백제를 그리는 망향의 노래로 풀이하여 붙였다고 한다. 원래 제목은「행찬기국안익군지시 군왕견산작가」(行讚岐國安益郡之時 軍王見山作歌) 즉 찬기(讚岐, 사누키)국의 안익(安益, 아야)군에 갔을 때 군왕(群王, 이쿠사노 오호키미)이 산을 보고 지은 노래이다. 그러나 정작 일본역사에서 서명왕이 찬기국에 간 사실을 찾을 수 없다.

다 물들었네

액전왕(額田王) 지음(확실치 않음)『만엽집』1권 7

번역 이영희

신라여

무쇠 칼을 붖고

옥죄지 말지

고귀한 분의 도읍은

칼이 [신라에서] 오니까

대비하라

(쇠벌네 무쇠칼 붖기 옥죄지말지 우치네 도읍은 칼잇따라오니 터여메라.)

金野乃 美草苅葺 屋杼礼里之 兎道乃宮子能 借五百礒所念

한자로 된 『만엽집』의 본문은, 한문을 잘하는 사람이나 일본어를 잘하는 사람들조차 해독하기가 난해하다. 그 이유는 백제어를 비롯한 고대 한국어와 그 이두(吏讀)로 지었기 때문이다. 고대 일본어, 고대 백제어, 고대 신라어 등에 두루 능통해야 접근할 수 있는 특수한 학문분야이다.

『만엽집』에 수록된 많은 시가들은 오랜 시간을 두고 많은 작가들이 참여하여 만든 노래들이다. 그 중 초기의 대표적인 작가의 한 사람이 액전왕(額田王, 누가타노 오오키미)이다. 액전왕의 신분은 명확하지 않다. 일설에, 무왕과 선화왕비의 외손녀라는 설이 있다. 그렇다면 의자왕의 조카가 된다. 또, 의자왕의 누이인 제명(齊明)여왕의 시중을 드는 궁녀이거나 무녀(巫女)라는 설도 있고, 제명여왕에게 노래를 해주는 가희(歌姬)라는 설도 있다. 어쨌든 이를 종합하면 모두 의자왕 남매 주변에 있었던 인물임에 틀림없으며, 뛰

어난 백제가요(歌謠) 작가이다.[241)]

자, 이제 출항하자

액전왕(額田王) 지음 『만엽집』1권 8

숙전(熟田, 니키타츠)나루에 배를 띄워

달뜨기 기다리노니

밀물 가득 차오르고 파도까지 잠잠쿠나

자! 출항하자

어서 배 저어가자!

熟田津尓 船乗世武登 月待者 潮毛可奈比沼 今者許藝乞菜

『만엽집』을 해석한 많은 일본의 학자나 가인들은 이 노래를 제명여왕이 온천에 가거나 뱃놀이를 하는 중에 노래한 것이라 하였다. 여행 중의 한 지방에서, 남편인 서명왕과 함께 하였던 추억의 감회에 젖어 지은 노래라는 것이다. 그래서 지은이도 제명여왕이라 하기도 하고 그녀를 대신하여 노래를 해주던 액전왕일 것이라는 의견도 있었다. 『만엽집』에는 분명히 액전왕이 지었다고 적혀있다.

이에 대해 한국의 전문 학자들은 제명여왕의 재위 중에 가장 중요한 업적이자 그녀의 생애 최대의 사건인 백제부흥운동 참전의 그 긴박한 상황을 표현한 것이라는 의견도 만만치 않다.

---

241) 『만엽집』에 수록된 와카(和歌) 내용을 들어 덴지 천황과 오아마 황자가 미모의 여인 액전왕을 놓고 불화하게 된 것이 '임신의 난'이었다는 이야기가 있는데 이는 19세기 반노부토모(伴信友)가 주장한 것이다.

제명천왕

액전왕

660년 당시 아시아 최강의 군사력을 가졌던 당나라가 쳐들어와 본국백제를 멸망시키자 그 유민들이 대거 열도 백제로 피난해 온다. 이에 제명여왕이 수백 척의 배를 마련하여 27.000명의 백제 구원군을 파병시키는데, 이들을 보내는 도중, 사국(四國, 시코쿠)에 정박하여 바다가 잔잔해지기를 초조히 기다리며, 드디어 물이 차고 달까지 떠 항해에 적당한 시기가 되자 출발을 명령하며 노래한 것이라는 것이다. 이 자리에는 후일 제명여왕의 뒤를 잇게 되는 아들 천지천황과 액전왕이 같이 하여 승전을 축원하며 이 노래를 불렀을 것으로 보고 있다.

어두운 항로에 달빛이 솟아 오고 밀물이 가득 밀려드는 정경이 아름답지만, 그들의 앞에는 한반도까지 험난한 항해뿐 아니라 백제구국을 장담하며 생사를 예측하기 어려운 전투가 기다리고 있는 불안한 길이 남아있는 것이다. 이 노래에는 그들에게 필요한 용기와 힘이 배어있다는 것이다. 그래서 이 노래는 초기 『만엽집』을 대표하는 걸작으로 추앙되고 있다.

액전왕의 작품은 이 외에도 많이 전한다. 그러나 이미 망한 백제와의 관계를 끊기 위하여 나라이름부터 '일본'으로 바꾸고, 새로운 일본역사를 열었으니, 그 이후에 창작된 작품은 액전왕의 것이라 하여도 백제가요로 보는데 무리가 있다.

이런 이유에서 『만엽집』의 4,500수 중 668년 1월 이전의 작품들만 백제가요로 여기에 소개하였다.

이영희의 한 · 일 옛 이야기 노래하는 역사

영원한 백제의 여인 제명여왕

"제명여왕은 두 번이나 왕위에 오른 왜의 여왕이다. 첫 번째는 황극이라는 이름으로 641년에서 645까지, 두 번째는 제명이라는 이름으로 641년에서 645년까지 왕위에 있었다고 되어 있다. 한·일 두 나라의 사학자들은 그녀가 백제 무왕(武王, 600~641년 재위)의 딸 보(寶)왕녀로 의자왕(義慈王)의 누이라고 한다. 제명여왕의 일본식 시호는 메토요타카라이카키히타라시히메(天豊財重日足姬)이다. 이 기나긴 이름 중의 '타카라'(財)는 보배(寶)와 같은 뜻의 일본말이다. 제명여왕이 보왕녀임을 뒷받침하는 이름이라 여겨진다.

그녀는 즉위하자마자 백제대사(百濟大寺)를 짓기로 하고, 노역동원령을 내렸다. 제명여왕의 남편이라는 서명왕(서명왕· 628~641년 재위)이 죽은 해는 641년. 무왕이 죽은 해도 공요롭게 641년 이다. 제명은 서명이 돌아가자 곧 왜왕에 즉위하였다. 이 해 정월 대목의 『일본서기』 기록이 심상치 않다.

'백제의 국왕(의자왕)의 어머니가 세상을 여의었다. 또 제왕자(弟王子), 아들 교기와 그 어머니 여동생들 4명, 내좌평(內佐平·궁의 내관) 기미(岐味) 등 저명한 고관40여 명이 섬으로 추방되었다…' 백제에 모종의 정변이 일어났음을 암시하는 기록이다. 무왕이 이 정변 때문에 죽은 것인지, 아니면 무왕이 죽자 정변이 일어난 것인지는 알 수 없다. '삼국사기'도 이에 대해서는 함구한다. 여기서 '섬'은 '일본'을 가리킨 말이다. 그리고 섬으로 추방되었다는 교기 왕자의 어머니가 제명여왕이다.

'만엽집' 권1 제7번은 그녀가 액전왕을 시켜 짓게 한 구술가(口述歌)다.

액전은 당시 제명의 시녀였다. 액전이 읊은 노래는 대체로 경상도 사투리가 느껴지는데, 이 제명여왕의 노래는 전라도 사투리가 비친다. 제명이 백제말투로 구술했기 때문일 것이다.

노래의 큰 뜻을 추려보자.

쇠벌내 무시(미세) 칼(가리) 붓기, 옥죄지 말지(옥저예슬지), 우치네 도읍은(또는 '우치네 활쏘기 병사는'), 칼(가리)이 잇따라 오니(온기) 터 여며(여메). '쇠벌'이란 신라의 도읍 '서벌' '서라벌'(요즈음 경주)을 지칭한 말이다. 따라서 '쇠벌네'란 복수 명사는 '신라'를 뜻한다. 신라가 부지런히 칼을 만들어 전쟁준비를 하니 백제는 방비하라라는 노래."

이상은 이영희선생의『노래하는 역사』83~85쪽에서 발췌한 문장이다. '金野乃 美草刈葺 屋杵禮里之 兎道乃宮子能 借五百磯所念'이라는 원문을 그는 다음과 같이 해석하였다.

金野乃 쇠벌네(신라여)

美草苅葺 미세칼붓기(무쇠 칼을 붓고)

屋杼禮里之 옥저예마슬지(옥죄지 말지)

兎道乃宮子能 우치내마야코는(고귀한 분의 도읍은)

借五百磯 칼이온기(칼이 [신라에서] 오니까)

所念 터여메(대비하라)

이 노래를 기존 일본인들은 문맥이 전혀 맞지 않아 무슨 뜻인지 모를 낱말의 나열로 번역하였다.

가을 들판의 아름다운 풀로 지붕을 이어서 머무른,

우지(宇治)라는 도읍의 가옥(假屋)이 생각나네.

(あきの ののみくさかりふき やどれりし うぢのみやこのかりいほしおもほゆ)

이영희선생의 해석에서 가장 눈에 띄는 것은, 제명여왕이 조국 즉 반도백제를 지극히 우려하고 사랑하였다는 사실이다. 위 노래를 지어 널리 퍼트려 열도백제는 물론 반도백제에까지 외적에 대한 경각심을 높이려는 목적성이 강한 시가(詩歌)로 볼 수 있기 때문이다. 그녀의 애국심은 이미 즉위 초부터 나타나 백제대사(百濟大寺)를 지어 열도백제내의 백성들에게 애국심과 충성의 성심(誠心)을 일으키게 하였고, 여왕과 반도백제가 가까이 있다는 일체감을 심어주었다. 또 구중탑(九重塔)을 백제대사 안에 건설하여 반도백제의 배려에 깊은 감사의 뜻을 표하였다. 이러한 제명여왕의 충성심 때문에 열도백제가 후일 반도백제 패망 시에 무려 1천여 척의 배에 3만에 가까운 규모의 대병력을 파병하게 된것이다.

『노래하는 역사』의 주요 내용은 일본인들의 역사조작으로 신빙성이 떨어지는『일본서기』보다는 당시의 시가(詩歌)집인 『만엽집』이 오히려 진실된 역사를 말하고 있다는 것과, 한국의 고대이두로 풀어야 할 이 시가를 일본인들은 일본어로만 풀이하여 해석의 오류가 많다는 것을 그 내용으로 담고 있다.

『만엽집』의 '노래 속에 감춰진 1천3백 년 전의 비사(秘史)'를 캔 이영희선생의 『한·일 옛이야기 노래하는 역사』는 1994년 출간과 더불어 베스트셀러 대열에 들었다. 이영희선생은 일본에 거주할 당시 『또 하나의 만엽집』, 『침사의 비밀』, 『천무와 지통』, 『일본어의 진상』, 『불가사이 한 일본어』, 『되살아나는 만엽집』, 『무서운 노래』등 주로 만엽집에 관련한 책들을 낸 바 있다.

3. 민요 속에서 찾은 백제음악『산유화가』

왕이 잡혔다. 십팔만의 당나라 대군이 백제를 공격하여 그 왕을 사로잡았다. 북쪽(경기도 덕적도, 충청남도 당진방향)과 서쪽에서 밀려오는 당나라 군대를 방어하던 백제의 마지막 주력부대가 무너져 버린 것이다.

당나라와 연합한 신라도 공격해 왔다. 신라는 동남쪽에서 당나라는 북서쪽에서 쳐들어 왔다. 군사를 나누어 방어하던 백제는 신라를 막기 위하여 계백(階伯)장군의 결사대를 동남쪽으로 보냈다. 그런데 계백장군이 실수로 신라의 관창(官昌)이라는 어린 장수를 죽이면서 신라군의 결사대를 격분하게 되어 결국 백제군이 무너지고 계백장군마저 전사하였다.

700년의 역사를 통하여 한반도는 물론 오늘날의 중국과 일본 그리고 저 멀리 담모라(타이완), 루손(필리핀), 부남(캄보디아)에까지 국가의 위세를 크게 떨치던 강력한 왕국 백제는 그렇게 허망하게 무너졌다. 백제의 서울이었던 사비성(현재 충청남도 부여)을 점령한 당나라 군사는 그야말로 제 세상을 만났다. 살인, 방화, 파괴, 강간, 약탈… 승전국 군사가 할 수 있는 모든 패악과 만행은 있는 대로 자행하였다. 당나라가 건국하기 수백 년 전부터 백제는 바다건너 요서, 진평, 산동, 오월 땅을 점령해 반도백제보다 몇 배나 더 넓은 식민지를 건설한 바 있었다. 당나라로서는 이 전쟁의 승리로 그 복수와 원한을 갚게 되었다고 생각하였을 것이다. 그래서 그 보복이 더욱 잔인하였을지도 모른다. 왕은 잡혀 묶이고 명예롭게 죽기를 원하는 궁인들은 낙화암 절벽(絶壁)에 몸을 던져 백마강의 물거품이 되었다. 궁궐도 물론 잿더미가 되었다.

왕이 잡혀간다. 당나라로 잡혀간다. 의기양양한 당나라의 총사령관 소정방은 백제의 신성한 탑에 자신의 전공(戰功)을 새기고 8월 17일 폐허된 사비성을 떠난다. 의자왕을 비롯하여 태자 효, 대신93명, 미녀와 장사 1만 2

천여 명을 수천척의 군선에 태워 강제로 끌고 갔다.

떠나가는 배를 두고 금강 양쪽 구릉을 따라 구름같이 이동하는 무리가 있었다. 살아남은 백제의 유민들이다. 임금을 지켜내지 못하고 백제를 지켜내지 못한 회한(悔恨)을 울먹이며 따라간다. 잡혀가는 포로 중에는 가족도 있고 친척도 있고 친지도 있고 정인도 있다. 이제가면 언제 다시 만날 수 있으랴…, 이별을 아쉬워하며 왕의 일행이 탄 대규모 군단을 따라가며 통곡한다.

어라하 만수(於羅瑕 萬壽 = 백제왕 만세)
어라 대신이야[큰 신이시어= 대왕이시여]
구국충정을 못 하였네!

왕을 따라가던 누군가가 이러한 자탄의 노래를 하자 같이 가던 모든 군중들이 따라서 합창을 하였다. 강을 따라 산을 따라 "어라하 만수" 노래가 메아리친다. 잡혀가는 왕이 이 노래를 듣고 위로를 받았을까? 그렇게 따라가기를 200리…, 드디어 바다가 보인다. 더는 따라갈 수 없는 바다가 보인다. 왕이 탄 배는 저 바다를 건너 당나라로 갈 것이다. 하지만 더 이상 따라갈 길이 없다. 이 부근에서 가장 높은 산으로 올라가자. 그래야 조금이라도 오래 왕이 탄 배를 볼 수 있을 것이다. 백제유민들이 산을 오른다. 부근 바닷가에서 가장 높은 남당산(376m, 전북 군산시 소재)에 오른다. 산에 오른 이들은 멀리 수평선으로 사라지는 왕의 일행이 탄 배를 하염없이 바라볼 수밖에 없었다. 발을 동동 굴러보아도 한 점으로 보이던 선단(船團)마저 수평선속으로 사라져 버린다. 안타까운 백제의 유민들. 왕의 배가 시야에서 사라지자 그들은 산위에서 맹세를 한다. 오늘을 잊지 말자…. 백제를 잊지 말

산유화를 주제로 한 공연

자…. 해마다 오늘 이 산위에서 다시 만나 오늘을 기억하자.

그들의 약속은 그 후손들에게까지 이어져 그 후 1천 년이 넘게 매해 음력 8월 17일이면 어김없이 남당산에 올랐다. 그 날은 추석을 지난 직후이기에 명절의 한 행사처럼 만날 수 있었다. 이 모임은 시간이 흐르면서 하나의 축제로 고정될 수 있었다. 성격도 변하였다. 여인들만 모이는 축제로 바뀐 것이다. 시집간 딸과 친정엄마가 만나고 멀리 떨어져 사는 친척도 만나며 어렸을 적 친구도 만날 수 있는 여인들의 해방공간으로 변하였다.

그러나 시간이 지나도 변하지 않는 것이 있었으니 축제 때 마다 노래하는 "어라하 만수"였다. 시간이 지나며 뜻도 모르게 되고, 노랫말도 "에라 만수, 에라 대신이야"로 바뀌어 민요의 한 구절로 남아 대대로 계승되어 지방요로 정착되었다.

「산유화가」라고도 하는 이 노래는 아직도 충남 부여, 서천, 전북 옥구 등지에서 모내기를 할 때 부르는 농요(農謠)로 남아있다.

구드래 나루터

부록

악보 1. 정읍사(계면조)<오음약보>

악보 2. 산유화가

악보 3. 백제찬가

악보 4. 백제뱃노래

井邑

揷入舞鼓呈才用界面調

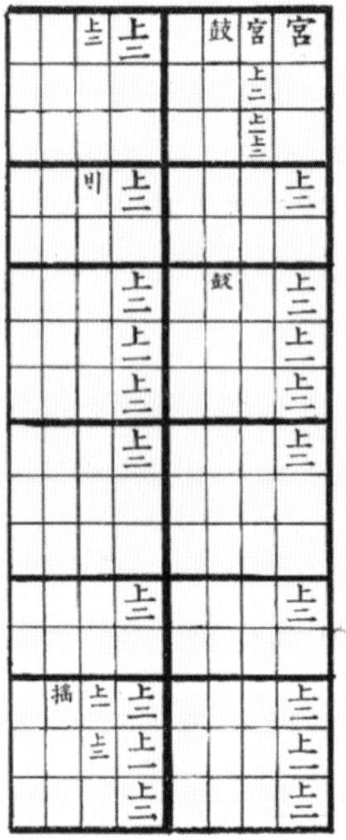

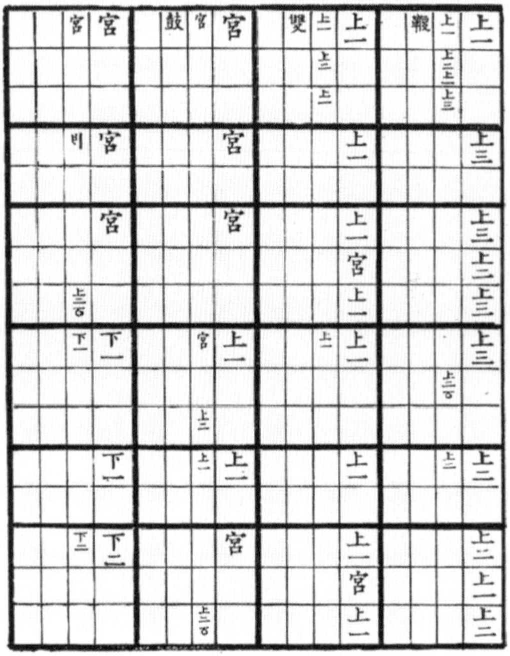

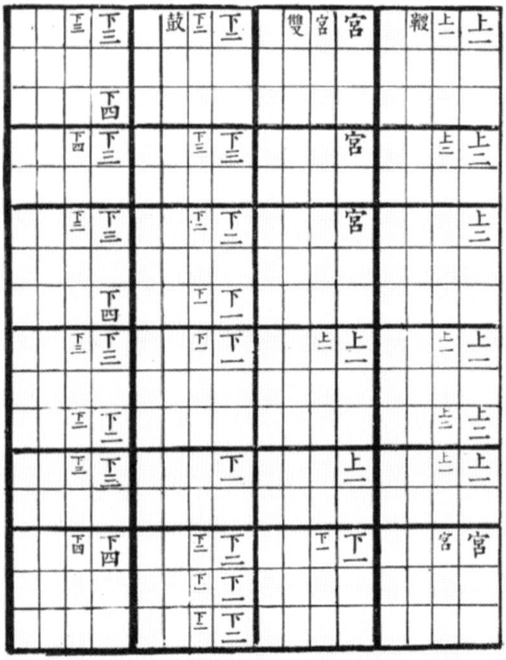

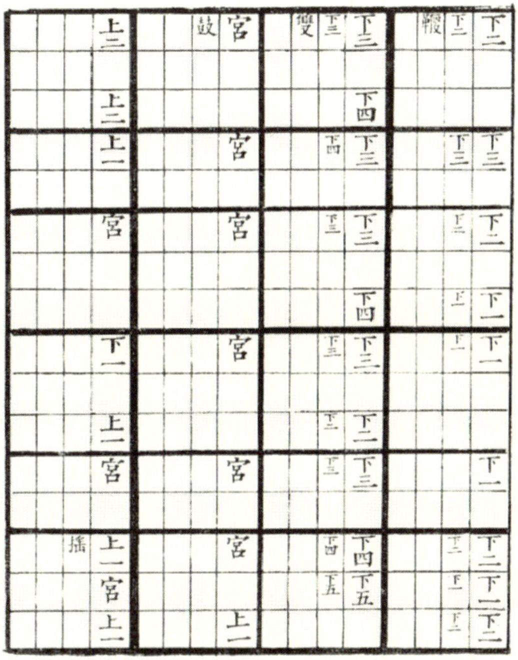
鞭
雙
鼓
搖

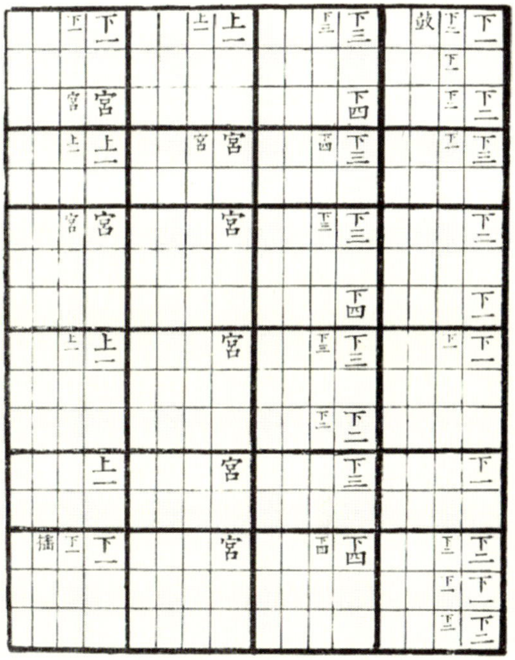
鼓
搖

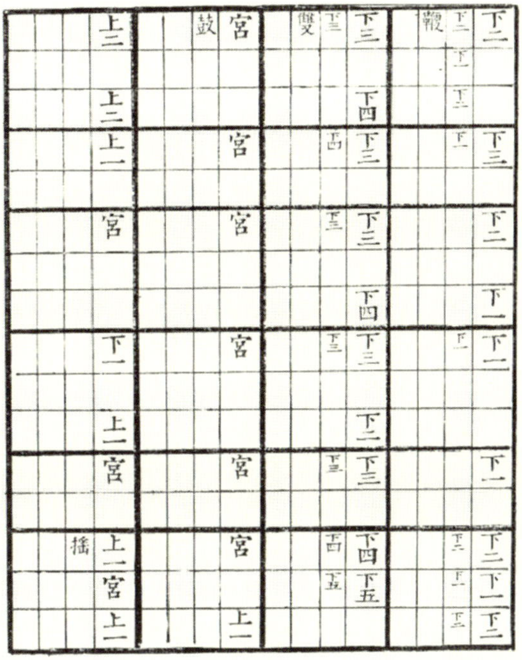
鞭
雙
鼓
搖

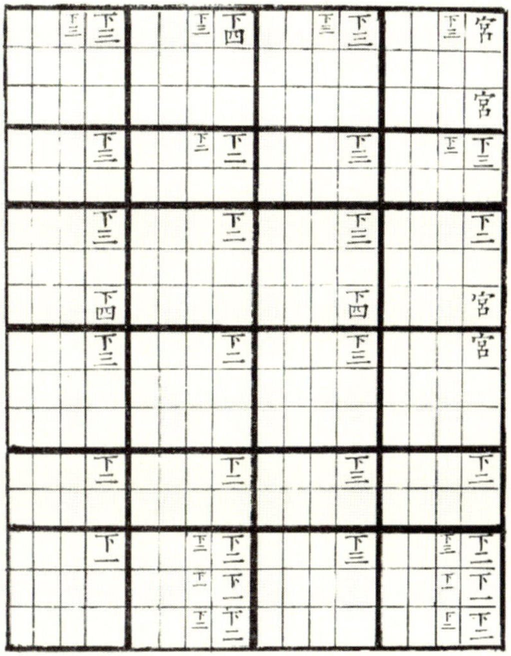

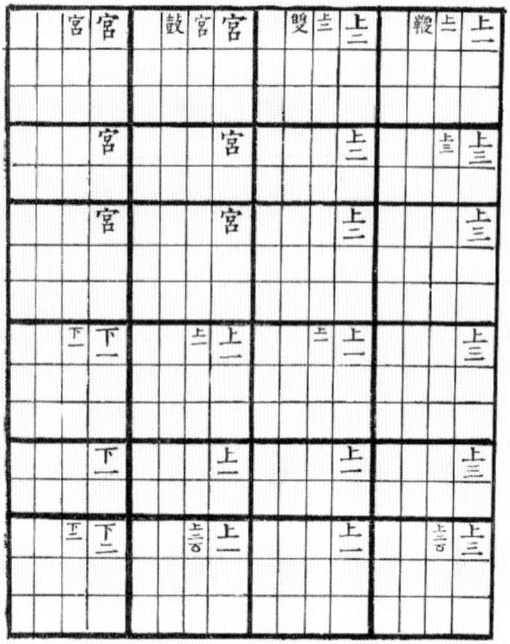
鞭
雙
鼓

鞭
雙
鼓
搖

鞭
雙
鼓

鼓
鼓
搖

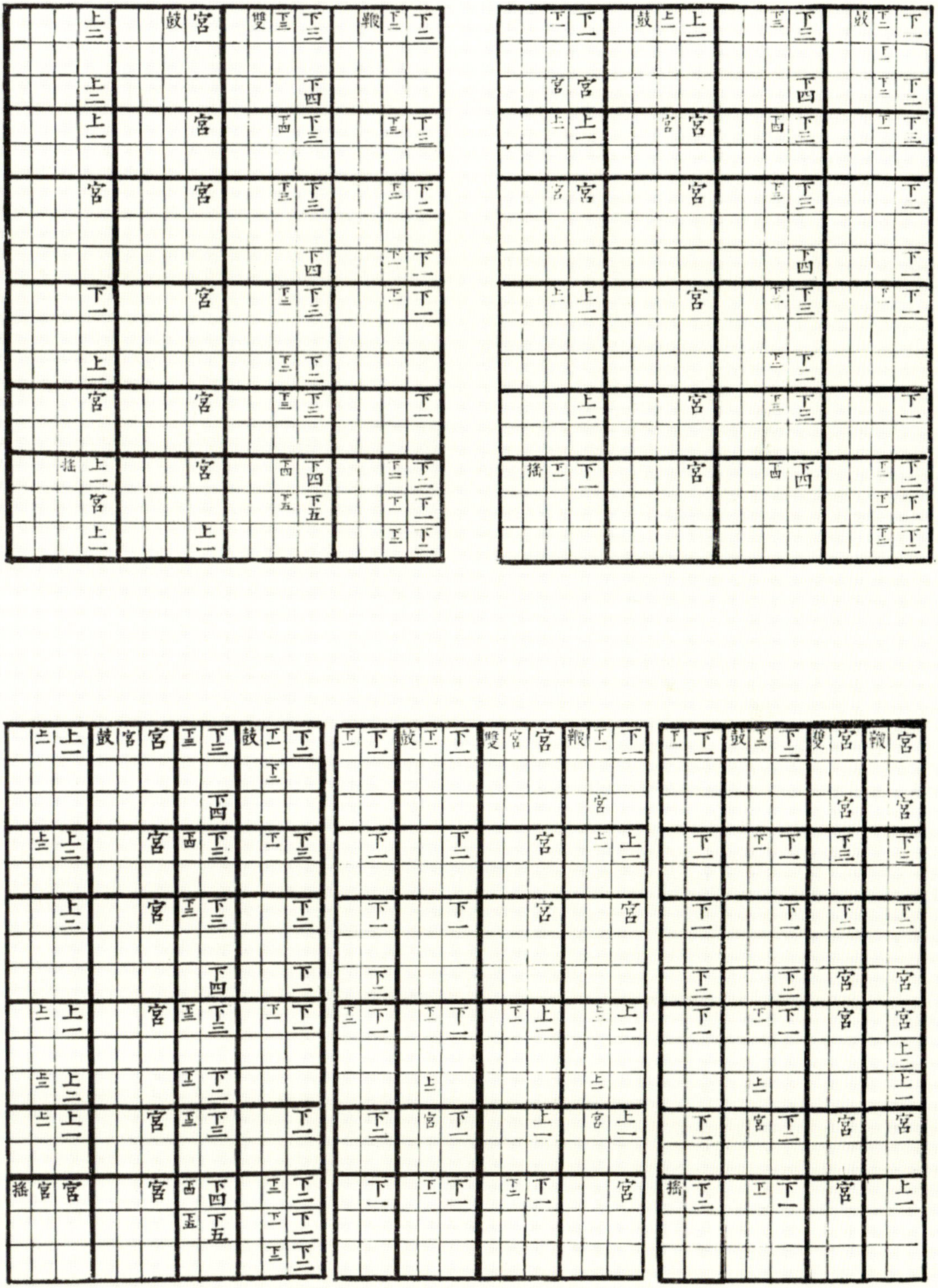

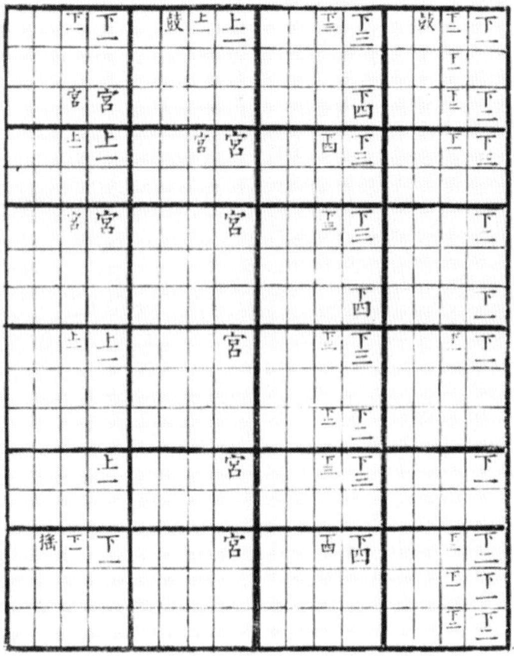
鼓
搖

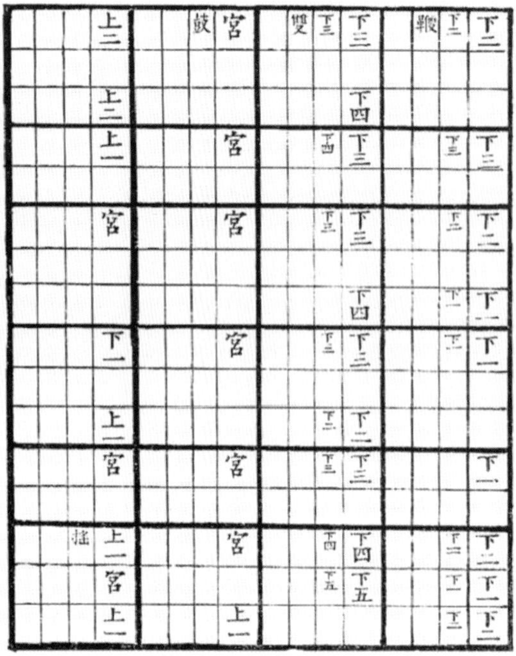
鞭
雙
鼓
搖

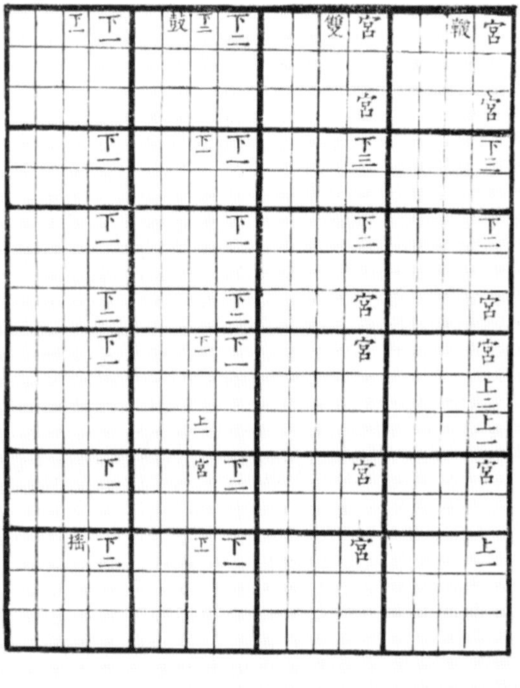
鞭
雙
鼓
搖

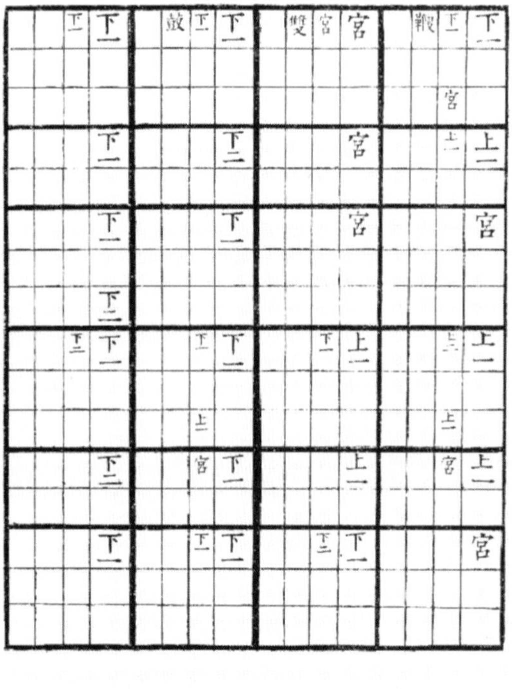
鞭
雙
鼓

산유화가

백제지방 민요
채보, 작편곡: 이종구

세마치(보통 빠르기) ♩=ca88

에 에 헤 나 – – 에 헤 에 에 –
에 헤 여루아 상 사 – 디 – 이 여

37
41
산유 화 야 산 유ㅡ화
46
야ㅡ 이 런 말 이 웬 말 이 냐 용 머 리ㅡ 를ㅡㅡ 생 각 하 ㅡ며ㅡ
51
구 룡 포 에 버 렸 으 니 슬 프 구 나 어 화 벗 님ㅡ 구 국 ㅡ충

56
성 ——못 다 했 네 에 에 헤 나 — —
62
에 헤 에 에 — 에 헤 여 루 아 상 사 —
67
디 — 이 여
72

76
산유 화
80
야 산 유 -화 야- 이포의 남당
84
산은 - 어찌그 리 유정턴 고- 매월팔월 십육
88
일은 웬아낙네 다모인 다- 아낙
ff

Presto, ♩=ca140
네 가 다 모 - 인 다
Presto, ♩=ca140
ff
ff

백제찬가

작사, 작곡 : 이종구

♩.=ca.112 (자진모리)

23
1.물 결도 춤추며 넘실넘실
2.황 금물결이 넘실넘실
1.물 결도 춤추며 넘실넘실
2.황 금 물결이 넘실넘실
30
망 망 대 해 와 빛 나 는 산 천 모 든 생 명 과 대 – 자 연 속속들이
자 연 삼 라
39
광 명 –
만 상 어 느 곳 이 나 고 르 게 비 추 니 광 명 세 – 상 이

47
약 동하는 우리의 기개도 사－해 로 펼쳐난다
unis.
밝－았구－나 만 － 물－이 생동한다 백 가제해 백 가 제해 백 가 제해 백 가제해
54
벅차게벅 차게
가 슴깊이 가 슴깊이 벅 차 게 벅 차 게
벅차게벅차 게 밝은성노래를
가 슴깊이
가 슴깊이 벅 차 게 벅 차 게
61
1.
2.
Fine
불러보자 어화좋다 절 쑤! 절 쑤!

68
봉 황 이 죽실을물 고
75
unis.
unis.
삼 족오
벽 오동을 날아들고 흑 룡 이 여의주물 고 채 운 간□을 날아든다
82
날 아와서 하늘의뜻임을 알려주고 영 롱한 금 두꺼 비 음 □양으로
날 아와서 하늘의뜻임을 알려주고

88
div.
화 □ 답 한 □ 다 어 화
어 화 어 화
div.
어 화 어 화 세 - 상 이 밝 - 았 구 - 나
95
약 동 하 는 우 리 의 기 개 도 사 - 해 로 펼 쳐 난 다
만 - 물 이 소 생 한 다 가 슴 가 득
102
D.C.al Fine
가 슴 가 득 벅 - - 차 게
벅 차 게 벅 차 게 희 망 의 노 래 를 불 러 보 자 어 라 만 수 백 제
벅 - 차 게

백제 뱃노래

-백제물길의 千音夜話 중에서-

작사, 작곡: 이종구

mf
172
사 비 성처 자처럼 고 운 처자못 보았다
사 비 성 처자 처럼 고운 처자못 보았다
176
f
어서가자 어서가자 어서가자 어 서가자
f 어 서가자 사비성가자 바 삐가자 사비성가자
f
퍼져가는물결처럼
180
184
어기여자 차 어기여차 어기야디여라자차 어흐여 라 에헤야
가 슴 은一울렁울렁 울 렁울렁들 썩들 썩
불 끈 젓는노 처럼 고 의춤 은들 썩들썩 울 렁울렁들썩들 썩

188
f
어기여허 야 헤 이야 이흐아 으 야 — 에이 야 디야 차
울 렁울렁 들 썩들썩 울렁울렁 들썩들썩— 울 렁울 렁 들썩들 썩
192
어 기여에라디야 어 기야디 야 어기여기야디야 차아— 범아 —
울 렁울 렁들썩들 썩 울 렁 울 렁 들 썩 들썩
울 렁울 렁들 썩들 썩 울 렁울 렁들 썩들 썩
196
fff
빨 리 저어라 어 이 야 디 야
울렁울렁 — 들 썩
fff
fff

20
♩.=ca.86
24
수리둥 둥 수리둥 둥
에 헤라에 헤 에 헤라디 야
수리둥 둥
28
망망 한 대 해 – 이니 갈매 – 기기 – 벗이로구나
에 헤라디 야 저어 라넘 차
에 야
32
36
푸른 물 결 선 뜻 – 넘어 고향 – 으로 – 가 자 – 구나 에 라디 야 저어라
얼 쑤
에 야
에 라 디 야 저 어 라

40
저물결을 겁너 자
황포 돛이 — 터지 — 도록
마파 — 람을 — 안았으니
저물결을건너자 우
우
우 우
우 — 우 지 화 자
우 우
44
48
에라디야저어라
물결 — 헤 쳐
나 는 — 듯이
고향 — 으로 —
가 자 — 꾸나얼 쑤
에헤라 디야저어라
52
저물결을건너 자
나갈때는
빈배더니
들올때는
윈배더라
저물결을건너자
나갈때는
빈배더니
들올때는
윈배더라

56
사해가다 투 어
조공을바 치 니
우리대왕님의
끝없 는위엄
세상 의끝이
div.
60
어디 메이라더 냐
백제 가세상 의
중심이－로구－나
64
청천 하늘엔별도 나많고
세상 －천지엔할일도많
다마는사나이자랑은
68
뱃일이로다
사나이자랑은
사나이자랑은
뱃 일이로다
사나이자랑은

72
뱃일이로다
나 라 의 이 름 이
어 찌하 여백제런가?
백 가 가 제해함이려니
바다가세상의중 심이로
뱃 일이로다
76
ff
헤야
에 야
어기야디야
ff
헤야
에 야
어 기 야 디 야
ff
에야
80
에헤라디야
나갈 땐가을이더니
들어올때여름이로다
한번뱃길이일년이니
84
님 생 각이절로난 다
에헤라디야

88
한번뱃길이일 년이니 님생 각 이절로난다 어기야 ─ 차 에헤 야 어야디야
한번뱃길이일 년이니 님 생 각이절로난다 에헤 야 어야디야
♩=ca.106 (중중모리,세마치)
92
96
월- 주 ─도─ 백 ─ 제 땅─
월 주─에서만난 큰애 기
월 주
♩=ca.106
100
104
젖 가슴 이 눈 에삼 삼
젖 가 ─슴이 눈 에 삼─ 삼

108
112
사마 태 도 – 백 – 제 땅 –
사 마 태 – 에 서 만 난 큰애 기
사 마 태
116
120
보 름달 같 은 엉 – 덩 짝
보 름 달같은엉 – 덩 짝
124
128
어 괴 야 – 어 강 도 리 아 으 동 – 동 – 다 롱 드 리

mp
132
136
나 긋 나 긋한 왜 국의 큰 애기도 백 제 여 자 백 제 여 자 이 런 마 는
백 제 여 자 이 런 마 는
140
144
착 착 감 겨오는 회 계의 아 가씨도 죄 일듯 파고드는 산 동의 색 씨－도
148
152
백 제 － 여 －자 이 －런 마 는 사비성 － 처 자 처 럼
백 제 여 자 이 련 마 는

156
♩.=ca.112
160
사 랑 스럽 - 지 - 못 하 - 더 - 라 어 서 가 자 바 삐 가 자
사 랑 스럽 - 지 - 못 하 - 더 - 라 어 서 가 자 바 삐 가 자
♩.=ca.112
164
밥 안먹어도살겠다마는 너 없 이는못살겠다 어 서가자 사비성가자 서 쪽으로 월 주
어서가자 사비성가자
168
부 남 에 아유타까 지 다 - 다녀 봤 지 만
남 쪽으로 루 손 다 다녀 봤 지 만

아무도 말하지 않은

백제 그리고 음악

지은이 | 이종구

펴낸이 | 최병식

펴낸날 | 2016년 1월 28일

펴낸곳 | 주류성출판사

주소 | 서울특별시 서초구 강남대로 435(서초동 1305-5) 주류성빌딩 15층

전화 | 02-3481-1024(대표전화) 팩스 | 02-3482-0656

홈페이지 | www.juluesung.co.kr

값 20,000원

잘못된 책은 교환해 드립니다.

ISBN 978-89-6246-265-4 03670